命理
외우는 공부는 명리학이 아니다
바르게 학습하기

時空學 입문편

■ 머리말

17번째 책을 출판중이다.
격려와 채찍 사이에서 뿌듯한 보람이라면 과거에는 무조건 맞는 것으로만 간주했던 중국 명리이론의 오류들을 조금씩 교정해 나가고 있다는 믿음이다.

2015년 즈음까지도 사주이론들은 여전히 格局, 旺衰, 用神, 十神의 범주에서 맴돌고 있었다. 그 논리들의 가장 큰 문제는 실생활과 부합하지 않는다. 우리는 매일 시공간의 요구에 따라 생활하는데도 그들의 이론에는 시간도 공간도 없으며 十神과 五行으로 생하고 극하거나 강하거나 약함뿐이다.

신기하게 느껴졌다.
인생이 어떻게 생하거나 극하고, 강하거나 약하기만 할까? 강한 듯 약하고, 약한 듯 강할 수는 없는가? 用神을 정하면 평생 바꾸지 못한다는 논리도 이상하지 않은가? 매일, 매월, 매년 에너지 파동이 변하는데 탄생할 때 받은 사주팔자에서 用神을 정한들 무슨 소용이 있을까?

참으로 이상해보였다.
아침에 일어나 일하고 저녁에 쉬어야하고 밤에 잠자리에 들고 다시 아침을 맞는 과정을 생각해보면 그런 움직임을 결정하는 것은 몇 시라는 時間과 집 혹은 사무실 혹은 침대라는 空間조합임이 분명하다.

시간과 공간을 十神으로 표현하면 너무도 어색하다. 傷官이기에 아침에 일어나고 印星이기에 잠자리에 드는 것일까? 身强과 身弱으로 표현해도 어색하기는 마찬가지다. 신강해서 건강하고 신약하기에 질병에 시달릴까? 우리는 시공간을 따라 살아가는데 왜 사주이론만 현실에 부합하지 않는 생하고 극하고 강하고 약하다는 논리에 빠져있을까?

고민이 깊었다.
내 운명을 결정하는 정체는 무엇이지? 답을 찾는 과정은 혼란스러웠고 뒤죽박죽이었다. 과정을 간략하게 소개하면 이렇다.

2008년 즈음에 우연히 지장간 표를 원통으로 말아보다가 四季가 순환하는 이치를 설명한 것임을 깨우쳤지만 누가 순환을 주도하는지는 깨닫지 못했다. 2010년에 지장간의 원리라는 제목으로 6개의 칼럼을 소개할 때도, 2012년 時間의 정체를 찾아 방황하던 시기에도 답을 찾지 못해서 물리서적까지 기웃거렸지만 여전히 미로였다.

신기한 경험이었다.
지장간은 四季가 순환하는 이치를 설명하는 것임을 깨우쳤는데 순환을 주도하는 정체가 시공간임을 깨우치는데 근 5년의 시간을 허비하다니. 우리의 육체에 이미 神이 존재하는데 밖에서 神을 찾아 헤매는 것과 다를 바 없었다.

시간과 공간이었구나!
사계를 순환하고 내 인생을 결정하는 정체가 바로 그였구나.
다행스러운 점은, 시공간의 정체를 깨우쳐가던 2014년 즈음에 우연히 강의를 시작하였기에 時空間을 녹여서 실생활과 일치하는 명리이론이 세상에 나올 수 있었다.

자연의 순환원리를 완벽하게 설명할 수 있는 유일무이한 존재는 동서양을 통틀어 地藏干(지장간) 뿐이라고 믿는다. 시간과 공간이 톱니바퀴처럼 회전하는 움직임을 그토록 정밀하게 그려내다니 놀라울 따름이다.

강의가 이어지면서 지장간 내부에 깊이 감추어진 7개의 보물들을 캐내서 도덕경을 포함한 16권의 책에 그 이치를 펼쳐낸 것은 참으로 행복한 일이었다.

수 년 동안 축적된 강의파일과 출판한 16권의 책 사이에는 일정의 거리가 있는데 모든 강의 내용을 책에 모두 풀어낼 수는 없었기 때문이다. 항상 아쉬웠던 점은, 핵심이 빠진 것처럼 책은 책대로 강의파일은 강의파일대로 조화를 이루지 못하는 느낌이었기에 가까운 미래에 강의와 책이 유기적으로 연결되기를 기다렸다.

감사하게도, 壬寅년에 時空學의 골수를 동영상 강의와 책으로 연결할 시간이 도래하였다. 우연이건 필연이건 하늘의 의지에 따라 강의파일과 책들 사이의 거리를 없애고 튼튼한 이론의 뼈대를 세울 기회가 생겼으니 감사할 따름이다. 강의에서 부족한 부분을 책으로 보충하고 또 책들에 빠져있던 뼈대를 동영상 강의로 보완하여 학습효과를 극대화할 수 있을 것이라 믿는다.

2014년 ~ 2015년 강의내용들을 壬寅년 壬寅월부터 Youtube에 동영상으로 올리고 있으며 3시간 분량의 52강을 모두 올리기까지 나름의 시간이 소요될 것이기에 한편으로 예습하고 한편으로 복습이 가능하도록 강의내용을 5권~6권의 책으로 출판할 예정이다.

강의파일을 책으로 출판하는 것이 어려웠던 이유는 구어체는 살리면서 가벼워 보이지 않도록 보완해야 했고 강의로는 이해하지만 책으로 표현하기 어려운 부분들을 보충하고 추가했기 때문이다.

時空命理學 Youtube에 올린 동영상과 이 책을 활용하면 학습 효율을 획기적으로 높일 수 있을 것으로 믿는다.

마지막으로, 강의파일을 책으로 출판하려면 내용을 정리한 노트가 필요했는데 오랜 시간 힘들게 정리한 노트를 주저 없이 제공해주신 권 동우 선생님께 감사의 마음을 전합니다.

2022년 3월 19일

紫雲

- 차례 -

▰들어가기▰

◆ 時空學 8寶圖의 이해
　宇宙自然 本性圖(우주자연 본성도) : 丁-壬-癸　10
　時空圖　16
　四季圖　20
　十宮圖 1 - 천지창조 과정　32
　十宮圖 2 - 생명의 탄생과 죽음　39
　自然循環圖(자연순환도) - 色界와 空界의 순환　46
　命統圖 - 명리이론의 통합　49
　地藏干　53

▰제 1강▰

◆ 사주명리 용어의 이해
　天干　65
　宮位　70
　地支　72
　地藏干(지장간)　72
　四柱八字　76
　用神　77
　四柱八字와 五柱十字　78

■제 2강■

◆ 사주명리 용어의 이해
　영혼, 귀신　82
　十神　90
　生剋　96
　宮位　97
　존재와 존재가치　102
　時空　103
　日干　105
　사주팔자를 읽는다는 의미　107
　時節(시절)　109
　用神(용신)　110
　刑沖破害　111
　三字조합론　112

■제 3강■

◆ 天干
　天干의 이해　115
　甲 - 수직으로 상하운동하다　132

■제 4강■

◆ 三字조합, 天干
　酉丑辰 三字조합　148
　乙 - 좌우확산하다　159
　丙 - 무한분산하다　162
　丁 - 수렴하다　167
　戊己 - 水火木金 터전을 제공하다　170

庚 - 딱딱해지다   171
　　　辛 - 완벽하게 딱딱하다   172
　　　壬 - 무한응축하다   173
　　　癸 - 발산하다   176

☰제 5강☰

◆ 12지지의 이해
　　時間方向   179
　　三合운동과 12신살   181
　　12運星   184
　　十干, 十二支   185
　　月支가 중요한 이유   186
　　子月 - 壬癸   194
　　丑月 - 癸辛己   202
　　寅月 - 戊丙甲   212

☰제 6강☰

◆ 12地支
　　寅月 - 戊丙甲   221
　　卯月 - 甲乙   225
　　辰月 - 乙癸戊   239
　　巳火 - 戊庚丙   242

☰제 7강☰

◆ 癸甲戊 三字, 12地支
　　癸甲戊 三字조합   252
　　午月 - 丙己丁   270

未月 - 丁乙己   278

■제 8강■

◆ 12地支
　시공간이 반응하는 방식의 이해   291
　申月 - 戊壬庚   299
　酉月 - 庚辛   305
　戌月 - 辛丁戊   312
　亥月 - 戊甲壬   320

■제 9강■

◆ 사주 읽기와 자연의 순환원리
　사주읽기와 판단하기   329
　大運의 이해   336
　자연의 순환원리   344

▰들어가기▰

◆ 時空學 8寶圖의 이해

宇宙自然 本性圖(우주자연 본성도) : 丁-壬-癸

時空圖

四季圖

十宮圖 1 - 천지창조 과정

十宮圖 2 - 생명의 탄생과 죽음

自然循環圖(자연순환도) - 色界와 空界의 순환

命統圖

時空學 8寶圖의 이해

30년 넘는 명리 학습과정에 가장 난감한 점이 무엇이냐고 묻는다면 주저 없이 "기준"이라고 할 것입니다. 우리는 사실 명리에 입문해도 무엇을 기준으로 학습해야 하는지 고민할 겨를도 없이 곧바로 十神의 명칭을 외우거나 12운성, 신살 명칭을 외우기 시작하면서 명리를 공부하는 행위의 본질은 무엇이며 어떤 것을 기준으로 해야 옳은지 고민하지 않습니다. 한번 시작하면 보통 30년 세월을 보내야하는데 아무런 기준도 없이 학습한다는 것은 시간과 금전을 낭비하는 안타까운 일입니다. 마치 목적지도 모른 채 차를 운전하는 것과 다를 바 없습니다. 판단기준이 없으니 자신의 판단이 맞는지 확인하지 못하기에 10년이 지나도 30년이 지나도 심지어 천년이 지나도 모호함에서 벗어나지 못합니다.

時空命理學도 동일한 문제를 가지고 오랜 시간 고민했습니다. 흔들리지 않는 판단기준이 무엇인지 찾고 싶었습니다. 판단이 맞는지 틀리는지 답해줄 근거가 필요했습니다. 기준이 없기에 외워야만 하는 학습방법이 아니라 이해하는 명리공부를 해야 한다고 믿었습니다. 근 20년의 방황 과정에 생각지도 못한 곳에서 그 기준의 단초를 발견하였습니다. 그것은 바로 **地藏干(지장간)** 이었습니다. 格의 명칭을 결정할 때 활용하는 것으로만 인식했던 것이었는데 그 실체는 참으로 값지고 아름다운 존재였습니다. 지구에서 時間과 空間이 순환하는 방식을 표현한 유일무이한 존재입니다. 지구 밖에는 인간이 확인할 수는 없는 모종의 기운(시간, 에너지)이 흐르기에 지구 공간에서 물형이 끊임없이 바뀝니다. 우리는 그 변화를 봄, 여름, 가을, 겨울 四季라고 부르는데 봄에 새싹이 오르고 가을에 열매가 땅에 떨어지는 것을 알고 있습니다. 이처럼 당연해 보이는 사계절의 시공간 순환원리를 표현한 것이 있었을까요? 있다면 과연 무엇일까요? 신비롭게도 先人들은 3천 년 전에 이미 十干과 十二支를 활용하여 사계의 순환과정을 표현했었음에도 우리는 인지하지 못했습니다. 그 아름다운 이치를 설명한 지장간을 엉뚱하게도 格의 이름을 정하는 것으로만 생각했습니다. 지구에 흐르는 時間이 空間에 존재하는 물형을 변화시키는 이치를 이해할 수만 있다면 그래서 시공간의 순환원리를 깨달을 수만 있다면 十神과 生剋을 활용한 格局과 旺衰, 通根, 用神과 같은 기준도 없는 학습방법에서 벗어날 수 있음을 보았습니다. 흔들리지 않는 기준을 찾고자 노력했던 10년의 세월동안 하늘에서 時空學 8寶圖를 내려 주셨다고 생각합니다. 자연의 순환원리로 바른 기준을 정하고 학습과정에 맞고 틀림을 명확하게 구별해낼 근거는 물론이고 무조건 외워야 하는 강박에서 벗어나 이해하는 학문의 길을 열어주셨습니다.

기 출판한 時空間부호 지장간이라는 책에서 다양한 각도로 그 의미를 살펴보았습니다. 지장간은 時空間 순환과정을 명확하게 설명하기에 그 이치를 벗어나는 명리이론은 존재할 수 없습니다. 면면히 이어지는 시공간의 순환 속에서 인간은 자연의 위대함에 순응하며 살아갑니다. 따라서 흔들리지 않는 자연의 이치를 근거로 한 이론을 정립하고 인위적인 이론들에서 과감하게 탈피해야 합니다. 자연이 우리에게 선사하는 지혜를 체득하고 활용해야 합니다. 命理는 인간이 만든 인위적인 잣대로 판단할 성질의 것이 아니라고 믿습니다. 지금까지 애써 얻은 時空學 8寶圖는 모두 지장간 순환원리를 기준으로 하였으며 그 명칭은 아래와 같습니다.

1. 宇宙自然 本性圖
2. 時空圖

3. 四季圖
4. 十宮圖 1
5. 十宮圖 2
6. 自然循環圖
7. 命統圖
8. 그리고 地藏干.

기 출판했던 책에 그 원리와 이치를 꾸준히 공개하였기에 여기에서는 간략하게 정리하고 넘어갑니다. 명리에 입문한 분들께서는 아마도 어려운 표현들임에도 여기에 올릴 수밖에 없는 이유는 강의과정에 자세한 설명도 없이 계속 8寶圖 명칭들이 등장하기에 사전에 그 이치를 간단하게 학습하는 것이 좋겠다는 생각에서입니다. 다만, 개념을 잡는 수준에서 쓰윽 읽고 넘어가는 것이 좋으며 강의 전반에 걸쳐 자세히 학습할 예정입니다.

宇宙自然 本性圖(우주자연 본성도) : 丁-壬-癸

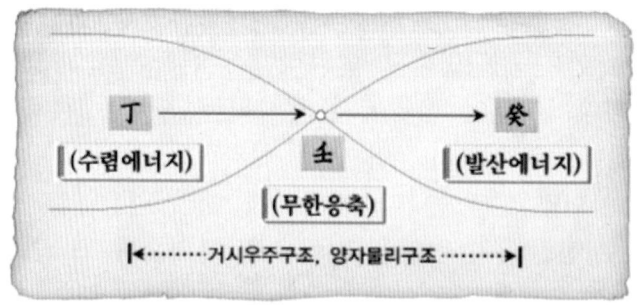

《宇宙自然 本性圖》

우주빅뱅 과정에 엄청난 열기가 펼쳐졌다고 합니다. 丁火의 수렴작용이 극에 이르면 壬水의 무한응축 상태를 유지하다가 어떤 이유로 균형이 깨지면서 빅뱅으로 폭발했다는 설명입니다. 빅뱅은 우주 전역에 수소와 헬륨을 펼쳐놓았고 지금도 계속 팽창하고 있습니다. 이 과정을 甲乙丙丁으로 표현하면, 무한응축 상태가 壬水요 빅뱅처럼 폭발하는 움직임을 癸水로 규정하며 발산, 팽창의 움직임입니다. 우주가 열리고 은하, 항성, 지구가 생겨났으며 생명체가 살아가기에 癸水는 우주 어디에도 존재하는 우주 어미와 다를 바 없으며 生氣를 내놓고 거두기를 반복합니다.

丁-壬-癸 三字가 하나로 묶여서 절대로 분리될 수 없으며 冲氣로 회오리치면서 조화를 이룹니다. 간단하게 정리하면, 빅뱅이 전의 상태는 丁火로 열기를 수렴하는 과정이며 극에 이르면 응축에너지 壬水에 닿고 폭발하면 癸水입니다. 이 三字는 우주 핵심에너지요, 고전, 양자물리학의 뼈대이며 종교, 명리, 철학의 흔들리지 않는 기준입니다. 丁壬癸를 달리 표현하면, 물질과 반물질, 입자와 파동, 시간과 공간, 중력과 척력으로 대칭처럼 보이는 중간에 壬水가 개입하여 丁火와 癸水를 양쪽에 붙잡고 회오리치며 돌아갑니다.

이 과정에 丁火가 강해지면 물질이 생겨나고 癸水가 강해지면 척력으로 물질을 흩어버립니다. 癸水는 참으로 오묘한 특징을 가졌습니다. 壬水의 도움으로 폭발하여 우주에 시공간을 펼쳤으면서도 그 내부에 어마어마한 열기 丁火를 품었습니다. 丁火가 없었다면 물질이 생겨날 수 없으며 지구도, 인간도 존재할 수 없습니다. 丁火는 色界의 근본이요 물형의 원동력입니다. 丁火의 수렴작용이 극에 이르면 壬水로 돌아갔다가 다시 癸水로 폭발하여 우주공간을 넓히고 물질을 창조하기를 반복하기에 老子는 이런 움직임을 道라고 표현했으며 하느님이자 우주본성이자 우주어미입니다. 癸水가 우주를 창조했기에 生氣와 사랑을 퍼트리려는 것이 神의 의지입니다. 壬水는 丁火 중력과 癸水 척력을 모두 활용하여 밀고 당기는 작용으로 회오리치고 중간에 진공을 만들어냅니다. 따라서 우주어미가 창조한 인간도 丁癸 사이에서 흔들리고 방황합니다. 癸水는 뇌로 들어와 영혼을 지배하고, 丁火는 심장으로 들어와 육체를 지배합니다. 선과 악, 정신과 육체, 학문과 물질을 동시에 추구하는 이중적인 존재입니다. 양자물리학에 비유하면 壬水 원자핵을 중심으로 전혀 다른 특징을 가진 두 개의 전자(척력과 중력)가 밀고 당기면서 끊임없이 변화하는 것처럼 보입니다. 丁癸의 팽팽한 긴장감은 원자와 전자 사이에 진공상태를 형성하고 밀고 당기는 움직임으로 生氣를 유지하는 것처럼 보입니다. 神(壬)의 의지에 따라 丁癸가 한시도 멈추지 않고 충돌하면서 生氣를 유지하는 묘한 이치입니다. 아름다운 冲氣의 움직임과 변화가 우주본성입니다. 노자는 이 아름다운 광경을 冲氣以爲和라고 표현했습니다.

척력과 중력을 명리용어로 표현하면 陽陰의 순환과정이자 시간이 공간으로, 공간이 시간으로 순환하는 이치입니다. 불교의 空卽是色, 色卽是空 과정이며 인간도 그 이치에서 벗어나지 못합니다. 丁火로 육체를 빚고 癸水로 生氣를 유지하다 壬水 영혼의 세계로 들어가 癸水 새 영혼을 얻고 내부에 숨겨진 丁火를 활용하여 살아갑니다. 에너지와 물질의 변화과정으로 살피면 아래와 같습니다.

丁---壬---癸
辛---甲---乙

丁壬癸의 흐름을 따라서 辛甲乙의 물형이 변하며 空界와 色界를 순환합니다. 우리는 아름다운 지구에서 丁癸가 수시로 충돌하는 시공간에서 살아가지만 죽음 너머에 있는 블랙홀과 같은

壬水를 볼 수는 없습니다. 壬水는 이생의 모든 기록을 감춰버리고 時空間을 없앤 후 새로운 시공간을 창출하는데 바로 癸水입니다. 인간의 탄생과정을 양자 얽힘으로 설명하면 이렇습니다. 아무리 거리가 떨어져 있어도 하나의 스핀이 확정되면 다른 한쪽의 스핀도 확정되기에 氣가 결정되는 순간 반대편 스핀이 質로 확정되고, 質이 결정되는 순간 반대편 스핀이 氣로 확정됩니다. 영혼의 세계를 볼 수는 없지만 壬에서 癸로 時空間이 열리는 순간, 물형은 丁火로 확정되는 것입니다. 癸에서 영혼이 결정되면 저승과 이승처럼 정반대 시공간에 드러날 丁火 물형도 결정되는데 그 방식은 合으로 이루어집니다. 만약 癸亥(영혼의 세계)에서 스핀이 동하면 空界를 뛰어넘어 戊寅(색계)으로 결정되는 것입니다. 달리 표현하면, 戊寅일에 지구에 탄생했다면 반대편 空界에서는 癸亥일에 에너지가 동한 것입니다. 老子는 道德經 6장에서 우주순환과정을 綿綿若存, 用之不勤이라 표현했습니다. 이어지고 이어져 마치 존재하는 것과 같으며 그 작용은 끝이 없다고 하였습니다. 우주는 丁壬癸 과정을 영원히 순환하기에 존재한다고, 존재하지 않는다고 할 수도 없으니 마치 존재한다고 표현했던 것입니다. 또 丁壬癸는 인간의 生死문제는 물론이고 時間과 空間, 時間方向의 경계를 결정하는 기준입니다. 時空學 다음카페 사이트에 丁壬癸 三字조합의 다양한 의미들을 올려놓았으니 참조하시기 바랍니다.

時空圖

丁壬癸 회오리 작용으로 우주에 펼쳐진 구조를 時空圖라는 명칭으로 부르겠습니다.

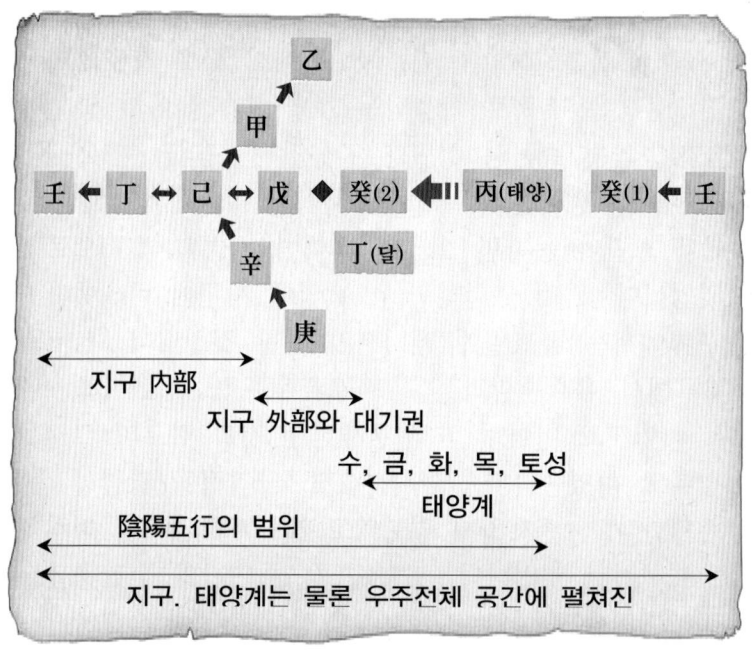

태양과 달 수성, 금성, 화성, 목성, 토성으로 규정하고 명리에 접목한 것이 음양오행설로 보입니다만 천동설과 지동설의 다툼도 없었던 시기에 만들어졌기에 현대에 밝혀진 사실과 비교하면 오류가 있습니다. 태양계의 일부에 불과한 지구를 기준으로 태양과 달, 오행성에 국한된 설명이기 때문입니다. 물리학의 발전으로 우리는 많은 것을 이해하게 되었습니다. 태양계는 우주 변방이며 지구는 태양계에서 조차 미미한 시공간을 차지하고 있습니다. 우주는 결코 지구와 인간을 위해 존재하는 것이 아니었습니다. 우주 전역에 펼쳐진 에너지는 전체를 하나로 엮어놓습니다. 이런 위대한 조물주를 神, 道와 같은 명칭으로 부르지만 본질은 하나입니다. 壬水요, 대행자는 癸水이자 丁火입니다.

1. 壬水 - 우주본성

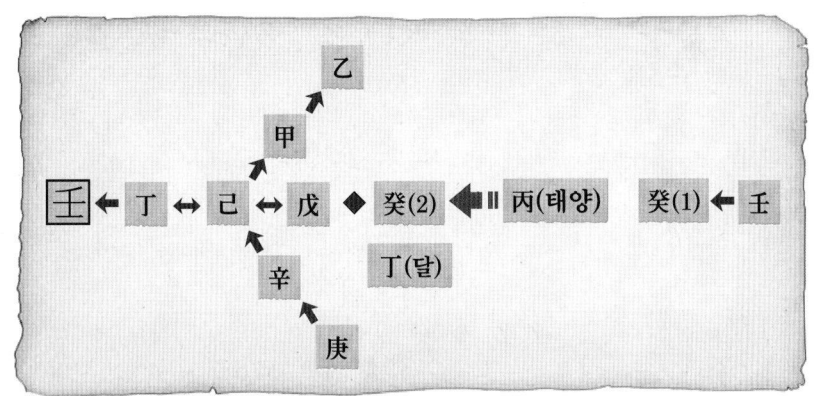

時空圖의 범위는 지구 내부와 외부, 태양계를 훌쩍 벗어나 우주 전역에 펼쳐진 에너지를 표현하였습니다. 현대 물리학에서는 암흑에너지 등 다양한 명칭으로 불리며, 老子는 조물주 보다 먼저 존재했다고 표현했습니다. 물리학으로 표현하면 시공간으로 물질을 만들고 거두기를 반복하는 움직임입니다. 우리는 보이는 것만 믿는 경향이 있지만 물리학의 주장은 우주에 살아 움직이는 에너지로 가득 차 있다고 주장합니다.

- 허공의 일 입방에 존재하는 에너지의 힘은 어마무시 하다.
- 허공 속에 무언가 있는데 암흑에너지로 중력이다.
- 허공 속엔 정체 모를 장(필드)으로 가득 차 있다.
- 허공 속의 에너지로 만물이 생겨난다.
- 양자세계와 우주전체에서 이루어지는 현상은 다르지 않다.

신비롭게도 이런 이치를 老子는 道空이나 道無라는 표현이 아닌 道沖이라 표현했습니다. 있다가 없어지거나 비어 있는 혹은 없는 것이 아니라 언제 어디에나 존재하며 沖으로 살아있음을 증명하며 영원히 순환한다고 주장했습니다. 텅 빈 공간처럼 보이지만 에너지가 서로를 향하여 돌진하면서 변화하는 작용은 무궁무진합니다.

2. 丁 - 수렴, 중력, 열

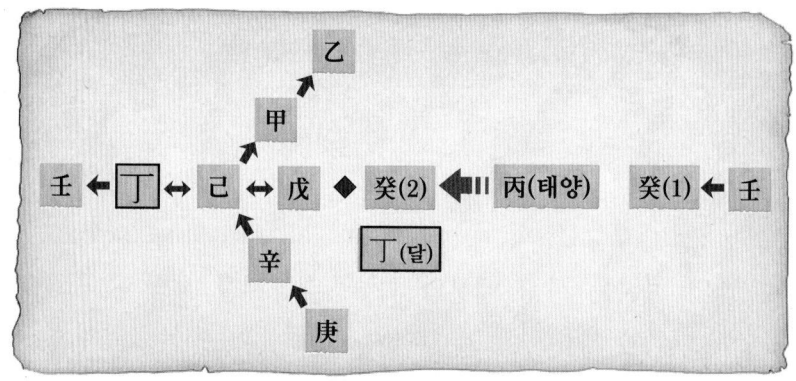

丁火는 지구내부에 중력에너지로 존재합니다. 丁火가 없다면 지구는 물론이고 생명체도 생겨날 수 없으며 회오리작용이 없기에 우주와 지구는 회전하지도 못했을 겁니다. 우주공간이 계속 팽창해도 지구가 일정한 물형을 유지하도록 해주는 힘입니다. 또한 熱을 유지하여 생명체가 살아가도록 돕지만 熱이 폭발하면 바다 속 지형을 바꾸고 땅 밖의 지형도 바뀌는데 해일, 지진, 화산과 같은 현상입니다. 丁火는 물질과 육체를 통제하며 壯丁처럼 육체를 건강하게 만듭니다. 달로도 표현하며 밀물과 썰물, 육체의 탄생과 질병에 영향을 미친다고 합니다.

3. 癸 - 척력, 발산, 폭발

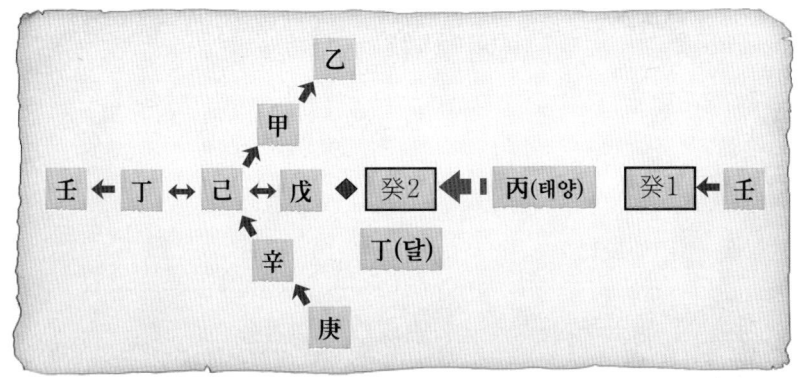

癸水의 작용은 오묘합니다. 우주에 존재하는 모든 것을 팽창시키며 인간의 육체와 정신도 동일하게 영향을 받습니다. 인간의 뇌에도 癸水가 들어가 생각을 끊임없이 팽창시킵니다. 심장에는 丁火가 있기에 정신과 육체를 지탱하는 두 에너지가 수시로 충돌하면서 生氣를 유지하는 극히 이중적인 움직임입니다. 따라서 인간본성은 性惡, 性善으로 나뉠 성질이 아니며 항상 두 속성을 동시에 품고 있습니다. 일상에 비유하면 흑색의 癸水는 밤에 활동하여 생각을 끊임없이 확장하며, 낮에는 丁火를 적극적으로 활용하여 물질과 육체에 집중합니다. 밤에 수많은 생각을 했지만 아침에 일어나면 언제 그런 생각을 했는지 까마득히 잊어버리고 일상에 적응하는 이유입니다. 癸水는 지구 대기권에 국한한 癸水가 아니고 우주 전역에 펼쳐진 에너지와 같습니다. 실체도 없고, 알 수도 없는 癸水가 色界에 개입하여 丁火 중력에너지로 바꾸어 물형을 갖춥니다. 癸(2)는 지구 외부에 형성된 대기권으로 생명체를 만드는데 극히 중요합니다. 癸(1)은 우주 전역에 펼쳐진 암흑에너지로 우주 어미를 상징합니다. 時空圖의 자세한 이치는 時空間부호 60간지 上下를 참조하시기 바랍니다.

四季圖

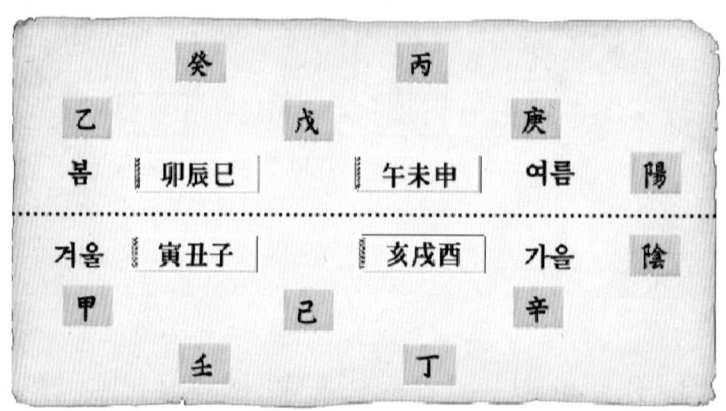

《四季圖》

자연의 순환원리는 복잡하지 않습니다. 일정한 규율로 생장쇠멸을 반복하기에 인간도 자연에서 태어나 성장하고 代를 이루고 자연으로 돌아갑니다. 따라서 일정한 순환원리가 존재하며 그 이치를 四季圖에 담았습니다. 만물의 생장쇠멸 과정을 쉽게 이해함은 물론이요, 天干 合과 沖, 헨의 원리를 정확하게 이해하는 근거가 됩니다. 굵게 나누면 태양이 드러나고 만물이 성장하여 결실을 맺는 時空間은 陽이고, 태양이 지고 만물을 수확, 저장한 후 후대를 준비하는 時空間이 陰으로 그 차이점을 살펴보겠습니다.

1. 壬, 丙

자연은 응축과 분산운동을 반복합니다. 응축을 통하여 만물을 움츠리며 겨울이며 壬水라고 표현합니다. 여름에는 분산을 통하여 만물의 부피를 확장합니다. 응축과 분산을 반복하는 과정에 四季가 순환하고 물형변화가 생깁니다. 壬水와 丙火의 움직임이 상반되기에 서로 소통하지 못하는 문제가 있기에 중간에서 촉매제가 필요한데 壬水를 丙火로 연결하는 역할은 癸水가, 丙火를 壬水로 연결하는 역할은 丁火가 합니다. 壬水의 응축작용을 완성하기까지 丁火의 수렴작용이 필요하며, 癸水의 도움이 있어야 丙火의 분산작용이 완성됩니다. 이 과정을 표현하면 아래와 같습니다.

2. 水火의 순환과정

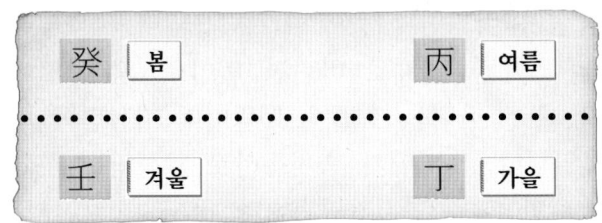

각 계절을 주도하는 기운입니다. 겨울에 壬水가 만물을 움츠리게 만들고, 봄에 癸水가 만물의 성장을 촉진하며, 여름에 丙火

가 열매를 확장하며, 가을에 丁火가 열매를 수렴하여 완성합니다. 壬水와 癸水의 분기점은 子月로 지장간에 있는 壬水가 癸水로 폭발하여 봄을 향합니다. 丙火와 丁火가 갈라지는 분기점은 午月로 지장간에 있는 丙火가 丁火로 一陰이 동하여 수렴하기 시작합니다. 정리하면, 子에서 一陽으로 응축을 풀고, 午에서 一陰으로 분산을 수렴합니다. 丙, 壬, 癸와 丁 그리고 子와 午는 사계의 순환을 주도하여 물질을 상징하는 木金에 영향력을 행사합니다.

3. 木金의 순환과정

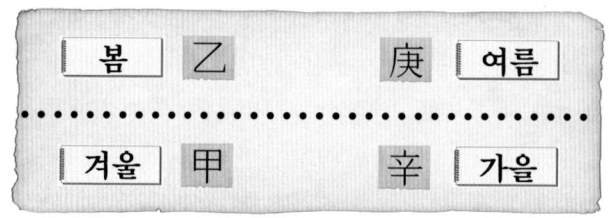

水火가 응축, 분산을 반복하는 과정에 木金의 물형를 표현하였습니다. 지구에 존재하는 모든 생명체를 甲이라 부르며 壬水로 뿌리내리고, 땅 밖으로 드러나면 乙이요 봄입니다. 새싹이 꽃으로 바뀌고 열매를 맺으면 庚이요, 여름에 이릅니다. 열매가 완성되면 辛으로 물형이 바뀌면 가을에 이르렀습니다. 甲 뿌리가 땅 밖으로 나오면 乙이고, 열매로 바뀌면 庚이요, 땅에 떨어지면 辛입니다. 甲이 乙로 바뀌는 空間은 卯월이며 지장간에 甲과 乙을 명기한 이유입니다. 庚열매가 辛씨종자로 완성되는 空間은 酉월로 지장간에 庚과 辛을 명기하였습니다. 甲乙이 갈라져 새싹이 올라오면 卯月이고, 庚辛이 갈라져 열매가 땅으로 떨어지면 酉月입니다.

4. 水火木金 순환과정

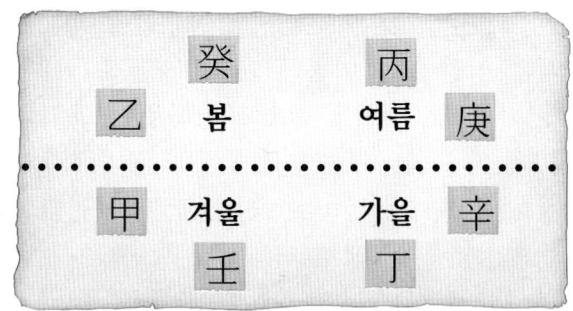

지금까지 설명한 과정을 표현하였습니다. 癸와 乙이 짝을 이루어 봄을 주도하고, 丙과 庚이 짝을 이루어 여름을 주도하며, 辛과 丁이 짝을 이루어 가을을 주도하며, 壬과 甲이 짝을 이루어 겨울을 주도합니다. 봄에는 癸水가 발산작용으로 乙의 성장을 촉진하고, 여름에는 丙火가 분산작용으로 庚 열매를 확장하며, 가을에 丁火가 수렴작용으로 열매를 수확하고, 겨울에는 壬水가 응축작용으로 甲이 뿌리내리도록 유도합니다. 이 모든 과정은 지구에서 발현되며 戊土와 己土라 부릅니다.

5. 陽界와 陰界

사계를 陽界와 陰界로 구분하여 살펴보겠습니다.

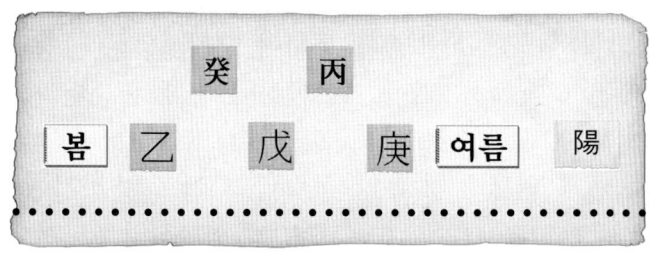

봄에 乙이 癸水의 따뜻한 공기와 丙火의 분산작용으로 戊土 터전에서 성장하고, 여름에 열매 맺습니다. 즉, 봄과 여름에 성장하고 열매 맺으려면 戊土와 癸水와 丙火가 필요합니다. 戊土는 乙의 성장을 촉진하는 터전이요, 여름에 庚 열매를 드러내는 공간입니다. 癸水는 乙이 卯辰巳 月을 지날 때 따뜻한 공기와 적절한 水氣를 제공하며, 丙火는 午未申月에 열매를 확장합니다. 따라서 戊土 터전이 없다면 불안정하고 癸水, 丙火가 없다면 乙木은 성장하지 못하고 庚金은 열매로 바뀌지 못합니다.

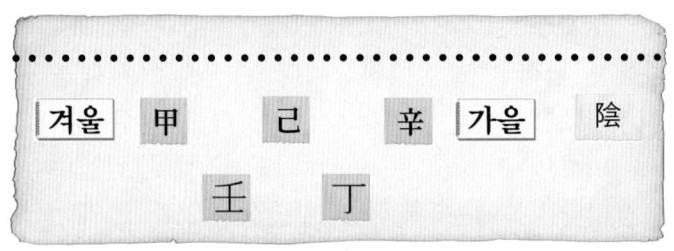

庚 열매가 가을에 辛씨종자로 완성됩니다. 乙庚 合으로 내부에 生氣를 저장하고 辛에서 씨종자로 완성되며 윤회과정을 거칩니다. 己土 땅속에서 丁火 열기와 壬水 수기로 딱딱한 씨종자를 부드럽게 만드는 과정이 酉戌亥, 子丑寅 가을과 겨울에 이루어집니다. 결과적으로 辛은 甲으로 변하고 봄에 乙로 세상 밖으로 다시 드러납니다. 요약하면, 辛이 甲으로 변하는데 반드시 己土와 丁火 그리고 壬水가 있어야 합니다. 丁壬 合은 辛이 丁火 熱과 壬水의 水氣가 合하여 甲을 내놓는 과정에 반드시 필요하며 죽음을 맞이한 생명체가 水氣를 통하여 재탄생하는 과정입니다. 봄, 여름에는 戊土에서, 가을 겨울에는 己土에서 순환과정을 반복하는데 水氣가 木을 내놓고 火氣가 金으로 변화시킵니다. 결과적으로 水火에 의해서 木金의 물형이 수기로 변하기에 木은 金의 다른 표현이며, 金은 木의 다른 물형이지만 그 본질은

하나입니다.

6. 天干 合

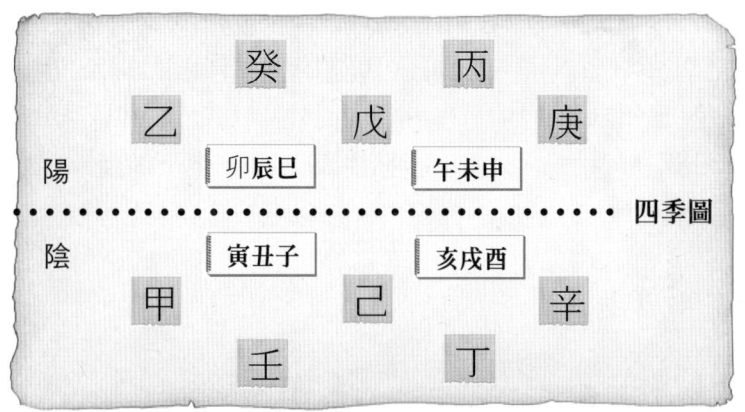

四季에는 5개의 天干 合이 있습니다. 戊癸 合은 봄의 시공간에 활용하는데 癸水로 乙의 성장을 촉진합니다. 戊土 터전에서 癸水가 온도를 높이면 乙 생명체가 성장합니다. 이런 이치를 戊癸 合이라 부릅니다. 乙庚 合은 봄과 여름에 乙이 庚으로 물형을 바꾸는 과정입니다. 새싹이 자라서 열매로 바뀌기에 乙의 부드러움과 庚의 딱딱함이 만났습니다. 乙庚 合하는 이유는 가을에 물질을 완성하기 위한 것이며 반드시 丙火가 필요합니다. 丁壬 合하는 이유는 壬水와 丁火가 만나서 辛 열매를 甲으로 바꾸기 위한 것입니다. 辛씨종자는 丁火 열기와 壬水 응축에너지의 도움이 있어야 물형을 甲으로 바꿉니다. 이런 움직임이 없다면 봄은 오지 않으며 지구에 생명체가 없었을 것입니다. 甲己 合은 辛이 甲으로 물형을 바꾸는 과정에 己土를 터전으로 뿌리를 내립니다. 合하는 이유는 己土를 기반으로 甲 생기를 위로 올리거나 아래로 내리기 위한 것입니다. 위로 올리면 생명체가 탄생하고 아래로 내리면 수명을 다해 흙으로 돌아갑니다. 天干 合중에서 가장 조화롭지 못한 것이 丙辛 合입니다. 丙火가 辛과 합하면 분산하지 못하기에 빛이 사라지고 丙火가 辛을 합하여 응축 행위를 막아서 분산에너지를 극대화하여 밝은 세상을 창조합니다. 따라서 丙辛의 움직임이 상반되기에 生死를 결정하는 합이며 공존할 수 없기에 만남과 이별을 반복합니다. 예로 丙火가 주도하는 巳午未 공간에서는 辛金이 사라지고 辛金이 주도하는 亥子丑 공간에서는 丙火가 사라집니다. 天干과 地支를 함께 표현해보겠습니다.

7. 時空의 만남

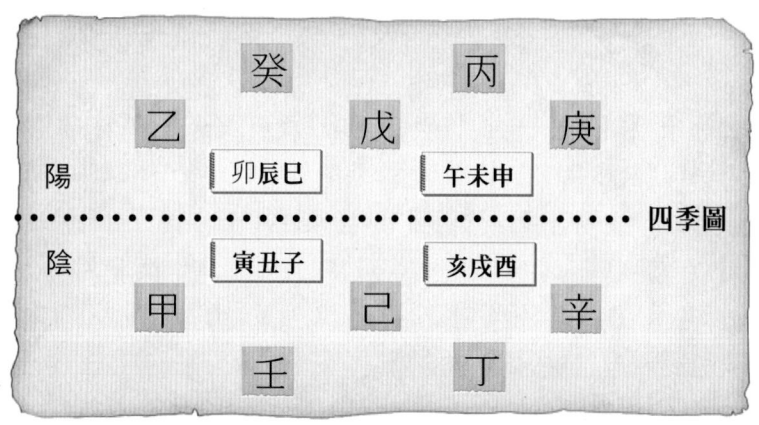

天干과 地支가 사계를 순환하는 과정을 표현하였습니다. 乙癸는 卯辰巳 봄에 성장하며, 丙庚은 午未申 여름에 열매를 확장하며, 辛丁은 酉戌亥 가을에 열매를 완성하고, 壬甲은 子丑寅 겨울에 뿌리내립니다.

8. 水火운동

壬	丙
午未申酉戌亥(성장)	子丑寅卯辰巳(성장)
子丑寅卯辰巳(쇠퇴)	午未申酉戌亥(쇠퇴)

壬水는 午月에 一陰이 생겨나 수렴하기 시작하여 亥月에 응축 작용이 완성되고, 子月에 一陽이 생겨나 발산하여 巳月에 분산 작용이 완성됩니다.

9. 水火의 변화과정

壬	癸	丙	丁	壬
子丑寅	卯辰巳	午未申	酉戌亥	子丑寅

壬丙이 癸丁에 의해 변하는 과정입니다. 壬水가 亥水에서 六陰으로 응축이 극에 이르고 子月에 癸水로 발산하여 온도가 올라가 巳月에 분산작용이 강력해집니다. 午月에 丁火의 수렴작용이 시작되고 亥月에 응축작용이 극에 이릅니다. 水火가 순환하는 과정에 木金은 아래와 같이 변해갑니다.

甲	乙	庚	辛	甲
子丑寅	卯辰巳	午未申	酉戌亥	子丑寅

壬水가 癸水로, 癸水가 丙火로, 丙火가 丁火로, 丁火가 다시 壬水로 순환하는 과정에 木과 金이 변화하는 이치입니다. 壬水가 子丑寅 月을 지나면 甲을 키우고, 癸水가 卯辰巳 月을 지나며 乙을 키우고, 丙火가 午未申 月을 지나며 庚 열매를 확장하고, 丁火가 酉戌亥 月을 지나며 辛씨종자를 완성하면 壬水가 다시 子丑寅 月에 甲을 키우기를 반복합니다.

10. 봄의 時空間

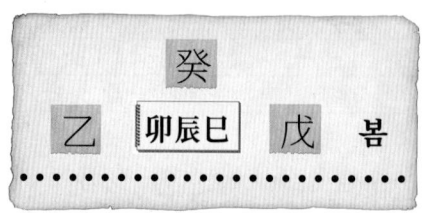

癸水의 도움으로 卯辰巳月에 乙이 戊土에서 성장하고 꽃피기까지 과정입니다. 乙癸戊 三字로 조합하면 시공간이 매우 적절합니다. 乙戊, 戊癸, 乙癸도 적절하지만 三字의 경우에는 더욱 아름답습니다. 戊癸는 戊土에 온도가 상승하니 乙이 좌우확산하고, 乙癸는 癸水가 乙의 성장을 촉진하며 乙戊는 乙이 戊土터전에서 좌우로 펼치기 시작합니다.

11. 여름의 時空間

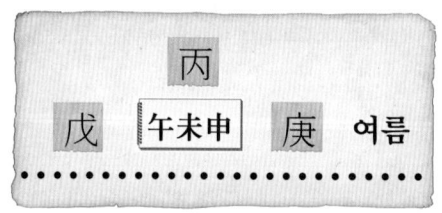

庚이 익어가는 과정입니다. 봄에 戊癸 合하여 乙이 성장하고, 午未申月 여름에 戊土에서 丙火로 庚 열매를 확장하는 과정으로 乙庚이 合하면 丙火가 달려들어 열매를 키웁니다. 戊庚은 戊土에 庚열매가 드러나 가치가 높아집니다. 戊丙은 丙火 빛에 의해 戊土 터전이 환하게 드러나며 庚을 키웁니다. 丙庚은 丙火가 庚을 키우는 과정이지만 직접 만나면 열매가 상할 수도 있습니다. 봄, 여름에 戊土는 乙을 庚으로 바꾸는 과정에 참여하여, 乙을 키우고, 庚을 확장하는 역할입니다. 운동방향으로 살피면, 乙癸戊는 상승작용이요, 분기점은 卯月이며, 戊丙庚은 상승에서 하강하며 분기점은 午月입니다.

12. 가을의 時空間

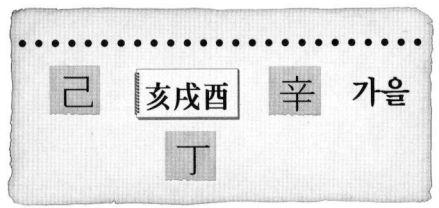

가을의 시공간입니다. 辛열매가 경화작용을 완성하고 땅에 떨어져 甲으로 물형을 바꿔야 합니다. 따라서 성장의 터전 戊土는 쓰임을 잃고, 열매를 저장할 己土가 필요합니다. 辛은 땅에 떨어지고 낙엽이 쌓여 戊土가 己土로 바뀌면 내부에 열기가 생겨나 亥月에 丁壬 合으로 甲으로 바뀌기 시작합니다. 丁己辛 三字조합은 조화로운 시공간입니다.

丁火가 辛에게 열기를 가하는 이유는 열매를 완성해야 亥月에 甲으로 바꿀 수 있기 때문입니다. 만약 丁壬 合 과정에 열기가 없다면 辛은 甲으로 바뀌지 않습니다. 丁火가 己土를 만나면, 열기를 전달하여 가을과 겨울을 지나도록 씨종자를 품습니다. 丙火가 戊土에게 분산에너지를 전달하는 것과 동일한 이치입니다. 己土는 辛을 만나면 열매를 내부에 품습니다.

13. 겨울의 時空間

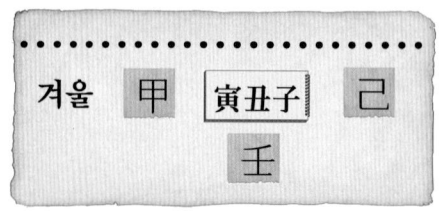

겨울입니다. 亥에서 잉태된 甲이 己土에 뿌리내리는 과정입니다. 子丑寅 月을 지나는 과정에 甲이 己土를 터전으로 성장하는 壬甲己 三字조합으로 생명체를 내놓는 과정입니다. 운동방향으로 살피면, 丁己辛 三字는 하강하고 분기점은 酉月이며 壬甲己 三字조합은 하강에서 상승으로 전환하며 분기점은 子月입니다.

정리하면, 乙癸戊는 상승세를 확장하고, 丙戊庚은 상승세가 꺾이며, 丁己辛은 하강세가 극에 이르고, 壬甲己는 상승세로 전환하는데 子午와 卯酉에서 전환이 이루어집니다. 마지막으로, 戊己의 차이점은 乙부터 庚까지의 변화과정을 戊土가 돕기에 변화를 주도하고, 辛에서 甲까지 변화과정을 己土가 돕기에 변화를 확인하기 어려운 시공간입니다. 四季圖의 순환원리는 四季圖 講解를 참조하시기 바랍니다.

14. 十干의 기본개념

甲 : 생명의 근원.
乙 : 甲을 근거로 만들어진 생명체.
丙 : 분산에너지, 庚 열매를 키웁니다.
丁 : 수렴에너지, 씨종자를 완성합니다.
戊 : 癸水와 丙火를 통하여 乙을 庚으로 바꾸는 무대.

己 : 辛을 저장하고, 丁壬 合으로 甲을 내놓는 터전.
庚 : 乙을 단단하게 하여 틀을 만들고 열매를 완성합니다.
辛 : 庚이 만들어낸 씨종자.
壬 : 생명수로 辛 씨종자를 甲木으로 재창조합니다.
癸 : 戊土 터전에서 乙 생기의 성장을 주도합니다.

15. 天干 合.

戊癸 合 : 乙의 성장을 촉진합니다.
乙庚 合 : 열매를 완성합니다.
丁壬 合 : 생명을 잉태합니다.
甲己 合 : 존재를 드러내고 사라지기를 반복합니다.
丙辛 合 : 밝음과 어둠을 순환합니다.

16. 天干 沖.

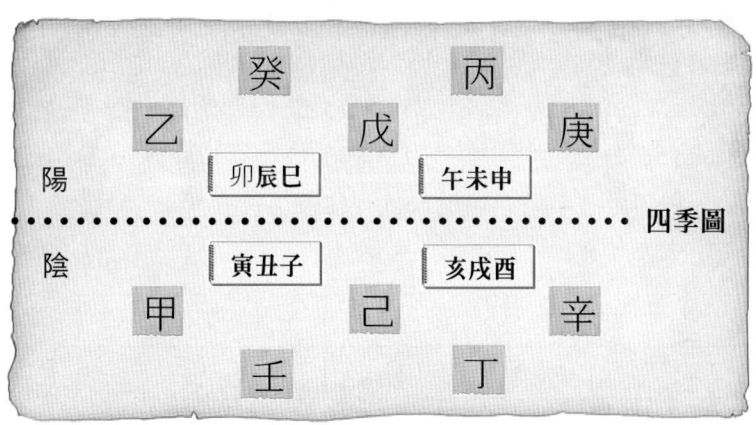

沖은 대립하는 에너지들이 충돌합니다. 甲은 오르고 庚은 내리기에 甲庚 沖이요, 乙은 좌우로 확산하고 辛은 물형을 최대로

축소시키니 乙辛 沖이요, 丙은 분산하고 壬水는 응축하니 丙壬 沖이요, 丁은 수렴하고 癸水는 발산하니 丁癸 沖입니다. 戊土와 己土는 지구 터전과 같아서 沖 작용이 없습니다.

十宮圖 1 - 천지창조 과정

《十宮圖(우주생성과정)》

丙(빛,눈)	庚(뼈)	甲(단세포)	戊(행성)	壬 … 癸(빅뱅)
辛(죽음)	乙(손발)	己(다세포)	癸(대기)	丁(중력-회오리)

지장간이 시공간의 순환원리임을 이해한 후 천지창조 과정을 표현한 것이 十宮圖 1이며 육친의 生剋원리를 명확하게 알려줍니다. 時空間부호 甲乙丙丁은 물론이고 기 출판한 책들에 자세히 설명했기에 여기에서는 원리만 살피겠습니다. 보통 사주팔자이기에 8개 宮位라고 생각하지만 윤회 궁을 포함하면 10개입니다. 十干이라고 표현하는 것처럼 지구공간을 열 개의 에너지가 지배하기 때문에 반드시 十宮이어야 합니다. 十宮圖1을 통하여 깨닫는 중요한 이치는 天干 合으로 地支의 三合운동과 더불어 命理의 모든 것이라 해도 과언이 아닙니다.

			戊	壬 ⇨ 癸(1)
			癸(2)	丁 ↵

빅뱅이전 상태가 壬水요, 빅뱅으로 우주에 시공간이 끝없이 펼쳐지면 癸水입니다. 따라서 癸水는 폭발하는 움직임을 근본으로 하면서도 그 속에 丁火 열과 중력을 품었습니다. 따라서 丁壬癸

三字가 冲氣로 가스와 먼지 층을 회오리치게 만들어 100억년이 지나 지구가 생겨납니다. 영겁의 세월을 회오리쳐 생명체가 살아갈 지구를 만들어낸 것입니다. 따라서 丁火에서 戊까지는 지구행성이 생겨나는 과정을 표현한 것입니다. 가스층과 먼지구름이 점점 딱딱한 땅으로 변하였습니다. 지구경계를 戊土라 부르기에 외부와 내부의 경계를 구분하였습니다. 우리는 지구 밖의 생명체를 외계인이라고 부릅니다.

			戊	壬 ⇨ 癸(1)
			癸(2)	丁 ↵

癸水는 두 종류가 있는데 (1)은 물리학자들이 주장하는 우주에 펼쳐진 암흑에너지와 같습니다. (2)는 지구가 회전하는 과정에 중력으로 당겨온 대기권과 같습니다. 대기특징으로 생명체의 존재여부가 결정된다고 합니다. 수소와 헬륨으로 구성되면 생명체를 만들고, 이산화탄소로 구성되면 존재하지 못합니다. 지구에서 생명체가 살아가는 이유는 바로 癸2 대기 덕분으로 소중한 열기를 잡아주는 담요역할 뿐만 아니라 밤과 낮의 기온차가 극단적으로 벌어지지 않게 막아줍니다. 대기가 없으면 태양이 아무리 어둡더라도 태양에서 오는 자외선 때문에 분자들의 결합이 끊어져 생명체가 살지 못합니다.(빌 브라이슨, 거의 모든 것의 역사 p 313). 지구에 대기권이 있어야 비로소 생명체가 존재할 수 있기에 癸2는 지구 어미와 같으며 모든 생명을 주관합니다. 癸水 어미는 甲 생명체를 만들어냅니다.

		甲(단세포)	戊(행성)	壬⇨癸(빅뱅)
			癸(대기)	丁 ⇦(중력)

생명의 출현은 40억 년 전에 시작되었습니다. 그리고 유전적 마술이 세대를 통해서 이어져 현재에 이르렀습니다. 생명체가 등장하는 과정을 水生木으로 표현합니다. 戊土 지구가 만들어지고 癸水 대기와 조화를 이루고 대략 7억년이 흐른 후에서야 지구에 생명체가 생겨납니다. 단세포 생물이 처음으로 등장하였는데 그 존재를 甲이라 표현합니다. 사주팔자에서 甲과 寅은 生氣를 상징하기에 문제가 생기면 육체가 상하거나 사망할 수도 있으며 生死와 깊은 연관이 있기에 사주를 분석할 때 주의하여 살펴야 합니다.

		甲(단세포)	戊(행성)	壬⇨癸(빅뱅)
		己(다세포)	癸(대기)	丁 ↙(중력)

6억 년 전 화석에 다세포로 이루어진 최초의 생물이 발견되었습니다. 단세포 생물이 생겨난 후 20억년이 흐른 후에서야 비로소 다세포 생물이 존재를 드러냅니다. 단세포 甲에 몸통과 내장을 장착합니다. 생존이 어려운 戊土 표면을 뚫고 땅속으로 들어가 종자를 보존하기까지 근 20억년이 걸린 것입니다. 종자를 보존할 내부터전을 己土라 부르며 인체의 내장에 해당합니다.

	경(뼈,척추)	甲(단세포)	戊(행성)	壬⇨癸(빅뱅)
		기(다세포)	癸(대기)	丁 ↙(중력)

단세포에서 다세포로 변하고 수억 년이 흐르는 동안 甲의 표면은 점점 단단해지고 부드러운 척추가 생겨납니다. 생명체는 스스로를 보호하기 위해서 신체 일부를 딱딱하게 바꿉니다. 水生木으로 단세포 생물이 생겨나고 土生金으로 6억년 즈음에 세

번째 동물계가 출현합니다. 庚은 부드러운 물형이 단단한 물형으로 변하는 과정으로 새싹들이 여름을 지나 단단해지는데 丙火 때문입니다. 丙火 빛은 水氣를 증발하는 방식으로 부드럽던 물형을 딱딱하게 해서 일정한 틀을 창조합니다. 이런 작용은 생물진화론은 물론이고 命理에서도 매우 중요한 의미입니다. 뼈대가 굵고 단단한 짐승이 출현한 것은 분명 빛과 관련이 있습니다.

庚(뼈, 척추)	甲(단세포)	戊(행성)	壬⇨癸(빅뱅)
乙(손발활용)	己(다세포)	癸(대기)	丁 ⤶(중력)

과학자들의 연구를 보면, 지구에 동물이 많은 것 같아도 설계도는 38가지뿐으로, 서로 다른 내부 구조를 탄생시킨 중요한 진화 사건이 46억년 지구역사에서 단 38번 밖에 없다고 합니다. 신비로운 점은 38개의 동물 문에서 35개는 5억 4800년 전부터 단 500만년 동안에 등장했습니다. 보이지 않던 딱딱한 껍질을 가진 동물 화석들이 갑자기 나타납니다. 지구 역사의 80퍼센트에 이르는 과정에 아무 일 없다가 단 500만년 사이에 갑자기 35개의 문이 등장하였는데 바로 고생대 초입 캄브리아기입니다. 甲이 戊土를 자극하여 己土를 얻는 방식으로 庚은 甲을 가르고 쪼개서 팔과 다리가 생겨나고 몸통과 부위를 연결하는 역할을 乙이 담당합니다. 머리와 몸통, 몸통과 꼬리를 연결하며 손과 발, 발목, 손목 등을 자유롭게 활용하는 부위는 모두 乙에 속합니다.

丙(빛, 눈)	庚(뼈, 척추)	甲(단세포)	戊(행성)	壬 ⇨癸
	乙(손발활용)	己(다세포)	癸(대기)	丁 ⤶

5억여 년 전, 폭발하듯 생명이 번성했습니다. 5억 5000만 년 전

까지는 눈이 달린 생명체가 없었는데 500만년 사이에 동물들은 딱딱한 외피를 진화시키고, 무기와 방패를 만들어냅니다. 지질학적으로 눈 깜짝할 사이에 동물문의 수는 3개에서 38개로 불어나고 오늘날까지 유지되고 있습니다. 이 엄청난 사건이 캄브리아기 폭발로 왜 그때 발생했는지 모릅니다. 대략 5억 4300만 년 즈음에 지구 역사상 처음으로 동물 하나가 눈을 떴습니다. 눈이 달린 최초의 삼엽충이 출현한 것으로 동물들은 빛에 적응하기 시작합니다. 갑옷을 두르고 색을 과시하고 위장 색을 띠거나 추적하는 적을 따돌릴 수영실력도 갖추어야 했던 겁니다. 눈 때문에 시야가 생겨나 생존을 위해 단단한 껍질을 가진 동물들이 등장하였고 단단한 주둥이가 생겨납니다.(마틴 브레이, 다윈의 잃어버린 세계 해제 p6-15)

빛과 눈에 대한 내용들에는 중요한 관점이 숨어있습니다. 눈이 생기면 빛을 받아들이고 사물을 인식하고 분별이 생겨나면서 나와 너의 경계가 정해지고 자신을 보호할 무기가 필요하기에 대부분의 동물 문들이 외형을 바꿔야만 했으며 생존을 위해 단단한 껍질을 갖추고 싸움에 필요한 날카로운 주둥이와 치아가 생겨났습니다. 육체의 부피나 외형을 부풀리고 골격을 딱딱하게 할 수 있는 이유는 모두 丙火 때문이었습니다. 생명체들은 빛을 받아들이고 활용하여 외형을 바꾸고 종자를 퍼트리며, 신체일부를 단단하게 만들어 척추나 치아를 갖게 되었습니다. 빛은 지구에서 살아가는 생명체들에게 축복일까요 저주일까요? 빛은 우리에게 화려한 세상을 제공했지만 결과적으로 죽음을 재촉하는 에너지입니다.

丙(빛, 눈)	庚(뼈, 척추)	甲(단세포)	戊(행성)	壬⇨癸
辛(죽음)	乙(손발활용)	己(다세포)	癸(대기)	丁 ↵

빛은 우리에게 분별하고, 육체를 확장하고, 외형을 딱딱하게 만들어 보호할 수 있도록 했습니다. 甲은 손톱이나 발톱처럼 몸을 보호하는 역할로 완벽하게 딱딱한 상태는 아닙니다. 甲이 진화를 거쳐 더욱 딱딱해진 상태를 庚이라 부르는데 丙火가 없다면 庚은 生氣를 잃을 정도로 딱딱해지지 않습니다. 丙火 빛을 일정 공간에 집약하면 丁火로 바뀌는데 물질을 만드는 중력에너지로 생명체를 창조하면서도 죽음으로 내몰기도 하는 독특한 에너지입니다. 죽음을 상징하는 辛酉에 이르는 길은 丙 ⇨ 庚 ⇨ 丁 ⇨ 辛의 흐름이며 죽음을 맞이한 생명체는 윤회의 길에 오릅니다.

壬 (1)	丙	庚	甲	戊	壬-->癸
	辛	乙	己	癸	丁

丙 ⇨ 庚 ⇨ 丁 ⇨ 辛의 시공간 흐름이 우리에게 제공하는 의미를 정리해보겠습니다. 丙火 빛은 물질계를 창조하며 庚이라 부르는데 열매의 성숙과정입니다. 부드러웠던 외형이 딱딱해지는 이유는 모두 水氣를 없애기 때문이고 辛으로 변하여 씨종자로 분리되고 죽음에 이릅니다. 丙庚의 화려한 色界를 지나 죽어서 윤회를 시작하는데 바로 辛 ⇨壬 과정입니다. 생기를 상실했던 辛 씨종자가 생명수와 같은 水氣를 만나서 생명을 얻는 과정을 輪廻(윤회)라고 부릅니다. 辛 ⇨ 壬 ⇨ 癸 ⇨ 甲으로 흐르는 과정에 문제가 생기면 독특한 현상들이 발생합니다. 예로 辛 ⇨ 癸 ⇨ 甲처럼 중간에 壬水 과정이 빠지면 정신병, 접신, 알코올

중독, 마약, 도박과 같은 강박 증세를 보이거나 종교, 명리, 철학에 심취합니다. 그렇다면 왜 辛은 반드시 壬水를 거쳐야만 할까요? 생명수와 같은 壬水에 들어가야만 씨종자에 숨겨진 전생의 기록(업보)을 적절하게 풀어낼 수 있으며 그 과정이 끝나야 비로소 癸에서 새 영혼을 얻기 때문입니다.

地支로 표현하면, 酉戌亥子 흐름으로 戌亥를 천문이라 부르는데 酉에서 사망하고 戌에 들어가 윤회를 준비하고, 亥에서 전생의 업보를 풀고 子에서 새 영혼을 얻고, 寅에서 새 육체를 얻어 탄생합니다. 따라서 辛이 정상적으로 윤회하는지 살펴야 하는데 예로 癸酉干支의 경우는 중간단계가 빠진 윤회과정처럼 씨종자가 癸水에 갑작스럽게 폭발하는 문제가 있습니다. 사주팔자 월주가 癸酉간지의 경우, 부모의 직업이 교육자, 공무원의 성향이 강하지만 일주나 시주에 있다면 유전인자에 문제가 있거나 종교, 명리, 철학에 깊은 인연이 있습니다. 十宮圖 1을 간략하게 정리해보겠습니다.

- 辛酉 - 사망과 윤회의 시작점.
- 壬癸 - 윤회과정.
- 甲乙 - 새 생명체. 생기와 활력.
- 丙火 - 빛으로 물질을 확장.
- 乙丙 - 생명의 성장, 번영.
- 辛壬 - 죽음과 영혼. 윤회과정.
- 辛癸 - 바르지 않은 윤회과정.
- 辛乙 - 삶과 죽음 사이에서 갈등.

十宮圖 2 - 생명의 탄생과 죽음

十宮圖 1을 통하여 우주, 지구자연의 순환과정을 살폈습니다. 十宮圖 2는 개인의 삶을 표현한 것입니다. 자세한 이치는 時空間부호 甲乙丙丁에 설명했기에 간략하게 정리하고 넘어가겠습니다. 인간의 삶은 탄생에서 죽음까지로 과거에서 현재 그리고 미래를 향하는 시간을 따릅니다. 시작과 끝이 있기에 유한하며 과거와 미래를 바꾸지 못합니다. 태어나 성장하여 사망에 이르는 직선의 시간을 十宮圖 2로 살펴보겠습니다.

재탄생	윤회	시주	일주	월주	년주
甲(1)	壬(9)	庚(7)	戊(5)	丙(3)	甲(1)
乙	癸(10)	辛(8)	己(6)	丁(4)	乙(2)

직선의 시간흐름 ◀···

1) 甲의 時間 - 탄생, 0-7세, 年干 宮位

甲은 모체에서 분리되어 탄생한 아이가 대략 7세까지 성장하는 과정입니다. 나이를 나누는 기준은 다양하지만 명확하게 바뀌는 육체변화를 근거로 합니다. 생물학자에 따르면, 인간은 7년마다 완벽하게 새로운 세포로 바뀌며 다른 사람처럼 변한다고 합니다. 1961년 생물학자 Leonard Hayflick(미국)은 세포의 재생기간은 나이에 따라 조금씩 차이를 보이지만 신경세포는 7년, 뇌세포(brain cell)는 60년에 한번 재생한다고 주장했습니다. 甲은 지구에 처음 등장했던 단세포 생물로 生氣를 본질로 하며 乙 생명체를 만들어내는 모친과 같습니다. 甲에는 중요한 특성이 있는데 탄생하였기에 존재가 드러납니다. 의미를 확장하면, 존재의식, 자아의식, 자존심, 순수함과 같은 속성입니다. 지구에 존재를 드러냈으나 전혀 경험해보지 않은 세상에 태어났으니 순진무구한 영혼의 상태로 풍부한 상상력을 가졌고 전생의 기억과 현생의 출발 사이에서 혼란스러운 상태입니다. 전생과 현생을 이어주기에 상상력이 풍부하며 癸水(모친)로부터 새로운 영혼을 부여받았습니다. 정리하면, 甲은 탄생에서 7세까지의 성장과정으로 전생과 현생사이에서 혼란스러우며 사회활동 전이기에 경쟁심은 없고 성장하려면 반드시 壬水가 필요하며 배우고 익히기에 교육업과 관련이 깊습니다.

2) 乙의 時間 - 인간관계 형성기, 8 - 15세, 年支 宮位

乙의 시간에 이르면 가족 품에서 벗어나 학교에 입학하고 사회활동을 경험합니다. 이 시기에 맺어진 인맥은 인생에서 중요한 역할을 하며 동창으로 인맥을 유지합니다. 甲은 가족관계에 국한하기에 사회성이 떨어지고 친화력이 부족하기에 내부에서 기획하는 일에 적절하며 인맥형성에 소극적이지만 乙은 가족을 벗어나 새로운 인맥을 형성합니다. 甲과 乙의 가장 큰 차이점으로 이런 乙의 움직임을 "좌우확산"이라고 표현합니다. 인맥은 물론이고 공간도 넓게 활용하면서 모든 것을 좌우로 펼칩니다만 단점이라면 집중력이 떨어집니다. 좌우로 펼치는 것은 잘하지만 水氣가 부족하면 공부와 인연이 없고 인간관계를 활용합니다. 乙은 인맥형성 과정에 경쟁, 시기, 질투와 같은 성정을 습득합니다. 학업, 운동, 인간관계에서 경쟁하지 않으면 원하는 것을 얻을 수 없음을 깨닫습니다. 경쟁에서 살아남기 위해서 실력을 배양하며 타협하고 공존하는 방법을 학습합니다. 乙은 경쟁의 쓴맛을 두려워하면서도 인맥을 통하여 이득을 얻기에 고마운 존재로 여깁니다. 乙은 운동, 싸움, 미술, 악기를 다루는 움직임처럼 육체를 적극적으로 활용합니다.

3) 丙의 時間 - 육체성장, 화려함. 16-23세, 月干 宮位
16~23세 사이가 丙의 시간으로 일생에서 가장 화려하고 생기가 넘치고 육체는 쑥쑥 성장하며 피부가 탱탱하며 자연에서 요구하는 짝짓기에 적합한 시공간입니다. 丙의 시간에서 물질, 육체, 공간이 가장 크고 넓게 팽창하기에 타향이나 해외로 이동하거나 대학에 진학하기 위해서 타향으로 이동합니다. 丙火의 특징은 환하고 밝아서 공명정대하기에 공직과 인연이 강합니다.

4) 丁의 時間 - 인생방향 결정, 24 - 30세, 月支 宮位
꽃다운 丙의 시기가 지나면 24세 즈음에 자신의 고유한 특징을 갖추려고 노력합니다. 丙의 시간에서 인맥을 확장하고 경험을 축적한 후 丁火의 시간을 만나면 시공간이 갑자기 좁아집니다. 이 시기에 해야 할 일은 남들과 차별되는 자신만의 기술, 재능, 능력, 특징을 살려서 사회에 진출하여 활용할 준비를 해야합니다. 인생에서 가장 독특한 특징을 갖는 宮位 두개가 丁火와 庚으로 丁火는 24세-30세 즈음이고, 庚은 46세-53세 즈음입니다.

이 두 宮位는 인생에 지대한 영향을 미치는데 丁火는 넓은 시공간에서 좁은 시공간으로 바뀌고 십대의 순수함에서 벗어나 물질을 추구하는 환경으로 바뀝니다. 丁火는 중력에너지요 달의 특징과 같아 물질, 육체와 깊은 관련이 있으며 밀물과 썰물을 주관하고 여자의 생리주기를 결정하기에 물질적, 현실적, 여성적이며 陽氣의 특징이 크게 줄어듭니다. 남자의 경우는 군대, 휴학, 공부와 취직갈등, 진로변경 문제, 해외유학을 결정하는 시기입니다. 丁火의 시기에 육체는 壯丁처럼 완성되지만 인생의 방향을 잘못 결정하면 20여년의 세월을 낭비할 수도 있으며 46세 즈음 庚의 시간에 이르면 큰 변화를 겪습니다. 예로 20대에 포기했던 일이나 활동을 다시 하거나 직장을 그만두거나 사업을 포기하고 제 2의 인생을 설계합니다.

5) 戊의 時間 - 다양한 경험, 31 - 37세, 日干 宮位
命理의 이치는 현실생활에 부합해야 당위성을 갖습니다. 지금까지 甲乙丙丁 시간을 年干, 年支, 月干, 月支로 세분하여 살펴보았으며 연령으로는 30세 즈음까지입니다. 31세에 이르면 戊土의 時間을 만나고 그 때까지 학습한 것들을 사회에서 활용하기 시작합니다. 인생에서 가장 활발하게 사회활동 과정에 경험을 축적합니다. 丁火에서 습득한 자신만의 특징을 戊土에서 좌충우돌 활용합니다. 수많은 사람들과 교류하는 무대와 같으며 광범위하고 불특정 다수를 상대하며 유동적입니다. 사주팔자에 戊土가 있으면 그 시기에 활동 범위가 넓어집니다. 戊土가 요구하는 것은 넓은 시공간에서 다양한 경험을 하라는 것입니다. 戊土의 시기를 경험하기에 중년의 삶을 결정하고 후대를 준비합니다.

6) 己의 時間 - 경험축적, 저장, 38-45세, 日支 宮位
己의 시간에 이르면 인생의 중년기를 만납니다. 활발하게 활동하는 戊土 과정에 경험이 축적됩니다. 사업, 기술, 직장생활, 정치인 등 고유한 사회활동 형태를 갖추는 시기로 45세 이후의 인생을 결정합니다. 戊土의 시간에는 광범위한 활동범위 때문에 정체성이 모호하였지만 38세에서 45세 사이에 자신만의 확고한 정체성을 갖춥니다. 중요한 물질성취 등 인생의 전반적인 성패를 결정합니다. 이 시기가 안정적이면 후반생은 편할 가능성이 높지만 불안정해지면 46세 이후의 삶에 지대한 영향을 미칩니다. 결혼생활의 지속여부를 결정하며 이혼하거나 외정이 생기지만 문제가 없다면 해로할 가능성이 높아집니다. 따라서 己의 시기는 나만이 소유할 물질, 독특한 성정, 결혼상황, 부인 혹은 남편, 은밀하고 비밀스러운 공간을 상징합니다. 나의 집, 내 복부처럼 활동범위는 좁고 고정적이며 변화가 없거나 싫어합니다. 戊土의 시간을 지나왔기에 값지고 알차며 가치관이나 성정으로 강한 집착, 애착을 갖지만 사고방식이나 시야가 좁은 것이 단점입니다.

7) 庚의 時間-제 2의 인생, 46-53세, 時干 宮位

丁의 시간만큼 중요한 것이 바로 庚의 시간입니다. 진화과정에 생명을 보호하고자 일부를 딱딱하게 만들어낸 것이 골격이나 척추로 적으로부터 생명을 보호하고 상대를 공격하기 위한 것입니다. 이런 진화과정의 의미를 庚의 시간에 대입하여 보겠습니다. 甲에서 탄생하여 己에 이르는 과정에는 육체나 정신을 무장할 필요가 없었기에 자신이 원하는 대로 살아왔지만 46세 이후에는 庚의 영향을 받아서 몸과 마음이 경직되고 틀에 갇혀서 방어하고, 보수적, 피동적으로 변합니다. 의미를 확장하면, 군대소집, 재산압류, 세금을 내고, 고소당하고, 은행채무 독촉에 시달리며, 육체노동 하고, 교통사고를 당해 병원에 입원하고, 지진으로 집이 붕괴되는 일들이 모두 庚의 특징이며 자연, 국가, 사회로부터 주어지는 불가항력적인 문제들입니다. 日支에서 時干으로 이동하는 과정이기에 배우자 중심에서 자식중심으로 이동합니다. 자식들이 성장하는 과정에 막중함 책임감을 느끼며 일지에 저장했던 개인소유물들을 활용하여 자식의 성장을 돕거나 넘겨주는 시기입니다. 월주는 사회생활을 준비하는 과정이요, 일주는 사회에서 다양한 경험을 통하여 나만의 것으로 저장하며, 시주는 자식의 성장은 물론, 사적으로 성취하고픈 욕망이기에 기존과 다른 변화가 필요한 시기입니다. 변화하는 과정에 필연적으로 고통이 따르며 희생과정에 인내심이 필요하며 환골탈태의 시간입니다.

8) 辛의 時間 - 삶의 완성, 죽음. 53세 이후 時支 宮位

우리 몸은 죽어서 무용지물의 상태가 아니라 자연 생태계를 지탱하는 세균으로 돌아갑니다. 동물이 죽으면 균류를 통해 사체는 풀이나 나무의 거름이 되고 섬유는 잘게 부서져 종이가 되고 책이 되고 영원히 윤회하기에 우리는 죽어도 죽은 것이 아닙니다. 辛酉는 씨종자와 같으며 윤회를 이끌어내는 인자입니다. 甲에서 庚을 거치는 동안 일생의 경험을 辛에 축적하고 저장하며 새 육체를 얻기 위한 종자를 완성합니다. 따라서 辛은 지나온 삶의 족적입니다. 성정에 응용하면, 완벽하게 완성된 씨종자이기에 고지식하고 융통성도 없으며 무조건 나만 맞으니 따르라고 합니다.

9, 10) 壬, 癸의 時間 - 윤회, 空界.

재탄생	윤회	시주	일주	월주	년주
甲(1)	壬(9)	庚(7)	戊(5)	丙(3)	甲(1)
	癸(10)	辛(8)	己(6)	丁(4)	乙(2)

직선의 시간흐름 ◄·····································

인간은 갈 수 없는 윤회의 시간에 대해 살펴보겠습니다. 인간의 육체는 소우주라고 주장하면서도 四柱八字에는 8개의 글자뿐입니다. 두개가 부족한 8개만 있다는 주장은 인간은 소우주가 아님을 반증합니다. 분명한 것은 지구에는 十干이 존재하기에 四柱八字가 아니라 반드시 五柱十字로 표현해야만 인간을 소우주라 부를 수 있습니다. 인간은 죽으면 일생을 통해 얻은 육체와 물질을 포기하지만 정신은 사라지지 않고 씨종자로 남아 윤회합니다. 그 과정에 壬癸는 辛酉 종자를 품어 저장된 모든 것을 풀고 새 영혼에 전달하여 甲 생명체를 내놓습니다. 따라서 壬癸는 영혼과 같아서 확인할 길이 없지만 반드시 甲에게 전달되어야만 탄생하기에 그 존재를 확인할 수 있습니다. 다만, 壬癸의 시공간은 물질과 인연이 없기에 교육, 종교, 명리, 철학을 통해서 물질을 추구해야만 합니다. 壬水와 癸水의 시간속성은 상이한데 壬水는 새 영혼을 얻지 못했으며 癸水는 새 영혼으로 바뀐 상태입니다. 따라서 辛壬과 辛癸의 속성은 명확하게 다른데, 辛壬은 전생의 업보를 풀기 시작하는 단계이기에 흐름이 바르지만 辛이 癸水를 직접 만나면 혼란스러워 집니다. 전생을 풀어내지 못한 상태에서 갑자기 새 영혼과 반응하기 때문입니다. 辛癸를 干支로 바꾸면 癸酉요, 地支로 바꾸면 子酉 破로 정신에 문제가 생기거나, 귀신을 보거나, 술주정, 도박, 마약 등을 하거나 몸의 일부가 부자연스럽거나 배우자와 이혼, 사별하는 경우도 있습니다. 이런 문제를 해결하려면 종교, 명리, 철학, 교육에 종사해서 업보를 풀어내야합니다.

自然循環圖(자연순환도) - 色界와 空界의 순환

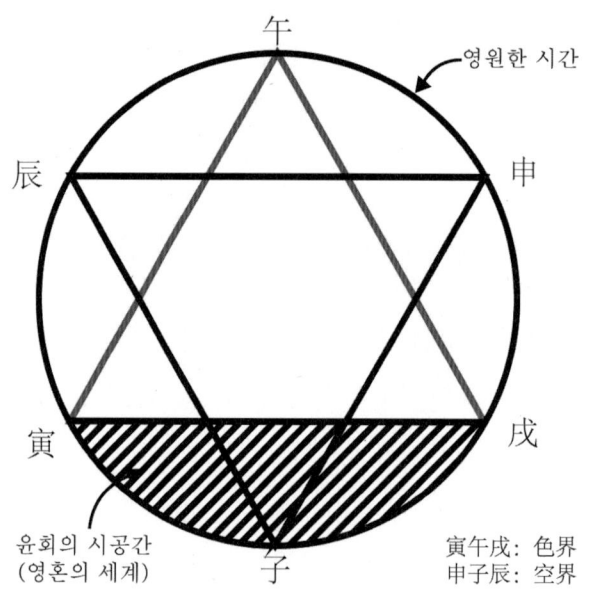

기존 명리이론에는 生死, 時間과 空間, 時間方向, 에너지 파동이 없습니다만 영원을 상징하는 원과 물질계를 상징하는 삼각형 그리고 직선의 시간흐름을 이해하면 비로소 보이기 시작합니다. 명리에 필수적으로 활용해야할 내용들을 정리해 보겠습니다.

1. 生死

현재까지도 十神, 生剋으로 사주팔자를 분석하지만 어떤 十神이 生氣를 표현하고, 어떤 十神이 죽음을 표현한 것인지 모릅니다. 偏官이 죽음인지 食神이 생기인지 구별할 수도 없지만 모든 철학의 중요한 화두는 존재와 존재가치 그리고 생사에 대한 것임에도 사주팔자 술에는 그 기준도 없으니 안타깝습니다. 生死를 구별하려면 반드시 시간과 공간을 이해해야만 가능합니다. 시간의 시작점에서 탄생하고 끝점에서 죽음에 이르기에 생사를 구분하는 기준은 시공간입니다. 十神에 없는 生死를 十干으로 구분하면 탄생은 甲이요 죽음은 辛입니다. 辛 육체가 사라지고 영혼만 남은 상태를 壬癸라 부르며 윤회과정입니다.

2. 時間과 空間

시간이 흐르기에 삼차원 공간에서 물형변화가 발생합니다. 시간이 흐르기에 지구에 싹이 오르고 꽃이 피고 열매가 열리고 씨종자가 땅에 떨어집니다. 이런 순환과정을 그대로 응용해보면, 시간이 흐르기에 육체, 심리, 환경, 공간, 재물은 물론이고 육친에 변화가 발생합니다. 인생을 결정하는 것은 지구 위를 흐르는 일차원의 時間과 삼차원 空間 때문임이 분명합니다. 따라서 사주팔자를 읽으려면 반드시 時間과 空間의 정체를 이해해야만 합니다. 時間의 종류는 영원을 상징하는 원과, 물질계의 순환과정을 표현한 삼각형, 인간의 生死를 구분하는 탄생과 죽음까지의 직선의 시간이 있습니다.

3. 時間 方向

자연에서 보여주는 時間은 지구가 회전하는 方向을 따라 흐릅니다. 사주팔자도 자연 순환원리 그대로 순차적인 흐름을 드러내지만 오로지 대운만 월주를 기준으로 순행하기도 역행하기도 합니다. 이 논리는 자연의 時間이 거꾸로 흐르는 것이 아니라 <u>개인의 사주팔자에 존재하는 시간흐름에 불과</u>합니다. 자연에서 시간은 절대로 역행할 수 없으며 지구가 결정하는 시간방향에 따라 물형에 변화가 발생합니다. 예로 봄을 상징하는 卯辰巳 월에 성장하고 酉戌亥 월에 수확합니다. 이런 이치를 표현한 이론이

時間方向이며 출판한 책들에 다양하게 설명하였습니다.

4. 삼각형과 직선의 시간에서 에너지 값은 상이하다.
또 다른 十神의 심각한 문제는 에너지 값이 동일하다고 생각합니다. 比肩이던 正印이던 에너지 값이 동일하다고 생각하는 이유는 十神에 에너지파동이 없기 때문입니다. 自然循環圖 그림은 삼각형 모양으로 입체적입니다. 직선으로 살피면 일직선상에서 에너지 변화가 없으며 평면이기에 시공간 변화도 없습니다. 하지만 우리가 살아가는 세상은 다릅니다.

인간은 육체를 소유하고 十干으로 이루어진 에너지와 파동에 영향을 받으며 살아갑니다. 十干으로 규정한 이유는 에너지 값이 상이하다는 것입니다. 삼각형 밑변을 출발할 때는 미약했던 에너지가 꼭짓점에 이르면 강렬해지고 하강을 시작해서 결과적으로 소멸됩니다. 에너지 값이 계속 변하기에 그 차이를 12운성, 三合, 12神煞로 표현했음에도 현실에 부합하지 않은 十神에 사로잡혀 외워야만 하는 공부를 하고 있습니다. 지살과 역마가 동일한 에너지 값이라고 간주하면 그 특징을 외울 수밖에 없는데 시공간 흐름으로 살피면 지살은 육체와 물질이 전혀 없는 상태에서 출발하지만 역마는 물질이 풍부해진 상태에서 정반대편 공간으로 이동합니다. 이처럼 명리학습과정에 입체감을 불어넣을 수 있는 유일한 방법은 시공간을 활용하는 것입니다. 격국, 왕쇠, 십신, 용신에는 時空間이 없습니다. 삼각형 두 개로 표현한 자연순환도의 지혜는 이렇습니다. 인간의 육체는 일차원의 시간 선상에서 순차적으로 변하지만 지구가 회전하기에 물형의 생장쇠멸 과정은 반드시 삼각형 모양으로 이루어집니다. 즉, 에너지로만 존재하다가 물형이 생겨나고 단단해지고 더 이상 활용하지 못하는 시공간에 이르면 사라지기를 반복합니다.

乾命-1971년			
時	日	月	年
癸	壬	丁	辛
亥	子	酉	亥

팔자에 존재하는 글자들을 十神처럼 동일한 에너지 값으로 살피면 파동과 변화를 모릅니다. 辛酉는 火氣가 없다면 무거워지고 움직임이 느리지만 丁火가 열기를 자극하면 탄성이 생기고 水氣를 만나면 총알처럼 튀어나가거나 木氣와 충돌합니다. 火氣가 없는 辛酉의 에너지 값이 1이라면 이 사주처럼 丁火가 있는 辛酉의 값은 100으로 변할 수 있습니다. 한순간 100억을 벌었다고 하는 이유는 모두 에너지 파동 값이 다르기 때문입니다. 평생 일했어도 1억 밖에 모으지 못한 이유도 동일한 이치입니다.

자연순환도는 삼각형 두 개로 구성되며 色界를 상징하는 寅午戌 三合과 空界를 상징하는 申子辰 三合입니다. 인간은 육체를 가졌기에 寅午戌 삼합의 시공간에서 태어나 살다가 사망합니다. 寅에서 탄생하고 午에서 육체가 壯丁처럼 변하고 戌에서 묘지에 들어가는 겁니다. 寅午戌 三合을 벗어난 구간이 亥子丑으로 인간이 죽어야만 갈 수 있는 영혼의 세계입니다.

命統圖 - 명리이론의 통합

지금까지 살펴보았던 모든 이론들을 간략하게 정리해보겠습니다. 모든 명리이론은 十干과 十二支, 60干支와 지장간 구조와 의미를 확장한 것에 불과합니다. 예로 十干을 合과 沖으로 살피면 天干 合과 沖이며 十二支가 만나 발생하는 시공간의 비틀림을 刑沖破害라 부릅니다. 三合운동은 十二支에서 발생하는 물질의 생장쇠멸 과정이며, 12神煞은 三合운동을 12개로 세분하여 공간, 환경, 물질, 육체, 심리변화를 살핀 것이고 12운성은 天干에너지가 地支에서 일으키는 에너지파동을 설명한 것입니다. 명리이론을 세분한 것은 모두 사주팔자를 분석하려는 시도이지만 근본원리를 통합하면 十干과 十二支 그리고 지장간만 남으며 그 정체는 인간이 시공간의 순환과정을 이해하고자 만든 부호에 불과합니다. 지금까지 살펴보았던 내용들을 정리해보겠습니다.

1. 十干 - 시간에너지

十干을 에너지로 규정하고 자연의 순환이치를 사주팔자에 활용해야 합니다. 사계가 순환하는 과정에 주어진 시간특징을 사주팔자에 그대로 적용합니다. 주의할 점은, 에너지는 끊임없이 움직이고 변하기에 甲은 동량목이라는 식으로 암기하는 것은 옳지 않습니다. 활발하게 움직이는 에너지 의미를 추론해야 합니다. 예로 乙은 좌우확산 움직임이며 合하는 방식으로 四季를 순환합니다. 甲己 합했다가 己甲 합으로 수직상승과 수직하강으로 움직입니다.

2. 三合운동

지구에 존재하는 물질의 생장쇠멸과정입니다. 陽이 動하여 극에 이르면 음으로 변하고 물질을 완성한 후 陽氣를 내놓습니다. 三合운동은 물질의 순환과정입니다. 사주팔자의 재물변화는 물론이고 공간, 환경, 육체, 심리변화를 일으키는 원인이며 12神煞의 기준이요 刑沖破害의 근본입니다.

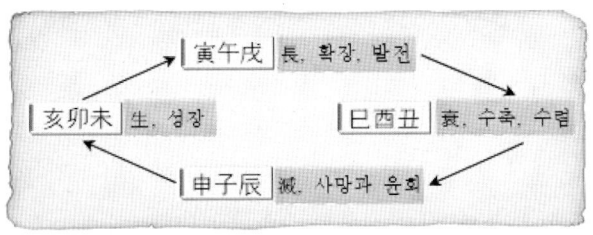

3. 12神煞
三合운동을 기준으로 12개의 공간특징을 세부적으로 규정한 것이 12神煞이며 물질, 환경, 공간, 육체, 심리변화를 살핍니다.

4. 十神
十神은 生剋 작용으로 육친의 동태를 살피는 방법입니다. 예로 甲日을 기준으로 생하고, 극하는 방식으로 명칭을 부여했습니다. 사주팔자를 분석하고자 日干을 기준으로 음양을 나눠서 명칭을 정했지만 十干, 三合, 12神煞처럼 시공간 변화를 살핀 것이 아닙니다. 유일하게 현실과 동떨어진 이론이며 十神을 채용한 이론들은 다양한 문제를 양산했습니다.

5. 12운성
三合과 12신살은 공간, 환경, 육체, 물질의 변화를 살피지만 12운성은 十干이 12개월의 공간을 지나는 과정에 어떤 파동을 보이는지를 규정하고 명칭을 부여한 것입니다. 예로 衰는 에너지의 쓰임이 약해지며 胎는 무력한 상황이지만 처음으로 에너지가 활발해질 환경을 만난 것입니다. 이 논리는 지장간의 시공간 순환원리를 이해하면 외울 필요가 없으며 고질적인 문제인 음생양사 이론을 활용할 필요가 없습니다. 모든 명리이론은 十宮圖로 통합할 수 있으며 하나의 이치를 다른 각도에서 살피고 있음을 이해합니다. 모든 이론을 통합하면 命統圖가 됩니다.

壬亥 -윤회,암흑 -申子辰 -劫煞 -편견 -絶地 -壬丁합	庚申 -경화되다. -巳酉丑 -驛馬 -물형변화 -病地 -庚乙합	戊辰 -양기 터전 -寅午戌 -月煞 -다양한 경험 -冠帶 -戊癸합 ---------- 戊戌 -양기수렴 -寅午戌 -華蓋 -다양한 경험 - 墓 -戊癸합	丙巳 -분산, 빛 -寅午戌 -亡身 -세상과조우 -建綠 -丙辛합	甲寅 -生氣 -亥卯未 -地煞 -존재가치 -長生 -甲己합
癸子 -빅뱅,발산 -亥卯未 -災煞 -어머니 -胎地 -癸戊합	辛酉 -씨종자 -申子辰 -六害 -명예 -死地 -辛丙합	己未 -음질 터전 -巳酉丑 -攀鞍 -소유물 -衰地 -己甲합 ---------- 己丑 -음질 터전 -巳酉丑 -天煞 -소유물 -養地 -己甲합	丁午 -수렴, 열기 -巳酉丑 -將星 -나만의특징 -帝王 -丁壬합	乙卯 -좌우확산 -寅午戌 -年煞 -성장경쟁 -沐浴 -乙庚합
윤회	시주-46세	일주-45세	월주-30세	년주-15세

地藏干

마지막으로 時空命理學의 모든 이론은 시공간 순환원리를 근거로 정립하였으며 그 논리의 근거는 지장간입니다. 따라서 논리의 모호함에서 탈출하여 진가를 명확하게 구분합니다.

	子	丑	寅	卯	辰	巳	午	未	申	酉	戌	亥
여기	壬	癸	戊	甲	乙	戊	丙	丁	戊	庚	辛	戊
중기		辛	丙		癸	庚	己	乙	壬		丁	甲
본기	癸	己	甲	乙	戊	丙	丁	己	庚	辛	戊	壬

地藏干은 時空間이 한 치의 오차도 없이 순환하는 이치를 설명한 것입니다. 지구에서 이루어지는 모든 것은 十神과 같은 生剋작용이 아니라 시공간 변화 때문이기에 지장간의 순환원리를 벗어나는 명리이론은 존재하지 않습니다. 만약 우리의 인생이 생과 극처럼 단순하다면 매일 극 당하는 사람들은 다치거나 죽어야 함에도 그렇지 않습니다. 지금까지 정리한 8寶圖는 우리에게 명확한 命理기준과 판단근거를 제공합니다. 이현령비현령, 미신이라는 소리를 들을 필요가 없으며 진가를 구분할 명확한 기준을 제공합니다. 時空間이 命理의 모든 것입니다.

▬제 1강▬

◆ 사주명리 용어의 이해

天干
宮位
地支
地藏干(지장간)
四柱八字
用神
四柱八字와 五柱十字

사주명리 용어의 이해

앞으로 우리가 어떤 공부를 하는지 살펴보겠습니다. 학습내용은 기 출판한 책 地藏干(지장간) 흐름에 대한 내용입니다. 여기에서 흐름이란 시공간의 순환과정을 뜻합니다. 사주팔자는 天干과 地支로 나뉘어져 있는데 유일하게 天干과 地支가 함께 만나는 곳이 바로 지장간입니다. 처음 학습하는 분들은 지장간에 대해 모르는 분들도 계실 겁니다. 현대에 이르는 동안 사주팔자를 분석하는 방식은 대부분 중국 古書에 있는 내용들입니다. 그 판단기준은 사주팔자가 강하다, 약하다, 격이 무엇이다, 종격이다, 덥다, 춥다, 역마, 괴강 등의 표현들을 활용합니다. 문제는 사주팔자 이전의 본질적인 이치에 대해서 전혀 혹은 거의 언급이 없습니다. 天干의 본질은 무엇이고 地支는 왜 그렇게 생겨났으며 60甲子의 구성 원리는 무엇이며 四季의 순환원리를 설명한 책이 없습니다.

대부분 책들은 사주팔자를 풀기 위한 수단이나 방법에 국한한 설명입니다. 하지만 사주명리의 본질을 연구하다보면 자연의 순환원리를 근거로 한 것이며 그 표현방식이 十干과 12支라는 것을 이해합니다. 처음에 공부를 시작할 때는 대부분 偏官이나 역마와 같은 용어들로부터 시작합니다. 역마는 해외에 다닌다고 하더라는 식입니다. 근 30년 세월을 돌이켜보면 그런 용어들은 항상 갈증을 남겼습니다. 아무리 살펴도 근본이치나 원리를 설명하지 못했습니다. 그래서 누구라도 그러하듯, 자연의 본성에 대한 연구를 시작합니다. 오랜 시간이 지나고 자연의 <u>움직임과 변화</u>를 정확하게 표현한 것이 지장간이라는 것을 깨닫습니다. 12개월 동안 하늘의 기운이 지구에서 어떤 방식으로 움직이고 변하는가를 명확하게 설명할 수 있는 것은 동양과 서양을 통틀어서 지장간뿐입니다. 그런데 이상한 점은 이런 가치를 지닌 지장간을 자평진전에서는 格을 잡는 정도의 수준으로 활용합니다. 지장간을 멈춰진 時間처럼 일정한 틀에 가두고 각각의 글자에 格名(격명)을 부여하지만 그 기준조차도 매우 불안정합니다. 時空間 변화에 따라 봄, 여름, 가을, 겨울을 지나는 과정에 어떻게 물형이 변하는지 설명은 없고 사주팔자를 풀어보는 용도로 활용하고 있습니다. 지장간은 단순하게 사주팔자를 풀려고 만든 것이 아닙니다. 선조들은 자연이 순환하는 원리에 대해서 十干과 十二支로 그 이치를 명확하게 표현한 것입니다.

따라서 지장간을 이해하면 사주팔자에서 설명하는 모든 이론들의 이치가 명확해지고 흔들리지 않는 기준이 생깁니다. 근본원리의 기준이 잡히면 혼자서도 충분히 학습할 수 있습니다. 명리를 학습해본 분들은 공감하지만, 고서들은 5년 전에 학습해도, 10년 후에 다시 학습해도 수준이 동일하고 한 발짝 내딛기가 참으로 어렵습니다. 그 이유는 사주를 풀기위한 기교를 다룬 책이 대부분이고 근본이치를 설명하지 못하기 때문입니다. 따라서 이 책은 사주팔자를 풀기 위한 기교에 초점을 맞추는 것이 아니라 봄, 여름, 가을, 겨울 四季가 순환하는 이치에 대해서 지장간을 활용하여 살피려고 합니다. 굉장히 지루한 학습과정이 될 수도 있습니다만 지장간의 원리를 충분히 학습한 후에 사주팔자 月支에 대해 학습할 예정입니다. 현재 사주분석 방법은 거의 대부분 日干을 위주로 살피는데 그 이유는 王으로 간주하기 때문이죠. 위대한 우주와 지구자연에서 개인은 먼지보다 못한 존재인데 무슨 재주로 王이 될까요? 자연의 거대한 흐름에 맞춰 살아가는 미미한 생명체에 불과합니다. 일간위주의 사주분석 방법은 일간이 사주팔자에 있는 나머지 7개 글자를 어떻게 관리하고 다스려서 운명을 개척할 것인가를 살피지만 바르게 분석하려면 태어난 月支의 時空間 특징을 먼저 살피고 년과 월에서 이미 결정된 구조에 일간이 어떻게 적응할 것인가를 고민해야 합니다. 왜 먼저 月支를 살펴야 할까요? 월지는 인간이 살아가는 과정에 필요한 물질이 있습니다. 月支宮位(월지궁위)가 상징하는 의미는 물질, 계절, 공간 환경, 육체, 나를 낳아준 모친과 형제들이 모여 있는 공간이기에 나의 존재도 또한 월지에서 비롯되며 그 공간을 절대로 벗어날 수 없습니다. 아무리 인격적으로 고상해도 제한적인 수명을 가진 육체를 소유한 인간임을 인정해야합니다. 月支의 상황을 분석하고 이해하는 과정을 기 출판한 時空論에서 다루었습니다. 월지구조와 年과 月에서 결정된 배합을 이해하면 조상과 부모에 대한 상황을 파악합니다. 사실 시공명리학에서 처음 설명한 이론이 時節(시절)에 대한 것입니다. 바로 '時節을 만나다'의 개념이죠.(時空間부호 地藏干 참조)

월지에서 어떤 시절을 만나야 日干이 원하는 일을 즐겁게 하면서 정신적으로 물질적으로 방황하지 않고 만족하며 살아가는가를 분석하는 이론입니다. 時節의 이치는 대략 세 개의 특징으로 정리할 수 있습니다. 첫째, 나는 정신적으로 만족하는가 아니면 방황하는가? 굉장히 중요한 사항입니다. 현재 四柱八字를 분석하는 방법으로는 알기 어렵습니다. '시절을 만나다'의 논리는 중요하지 않다고 생각할 수 있지만 그렇지 않습니다. 어떤 사주를 본적이 있는데 巳月에 태어났으니 굉장히 화려하지만 후에게는 적절하지 않은 時節을 만났습니다. 사주당사자는 은행에서 근무하기에 표면적으로는 매우 좋은 직장에서 안정적으로 사회생활을 하고 있습니다. 그런데 사주당사자가 질문한 내용은 뜻밖에도 '나의 존재를 알고 싶어요.'입니다. 누가 그 사람 속을 이해하겠어요? 신기하지 않나요? 어떻게 사주팔자를 보면서 그런 질문을 합니까? 문제는 기존의 사주팔자를 분석하는 방법으로는 존재가치를 설명할 방법이 적절하지 않다는 겁니다. 그 이치를 설명할 수 있는 것이 바로 시절에 대한 개념입니다. 시절을 만나지 못한 사람들의 특징은 이미 태어날 때 비틀려버린 月支의 時節을 맞추려고 노력하는데 그 방법은 바로 이 공부, 저 공부, 이 자격증, 저 자격증을 따고자 고군분투하지만 학위나 자격증을 받으면 장롱 속에 넣어두고서 활용하지는 않습니다. 그리고 다시 새 자격증에 도전하기를 반복합니다. 이런 심리와 행동들이 바로 적절하지 않은 시절에 태어나 부족한 부분을 맞추려고 노력하는 행위인데 학위나 자격증으로 해결될 성질의 것이 아닙니다. 갈망하는 것은 결코 학위나 자격증이 아니고 종교, 명리, 철학에서 추구하는 나의 존재가치를 알고 싶은 것입니다. 하지만 그 정체를 깨닫지 못하기에 자격증과 학위에 매달리지만 만족하지 못하다가 우연히 命理를 접하면서 미친 듯 빠져들게 됩니다. 찾고자 했던 것이 바로 자신의 존재가치, 내가 왜 사는가에 대한 궁금증이었던 겁니다. 이것이 시절을 만나지 못한 사주의 단점입니다.

둘째, 공간적으로 안정을 취하지 못합니다. 예로, 태어난 고향, 조국에서 벗어나려고 합니다. 태어날 때 받은 月支의 시공간에서 살아가기에 적합하지 않다고 느끼는 겁니다. 그곳으로부터 도망치거나 벗어나려고 합니다. 만약 벗어나지 않으면 힘들고 발전이 없다는 것을 무의식적으로 아는 겁니다. 예로, 甲辰년 辛未월로 조합하면, 未月이니까 水氣가 넉넉해야 하는데 년과 월 어디에도 없기에 척박한 땅입니다. 또 水氣가 필요한 辛도 적절하지 않은 未土의 時節을 만났습니다. 甲辰도 우두머리 甲이 辰土에서 水氣를 얻기 힘들기에 성장하기 힘들어졌습니다. 따라서 네 글자들의 쓰임이 적절하지 않습니다. 지도자와 같은 甲 우두머리 성향도 적절하게 활용하지 못하고 가장 가치 있는 씨종자 후도 활용하기 어렵습니다. 水氣가 적절하게 있어야 풀어내기 때문이죠. 이런 환경에서는 日干이 무엇이든 살기 힘든 겁니다. 현재의 사주팔자 분석방법은 일간을 기준으로 나머지 글자들의 관계를 분석하는데 그게 아니라는 겁니다. 年과 月에서 결정된 4개의 글자가 인생의 60~70%를 결정합니다. 이때 핵심은 일간이 무엇이던 상관이 없습니다. 카페에 올려놓은 "<u>十神은 허구다.</u>"라는 글을 읽어 보면 日干이 무엇이던 庚申 月을 만나면 좋은 것이 아닙니다. 하지만 年과 月에 丙火나 巳火가 있다면 庚申의 가치가 높아집니다. 바꿔서 표현하면, 庚申은 반드시 丙火와 巳火가 있어야만 그 가치를 드러냅니다. 丙巳는 없고 壬癸가 있다면 여름에 우박이 내려서 여물지 않은 과일들이 망가지고 썩어버립니다. 이런 상황을 인간의 성정에 비유하면 사고방식에 문제가 생기는 겁니다. 많은 水氣에 딱딱해야할 金氣가 너덜거리기에 방탕하고 정도를 걷지 않으며 심하면 정신병도 발생할 수 있습니다. 정체성이 상하는 겁니다.

이런 특징을 드러내는 조합이 바로 酉丑辰 三字입니다. 酉金 보석이 축토에 破당하고 辰土에서 철저하게 너덜거리면서 가치를 상실합니다. 콩이 콩나물로 변해가는 상황을 상상하면 이해가 쉽습니다. 우리가 세상에 태어나는 선택권이 없지만 태어나는 순간 년과 월에서는 살아가야할 운명의 방향은 결정되는데 그것이 바로 전생의 기운입니다. 나중에 宮位에 대해 학습할 때 다룰 예정입니다. 태어날 때 받은 年柱는 내가 35세 이후에는 어떻게 살아가야 하는지 암시를 줍니다. 그렇게 간단하지 않은 것이 년주는 전생의 기운, 전생의 영혼을 이어받았기 때문입니다. 절대로 아무 상관이 없는 세상으로 나온 것이 아닙니다. 문제는 지금까지 사주팔자를 분석하는 방법이 일간을 기준으로 한다는 겁니다. 또 十神으로, 格局으로 분석하지만 평생 공부해도 正官

이면 무조건 좋고 상관이면 엄청 나쁜 것으로 인식합니다. 더러는 일간을 기준으로 혹은 격국과 십신으로 맞아 떨어지는 사주들이 있기에 미련을 버리지 못하고 이렇게 저렇게 억지로 맞추려고 시도하지만 제한적이라는 것을 다들 인정합니다. 각설하고, 시절을 맞추지 못하는 경우에 발생하는 문제는 원하는 일을 하면서 사는 것이 아니라 남이 원하는 행위를 하면서 살아갑니다. 이런 상황을 농담으로 "기쁨조"라고 표현합니다. 남을 위해서 하는 행위를 뜻합니다. 예로 壬일간이 卯月에 태어났다면 四季圖에서 보여주는 이치대로 겨울에 배속된 壬水가 卯月 봄에 적절한 시절이 아닙니다. 日柱가 壬辰이라면 壬水 생명수가 열기 가득한 辰土의 탁한 땅에 생명수를 공급하는 상황입니다. 우주, 지구자연을 운용하는 본성과 같은 壬水가 辰巳 色界로 나가는 출발점인 辰土의 지장간에 있는 乙에게 생명수를 공급하는 것입니다. "내 너희를 돌보리라" 이런 뜻입니다. 丙戌도 마찬가지입니다. 戌亥 天門으로 이승에서 저승으로 건너가는 상황에서 丙火 빛을 공급합니다. 시공간만 다를 뿐 壬水 생명수를 보충하느냐 丙火 빛을 공급하느냐의 차이입니다. 壬水와 丙火의 행위를 물상으로 표현하면 한의, 약국, 종교, 심리치료, 사주상담과 같습니다.

하지만 壬水는 적절한 시절을 만나지 못했으니 환경에 만족하지 못합니다. 만약 寅月에 태어났다면 壬水와 寅月은 모두 겨울에 배속되었기에 스스로 만족합니다. 하지만 卯月에 태어났으니 마치 남의 옷을 입은 것처럼 무언가 불편해 합니다. 여기에 壬辰 日로 태어났으니 내가 남을 도와야지 누가 돕겠어? 하면서 이기와 이타 사이에서 갈등합니다. 내 옷이 아니라는 생각과 주위에 힘든 자들을 보살펴야 한다는 생각 사이에서 항상 갈등합니다. 이것은 모두 태어난 시절이 적절하지 않기 때문입니다. 사회적으로 발전하는 공간, 예로 卯辰巳午未申 月에는 물질적으로 풍부하기에 돈도 잘 벌고 사회활동에도 만족하면서 살지만 시절을 만나지 못한 사람의 심리상태는 항상 갈등하면서 만족하지 않습니다. 나는 누구인가? 내게 어울리는 옷을 입고 있는가? 이 공허함은 무엇인가? 이런 저런 생각을 하면서 문제를 해결하고자 노력하지만 풀어내지도 못하고 문제의 본질을 알지 못하기에 계속 방황합니다. 이런 상황을 '時節을 만나다'라고 표현한 것이죠. 자세한 내용은 기 출판한 책 時空間부호 地藏干을 참조하기 바랍니다.

時節 다음으로 **月支時空**에 대해 학습해야 합니다. 사주팔자는 반드시 月支를 기준으로 분석해야 합니다. 月支에는 그 시공간에서 반드시 할 일들이 정해져 있습니다. 매월의 상황은 절대로 인간의 잣대로 정하는 것이 아닙니다. 예로, 未月에 태어나면 열매가 다 컸다는 계절 특징과 "무역, 교역"이라는 파생의미가 있습니다. 저의 경우 未월에 태어나 시공간에서 요구하는 대로 무역과 교육을 활용합니다.

未月의 계절상황을 상상해보세요. 열매가 완벽하게 완성된 것은 아니지만 열매의 크기가 완성되고 나름의 맛이 들었으니 필요한 곳에 공급해야하는 상황입니다. 이처럼 未月의 시공간은 여름이기에 겨울처럼 눈이 내릴 수 없습니다. 이런 계절특징은 절대로 바뀌지 않습니다. 예로 巳月에 태어나면 홍보, 광고와 같은 일에 적합합니다. 巳月에 자연에서 하는 일은 꽃을 활짝 피워서 외부에 존재를 알려야만 짝짓기가 가능합니다. 이런 행위에 익숙한 巳月에 태어난 사람에게 기획부에서 근무하라고 하면 적응할 수 없습니다. 내 옷이 아닌데 왜 입으라고 하는지 이해도 못하고 만족하지 못합니다. 물론 巳月을 지나 日支가 子水, 時支

가 亥水 혹은 丑土라면 원하지 않아도 자꾸 화려한 세상으로 나가지 못하고 사람들이 알아주지도 않는 존재감을 드러내지 못하는 내부를 향합니다. 예로, 辰土를 지나 未土에서 가장 활발한 시공간을 경험했지만 寅에 이르면 땅 속에 뿌리내려야 하므로 계속 땅속으로 들어가서 내면을 들여다보게 만듭니다. 사회활동은 점점 줄어들고 사람들과 교류도 싫어지고 책보고 연구하는 행위를 합니다. 만약 時柱가 壬子라면 더욱 적극적으로 안으로 파고 들어갑니다. 大運도 亥子丑으로 흐르면 더욱 깊은 곳으로 향해 갑니다. 巳月에 태어났지만 사주원국과 대운의 상황에 따라 공간환경이 변하는 겁니다. 물론 정반대 경우도 있죠. 亥月에 태어났는데 日支가 寅이고 時支가 午火의 경우에는 점점 밖을 향하는 흐름입니다. 이때 時空 상황에 따라 년과 월의 배합이 좋은지 나쁜지를 결정합니다. 用神 찾아 삼만 리의 개념이 아닙니다. 아직 학습하기 전이지만 이 부분을 자세히 설명한 이론이 時空論입니다.(기 출판한 時空 論과 月支時空-子月을 참조 바랍니다.)

그 다음 다뤄야할 것이 宮位인데(宮位論 참조) 사주팔자에는 年月日時 4개의 宮位가 있습니다. 하지만 宮位는 일방적으로 고정된 것이 아니며 이동이 가능합니다. 예로 日干입장에서 月支는 일간의 씨 밭이자 물질공간입니다. 月干 기준으로 年支가 씨 밭이 됩니다. 또 時干 기준으로 日支가 씨 밭입니다. 이런 의미는 어떻게 활용할 수 있을까요? 宮位를 바꿔서 각 宮位에 배속된 육친이나 시공간 상황을 분석할 수 있습니다. 이 방식에 익숙해지면 일간의 상황뿐만 아니라 조상, 조부모, 부모, 자식의 동태까지 세분해서 살필 수 있고 직업, 배우자동태, 경제상황 등을 파악합니다. 이것이 宮位를 활용해서 사주팔자를 분석하는 방법입니다. 宮位를 학습하고 난 뒤에는 시공간반응(시간의 응기)을 학습합니다. 사주팔자를 분석하는 방법은 지금까지 살펴본 4개의 이론에 거의 수렴됩니다. 時節, 時空, 宮位, 시공간반응입니다. 4개의 방법에 대해 적어도 일 년 이상 학습해야 합니다. 우리가 사주팔자를 읽는 방법을 학습하는 이유는 그 해, 그 달에 무슨 일이 일어날 것인가를 알고 싶은 거잖아요. 혹은 지금 하는 직업이 내게 적절한가? 추진하고 싶은 행위를 해야 하는가? 하지 말아야 하는가에 대한 궁금증을 해소하려는 겁니다. 그렇다면 판단할 방법이나 근거가 있어야죠. 그냥 느낌으로 좋다거나 나쁘다고 할 수는 없기에 길흉을 판단하는 방법이 있어야 하는데 시공명리학은 주로 4개의 방식을 활용하며 이 학습과정을 5~6권의 책으로 정리할 예정입니다.(강의동영상은 유튜브에 계속 올리는 중입니다. 유튜브 "재생목록"에서 時空學 1학년 학습과정을 참조하기 바랍니다.)

4개의 이론을 설명하는데 3시간 강의로 52주 1년이 소요되며 학습방향은 명리의 큰 틀을 그리는데 집중하며 사주팔자를 풀어가는 기교를 자세히 다루는 것은 아니지만 중간에 사주팔자 통변에 필요한 기교들을 학습하고 틀이 잡히면 혼자 기교들을 확장하면 됩니다. 따라서 대략 1년이면 자연의 순환원리를 근거로 한 근본이치를 이해할 것입니다. 잊지 말아야할 점은, 학습 초기에 사주팔자를 분석하는 기교나 잘잘한 것에 집중하면 오히려 학습효율이 떨어지고 실력이 늘지 않습니다. 명리의 본질에 대한 윤곽과 흐름을 살피고 난 후에서야 세부적으로 들어가야 합니다. 안타까운 점은, 현대의 학습방법도 천년이 지난 고서를 중심으로 합니다. 예로, 묘지(墓地)를 충개(沖開)해서 열린 묘지에 돈을 담았다는 식으로 설명합니다. 묘지는 사람이 죽으면 들어가는 공간인데 그것을 열고 죽은 사람을 꺼내서 어디에 쓸까요? 묘지는 반드시 열어야 활용한다고 주장하는데 묘지에서 무엇을 꺼내서 활용할까요? 사실 명리공부에 집중해야할 부분은 甲乙丙丁과 子丑寅卯입니다. 다만 지루하기도 하고 오랜 세월에 필요하니까 3개월쯤 지나면 사주팔자를 잘 찍게 해달라고 합니다. 이런 조바심을 버리지 못하면 초급에 머물러 발전하지 못합니다. 조급함을 참아내면 위대한 자연에서 개미 한 마리가 기어 다니는 것이 보일 겁니다. 개미는 하루 종일 몇 미터 활동반경에서 열심히 일합니다. 인간은 개미들의 움직임을 한 눈에 살필 수 있습니다. 명리공부도 동일합니다. 개미들이 일하는 것처럼 세세한 것만 보면 넓은 세상을 볼 수 없습니다. 辰戌 沖, 寅巳 刑의 물상을 설명하지만 근본원리가 무어냐고 물으면 답하기 힘들어 합니다. 남들이 寅巳 刑이라고 부르니까 따라서 부르는 겁니다. 寅巳 刑의 본질이나 개념을 모른 채 기교에만 익숙해집니다. 그런 공부는 옳지 않습니다.

1년의 학습과정을 간략하게 설명했는데 근본을 알아가는 재미가 있습니다. 기교에만 집중하면 사주기술자가 됩니다. 命理學은 그런 것이 아닙니다. 상담하는 친구가 甲午 日이 무슨 뜻이냐고 물어서 生氣가 없어서 축 늘어진 상황이라고 했더니 그렇지 않아도 오늘 자살할 것처럼 보이는 사람을 상담했다고 합니다. 그게 무슨 의미일까요? 사주팔자와 상관없이 올해의 기운, 그날의 기운으로 현재의 상황을 분석할 수 있습니다. 그렇다면 사주팔자를 볼 필요가 있는가 의문점이 생기죠. 타로의 경우에는 카드를 뽑아서 어떤 기운을 받고 있는지 살핍니다. 즉석 점에 해당하고 현재에 우주로부터 어떤 기운을 받는가를 살피는 방법입니다 다만 이 방식으로 운세를 볼 수만 있다면 머리 아프게 수십 년 동안 공부해서 사주팔자를 볼 필요가 없습니다. 즉석 점으로는 전체 흐름을 읽지 못합니다. 甲午年은 어떻고 乙未年은 어떤 상황임을 설명합니다. 또 甲午일에 상담한 시간을 살펴서 법적인 문제, 돈 문제, 남녀문제를 분석할 수는 있지만 사주구조를 읽는 방식과 전혀 다릅니다. 순간적인 하늘의 기운을 읽는 타로, 육임, 육효 등의 방법은 많으며 현재의 기운을 읽어내는데 집중하지만 전체흐름을 살피거나 지구자연의 본질에 대해서 답할 수 없습니다. 우리가 학습하려는 것은 현재의 기운을 읽는 방법이 아니라 근본적이고 포괄적이고 광범위한 명리본질입니다.

天干

이제 근본을 향해 한 발짝 앞으로 나가 볼까요? 근본개념을 잡아 보죠. 사주팔자를 푸는 수단이나 방법들이 많지만 우리가 가장 먼저 학습할 내용은 바로 天干입니다. 甲乙丙丁은 알지만 그 정체가 무엇이고 왜 天干이 생겼는지 원리를 설명하는 책을 찾기 어렵습니다. 天干의 정체가 무엇인지 생각해 봅시다. 고서의 설명들은 아름다운 소설과 같은 느낌을 받습니다. 하늘이 열리고 무겁고 탁한 것은 땅을 향하고 가벼운 것은 위로 올라가 하늘이 되었다. 이런 표현들은 사실 "전설 따라 삼천리"와 같습니다. 甲乙丙丁戊己庚辛壬癸는 가벼워서 위로 올라갔기에 十干이 되었고 地支는 탁하고 무거우며, 태양과 달이 12번 만나 子丑寅卯辰巳午未申酉戌亥라고 합니다만 十干과 12地支는 **인간의 인식체계의 산물**에 불과합니다.

자연의 순환과정을 文字로 표현한 것인데 <u>연해자평</u>에서는 하늘에 제사를 지내니 十干과 12地支를 내려줬다는 주장을 합니다. 天干이 생긴 과정을 상상해봅시다. 四季를 순환하는 과정이 매년 유사하게 진행됩니다. 지구의 장구한 역사에서 고대문명은 우리가 생각하는 것보다 훨씬 발달했는지도 모릅니다. 하지만 12만년마다 빙하기를 만나고 다시 봄이 와서 새롭게 발전하다가

12만년이 지나면 다시 빙하기를 맞아 소멸되기를 반복했는지도 모릅니다. 하지만 인간의 장구한 역사는 오천년에 불과합니다. 지구의 역사가 46억년이니 무슨 일이 발생했는지 어떻게 알까요? 분명한 것은 만 년 전에도 농사를 짓기 위해서 자연의 변화를 관찰하고 그 움직임을 활용할 필요를 느꼈을 겁니다. 오늘, 내일 혹은 1년 정도 관찰해서 될 일이 아닙니다. 수많은 세월이 흐르는 과정에 반복적으로 발생하는 자연변화를 관찰했을 것이며 공통점을 발견하고 그 움직임과 변화를 문자화했을 겁니다. 바로 우리가 사용하는 十干이며 간단하게 정리하면,

甲乙 생기와 활력.
丙丁 분산하고, 수렴하고
戊己 키우고 저장하고 품고
庚辛 딱딱하게 하고 딱딱하고
壬癸 응축하고 분산하고

이 기운들이 매년 반복되는 것임을 깨닫고 10干이라 표현한 것이죠. 따라서 10干의 본질은 인간의 인지능력으로 자연변화과정의 움직임을 글자로 표현한 것에 불과합니다. 자연은 왜 항상 유사한 변화과정을 거칠까요? 거기엔 분명한 이유가 있을 겁니다. 자연의 변화과정을 어떻게 알았을까요? 우주에 태양과 달과 지구와 수많은 은하, 항성들이 있는데 지구를 향하는 기운들이 수만 개, 수십만 개일지도 모릅니다. 이 모든 기운들이 지구를 향해도 지구에서 반응을 보이지 않으면 의미가 없습니다. 즉, 지구공간이 없으면 수십억, 수백억 개 에너지는 인간에게 아무런 의미가 없습니다. 우주에서 방사한 기운들이 반드시 지구에서 반응해야만 확인할 수 있습니다. 지구가 없다면 우주의 기운, 영속적으로 흘러가는 時間이 무슨 의미가 있겠어요? 지구가

존재하기에 우주의 기운에 반응하는 움직임을 표현한 것이 바로 十干입니다. 책에서 十干을 순수한 하늘의 기운이라고 하지만 그런 기운을 본 적 있나요? 인간은 볼 수 없습니다. 물론 불교에서, 기독교에서 어떻다고 설명하는 것은 종교차원이므로 예외로 하고 명리에 국한하면 인간이 神도 아닌데 어떻게 하늘의 기운을 보겠습니까? 인간의 감각작용으로 지구에서 발현되는 현상들을 설명하는 것이기에 순수한 하늘의 기운이 아닙니다. 우주에서 방사하는 기운은 어쩌면 수십억 개 일지도 모르지만 우리는 기껏 10개의 특징을 발견하였습니다. 선조들이 연구를 거듭하여 10개가 아니라 20개를 발견했다면 20干이 되었을 겁니다. 다만 四季의 순환과정에 드러나는 움직임을 10개로 표현할 수 있다는 겁니다. 따라서 十干의 정체는 결코 순수한 기운이 아니며 하늘의 기운이 지구에서 발현되는 운동특징과 변화를 표현한 겁니다. 氣, 時間, 에너지가 땅에서 움직이는 동태입니다.

다행스러운 것은, 지구, 태양, 달이 원형이라는 것입니다. 丁壬 癸로 沖을 통하여 회전하는 원형이 아니라 평면이나 사각형 모양이었다면 재미가 없었을 거예요. 동일하거나 유사한 것은 존재할 수 없고 매 순간이 달라지며 四季도, 아침과 저녁도 없으니까 시공간의 순환이라는 움직임은 존재하지 못했습니다. 누구도 예측할 수 없는 시공간이 펼쳐졌을 것이며 인간은 사주팔자를 볼 수도, 볼 필요도 없었을 겁니다. 일정한 시공간의 규율이나 규칙이 없으니까요. 다행하게 지구가 둥글어서 매년을 순환하고 매일을 순환하는 과정에 거의 동일하지만 조금씩 다른 에너지들을 받아내기에 작년 여름에는 37도까지 올라갔던 기후가 올해는 30도 밖에 안 되더라는 표현을 합니다. 10干은 하늘의 기운이 땅에서 반응하는 움직임으로 표현하였는데 그 정체는 바로 時間입니다. 다만 절대적인 시간이 아니라 지구에서 반응한

時間에 국한합니다. 時間의 존재는 보이지도 않으며 확인할 방법도 없습니다. 氣라고 표현하지만 그 존재를 확인할 수 없습니다. 하지만 명백하게 물질에 영향을 줍니다. 봄을 지나 가을이 되면 열매가 열리는데 그만큼의 시간이 지구공간에 영향을 미치고 물형이 계속 달라졌던 겁니다. 물질이 공간이고, 공간이 물질인데 시간이 중간에 개입합니다. 명리에서 표현하는 十干과 12운성, 12신살, 육합과 같은 작용들입니다. 다만 반드시 먼저 十干을 정복해야 합니다. 정리하면, 十干의 정체는 時間으로 지구에서 반응하는 물형변화를 주도하는 실체입니다.

따라서 十干의 움직임은 반드시 물질과 관계가 있습니다. 감각작용으로 인지할 수 있는 물질변화를 표현한 것이기에 순수한 기운, 순수한 시간은 존재하지 않습니다. 따라서 우리는 十干을 動的, 氣的 개념으로 이해해야 하는데 甲을 동량목이라고 하면 動的인가요? 이렇게 표현하는 것은 오류입니다. 甲의 움직임은 하강한 후 상승하는 움직임이라고 표현해야 합니다. 기운, 에너지를 움직임이 없는 名詞로 표현하는 것은 옳지 않습니다. 지구가 회전하기에 十干의 움직임에는 일정한 운동방향이 있습니다. 만약 기준이 없다면 十干을 학습하는데 애를 먹습니다. 왜 그렇게 공부할 것이 많을까 싶습니다만 생각해 보세요. 지구에 발생하는 모든 현상은 十干에 의해 만들어지는데 모든 움직임을 언어로 규정해야 합니다. 그 얼마나 어려운 일입니까? 예로 학생이 수업시간에 졸고 있다면 그 움직임도 十干으로 표현되어야 합니다.

天干이 地支로 내려올 때가 있고 地支가 天干으로 올라갈 때가 있는데 이런 방식은 사주팔자 내에서 시공간이 반응하는 것으로 모든 사주팔자의 반응방식은 상이합니다. 刑沖破害를 포함하여 명리에서 설명하는 모든 반응들은 개인마다 상이하며 동일할 수 없습니다. 지구에서 살아가는 인구수만큼 사주팔자가 존재합니다. 이 문제를 해결해보고자 사주팔자에서 드러나는 공통적인 현상들을 이론화 시키려고 노력합니다. 또 공통적으로 발현되는 물상들을 활용합니다. 사주팔자는 통계학이라고 주장하지만 사실 적절한 표현이 아닙니다. 모든 사람들이 태어난 시공간이 다르고 부모가 다르기 때문에 통계학은 존재하지 않습니다.

사주팔자의 정체를 생각해 봅시다. 만약 우리가 시공간부호를 정하지 않았다면 사주팔자는 없습니다. 시간단위를 60甲子로 나누고 甲乙丙丁, 子丑寅卯로 표현했기에 가능한 것이며 문자로 표현하지 않았다면 60甲子의 시공간 움직임과 특징을 몰랐을 겁니다. 이런 특징을 사주팔자에 적용하는데 문제가 있습니다. 동일한 날짜에 태어나서 사주팔자는 동일해도 태어난 공간은 상이합니다. 시간은 동일해도 공간이 다르며 부모로부터 받은 씨종자도 상이합니다. 확장하면, 조상으로부터 받은 전생의 기운은 철저하게 다릅니다. 따라서 수십만 개의 유형으로 사주팔자를 나누고 통계를 내려는 시도는 무의미합니다. 동일한 사주팔자로 태어났는데 사는 것이 왜 이렇게 달라요? 라는 질문은 황당합니다. 동일한 나무에서 자라는 사과도 태양 빛에 따라 더 익고 덜 익는데 어떻게 동일할까요?

천간과 지지의 움직임을 통해서 우리가 이해하는 것은 天干이 地支에 이르면 물질로 변하는 겁니다. 動的 시간이 靜的 물질로 변하며 空間이라 표현합니다. 당장은 어렵게 느껴지는 표현이지만 쉬워질 겁니다. 사주팔자 地支에 있는 글자가 위로 올라가면 물질이 에너지로 바뀌는 겁니다. 地支에 4개 궁위가 있고 매 글자에는 2~3개의 天干이 있는데 이것을 지장간이라 부릅니다. 예로, 寅의 지장간에는 戊丙甲이 있는데 지장간이라 부르는 것이죠. 이렇게 지장간 글자들이 천간으로 드러나는 운을 만나면 공간, 물질, 환경, 육체라고 표현하는 것들이 밖으로 드러납니다. 반응하는 공간에서 어떤 일이 발생할 것인지 암시를 줍니다. 인간이 어떻게 감히 미래의 일을 알겠습니까? 바로 사주팔자에서 보여주는 천간과 지지의 반응을 읽고 예측하는 겁니다. 문제는 사주구조가 모두 다르기에 발현되는 물형이 모두 다릅니다. 결론적으로 사주팔자는 70억 인구수만큼 학습해야만 가능하다는 뜻이지만 절망할 필요는 없습니다. 1년의 학습과정을 통하여 절망을 희망으로 바꿔야죠. 사실 명리공부는 퍼즐게임처럼 매우 흥미진진합니다.

宮位

이제 宮位를 살펴보겠습니다.

坤命				陰/平 1935년 12월 2일 20:30							
時	日	月	年	84	74	64	54	44	34	24	14	4
庚戌	丁丑	戊子	乙亥	丁酉	丙申	乙未	甲午	癸巳	壬辰	辛卯	庚寅	己丑

이 분은 젊어서 공무원으로 재직하다가 중년에 꽃뱀으로 활동하다가 갑자기 甲午대운에 절에 들어가 비구니가 됩니다. 그리고 공부하여 운명을 읽어주면서 길 안내자 역할을 합니다. 어떤 분이 질문하기를 꽃뱀으로 돈을 잘 버는데 왜 갑자기 甲午대운에 절로 들어갔는지를 묻습니다. 丁火는 甲을 좋아합니다. 나중에 四季圖를 학습합니다만 丁火는 甲을 만나는 것을 참으로 기뻐

하며 丁火가 취하는 돈이나 명예를 상징합니다. 즉, 丁火가 甲을 만나면 원하는 명예나 물질을 얻는다고 기억하면 됩니다. 丁火에게 甲은 十神으로 印星이라 부르는데 사실 甲을 좋아하는 이유는 印星이기 때문이 아니라 丁火의 체성이 熱이기에 그 체성을 빼앗는 水氣를 싫어할 수밖에 없습니다. 丁火에게 壬水는 正官이니까 공직자라고 표현하지만 엉터리가 많습니다. 熱과 같은 丁火는 水氣가 약할수록 수렴, 열기, 중력과 같은 작용을 적절하게 해냅니다. 이 분에게 甲午대운이 오면 甲이 印星이니까 공부한다고 판단하면 쉽지만 甲은 물질인데 왜 속세를 떠나서도 닦으러 갔는지 이해하기 어렵죠. 十神과 印星이라는 生剋이 감안하지 못하는 것이 있습니다. 바로 사주구조입니다. 이 사주에서 甲의 움직임은 다른 사주의 甲과는 상이합니다. 年支 亥水의 지장간에 감추어졌던 時間이 甲午대운에 천간으로 드러납니다. 따라서 甲이 출현한 亥水 宮位가 주는 의미를 읽어야 갑자기 속세를 버리고 절로 들어갔는지 이해합니다. 宮位의 의미를 이해하지 못하고 반응하는 宮位를 살피지 않고 동일한 물상으로 인식하는 印星을 기준으로 판단하면 승진하거나, 결재권을 얻는다고 생각합니다.

十神으로 판단하는 방식은 사주구조와 宮位의 뜻을 감안하지 못합니다. 丁日干이 甲대운이 오면 사주구조는 살피지 않고 무조건 印星의 뜻으로만 통변한다는 겁니다. 이런 판단방식은 적중률이 매우 낮습니다. 비록 甲 대운에 공부한다고 맞추어도 꽃뱀에서 갑자기 절로 들어간 이유를 읽어내기 어렵습니다. 이 사주는 물질과 명예를 상징하는 甲을 오히려 속세를 등지는 움직임으로 활용하였습니다. 이것이 十神, 生剋으로 통변하는 한계입니다. 사주를 읽는 행위는 독특한 꼴을 가진 사주구조와 시간이 반응하는 宮位를 살피는 것입니다. 사주팔자에 존재하는 4개의

宮位와 보이지는 않지만 윤회 궁에 대해 설명한 책이 宮位論입니다. 5개의 宮位는 마구잡이로 존재하는 것이 아닙니다. 年에서 동하면 근본터전을 바꾸려는 의지가 발현됩니다. 기존상황으로부터 갑작스럽게 바뀌는 겁니다. 활동공간이 생각하지도 못할 정도로 급변합니다. 꽃뱀으로 활동하다 道를 닦으러 갔습니다. 꽃뱀이 스님이 되었습니다. 겉으로 보기에는 황당한 상황입니다. 이런 일들이 수시로 발생합니다. 이 여인에게 甲午干支의 운에는 그렇게 살아야만 하는 삶의 여정이 숨겨져 있습니다. 앞으로 이런 방식으로 사주를 읽는 공부를 할 것입니다.

地支

地支가 왜 생겼을까요? 時間은 운동방향이라 했습니다. 12地支는 태양과 달이 12번 만나는 과정을 표현한 겁니다. 그리고 달이 지구에 영향을 미치는 것을 이야기 합니다. 365일 12개월마다 물형변화가 발생합니다. 밀물, 썰물도 연관이 있으며 매월 물질의 형태가 뚜렷하게 바뀝니다. 사주팔자 4개의 地支중에서 月支가 중요할 수밖에 없는 이유는 바로 물형변화가 뚜렷하게 드러나기 때문입니다. 봄과 여름, 가을, 겨울의 물형이 전혀 다르고 계속 변합니다. 비록 매일이 동일한 듯해도 계속 조금씩 변해갑니다. 하지만 1개월 단위로 살피면 확 달라지는 것을 느낍니다. 하루는 한 달과 전혀 다른 겁니다. 月支는 12개월 동안 발생하는 물형변화를 표현합니다. 月支를 관찰하면 그 달에 어떤 物形변화가 발생하는지를 읽어냅니다.

地藏干(지장간)

천간과 지지 외에 한 가지 더 살펴야 하는 것이 바로 지장간입니다. 지장간의 정체는 무엇일까요? 지구에서 物形은 時間에 따라 변하는데 그 특징을 12개월로 나누었습니다. 그렇다면 12개월의 변화를 주도하는 정체는 무엇일까요? 바로 時間이 땅에 에너지를 방사해서 물형변화가 생기는 겁니다. 그렇다면 12개월의 고유한 움직임을 우리는 어떻게 확인할 수 있을까요? 예로, 子月의 계절특징은 지장간이 답을 해줍니다. 지장간에 壬水와 癸水가 있으며 그 특징으로 물형을 결정하는 겁니다. 그렇다면 사주팔자를 읽을 때 지장간이 중요한 이유는 무엇일까요? 格局에서는 지장간으로 格을 결정하지만 그런 단순한 목적이 아닙니다. 지구에서 끊임없이 순환하는 시공간 변화를 완벽하게 표현한 것은 유일무이 지장간 뿐이며 그 흐름을 이해해야 나중에 학습할 내용인 시공간반응 방식을 이해합니다. 또 이것을 이해해야 비로소 사주팔자를 읽어서 무슨 일이 발생할 것인지를 예측할 수 있습니다. 만약 대운과 세운에서 오는 시공간이 반응하는 방식을 이해하지 못하면 운세를 읽어내지 못합니다. 만약 지장간이 없다면 十干의 물성을 모두 동일한 것으로 간주하는 十神 生剋을 활용해서 운을 판단하는 수준을 벗어나지 못합니다.

부연설명하면, 각 사주에는 **정해진 시간표**가 있는데 원국에 정해진 사주와 4개의 地支에 담겨진 지장간 속의 천간들(時間의 종류)이 나에게 발생할 일들의 종류를 암시합니다. 세분하면, 사주원국은 겉으로 드러난 숙명과 같으며 지장간은 그 숙명에 정해진 일이나 현상들이 발생할 시간표와 같습니다. 그 방식은 지장간에 담겨진 글자가 天干으로 드러나면 판도라의 상자가 열리듯 어떤 일이 발생할 시간이 도래한 겁니다. 만약 지장간이 없다면 사주팔자에서 어떤 시간이 도래할지 예측할 수 없습니다. 이처럼 지장간은 운명의 시간표와 같습니다. 미래에 어떤 일이 발생할지 모르지만 지장간에 담겨진 시간표를 확인해서 읽어냅니다. 따라서 지장간은 인생의 지침서와 같으며 그 의지가 천간으로 드러날 때 발생할 수 있는 현상들을 추론하여 운을 읽어냅니다. 지금은 이해하기 어렵지만 점차 이해하게 됩니다. 정리하면 지장간은 하늘의 기운, 神의 의지가 지구 공간 12개의 地支에 담겨진 겁니다. 땅에서 살아 숨 쉬는 하늘의 기운, 바로 시간이 공간에서 현실화되는 겁니다. 命理도 중요하지만 자연에 순응하면서 농사를 지어야 하는 우리에게 농사를 짓는 방법을 알려주는 시간표와 다를 바 없습니다. 예로 辰月의 지장간에 乙癸戊가 있으니 모내기 하라고 알려줍니다. 이렇게 중요한 지장간이 格이나 잡는 용도로 전락하고 말았으니 시공간의 순환원리를 지장간으로 만든 선조는 대성통곡할 겁니다. 평생 심혈을 기울여 만든 지장간을 쓰레기처럼 취급한다고 생각합니다.

지구에서 발생하는 時間과 空間의 순환과정을 명확하게 표현한 것은 유일무이 지장간 뿐입니다. 주의할 점은, 子月의 지장간에 壬水와 癸水만을 표시했지만 十干이 모두 있습니다. 인간의 몸에도 10개의 기운이 존재하는 것과 동일합니다. 단지 子月에 壬水와 癸水를 표시함으로써 그 에너지가 핵심임을 표현한 것입니다. 十干을 다 표시하면 지장간은 의미도 가치도 없습니다. 12개월의 공간에서 가장 뚜렷한 특징을 가진 時間(에너지)을 담아서 표기한 겁니다. 壬水와 癸水가 있는 이유는 순차적인 시간흐름 때문에 壬水에서 癸水로 변하는 것을 알려줍니다. 즉, 응축되어서 춥던 겨울에서 발산의 움직임이 생겨나 봄을 향하는 출발점을 알리는 겁니다. 다만, 사주팔자 월주로부터 정해지는 대운은 순행도, 역행도 가능하기에 역행하여 癸에서 壬으로 변할 수도 있습니다. 이런 이치를 활용하는 예를 간단히 설명해보겠습니다. 丙子 日에 여자 분이 상담을 합니다. 남녀사이의 문제라면 두 남자 사이의 갈림길에 섰습니다. 丙火에게 壬水와 癸水

가 바뀔 것임을 암시하기에 어떤 남자를 택해야 하는지 고민하는 겁니다. 결론적으로 癸水를 택할 것인데 그 이유는 丙火와 癸水의 시공간이 적절하기 때문입니다. 丁卯 日에 왔다면 직업을 바꾸고 싶은 겁니다. 卯의 지장간에 甲과 乙의 갈림길에서 어느 쪽을 택해야 하는지 알고 싶은 겁니다. 四季圖 이치대로 겨울에 배속된 甲의 특징은 내부, 기획, 소수정예, 조용히 행동합니다. 하지만 봄에 배속된 乙의 특징은 좌우확산 에너지와 같아서 활력이 넘치고 정열적입니다. 따라서 丁卯 日에 상담하는 목적은 甲에서 乙로 혹은 乙에서 甲으로 직업에 변화를 주려고 온 겁니다. 甲에서 乙로 가는지 乙에서 甲으로 가는지 어떻게 알까요?

대운과 세운의 시간방향을 살피면 됩니다. 壬으로 가면 甲을 택하고, 癸로 가면 乙을 택합니다. 무슨 의미인지 아직 이해하지 못해도 상관없습니다. 지금까지 3개의 개념을 정리했습니다. 天干과 地支, 地支에 담겨있는 地藏干 입니다. 사주공부는 세 가지를 학습하는 과정입니다. 선인들은 3개를 天地人이라 표현했어요. 天은 하늘, 地는 땅, 人은 사람이라고 이해했습니다. 사실 天地人, 하늘과 땅과 사람이라는 관점은 건방진 태도입니다. 지구에 존재하는 생명체 중에서 인간이 최고라는 뜻입니다. 인간의 눈높이로는 그렇게 표현할 수밖에 없지만 甲乙丙丁으로 天地人을 표현해보면;

天은 하늘, 甲乙丙丁입니다.
地는 땅, 子丑寅卯입니다.
人은 사람, 地支에 담겨진 地藏干입니다.

따라서 지장간은 천간이라는 뜻이기에 황당한 주장이죠. 하늘을 상징하는 天干을 인간이라 표현하는 겁니다. 人間을 小宇宙라고 표현하기에 결론적으로 인간은 지장간이라는 황당한 결론에 이르기에 적절하지 않습니다. 지장간은 지구에서 발생하는 시공간 순환과정을 표현한 것인데 그 실체가 인간이라는 주장은 맞지 않습니다. 天干은 시간으로 영속적이지만 인간은 영원한 시간을 소유할 수 없습니다. 천년, 만년 살 수가 없으며 100년도 살지 못하고 죽습니다. 결론적으로 지장간의 정체는 지구 땅에서 발현되는 神과 같은 시간이며 인간의 운명을 결정합니다.

四柱八字

이제 사주팔자의 의미를 살펴보겠습니다. 우리는 태어난 시간을 기준으로 사주팔자를 받습니다만 그 정체는 무엇인가요? 정확하게 표현하면 내가 태어난 순간의 시공간 기록입니다. 만약 시간의 정체를 甲乙丙丁으로 정하지 않고 공간의 정체를 子丑寅卯로 정하지 않았다면 우리는 태어난 시공간을 기록할 방법이 없었을 겁니다. 甲乙丙丁과 子丑寅卯는 시간과 공간을 문자로 부호화한 것으로 인간의 사주팔자에 활용합니다. 모년, 모월, 모일, 모시에 태어났고 시공간부호로 바꿨더니 사주팔자가 되는 겁니다. 흥미로운 점은 지구의 시간은 순차적으로 흐르니까 甲子부터 乙丑, 丙寅, 丁卯로 흐르는데 사주팔자의 시간표는 뒤죽박죽입니다. 왜 그럴까요? 年月日時 시간단위가 다르기 때문입니다. 年은 365일, 月은 30일, 日은 하루, 時는 두 시간입니다. 비록 시간부호를 甲乙丙丁으로 표현했음에도 年月日時 시간단위가 상이하니까 사주팔자의 시간은 뒤죽박죽 섞여버립니다. 만약 年月日時 시간단위가 동일했다면 사주팔자에 刑沖破害도 존재하지 않았고 天干에 合沖도 존재하지 않았을 겁니다. 4개의 시간단위가 다르니까 섞이면서 명리이론이 계속 파생되는 겁니다. 이렇게 지구에 존재하는 시공간 순환과 비틀리는 상황을 정확하게 표현한 것이 지장간입니다. 12支 내부에 두 개 혹은 세 개의 천간으로 그 달에 가장 두드러진 특징을 표현한 것이 참으로 경이롭습니다. 三合운동, 12運星, 12神殺, 刑沖破害의 이치를 모두 담아서 완벽한 퍼즐을 펼쳐놓았습니다.

用神

사주팔자는 움직이는 시공간을 표현한 것이 아니라 멈추어진 상태입니다. 즉, 시공간이 멈춘 상태를 활용하는 논리가 用神입니다. 사주를 분석하는 사람이 사주팔자에서 用神을 뽑습니다. 用神은 내 사주팔자에서 가장 필요로 하는 혹은 부족하여 보충해야할 五行을 用神이라 부릅니다. 예로 丁巳년, 壬子月 癸卯日, 辛酉時의 경우 사주모양을 보니 火氣가 가장 좋은 역할을 하고 또 반드시 필요하다고 판단하면 丁火를 혹은 巳火를 用神으로 결정합니다. 다만, 정확한 표현은 巳의 地藏干에 있는 丙火를 用神으로 하는 겁니다.

천간의 氣, 時間, 에너지가 운명의 변화를 이끌기 때문입니다. 이렇게 用神을 정하면 運에서 丁火, 丙火, 巳午未를 만나면 무조건 좋고, 발전할 것이라고 인식하지만 큰 오류입니다. 사주상담자의 관점에 따라 用神의 기준도 계속 바뀝니다. 또 사주원국에 이미 부족하게 태어났기에 아무리 用神으로 정해도 희망사항일 뿐입니다. 格局으로 사주팔자를 분석하는 경우, 예로 癸日이 寅月에 태어나면 상관 격인데 戊寅 月이면 寅의 지장간 戊土가 천간에 드러나 정관 격이라 부릅니다. 굉장히 추운 계절에 태어나면 火氣를 조후用神으로 결정합니다. 또 十神(십신)을 활용하여 재성용신(財星用神)이라고 표현합니다. 문제는 用神은 무용지물입니다. 四柱八字는 태어난 순간의 시공간 기록으로 십간과 십이지로 바꿔보니 사주팔자가 된 겁니다. 따라서 그 정체는 내가 태어난 순간의 시공간일 뿐이며 변화는 고려하지 못한 겁니다. 시간은 계속 흘러 사주팔자에 영향을 미치기에 계속 변하는 기준으로 用神을 정해야 합니다. 인간의 능력으로는 계속 변하는 用神을 찾아낼 수 없습니다. 또 다른 문제는 用神의 종류가 너무도 다양합니다. 격국(格局), 억부(抑扶), 생극(生剋), 조후(調候) 등으로 마치 다양한 用神이 있는 것처럼 인식하지만 서로 다른 이론체계로 충돌하여 뒤죽박죽이 됩니다.

한 가지 생각해봐야 합니다. 사주팔자를 분석하는 것은 어려운 일입니다. 시시각각 변하는 상담자의 운명을 읽는 것은 말을 타고 가면서 화살로 과녁에 맞추는 것보다 어려운 일입니다. 따라서 앞으로 학습과정을 두 가지 관점에서 접근하려고 합니다. 첫째, 자연의 이치를 궁구하는 과정에 나의 존재가치를 찾아보는 겁니다. 명리를 공부하는 이유 중에서 가장 가치 있는 것입니다. 사주를 분석하는 것보다 더욱 중요합니다. 자연이치를 공부하면 자신도 모르게 평온해진 나를 발견합니다. 조급함을 버리게 됩니다. 둘째, 사주팔자를 완벽하게 읽어낼 수 없음을 인정해야 합니다. 그것을 인정하지 않으면서 마치 道人처럼 행동해봐야 부질없습니다. 神도 아닌데 무슨 재주로 완벽하게 맞추나요? 맞출 수 있는 만큼 맞추면 되는 겁니다. 이점을 인정하고 공부를 시작해야 합니다.

四柱八字와 五柱十字

사주를 읽는 행위는 내가 받은 시공간 부호로 운명을 예측하는 겁니다. 이상한 점은 인간을 소우주라고 부르면서도 사주팔자밖에 없습니다. 인간이 소우주가 되려면 반드시 10개의 에너지가 있어야 합니다. 甲乙丙丁에서 癸까지 한순간도 멈추지 않고 움직여야 소우주라고 할 수 있습니다. 인간은 지구 공간을 통해서 발현되는 10개의 기운에 영향을 받아서 함께 호흡하고 반응하며 살아갑니다. 이것이 소우주입니다. 사주팔자는 8개의 글자뿐이니 나머지 두 글자는 어디로 갔을까요? 사주팔자가 아니라 오주십자가 맞습니다. 인간이 소우주가 되려면 모든 에너지를 품어야만 합니다. 문제는 사주팔자 외의 두 글자는 보이지 않습니다. 천간의 마지막 두 글자 壬癸로 인간의 영혼을 지배합니다. 인간이 마음대로 할 수 없습니다. 神의 세계, 靈의 세계, 玉皇上帝, 祖上 神과 같은 세계입니다. 나중에 宮位를 학습할 때 다룹니다. 시공간이 순환하지 않고 직선으로만 흐르고 지구가 둥글지 않고 평평하면 순환, 윤회와 같은 용어는 없었을 것이고 귀신도 없었을 겁니다. 지구가 계속 회전하기에 시공간이 순환하고 인간의 五柱十字도 계속 윤회합니다.

前生의 영혼이 육체를 타고 들어옵니다. 이 과정을 무조건 나쁘다고 생각할 필요는 없습니다. 前生에 지은 업보대로 이어받는 것입니다. 이렇게 시공간이 이어지고 윤회하는 이치를 감안하지 못했기에 지금까지는 年柱를 중요하게 생각하지 않습니다. 하지만 年柱는 前生에서 이어받은 업보라고 생각하면 됩니다. 35세 즈음에 자신도 모르게 그 기운을 이어받아서 살아가지만 잘 느끼지 못하다가 어느 순간에 깨닫습니다. 명리에는 이런 이치가 없기에 어떻게 표현하는지 모르지만 四柱八字를 五柱十字로 살펴야 합니다. 간단히 살펴보면, 年干은 甲으로 엄마가 준 육체를 받아서 태어나는 것을 표현합니다. 十干이 甲乙丙丁에서 壬癸를 거쳐 甲으로 돌아오기를 반복하는 과정에 甲으로 탄생할 때 癸水 영혼도 함께 옵니다. 전생의 업보가 육체를 통해서 이어지는 것이죠. 辛(씨종자)의 업보를 壬에서 심판하고 癸까지 가서 새 영혼을 받습니다. 현생에서 살아가는 과정에 어떻게 살았느냐에 따라서 壬水와 癸水를 지날 때 그에 상응하는 영혼을 받는 겁니다. 이것이 年으로 들어오는데 육체가 성장하는 30세까지는 그 업보를 잘 느끼지 못합니다. 육체가 성장을 끝내고 30세가 넘어가면 자신도 모르게 인생을 재정비 하는데 그 시기가 바로 30~35세 즈음입니다. 그리고 年의 전생업보를 일주가 받기 시작하고 그때서야 비로소 日柱가 오주십자의 주인이 되어서 새 인생을 이끌어 가지만 내 마음대로 하는 것이 아니라 年柱 두 글자가 원하는 것을 이어받아서 그 기운대로만 반응하는 겁니다.

30세까지는 조상과 부모가 물려준 것들을 활용하면서 살았습니다. 조상과 부모가 부자라면 30세까지 풍족하게 살아갑니다. 35세 즈음에 이르면 더욱 부자가 될 수도, 갑자기 부모의 재산을 탕진할 수도 있습니다. 결혼하기 전에는 부모가 부자였기에 손에 물도 묻히지 않았는데 시집가서 힘들어지고 식모로 일한다는 소리가 들립니다. 또 어려서 정말 가난하게 살고 30세 넘도록 결혼도 못하더니 35세가 넘어가자 갑자기 건축업으로 수백억 부자가 되었다고 합니다. 이런 사연들은 개인의 능력으로 이루는 것이 아닙니다. 탄생할 때 이어받은 전생의 기운 때문입니다. 자세한 이야기는 宮位 論에서 다루기로 합시다. 우리는 사주팔자를 뛰어 넘어서 오주십자로 나아가야 합니다. 인간은 小宇宙이기에 눈에 보이지 않는 壬癸 두 글자를 더하여 五柱十字를 읽어야 합니다.

▰제 2강▰

◆ 사주명리 용어의 이해

영혼, 귀신
十神
生剋
宮位
존재와 존재가치
時空
日干
사주팔자를 읽는다는 의미
時節(시절)
用神(용신)
刑沖破害
三字조합론

영혼, 귀신

사주팔자 이론에 없는 논리가 鬼神에 대한 겁니다. 천간에서 辛金은 인간이 죽기 직전의 상태로 씨종자요 윤회과정의 주인공이자 조상신과 같습니다. 辛 씨종자가 壬癸를 지나는 과정에 지은 업보를 새 영혼에 이어받는 과정이 癸水입니다. 그리고 육체를 얻어 甲으로 탄생합니다. 따라서 甲에는 보이지 않지만 전생의 영혼이 들어온 것입니다. 辛을 地支로 내리면 酉金이고 丑土를 지나고 寅으로 탄생하는 흐름은 天干과 다를 바 없습니다. 이때 酉金이 丑土에 들어가면 내부에서 辛과 癸(酉子)가 破작용을 일으킵니다. 酉子 破의 움직임을 물상에 비유하면 酉金 콩이 丑土에 들어가 子水 물에 점점 부드러워져 콩나물로 변하는 과정입니다. 물론 콩이 콩나물로 변하려면 酉戌亥子丑으로 흘러야 콩나물로 드러납니다.

이 흐름에서 酉金은 씨종자요 조상신이며 戌亥子丑의 시공간을 뛰어넘어 새 육체를 받아서 태어난 것이 寅 콩나물입니다. 이런 이유로 酉金과 寅木, 丑과 寅이 붙으면 神氣가 있다고 합니다. 그 이유는 寅의 내부에 前生의 업보와 같은 壬癸가 담겨져 있기 때문이죠. 壬水는 子丑寅을 지나는 과정에 그 속성이 癸水로 바뀌는데 寅까지는 壬水가 주관하고 卯月부터는 癸水가 주관합니다. 특히 丑寅이 만나면 전생의 기운과 이어져 神氣가 강합니다. 촉이 뛰어난 사람들이 가지고 있는 기운입니다. 寅자체도 그런 기운이 있지만 丑土와 연결되면 더욱 강해집니다. 酉金이 丑寅을 지나 땅 밖으로 존재를 드러내면 卯木입니다. 酉金과 卯木은 사실 물형은 다르지만 동일한 존재입니다. 酉金이 품었던 前生의 정보가 卯木을 타고 세상 밖으로 이어졌기 때문입니다. 만약 卯木만 있으면 새싹으로 문제가 없지만 丑土와 卯木이 함께 있으면 문제가 발생합니다. 丑土에 담겨진 업보가 새 영혼 癸水와 함께 卯木으로 타고 오르면서 神氣가 강해지고 무속의 기운도 강합니다. 명리 이론에는 없지만 극히 당연한 이치로 사주팔자에서 어떻게 반응하는지 살펴봅시다.

乾命				陰/平 1965년 5월 17일 16:30								
時	日	月	年	83	73	63	53	43	33	23	13	3
丙	辛	壬	乙	癸	甲	乙	丙	丁	戊	己	庚	辛
申	丑	午	巳	酉	戌	亥	子	丑	寅	卯	辰	巳

이 사주는 별다른 특징은 보이지 않습니다. 29세에 己卯대운을 지날 때 日支 丑土와 卯丑으로 연결됩니다. 전생의 업보, 조상신을 상징하는 丑土와 卯木이 연결되면서 젊어서 결혼하지 못하고 죽은 영혼과 연결됩니다. 귀신이 이 남자의 정신을 조종하는 것처럼 천간에서도 辛壬으로 방탕 성향이 강해지면서 이혼녀, 술집여자와 지나치게 여색을 탐하다 복상사 했습니다.

명리 이론에 없으니 이해가 어렵지만 이 구조처럼 丑卯午 세 글자가 모이면 심장마비, 뇌출혈처럼 피의 흐름에 문제가 발생하기에 좋지 않습니다. 卯木은 인체의 구석구석에 피를 공급하는 역할인데 丑土가 卯木의 움직임을 응결시키면 午火로 가던 피가 막히면서 심장마비, 뇌출혈과 같은 증상이 발생합니다. 이와 같은 현상들은 나의 의지와 상관없이 보이지 않는 제 3의 기운이 작용한 겁니다.

坤命				陰/平 1979년 3월 8일 08:30							
時	日	月	年	80	70	60	50	40	30	20	10	0
壬辰	辛丑	丁卯	己未	丙子	乙亥	甲戌	癸酉	壬申	辛未	庚午	己巳	戊辰

사주원국에 卯丑이 모두 있습니다. 따라서 神氣, 무속, 종교, 철학 성향이 매우 강합니다. 丑辰 破까지 있으니 丑土와 辰土 속에 있는 癸水의 파동이 발생하는데 癸水는 윤회과정의 영혼이라고 설명했죠. 따라서 丑辰 破과정에 영혼이 흔들리듯 불안정해지는 겁니다. 심하게 표현하면 정신이 오락가락하는 겁니다. 명리에서 丑辰 破작용을 크게 신경 쓰지 않지만 그렇지 않습니다. 丑辰 破 작용으로 정신을 지배하는 癸水에 문제가 발생하면 다양한 현상들이 생겨납니다. 우울증, 도박, 투기, 마약, 접신, 빙의. 정신병에 걸릴 수 있습니다.

坤命				陰/平 1965년 2월 10일 02:30							
時	日	月	年	88	78	68	58	48	38	28	18	8
丁丑	乙丑	己卯	乙巳	戊戌	丁酉	丙申	乙酉	甲申	癸未	壬午	辛巳	庚辰

사주원국에 卯丑丑이 연결되어 이상한 현상들이 발생합니다. 丑土에 담겨진 전생의 업보가 卯木으로 드러나고 이 사람에게 그 원한을 풀어달라고 요구합니다. 반드시 풀어주는 것이 좋습니다. 귀신들은 그들이 좋아하는 행위를 해주면 좋아합니다. 만약 풀어주지 않으면 몸이 상하거나 하는 일이 꼬이거나, 빙의, 접신, 우울증, 정신착란 등 이상한 현상들이 발생합니다.

乾命				陰/平 1999년 3월 16일 10:30								
時	日	月	年	88	78	68	58	48	38	28	18	8
丁巳	癸丑	戊辰	己卯	己未	庚申	辛酉	壬戌	癸亥	甲子	乙丑	丙寅	丁卯

사주원국에 卯丑과 丑辰이 모두 있습니다. 따라서 전생의 업보와 연결되고 丑辰 破로 정신이 불안정해질 수 있습니다. 2014년 甲午년에 天干에서 癸甲戊 三字로 조합하면 癸甲이 戊土를 뚫어 그 성정이 거칠어집니다. 또 지지는 丑卯午로 조합하면서 피가 적절하게 돌지 않으니 모범학생이 갑자기 성정이 거칠어져 부친에게 대들고 정신에 문제가 발생하여 성적이 형편없이 나빠졌습니다. 이런 현상들은 자기 의지라고 보기 어렵습니다.

乾命				陰/平 1976년 12월 7일 02:30								
時	日	月	年	83	73	63	53	43	33	23	13	3
辛丑	壬午	辛丑	丙辰	庚戌	己酉	戊申	丁未	丙午	乙巳	甲辰	癸卯	壬寅

이 사주는 여자 귀신들이 밤마다 놀다 간다고 합니다. 이 구조에도 午丑과 丑辰이 있으며 대운도 卯辰乙로 연결되면서 피의 흐름이 원활하지 않습니다. 조상 중에서 객사한 분이 계실 것이라고 했더니 세분이 전쟁터에서 사망했는데 두 분은 결혼도 못하고 죽었고 한 분은 결혼한 후에 사망했다고 합니다. 정리해보면, 酉戌亥子丑寅卯로 순환하는 과정에 丑寅과 丑卯가 조합하면 전생업보, 조상신과 연결됩니다. 이런 구조들은 종교, 명리, 철학공부를 통하여 전생업보를 풀어주어야만 합니다. 달리 표현

하면 누구에게나 명리공부를 시키는 것이 아니라 전생의 업보가 강한 인자를 가지고 태어난 사람들이 공부하는 겁니다. 특히 丑土와 卯木이 만나면 그런 기운이 굉장히 강한데 스스로는 잘 모릅니다. 卯丑이 만나면 일이 꼬이고 잘 풀리지 않는 경우가 있는데 내 의지가 아니고 前生업보 때문입니다. 이런 현상이 지속되면 제사도 지내주고 업보를 풀어주는 행위를 해야 합니다. 그 중 하나가 사주공부를 하는 것으로 귀신들이 좋아합니다. 물론 업보가 너무 강할 경우에는 천도 재처럼 인위적으로 풀어줘야 하는데 이런 이야기들은 사주명리의 범주를 벗어났다고 생각할 필요가 없습니다. 四柱八字가 아니라 五柱十字이고 윤회 궁위에 壬癸가 있기에 귀신이던 영혼이던 모두 명리 범주에 속합니다.

사주명리의 이론체계는 반드시 天干, 地支, 地藏干으로 다루어야 합니다. 하늘의 기운, 시간이 지구공간의 물형을 변화시키는 작용을 살피고 이해해야 합니다. 人間을 소우주라고 표현하려면 五柱十字임을 이해해야 합니다. 보이지는 않지만 윤회를 거치기에 탄생과정에 전생의 업보를 이어 받습니다. 혹시 이런 생각 해봤나요? 月支가 모친 宮位로 日干을 낳습니다. 하지만 나는 年으로부터 전생의 기운을 받아서 35세 즈음부터 활용하기 시작합니다. 따라서 나를 낳아준 엄마는 月支에 있고 年의 전생은 나의 후반생을 지배합니다. 정리하면, 나의 육체를 만들어준 존재는 月支 모친이지만 전생 업보는 年을 타고 나에게 이어지는 겁니다. 30세까지는 육체가 성숙하지 않았기 때문에 잘 모르다가 육체가 성장완료 하는 31세 이후에는 年에서 암시하는 전생의 업보를 일간이 끌어와 후반생을 시작합니다. 대략 35세 즈음에 나는 어디서 왔고 나의 존재가치는 무엇이고 앞으로 어떻게 살아야 하는가를 고민합니다. 훨씬 더 어린 나이에 전생업보를 느낄 수도 있습니다. 5세에 귀신을 보아서 10세부터 그런 생각을 할 수도 있지만 보통은 35세 즈음에 前生의 기운을 끌어와 살아갑니다. 결과적으로, 31세 이후는 年과 月에서 받은 부모와 조상의 기운을 벗어나는 시기라고 표현할 수 있습니다. 물론 31세가 넘어도 부모로부터 유산을 받지만 물질적인 부분을 설명하는 것이 아닙니다. 또 30세가 넘으면 부모와 단절하고 혼자 살아간다는 의미도 아닙니다. 30세까지는 조상과 부모의 통제를 받는 사고방식, 행동이었다면 그 후에는 전생의 업보가 개입되고 전혀 다른 인생으로 전환합니다. 사주팔자를 살펴보죠.

坤命				陰/平 1970년 2월 6일								
時	日	月	年	82	72	62	52	42	32	22	12	2
모름	壬辰	己卯	庚戌	庚午	辛未	壬申	癸酉	甲戌	乙亥	丙子	丁丑	戊寅

年과 月에 구성된 4개의 글자는 日干이 아무런 영향을 미치지 못합니다. 따라서 사주팔자를 분석하는 첫 단계에서는 日干이 무엇인가는 중요하지 않습니다. 庚戌년 己卯월의 상황을 살펴보면, 卯월에 새싹이 말라가는 상황입니다. 卯木은 水氣가 없으면 물을 달라고 己土를 뚫어버립니다. 따라서 己卯월에 태어났는데 어딘가에서 水氣를 보충하지 않으면 부모가 단명하거나 부모와 인연이 길지 못합니다. 그 이유는 水氣가 없으니 卯木이 성장하기 어렵고 결과적으로 卯木을 품은 己土의 땅도 황폐해지기 때문이죠. 만약 酉年에 태어나면 卯酉 沖으로 상해서 모친이 일찍 사망하거나 이모들이 단명할 수 있습니다. 卯木에 문제가 없다면 己土가 상하면서 월간 부친이 힘들거나 단명할 수도 있습니다. 따라서 己卯 月에 水氣를 보충하지 않으면 월주 부모의 상황에 문제가 발생할 수 있습니다. 여기까지 년과 월의 조합으로

조상과 부모의 동태를 살피는 것입니다. 따라서 이 구조는 좋지 않은 가정환경에서 태어나 30세까지 육체적, 정신적으로 고생했을 것이라고 읽지만 이 분석과정에 日干은 영향력이 없습니다. 년과 월을 지나고 壬辰 日을 배정받아서 일간이 태어납니다. 壬水는 庚戌과 己卯의 척박한 상황을 파악하기 시작하면서 己卯의 환경을 개선하려고 노력합니다. 생명수와 같은 壬水를 활용하여 己卯의 땅을 적셔주기 시작합니다. 水氣가 부족하여 성장하지 못하는 수많은 卯木(모친과 형제들)을 키우려고 노력하는 겁니다. 이런 움직임을 우리는 효녀라고 부릅니다. 이 사주구조에서 부모를 도울 수 있는 글자는 일간 壬水 밖에 없으니 효녀가 되는 겁니다.

정리해보면, 일간이 무엇이던 庚戌년 己卯월로 조합하면 불편한 가정에서 태어날 개연성이 높아지는 겁니다. 하지만 30세가 넘어서 일주 壬辰이 년주 庚戌의 기운을 끌어와 활용하기 시작합니다. 현재의 명리이론들은 日干을 위주로 살피는데 합리적이지 않습니다. 먼저 年과 月에 구성된 구조를 읽어야 하며 그 시공간은 30세까지입니다. 30세가 넘으면 전혀 관계가 없다고 보이는 年柱 두 글자를 일간 壬水가 활용하기 시작합니다. 바로 나의 전생업보를 이어받는 겁니다. 이제 壬水와 庚戌의 조합을 살펴보죠. 구조가 나쁘지 않습니다. 十神으로 殺印相生이라고 부르는 흐름입니다. 壬水가 庚의 生을 이어받습니다. 戌土는 火庫이기에 火氣로 庚을 자극하면 일간을 향하여 빠르게 날아오는데 이 여인의 명예이자 재물에 해당합니다. 육친으로 살피면 戌土는 남편이며 돈과 명예의 원천입니다. 또 壬水가 戌土를 만났으니 시절도 적절합니다. 年과 月의 庚戌과 己卯 조합은 불편한 환경이었는데 壬水의 시기 31세에서 37세 사이에 이르면 갑자기 환경이 달라지기 시작합니다. 30세 전까지는 고생하고 부모의 상황도 좋지 않았는데 전생의 기운과 연결되는 시점부터는 좋은 남편 만나 수십억 재산을 축적하고 잘 사는 겁니다. 보통 어려서 가정환경이 좋지 않으면 나머지 인생도 불편할 가능성이 높습니다. 年과 月의 조합이 좋지 않아서 초년이 꼬이면 중년, 말년에도 극복하기 쉽지 않습니다. 그 이유는 日과 時는 31세 이후에 부모로부터 독립하여 내가 나의 인생을 개척하며 살아가는 것이며 재산축적이나 성공은 년과 월에서 70%를 결정하기 때문입니다. 時柱는 자식만을 뜻하는 것은 아닙니다. 일간이 추구하는 방향이나 욕망입니다. 따라서 時에 있는 글자는 반드시 이루기 원하는 인생의 고민과 같습니다.

사실 時柱가 중요한 이유는 따로 있습니다. 그것은 年柱와 시공간이 연결되기 때문입니다. 사주팔자를 년에서 시까지 직선의 시간으로 살피면 시주에서 삶은 마감되지만 시공간의 순환과 윤회를 이해하면 時柱와 年柱가 연결되어 있음을 깨닫습니다. 이 부분은 宮位論을 학습할 때 자세히 다룰 예정입니다. 다시 위 사주로 돌아가 정리해보면, 年과 月의 조합이 엉망인데 좋은 남편 만나서 중년 이후에 부자로 살아가는 상황을 읽어내는 것은 쉽지 않습니다. 하지만 30세 이후에 年의 기운을 이어받아서 후반생을 시작하기에 전혀 다른 상황으로 전개될 수 있는 겁니다. 전생의 기운이 좋게 이어지면 발전하는 후반생을, 전생이 기운이 나쁘게 이어지면 퇴보하는 후반생을 살아갑니다. 이처럼 사주팔자 8개만 있다고 생각할 수는 없습니다. 보이지 않는 두 기운이 존재하며 영혼의 세계와 같아서 씨종자 후에서 시작하여 壬癸를 거쳐 甲에 이르는 과정을 주의 깊게 살펴야 합니다.

十神

이제 十神을 살펴봅시다. 十神을 이해하려면 먼저 十干을 살펴야 합니다. 十干은 甲乙丙丁戊己庚辛壬癸로 지구에 반응하는 우주의 기운과 같다고 했습니다. 명리역사에서 관점에 큰 변화가 발생하는데 年을 위주로 사주를 분석하다가 日을 위주로 분석하기 시작합니다. 사주팔자로 인간의 길흉을 분석하려는 시도는 이런 생각에서 비롯되었을 겁니다. 인간도 자연의 일부이기에 태어난 날짜를 60甲子로 바꿔보면 길흉을 알 수 있지 않을까? 年을 기준으로 분석할 때는 방법이 마땅하지 않았기에 납음, 신살을 위주로 살폈다고 합니다.

하지만 분석기법에 대변혁이 일어나고 어느 시기부터인가 日干을 위주로 사주팔자를 분석하기 시작합니다. 하지만 日干이 月에서 어떤 환경을 얻었는지 그리고 사주팔자의 운명일 읽어내는 과정에 甲乙丙丁이나 子丑寅卯로 표현하기는 불편합니다. 그래서 이해하기 쉽고 알아듣기 편하게 명칭을 부여할 필요가 생겼고 十干을 十神으로 바꿨을 겁니다. 즉, 자연 순환과정, 시간의 흐름을 표현한 十干을 사주팔자를 분석하고자 十神으로 바꾼 겁니다. 十神은 比肩, 劫財, 食神, 傷官, 偏財, 正財, 偏官, 正官, 偏印, 正印입니다만 처음부터 이 명칭에 익숙하기에 매우 중요한 것으로 인식합니다만 사주팔자를 풀어보려는 단순한 도구일 뿐입니다. 十神 이전에 十干이 있었음에도 比肩, 劫財, 食神, 傷官이 중요하다고 인식하는 어처구니없는 상황이 발생한 겁니다. 十神의 원리는 참으로 단순한 生剋 원리입니다. 자평진전, 적천수, 연해자평 등의 분석기법은 대부분이 生剋논리입니다. 문제는 生剋으로 살피는 세상은 生은 영원히 生하고 剋은 영원히 剋한다고 간주하기에 生이 剋으로 변하고 剋이 生으로 변하는 이치를 이해하지 못합니다. 마치 결정된 불변의 진리라고 착각합니다. 예로, 甲은 무조건 戊土를 剋하고 절대로 生하지 않습니다. 또 壬水와 癸水는 甲을 生하는데 癸水는 正印이고 壬水는 偏印이라는 기준으로 사주를 분석합니다. 또 我剋者는 偏財로 父親이라는 논리가 만연합니다. 적천수에서 주장하는 從格도 生剋 논리입니다. 생극 논리는 명리의 깊이를 가볍고 천박하게 만들었습니다. 오로지 生하거나 剋하는 세상이 아닙니다. 이처럼 十神은 단순한 논리이므로 초급이상을 벗어나지 못합니다. 十干은 인간의 사주팔자와 상관없이 지구자연의 순환과정을 표현한 시공간부호입니다. 따라서 十干의 범주는 十神의 그것과는 비교할 수 없을 정도로 넓기에 十干을 이해하면 十神을 이해하는 것은 매우 쉽습니다. 十神의 의미를 간단히 정리해보죠.

比肩은 막 태어난 아이와 같습니다. 아무 생각 없이 육체를 확장하는 움직임입니다. 劫財는 혼자서 부모의 사랑을 독차지 하고 엄마 젖을 먹다가 어느 날 동생이 생기면 내 젖을 빼앗길까봐 심통을 부리는 겁니다. 나와 다른 존재를 자각하고 질투하고 경쟁하는 상황입니다. 食神은 劫財의 성향을 습득한 후의 과정으로 생각보다 넓은 세상이 있음을 발견합니다. 주위와 함께 경쟁, 시기, 질투의 성향은 물론이고 더불어 성장합니다. 그 시기를 지나면 나만의 독특한 특징을 갖추려고 노력하는 과정이 傷官입니다. 사춘기처럼 자기만의 독특함을 주장하는 시기입니다. 傷官을 지나면 그 때까지 습득한 것을 偏財라는 무대에서 활용하면서 경험을 축적합니다. 30세 이전에 학습했던 것들을 사회에서 활용해보는 과정입니다. 偏財를 유동재물이라는 관점으로 생각하지 마세요. 너무도 단순한 논리입니다. 偏財는 세상을 주유하면서 경험을 쌓는 과정이기에 활동범위가 넓고 이동이 잦습니다. 偏財는 일정공간에서 반복적인 행위를 즐기지 않습니다.

偏財과정을 겪고 나면 正財와 같은 속성으로 바뀝니다. 인생이란 이런 거구나. 사회경험을 통해서 얻은 인생의 기술, 혹은 맞는다고 생각하는 주관, 관점, 가치관 같은 겁니다. 그 전까지는 정확하게 몰랐던 것들에 대해 가치관이 뚜렷해지는 시기입니다. 宮位로는 日支에 해당하는데 줄어든 것은 융통성입니다. 그 전에는 잘 모르다가 편재, 정재를 지나는 과정에 다양한 경험을 통하여 스스로 판단한 것이니까 내 생각이 틀리지 않다고 믿는 겁니다. 모를 때는 그런가보다 했지만 이제는 안다고 믿으니까 사람들이 틀렸다고 해도 고치려고 하지 않아서 융통성이 줄어드는 겁니다. 이런 속성이 正財입니다.

정재를 지나고 偏官을 경험하는 46세 즈음부터는 원하지 않아도 후대의 터전을 위해 희생하고 봉사하는 과정으로 바뀝니다. 내가 원하는 것이 아니라 타인을 위한 삶으로 변합니다. 따라서 내 맘대로 되지 않는 상황이 偏官입니다. 인생의 말년을 준비하고자 기존의 상황에서 변화를 주는 과정에 고통이 따릅니다. 또 사회, 후대를 위해서 희생하는 시공간입니다. 예로, 年과 月에 偏官이 있다면 혹은 초년에 大運에서 偏官이 오면 적절하게 성장하지도 못 하고 나를 희생하고 봉사해야 합니다. 어린 나이에 사회의 쓴맛을 보는 겁니다. 원하지 않아도 일찍 사회경험을 해야만 하도록 내몰립니다. 나이가 어려서 경험할 필요가 없는 것들을 경험하는 과정에 쓴맛을 봅니다. 따라서 年과 月에 偏官이 있으면 조숙합니다. 편관을 어린 나이에 만나는 것은 그다지 좋은 것은 아닙니다. 학생이라면 해외로 유학가거나 무언가 학생답지 않은 경험을 하게 됩니다. 공부하지 못하고 사회에 나가 희생, 봉사를 강요하니 해외유학이라는 경험을 통하여 성숙해지는 겁니다. 나를 희생하는 偏官을 거치고 생애를 통해서 육체, 물질, 정신적으로 얻고 깨달은 모든 것이 正官이기에 타협이 어렵습니다. 고서에 正官이 좋다고 하지만 말이 잘 통하지 않습니다. 그 이유는 육체적, 정신적, 물질적으로 고칠 수 없을 만큼 완성된 상태이기에 타협이 불가합니다. 일생동안 경험하고 완성한 것이기에 반박할 수 없을 만큼 합리적, 논리적으로 나를 설득하지 못하면 받아들이지 않습니다. 인생경험을 다 해봐서 스스로 옳다고 확신하며 타인이 틀렸다고 생각합니다. 이런 이유로 偏官, 正官은 지적을 잘합니다. 이거 고쳐라, 저거 고쳐라, 이것 틀렸다, 저것 틀렸다. 세상은 틀렸고 자기만 맞는다고 고집이 생깁니다. 예로 甲日인데 庚이 있다면 偏官으로 고치라고 요구합니다. 내가 원하는 것을 못하게 만드는 것으로 희생, 봉사, 강요행위입니다. 세상 이치가 잘못되었으니 고치고 또 고치라고 요구하는 겁니다.

고치고 고쳐서 더 이상 고칠 것이 없는 상태가 正官이기에 남의 의견을 받아들일 필요가 없을 만큼 완벽하다고 믿습니다. 正官을 얻기까지 偏官의 과정에 많은 경험을 하므로 활동반경이 넓습니다. 偏官을 영업사원, 전쟁터의 장수라고 표현합니다. 삶의 범위가 넓기에 밖으로 나가 잘못된 부분을 고치려고 고군분투합니다. 사주팔자에 偏官이나 正官이 있으면 사물들이 비틀어져 잘못된 것으로 인식합니다. 자기는 맞는데 남들은 틀리다고 지적하기에 주위 사람들이 싫어합니다. 인간이 갈 수 있는 가장 끝까지 간 상태를 正官이라고 부릅니다. 지금까지 8개를 살폈는데 탄생에서 죽음까지로 甲乙丙丁戊己庚辛까지며 이것이 四柱八字의 범위입니다. 나머지 두 개가 더 있는데 壬癸로 윤회과정이며 壬水를 偏印, 癸水를 正印이라고 부릅니다. 사후세계를 상징하기에 육체활동은 불가능하고 영혼만 있습니다. 따라서 사주팔자에 水氣가 많으면 생각이 많고 종교, 명리, 철학이나 학업에 전념하고 외부활동을 주저합니다. 내부에서 활동하기에 사회에서 두각을 나타내기도 쉽지 않습니다. 인간은 사회활동을 통하여 물질을 얻기에 巳午未申과 같은 화려한 공간을 선호하는데 亥子丑 혹은 壬癸가 많으면 정신을 추구할 수밖에 없습니다.

정리하면, 壬은 偏印, 癸는 正印이고 육체가 없기에 생각을 많이 한다고 기억해야 합니다. 여기까지가 十干을 十神으로 바꿔서 표현한 겁니다. 十干과 十神을 비교하면, 甲에서 比肩이 시작해서 癸水에서 正印에 이릅니다. 하지만 사주팔자는 日干을 기준으로 月支를 살펴서 食神, 傷官 등으로 부르니까 甲이 比肩의 속성을 가질 수밖에 없고 癸水가 正印일 수밖에 없는 이유를 궁구하지 않습니다. 단지 日干을 기준으로 명칭이 정해진다고 착각합니다.

十神은 명리수준을 엄청나게 퇴보시켰습니다. 아무리 오래도록 十神을 학습해도 얻을 수 있는 건 生剋밖에 없습니다. 우리는 生剋의 세상을 살아가는 것이 아님에도 食神制殺, 殺印相生, 傷官見官과 같은 명칭만 배웁니다. 더 심각한 문제는 <u>生剋에는 시공간이 없습니다</u>. 우리는 四季의 순차적인 흐름으로 시공간에 적응하며 살아갑니다. 十神은 시공간이 아니라 生剋논리에 불과합니다. 따라서 이 책에서는 十神을 거의 다루지 않습니다. 十神을 활용하는 학습방식을 선호하지도 않고 선호할 수도 없습니다. 十神을 활용하기 시작하면 사고방식이 협소해지고 어느새 生剋만 남아서 위대한 지구자연의 순환원리를 깨우치려 하지 않기 때문입니다. 대부분의 고서들은 生剋 논리를 펼칩니다만 사주팔자는 生剋이 아닙니다. 十神으로 인간의 다양하고 깊은 부분을 살필 수 없어요. 六親은 十神 범위를 더욱 축소한 겁니다. 조상, 부모, 자식처럼 식구들의 관계를 설정한 표현입니다. 예로, 아버지는 재혼하셨네요, 단명하셨네요, 이복형제가 있네요,

삼촌은 객사했군요. 등 이런 표현들이 六親에 관한 겁니다. 六親과 宮位 사이에 매우 중요한 문제가 있습니다. 육친을 분석할 때 宮位를 위주로 볼 것인가, 十神을 위주로 살필 것인가의 문제입니다. 예로, 남자에게 日支는 正財에 해당하고 육친으로는 부인입니다. 만약 正財가 年에 있다면 十神과 宮位의 거리가 멀기에 배우자와의 사이가 가깝지 않습니다. 이처럼 宮位와 十神 중에서 육친의 동태를 살피려면 반드시 <u>宮位를 우선</u>으로 합니다. 예로, 내 남편의 동태를 살피려면 반드시 일지를 기준으로 하며, 내 부친의 동태를 살피려면 반드시 월간을 기준으로 하며, 내 모친이나 형제를 살피려면 월지를 기준으로 합니다. 여기에 추가적으로 十神의 동태를 참조합니다. 예로 남자의 사주팔자에서 年에 財星이 있거나 여자 사주에서 官星이 年에 있다면 해당 육친과 가까이 하기 어렵기에 젊어서 이혼하거나 나이 많은 사람과 인연이 있습니다. 배우자의 宮位가 일지인데 十神은 宮位로부터 멀리 떨어져 있기 때문입니다.

坤命				陰/平 1963년 12월 13일 22:00								
時	日	月	年	80	70	60	50	40	30	20	10	0
己	辛	癸	壬	甲	乙	丙	丁	戊	己	庚	辛	壬
亥	亥	丑	寅	辰	巳	午	未	申	酉	戌	亥	子

이 사주는 辛日입장에서 남편이 年支 지장간에 있는 寅中 丙火 밖에 없잖아요. 따라서 丙火를 남편으로 간주하는데 日支와 寅亥 合으로 연결되어 들어옵니다. 문제는 이 과정에 반드시 月支 丑土를 지나기에 丙火는 반드시 丑土를 거쳐야 비로소 일지와 인연이 닿습니다. 중국 하중기 사례집에 나오는 예문으로, 하 선생이 말하길 남편은 60세 나이 차이가 난다고 합니다. 실제로

30세에 결혼했는데 남편의 나이가 84세로 54년 차이입니다. 사실 이해하기 어려운 결혼입니다. 어떻게 54세 차이나는 늙은 남자와 결혼할 수 있는지. 하지만 남편과의 결혼생활에 매우 만족합니다. 남편을 아이처럼 밥 먹여주고 씻겨주는 것이 행복하답니다. 배우자 인연은 하늘이 정해주나 봅니다. 만약 寅이 亥와 合하지 않으면 결혼할 수 없었을 겁니다. 丙火는 丑에 있는 수많은 金무더기들과 짝을 이루고 辛에게 올 기회가 없으니까요. 이런 구조에 노처녀가 많습니다.

정리하면, 배우자 상황을 분석하려면 먼저 日支를 살펴야 합니다. 예로 丁丑일의 경우, 日支 丑土는 소에 해당하는데 어느 연예인의 남편이 소처럼 생겼더군요. 또 다른 예로, 丙寅年, 辛巳日 여자의 경우 아무리 辛日의 正官이 年에 있어도 남편의 생김새나 특징은 日支를 기준으로 살피고 十神은 참조해야 합니다. 日支에서 배우자의 성격, 성향, 신체특징을 결정하기 때문입니다. 日支를 보면 내 배우자의 생김새나 성격을 읽을 수 있겠죠. 日支에 있는 배우자의 특징과 다르다면 결혼하기도 어렵고 맘이 내키지 않을 겁니다. 결혼해도 내 짝이 아니니까 이혼하겠죠. 지금까지 十神, 六親에 대해 살폈습니다.

生剋

사주를 판단할 때 자평진전, 적천수, 삼명통회 등의 고서는 대부분 生剋을 활용합니다. 甲이 戊土를 剋하고, 庚이 甲을 剋하고, 戊가 壬水를 剋하는 식으로 사주를 판단하는 것은 적절하지 않습니다. 生하고 剋하는 작용으로 사주를 읽지 말라는 겁니다. 생극은 시작도 없고 끝도 없습니다. 예로 사주팔자에 오행이 모두 있다면 甲이 乙을 생하고, 乙이 丙을 생하고, 丙이 丁을 生

하는데 어디에서 끝나는지 알 수가 없습니다. 또 사주팔자의 현상들은 生剋으로 발현되는 것이 아닙니다. 生剋의 근본개념은 A와 B 五行이 정지된 시공간에서 쌍방의 기운을 방사시켜서 이기고 지는 게임입니다. 사실 生剋도 고정적일 수 없습니다. 고정적이라면 일방적으로 극 당한 쪽은 죽어야 합니다. 그런 현상은 발생하지 않습니다. 시공간은 순환하기에 일방적인 生剋작용은 존재하지 않습니다. 시간이 흐르는 과정에 원래의 움직임이 변합니다. 生은 무조건 生이요, 剋은 무조건 剋이라는 주장은 옳지 않은 겁니다. 生하다가 剋하고, 剋하다가 生합니다. 王은 영원히 王이라는 의미가 아닙니다. 인생은 사주팔자 구조대로만 반응합니다. 정해진 시간표대로 사건들이 발생하는 겁니다. 따라서 시간과 공간이 반응하는 방식을 이해하고 발생할 일들을 읽어내야 합니다.

宮位

이제 宮位에 대해 살펴봅시다. 十宮으로 구성된 宮位는 한 사람의 인생을 분석하는 과정에 매우 중요한 정보를 제공합니다. 따라서 宮位에 대해 많은 이해를 해야 합니다. 년이 무엇일까? 월이 무엇일까? 宮位의 본질은 무엇일까? 등 많은 이해가 필요합니다만 나중에 宮位論 학습할 때 자세히 다루기로 하겠습니다. 궁위에서 연령을 나눌 때는 年은 15세, 月은 30세, 日은 45세, 時는 60세까지이며 그 후에는 사회적 동물로서의 가치는 거의 끝난 겁니다. 자식을 위해서 후대를 위해서 자신이 경험한 인생의 지혜를 나눠야 하는 시기입니다. 물론 60세가 넘어도 사회생활을 하는 사람도 있지만 인간으로 태어나 정해진 운명의 여정을 거의 완성하였기에 60이 넘은 후로는 시간을 연장해서 활용하는 겁니다. 年이 15세까지이기에 年干과 年支의 비율을 7.5

年으로 나눕니다만 정확하게 그런 것은 아닙니다. 이런 연령비율을 감안하면 결혼에 대한 상황은 38세 ~ 45세가 가장 중요합니다. 대략 그 연령에서 이혼하지 않았다면 말년까지 해로할 가능성이 높습니다. 일지는 배우자를 상징하는 宮位이기에 그렇습니다. 구조에 따라 더 빨리 혹은 더 늦게 문제가 발생할 수도 있습니다. 대운과 세운도 마찬가지입니다. 어떤 분께서 질문하기를 2015年 1月 1日로 乙未年이 시작되는 것 아니냐고 합니다만 그것은 기계적인 時間(시계)에 불과합니다. 에너지(시간)는 칼로 무 베듯 잘라지는 것이 아닙니다. 시간은 영속성을 가지고 흘러가는 것이지 우리가 편리하게 나눠놓은 시간단위대로 2015年 1月 1日부터는 무조건 乙未年으로 바뀌면서 甲午年의 기운이 철저하게 끊어지는 것이 아닙니다. 시간을 날카로운 칼에 잘린 무처럼 생각하지만 그렇지 않습니다. 예로, 壬辰年의 기운은 癸巳年의 壬辰 月까지 이어지고 乙未年의 기운은 甲午年의 乙亥 月부터 시작된다고 볼 수도 있습니다.

이처럼 에너지 속성은 조금 일찍 올 수도, 조금 늦게 사라질 수도 있는 겁니다. 大運도 마찬가지입니다. 어느 大運이 끝나면 그 기운이 철저히 소멸되고 다음 大運으로 넘어 왔다고 생각하는 것은 옳지 않습니다. 앞 대운의 에너지가 2年 ~ 3年 더 이어질 수도 있습니다. 또 그 대운이 끝나지 않았음에도 2~3년 빨리 새로운 대운에 영향을 받을 수도 있는 겁니다. 정해진 시간표를 특별한 의미가 있는 것처럼 다룰 필요가 없습니다. 시간은 우리가 생각하는 것처럼 칼 같지 않습니다. 결혼생활의 성패를 가르는 日支는 38세에서 45세로 보고 時干은 46세에서 53세 그리고 時支는 그 이후로 보면 됩니다. 이런 분류가 중요한 이유는 사주팔자 원국의 年月日時 흐름에서 어떤 파도를 타는지를 알려줍니다만 우리가 그 파동을 적절하게 읽어내지 못할 뿐이죠. 다만, 사주팔자에서 길흉을 포함한 모든 것의 판단기준은 月支입니다. 月支를 기준으로 년이 좋으면, 月支를 기준으로 日이 좋으면 혹은 나쁘면, 이런 식으로 판단합니다. 예로 庚申 月의 경우에는 일간이 甲日, 乙日, 丙日, 癸日라면 어떻게 판단할까요? 格局을 살피면 甲日에게는 偏官, 乙日에게는 正官, 癸日에게는 正印 格이라고 생각합니다. 그리고 十神으로 정한 格名에 따라 운명이 달라질 것이라고 추측합니다. 하지만 庚申 月은 어느 日干이 오더라도 불편합니다. 즉, 十神의 명칭과는 아무런 상관이 없다는 겁니다. 庚申 月에는 열매가 익어가기에 반드시 丙火가 있어야만 적절하지만 없다면 일간과 상관없이 적절하지 않습니다. 格을 학습한 입장에서 이런 주장은 굉장히 황당합니다. 하지만 자연에서 庚申 月에 무엇을 필요로 하는지 딱 한글자로 정해져 있습니다. 딱 한 글자를 배합하면 좋아지기에 수많은 이론들은 무용지물입니다.

용신 찾기보다 훨씬 쉬우며 어렵게 생각할 필요가 없습니다. 이것이 월지시공 개념으로 자세히 학습할 겁니다. 월지 시공에서 요구한 에너지가 있으면 좋고 없으면 나쁜 겁니다. 그렇다면 庚申月로 태어나면 왜 좋지 않을까요? 申月에 열매가 익으려면 반드시 丙火가 필요한데 없고 익지도 않고 크지도 않는 과일들만 주렁주렁 열려 있어요. 이런 상황에서 어떤 에너지가 필요하겠어요? 十干을 모두 붙여보면 이해가 됩니다. 예로 癸水를 붙이면 과일에 곰팡이가 피듯 불편한 일들이 발생해요. 사주팔자는 格으로 결정되는 것이 아니라는 것을 기억하면 됩니다.

마찬가지로 日干도 年과 月, 즉 조상, 부모에 영향을 미치지 못합니다. 내가 태어나고 보니 그런 조상, 부모가 있는 겁니다. 내가 무슨 재주로 이런 조부모, 저런 부모 갖게 해주라고 하겠습니까? 이것이 업보라는 겁니다. 내가 前生에 무슨 죄를 지어 이렇게 사느냐고 한탄하는 이유입니다. 미로와 같은 인생의 암호를 풀어내는 과정에 宮位는 중요한 정보를 제공합니다. 宮位가 중요한 또 다른 이유는 바로 사주팔자에서 시공간이 반응하는 방식을 읽어내는 중요한 수단이기 때문입니다. 예로 어떤 일이 발생할 것인가를 판단하는 기준은 宮位입니다. 年, 月, 日, 時 중에서 반응하는 宮位가 어디냐에 따라서 발생하는 사건들의 특징이 정해지며 生헨처럼 五行이 아무렇게 원칙도 없이 치고받는 것이 아닙니다. 年이 반응하면 年과 관련된 일들이 발생합니다. 일지가 반응하면 그 궁위에 관련된 일이 발생합니다. 반응하는 宮位를 읽어서 어떤 일이 발생할 것인가를 읽습니다.

인생은 生헨처럼 대충 이루어지는 것도 아니며 절대로 뒤죽박죽 발생하는 것도 아닙니다. 정해진 시간표대로 살아가는 것입니다. 다시 학습하기에 여기에서는 나이나 발생할 일의 특징을 결정하는 것이 宮位라고 이해하면 됩니다. 古書에 대해 잠시 이야기하면 현대에도 1500년 전 이론을 최고라고 주장합니다. 하지만 자평진전에는 格의 실체가 없고 기준도 모호하며 十神의 生헨 논리에 불과합니다. 예로 월지에서 年干으로 지장간에 있는 글자가 透(드러남)했다고 주장하는 것은 순차적으로 흐르는 時間을 과거로 돌려버리는 능력을 가진 것처럼 주장하기에 비논리적입니다. 시간은 인간의 의지대로 앞으로 뒤로 돌릴 수 있는 것이 아닙니다. 자평진전은 투간(透干)을 기준으로 시간을 뒤로도 앞으로도 돌릴 수 있다는 억지를 부린겁니다.

적천수 從格도 믿지 마세요. 이 사주 어려워서 풀지 못하겠다는 표현입니다. 궁통보감에서 寅月에 丙火가 필요하다고 주장하는데 인간의 잣대로 살피면 丙火가 필요한 것처럼 느껴집니다. 寅

月은 아직 추우니까 丙火로 따뜻하게 해주어야 한다는 생각하기 쉽습니다. 亥子丑 月에 丙火가 필요하다는 주장처럼 寅月에도 필요하다고 생각합니다. 이 판단은 인간의 잣대이지만 자연의 이치는 인간의 생각으로 결정되지 않습니다. 자연의 일부이기에 자연의 순환원리를 기준으로 살펴야만 하는 것입니다. 寅月에는 반드시 壬水가 필요하며 丙火가 필요한 것이 아닙니다. 丙寅 月로 태어났지만 水氣가 없으면 학업에 전념하지 못하고 일찍 사회에 진출합니다. 또 水氣가 전혀 없는데 三刑에 비틀려서 生氣가 상하면 단명할 수도 있습니다. 甲辰年 丙寅月 戊申日인데 간암으로 사망한 사주입니다. 殺印相生, 官印相生으로 좋다고 주장할 수도 있습니다만 23세 丙寅年 후반에 간암으로 요절합니다.

왜 그럴까요? 寅巳 刑해서? 刑이 중요한 것이 아니라 生氣를 상징하는 寅이 말라서 죽었습니다. 인간도 자연과 똑같아요. 나무에 물을 안 주면 죽습니다. 하지만 궁통보감은 寅月은 丙火가 있어야 한다고 주장합니다. 남자의 경우라면 대운이 火氣로 흐르니 더욱 불편해지고 여자의 경우는 水氣로 흐르니 전혀 다른 상황입니다. 만약 壬寅 月인데 丙火까지 있으면 그릇이 훨씬 커집니다. 예로 年支에 亥水가 있어야 丙寅과 연결되어서 편해집니다. 이것이 壬甲丙 三字조합이에요. 다만 사주구조에 따라 달라지는데 寅月에 년에 亥水가 있다면 丙火만 추가하면 매우 좋은 흐름입니다. 만약 丙火는 없고 庚辛壬癸만 강하면 亥寅으로 땅속에서 뿌리만 내리고 땅위로 나갈 생각을 못하기에 사회에서 두각을 나타내지 못하고 꿈만 꾸다가 끝날 수도 있습니다. 이런 이치가 바로 三字 조합론(2022년 책으로 출판예정)입니다. 天干도 地支도 두 개의 生剋작용에서 벗어나 세 글자 조합을 살펴야 합니다. 三字조합을 살피는 것은 어려울 것 같지만 어렵지 않습니다. 지금은 사주명리의 근본개념을 이해하는데 집중해야 합니다. 지금까지 학습했던 格局, 生剋, 調喉, 抑扶와 같은 사주 관법들은 버려야 합니다. 20년 공부해도 적합하지 않으니 버릴 수밖에 없습니다. 사실 명리공부의 마지막은 十干과 十二地支입 니다. 글자를 얼마만큼 이해하느냐에 달렸습니다. 고수가 중요 한 것은 아니지만 명리수준을 결정해요. 甲이 무엇이고, 乙이 무엇이고, 子가 무엇이고, 丑이 무엇이고 글자 속성을 얼마나 이해하느냐에 따라서 세상을 보는 눈이 달라집니다.

존재와 존재가치

존재와 존재가치는 다른 겁니다. 예를 들어 甲寅 日이 辛酉 月 의 환경을 만났다면 正官이라 부르고 매우 좋은 것처럼 포장하 지만 명칭이 중요한 것이 아닙니다. 辛酉 두 글자는 사주팔자에 水氣가 없다면 쓸모가 없으며 甲寅과 辛酉 사이에 마찰만 발생 합니다. 辛酉는 반드시 水氣를 만나야 적절하게 씨종자를 풀어 서 새로운 木으로 내놓습니다. 이것이 존재와 존재가치의 차이 입니다. 사주팔자에 辛酉가 있다고 모두 가치 있는 것은 아닙니 다. 존재는 하지만 가치가 없는 겁니다. 하지만 현재에는 가치 가 없다고 영원히 그렇다는 의미가 아닙니다.

時空間에 따라서 가치 없던 글자가 갑자기 가치를 얻습니다. 신 랑을 미워하는데 갑자기 신랑이 사랑스럽습니다. 원수 같은 부 인이 어느 날 갑자기 아름답게 보입니다. 이처럼 시공간 변화에 따라서 가치가 달라지는 겁니다. 만약 변화가 없다면 원수는 영 원히 원수이지만 이런 일은 발생하지 않습니다. 生剋 논리는 이 런 일이 발생한다고 억지를 부립니다. 生剋은 마치 시공간이 절 대로 변하지 않는다고 주장하는 것과 다를 바 없습니다. 비논리적입니다. 1000년 동안 이 방식으로 사주팔자를 분석해 왔습니다.

時空

시공간은 사주팔자를 이해하는 핵심 논리지만 사실 어려운 내용은 아닙니다. 時空을 다른 말로 바꾸면 陽陰입니다. 사실 우리는 여전히 시간의 정체를 규정하지 못하고 있습니다. 인간의 잣대로 시간단위를 쪼개서 時計를 만들었지만 時間이 흘러가는 방식을 정확하게 모릅니다. 시간은 흐르지 않는다는 주장도 있습니다만 중요한 것은 시간은 영속성을 가졌습니다. 시간의 본질을 모르니 영속하는지도 모르지만 인간처럼 제한적인 수명은 아닙니다. 옛 사람들은 인간의 한계를 느끼고 영원한 것을 원했지만 어느 것도 영원하지 않습니다. 유일하게 시간만이 면면히 이어지기에 시간을 神으로 숭배하는 사람도 있었습니다.

시간은 영원하다는 겁니다. 시간을 하나님이라고 해도 이상하지 않습니다. 인간은 시간을 극복하지 못합니다. 끊임없이 순환하는 시간 속에서 인간은 기껏 100년을 삽니다. 하지만 지구나이가 46억년인데도 시간은 여전히 흐르고 있습니다. 인간이 소유할 수 없는 영원한 것입니다. 그러나 空間, 物質, 肉體는 수시로 제한, 마감, 변형, 왜곡되고 시공간에 따라 사라졌다가 나타나기를 반복합니다. 만약 시간이 순환하지 않으면 우리는 시간을 인식하지 못했을 겁니다. 사주팔자 天干 甲乙丙丁은 시간과 같은 특징을 가졌습니다. 사주팔자가 끊임없이 움직이고 변하는 이유도 모두 시간 때문입니다. 공간, 물질, 환경, 육체는 시간의 의지를 따릅니다. 이런 이치를 깨우치면 물질계의 三合운동을 이해합니다. 寅午戌, 申子辰, 巳酉丑, 亥卯未로 물질의 생장쇠멸 과정이 9개월에 걸쳐 계속 변합니다. 三合은 물질을 만들고 물질을 없애는 과정인데 이 모든 움직임에 시간이 개입합니다. 시간이 멈추면, 시간이 흐르지 않으면 물질은 생겨나지 않습니다. 색즉시공 공즉시색입니다. 어떻게 하면 시간과 공간을 잘 이해할 것인가? 天干이 왔을 때 空間과 물질이 어떻게 변하는가를 이해하는 것이 바로 사주팔자를 읽는 겁니다. 예로 乙未年이 옵니다. 이때 年月日時 地支의 지장간에 乙이 있는 곳이 하나, 둘, 셋, 혹은 넷도 가능합니다. 또 하나도 없을 수 있습니다. 예로 乙亥年 戊子月 丁丑日 庚戌시 사주가 있습니다. 만약 壬辰대운을 만나거나, 甲午대운을 만나면 亥의 地藏干에 있던 壬과 甲이 천간으로 드러나면서 그런 특징을 가진 에너지(시간)가 와서 상응하는 변화가 발생할 것을 암시합니다. 壬辰과 甲午대운의 壬과 甲은 年支 宮位가 동했기에 근본터전에 변화를 주는 겁니다.

어떤 宮位가 동하느냐에 따라 그 의미가 다른데 4개의 地支에 담겨진 지장간이 동하는 궁위를 살핍니다. 이 사주는 亥속에 있던 甲과 壬이 천간에 드러날 때 사주팔자에 존재하던 시간이 반응하는 겁니다. 이처럼 사주팔자 지장간에는 시간이 숨어 있다가 상응하는 시기에 천간에 드러나 때를 알립니다. 인생에서 발생하는 사건, 현상들은 生剋처럼 마구잡이로 반응하는 것이 아니라 정해진 시간표대로 반응합니다. 시간이 도래하면 반응하고 인생의 물형을 바꾸는 겁니다. 무조건 바꾸는 것은 아니고 宮位에 따라 변형됩니다. 日支를 바꾸기도 하고 月支를 바꾸기도 하고 年月日을 동시에 바꾸기도 하지만 무조건 동시다발로 바꾸는 것은 아닙니다. 반드시 사주팔자에서 반응하는 시간의 先後에 따라 반응합니다. 시간이 동시다발로 반응하는 일은 발생하지 않습니다. 時間은 순차적으로 반응하면서 사건이 동시다발로 발생하지 않도록 해줍니다. 예로, 丑戌未 三刑의 경우에 아무런 기준도 없이 丑戌未 三刑이 뒤죽박죽 발생할 것 같죠? 아니에요. 반드시 먼저 動하는 것, 나중에 動하는 것이 있으며 先後를 결정하는 것이 바로 시간이며 이에 따라 발현되는 물상이 달라집니다. 이것이 시간과 공간의 개념입니다.

日干

이제 日干의 의미를 살펴봅시다. 사주팔자를 학습하는 과정에 대부분 일간을 王으로 인식합니다. 그렇지 않습니다. 일간 맘대로 되는 일이 어디 있나요? 일간이 王이라면 모든 일을 마음대로 할 수 있어야 하는데 과연 그렇던가요? 日干이 원하는 대로 사는 것이 아니라 이미 결정된 年과 月의 숙명에 적응하면서 살아가는 겁니다. 정해진 숙명은 일간의 의지와 전혀 상관이 없습니다. 태어나 보니까 이런 조상, 저런 부모, 가정환경, 공간 환경이기에 맞춰서 살아가는 겁니다.

일간을 王처럼 간주하는 것은 옳지 않습니다. 日干은 月支 時空에 적응하는 하나의 수단에 불과합니다. 위에서 살폈던 壬日 己卯 月의 시공간에서 원하든 원하지 않던 壬水를 卯月에 공급하라는 숙제를 가지고 태어난 겁니다. 따라서 30세 즈음까지는 자신을 희생하며 살아야하기에 피곤합니다. 만약 庚戌年이 아니라 丁亥年에 亥水를 갖추고 태어났다면 壬日이 卯月에 水氣를 맞추려고 애쓸 필요가 없습니다. 年과 月의 구조가 좋기에 조상, 부모의 환경이 좋고 이에 따라서 壬水는 조상, 부모가 제공한 혜택을 누리며 사는 겁니다. 하지만 庚戌년 己卯월로 태어났기에 혜택을 누리지 못할 뿐만 아니라 壬日이 년과 월을 위해 자신을 희생하고 봉사해야 됩니다. 학업에도 전념하지 못하고 일찍 사회에 나가 돈을 벌어서 부모를 도와야하는 상황입니다. 이처럼 日干은 팔자를 운영하는 王이 아니라 주어진 팔자에 적응하는 겁니다. 이 개념은 절대로 바뀌지 않습니다. 日干 마음대로 사주팔자를 좌지우지 한다고 생각할 것이 아니라 년과 월에 주어진 환경에 적응하며 살아야 합니다. 이런 식으로 일간의 입장을 이해해야 됩니다. 살펴야할 점은, 日干이 사주팔자 내에서 어떤 쓰임이냐 입니다. 자평진전의 일간에 대한 입장은 모호합니다. 일간의 정체가 무엇인지 설명하지 못합니다. 일간은 8개 글자 중 하나이기에 王으로 간주하지 말아야 합니다. 사주팔자 전체구조에서 쓰임에 따라서 작용이 틀려질 뿐입니다. 사주사례를 살펴보죠.

坤命				陰/平 1964년 1월 22일							
時	日	月	年	84	74	64	54	44	34	24	14	4
모름	癸丑	丙寅	甲辰	丁酉	丙申	乙未	甲午	癸巳	壬辰	辛卯	庚寅	己丑

일간은 어떤 쓰임인지 살펴봅시다. 이 사주에서 돈을 가장 많이 버는 시기는 사주원국에 정해져 있습니다. 언제일까요? 바로 일간 癸水의 시기입니다. 이런 이치를 이해하려면 먼저 년과 월에 정해진 시공간을 살펴야 합니다. 甲辰년 丙寅월은 水氣가 부족하기에 水氣를 공급할 수 있는 글자는 일간 癸水 뿐입니다. 만약 癸巳일이라면 癸水가 巳火에 증발하니 더욱 불편합니다. 또 丙火가 월에 있으니 癸水는 더욱 증발하기에 水氣라고 보기도 어렵지만 다행하게 癸丑일 입니다. 癸水가 丑土에서 움직임이 무거워지면서 壬水와 같은 속성으로 바뀌고 寅月이기에 쓰임이 좋아집니다. 甲辰과 丙寅의 마른 땅을 지나서 癸水가 쓰임을 얻

는 31세 ~ 37세 사이에 이르면 년과 월의 환경이 갑작스럽게 변합니다. 水氣에 말라가던 甲寅이 癸丑으로 수기와 터전을 공급하니까 나무들이 갑자기 폭발적으로 성장합니다. 그 시기에 인생에서 가장 많은 돈을 벌었던 이유입니다. 다만, 일정한 시점에 이르면 성장이 멈추는데 이것이 年과 月의 구조가 불편할 때의 단점입니다. 癸丑으로 계속 甲辰과 丙寅에 水氣를 공급하다가 일정 시점에 癸水가 고갈되면 성장이 멈춥니다. 마치 물이 가득찬 물탱크에서 甲辰과 丙寅에게 물을 공급하면 폭발적으로 성장하지만 물을 다 사용하면 성장이 멈추고 다시 마르는 겁니다. 예로, 甲辰년, 丙寅월 壬子일 辛丑시와 같은 구조라면 年과 月에서 원하는 수기를 충분히 공급할 수 있지만 癸丑으로는 부족하기에 일정 시점에서 성장이 멈추는 겁니다. 갑자기 발전하다가, 돈을 폭발적으로 벌다가 일정 경계점을 지나 급락할 수도 있습니다. 이처럼 日干은 반드시 月支 시공에 반응하고 사주팔자 전체구조에 반응합니다. 일간은 팔자를 다스리는 王이 아니며 사주팔자의 구성원에 불과합니다. 또 전체구조의 길흉을 결정하는 하나의 인자에 불과합니다.

<u>사주팔자를 읽는다는 의미</u>

사주팔자를 읽는다는 의미는 어느 글자가 운에서 어떻게 반응하는지를 살피는 겁니다. 다만 사주팔자를 生剋 작용으로 읽는 것은 옳지 않습니다. 반응하는 글자를 살펴서 무슨 일이 발생하는지를 추론합니다. 예로, 乙未 年의 경우, 지구에 도달하는 기운은 乙未간지의 특징을 가졌으며 만물에 공통적으로 적용되기에 어떤 일이 발생할지는 대략 정해져 있습니다만 인간의 능력으로는 알 수 없습니다. 다만, 모든 사람들에게 공통적으로 주어지는 기운이라 해도 태어날 때 받은 사주팔자가 다르기에 모두 다르게 반응합니다. 우주기운을 개인의 사주팔자가 거스를 수는 없는 겁니다. 예로, 2004년에 甲申年을 지나왔습니다. 甲申年부터 癸巳年까지 10년 과정에 인간에게 원했던 움직임은 甲의 출발점을 버리고 申金(庚)으로 물형을 고쳐서 전환하라는 것이었습니다. 과거의 일이나 사고방식, 혹은 인연이나 살던 공간 등을 버리고 새로운 미래를 설계하라는 겁니다. 바로 위에서 살폈던 甲庚 沖, 偏官의 작용입니다. 2004년부터 우리는 이유도 모른 채 과거의 것들을 바꾸고 버리려고 노력합니다. 그렇게 십년을 살다가 2014년 甲午年이 오면 甲의 生氣가 午火에서 무기력해집니다. 여름에 뙤약볕에 걸어 다녔더니 힘이 빠지고 갈증으로 힘든 상황입니다. 이런 甲午의 시대를 또 10년 살아야 합니다. 甲午의 시대는 지내기 쉽지 않습니다. 甲午年과 같은 경우에도 生氣가 흐물흐물해지는 일들이 많이 발생합니다. 사람들이 많이 죽는다는 뜻입니다.

乙未는 乙이 未土에 묶여서 답답합니다만 甲午와 乙未의 의미는 유사합니다. 甲午의 뜻이 현실화 되면 乙未입니다. 2015년도 꽤 많이 시달릴 것입니다. 우주에서 요구하는 기운이 그렇습니다. 이런 특징을 가진 甲午의 시대를 10년 동안 살아야 합니다. 갈수록 힘들다고 느껴집니다. 甲申에서 甲午로, 甲午에서 甲辰, 甲辰에서 甲寅, 甲寅 다음에 甲子로 10년마다 기운이 변합니다. 甲辰年이 오면 새로운 땅을 찾아나서야 합니다. 甲辰年에 태어나면 자기도 모르게 고향을 떠나는 속성을 가질 수밖에 없어요. 年에서 주는 기운으로 평생에 영향을 미칩니다. 명리이론에서 년주는 별 영향을 미치지 못한다고 생각하지만 인생 전반에 지대한 영향을 끼친다고 기억해야 합니다.

時節(시절)

時節의 개념을 살펴보죠. 日干(나)은 모친을 상징하는 月支를 근거로 태어납니다. 예로 甲일이 巳月에 태어나면 적절한 시절을 만난 것이 아닙니다. 四季圖의 이치대로 甲은 亥子丑寅卯를 지나오면 자신의 역할을 乙에게 넘겨줘야 합니다. 자신이 할 수 있는 일들이 점점 줄어드는 겁니다. 자연의 순환과정에 甲이 뿌리내리기에 乙이 땅 밖으로 드러나고 乙이 좌우확산하기에 巳月에 꽃을 피웁니다. 이처럼 甲이 만나야 할 時節이 있고 乙이 만나야 할 시절이 있으며 十干이 모두 다릅니다. 자기의 시절을 만났다는 의미는 자신이 원하는 일을 적절하게 하면서 정신적, 물질적으로 안정되고 성취감을 느끼며 살아갑니다. 반대로 時節을 만나지 못하면 무언가 부족하다는 생각으로 자기도 모르게 학위나 자격증을 따는 방식으로 균형을 맞추려고 합니다.

내가 하고 싶은 일을 하는 것도 아니고 사는 곳이 만족스럽지 않으며 정신적으로 불안정하고 공허하며 나의 존재가치를 고민합니다. 이런 반응은 日干이 月支에서 어떤 시공간을 만났느냐에 따라 달라집니다. 甲이 巳月에 태어나면 시절을 잃었기에 자신도 모르게 생명줄과 같은 壬水를 찾아다닙니다. 壬水는 내면의 공부입니다. 巳月의 시공간에 적응하기 위해서 부족한 내면의 안정을 찾으러 다닙니다. 자격증을 따고 계속 공부하지만 巳火의 공간에서 만족하지 못하기에 계속 이동합니다. 시절을 이해하려면 먼저 月支 환경을 살펴야 합니다. 日干이 甲이든 乙이든 庚이든 상관없이 巳月은 가장 화려한 공간입니다. 일간과 월지를 비교하면 甲은 겨울에 배속되어서 수직하강하고 상승하는 움직임인데 여름으로 넘어가는 巳月에는 甲의 특징과 전혀 다르지만 겉으로 보이는 환경은 화려하고 좋습니다. 이 상황 사이에 괴리가 발생합니다. 甲의 내면은 子丑寅의 공간에 있어야 안정을 취하는데 巳月에 태어났기에 내가 어울리는 옷을 입었는지 고민합니다. 이런 고민은 겉으로는 드러나지 않습니다. 또 생극논리로는 이해하기 어려운 오묘한 본성입니다. 時節을 만났느냐 만나지 못했느냐, 月支 時空이 巳月처럼 화려한지 아니면 亥月처럼 어두운지도 살펴야 합니다. 예로 辛日이 巳月에 태어나고 年과 月의 조합이 화려하면 겉으로 보기에는 좋은 직장, 부모, 수려한 외모이지만 일간 辛은 時節을 잃었기에 정신적으로는 방황할 수 있습니다. 나는 왜 태어났지? 내가 여기에서 계속 일을 해야 하나? 혹은 계속 공부하고 싶다는 생각에 빠져듭니다. 겉으로 보이지 않으니 그 사람의 내면을 위로하지 못합니다. 시절이 중요한 이유는 내면의 심리를 살필 수 있기 때문입니다.

用神(용신)

모든 命理이론은 用神에 집중합니다. 用神이 무엇이다. 이런 표현을 빠짐없이 합니다. 심각한 오류는 태어날 때 받은 사주팔자에서 用神을 정합니다. 예로, 木용신으로 표현합니다만 甲과 乙의 속성은 전혀 다릅니다. 또 丙火와 丁火의 속성은 정반대인데 火 用神이라고 합니다. 丙火, 丁火를 구분하지 않습니다. 丙火는 무한분산, 丁火는 수렴운동으로 그 운동방향은 전혀 다릅니다. 사주팔자에 丙火가 필요한데 없다면 丁火를 대신 사용할 수 있는 것처럼 설명합니다만 에너지 속성이 정반대이기에 적절하지 않습니다. 앞으로 時空學을 학습하는 과정에 用神을 활용하지 않기에 용신의 개념이 무엇인지 이해하고 넘어가면 됩니다. 인생은 用神으로 사는 것이 아닙니다.

刑沖破害

연월일시 시간단위가 상이하니까 발생하는 문제를 사주팔자의 刑沖破害라고 간략하게 언급했었죠? 예로 壬子 日이 午月을 만나는 경우에, 午火의 宮位는 24세에서 30세까지이며 午火가 움직여 子水를 沖하러 가기에 좋은 작용입니다. 주의할 점은 子午 沖이라고 무조건적으로 충돌한다는 생각은 옳지 않습니다. 일지 子水에 이르면 38세에서 45세 사이로 子水가 움직여 午火를 沖하기에 문제가 발생합니다. 사주구조에 따라 子水의 역할이 다르며 나쁜 역할이면 흉합니다. 위 사주는 일지 子水가 나쁜 역할을 하는 경우로 유망한 대학교수였는데 그 시기에 갑자기 망해서 막노동을 하고 있습니다. 그 시기에 子水가 午火를 沖해서 배우자와 재물이 상할 수 있습니다.

이처럼 사주에서 궁위에 있는 글자가 동하는 시기를 읽고 글자들이 어떤 방식으로 반응하는지 살펴야하며 무조건 丑戌 刑, 辰戌 沖, 戌未 刑하는 것이 아닙니다. 강조한 것처럼, 辰戌丑未 네 글자 중에서 흔들려도 문제가 없는 글자는 오로지 丑土 밖에 없다는 것도 기억해야 합니다. 辰戌未는 刑沖破害를 당해서 좋을 것이 없습니다만 丑土는 刑, 沖으로 다스려야 丑土의 도둑놈 심보를 고칠 수 있습니다. 戌土로 刑하고 未土로 충해서 그런 문제를 줄여야 합니다. 우리가 刑을 학습할 때도 그 기준이 모호합니다. 예로 丑戌 刑의 경우에 丑土가 戌土를 刑하는지, 戌土가 丑土를 刑하는지 기준을 모르면 土는 무조건 열어야 좋다는 이상한 논리에 빠집니다. 어느 글자가 어느 글자를 刑해야 좋은지 구분하지 못하고 열어주면 무조건 좋은 것처럼 착각하는 겁니다. 丑土를 열면, 戌土를 열면, 未土를 열면 좋다고 인식하지만 辰戌丑未 중에서 열어서 좋은 건 丑土 밖에 없습니다. 쓸

만한 물건이 辰未戌 墓庫에 들어가 있는데 刑沖해서 좋을 것이 없습니다. 물론 辰戌丑未 土가 텅 비어있다면 沖이던 刑이던 별 의미는 없습니다. 나올 것도, 들어갈 것도 없고 담을 것도 없기 때문입니다. 담을 것도 버릴 것도 없는데 沖한들 刑한들 무슨 상관이 있겠습니까? 土는 열어야 쓰임을 얻는다는 주장을 합니다. 또 財星, 官星 入墓만을 살피는데 중요한 관점이 아닙니다. 물질을 담은 상태라면 沖이나 刑하면 육체나 정신이나 물질이 상합니다. 현실에 부합한 분석을 해야 하며 六親이 入墓했다고 그 육친이 무조건 사망하는 것도 아닙니다. 오류가 많습니다.

정리하면, 刑沖破害도 정해진 시공간 순서에 따라서 발생합니다. A와 B가 刑하는 경우에도 두 개가 동시에 刑하는 것이 아니고 A가 B를 刑할 때가 있고 B가 A를 刑할 때가 있습니다. 그 기준은 時空과 宮位로 판단합니다. 따라서 時空을 모르면 사주팔자를 읽지 못합니다. 어느 一方이 어느 一方을 때릴 때 좋을 수도 있고 반대로 凶할 수도 있습니다. 예로, 丑戌 刑 할 때 대발할 것이라고 판단하거나 망한다고 판단할 수 있습니다. 기준이 모호해서 무엇이 刑하는지 모르면 거꾸로 판단합니다. 정말 많은 돈을 벌 사람을 벌지 못하게 할 수도, 대발한다고 부추겨서 망하게 만들 수 있기에 조심해야 합니다. 타인의 운명을 읽는다는 것은 참으로 어려운 일입니다.

三字조합론

마지막으로 三字조합을 설명하겠습니다. 기존의 분석방법은 生剋이라 했죠? 단순하게 A와 B 사이의 문제입니다. A가 B를 生하거나 A가 B를 剋한다는 관점으로 봅니다. 이런 관점으로는 복잡한 사주팔자 구조를 분석하기 힘듭니다. 적어도 A,B,C 세 글자가 만나서 구조적으로 어떤 작용을 하는지를 살펴야 합니다. 乙癸戊, 癸甲戊, 壬甲丙, 甲戊庚, 丁辛壬, 丁壬癸, 丁戊壬과 같은 조합들을 三字 조합이라 부릅니다. 기존에 두 글자만 살폈던 이유는 日干을 위주로 생극을 활용했기 때문입니다. 예로, 丁일의 경우 戊壬을 만나 傷官見官이라 부르면서 戊土와 壬水의 관계를 따집니다. 만약 日干기준이 아니라 三字로 살피면 日干이 무엇이든 상관없습니다. 예로 癸甲戊 三字조합이면 日干이 癸水라는 뜻이 아니고 癸水와 甲이 짝을 이루어 戊土를 부수는 겁니다. 年月時에서 癸甲戊 三字가 조합할 수 있습니다.

癸甲戊가 조합하면 결과적으로 戊土 터전이 상합니다. 乙木은 癸水를 보면 반드시 戊土 위로 날아가 자신의 꿈을 이루려고 하므로 봄에 산과 들에 꽃들이 피어나듯 戊土의 외형이 아름다워집니다. 이런 움직임은 일간과 상관이 없습니다. 물상은 두 글자로 발현되는 것이 아닙니다. 세 개로 이루어집니다. 地支도 마찬가지입니다. 辰戌 沖으로 나올 수 있는 물상은 많지 않은데 未土가 추가되면 死亡, 암(癌), 교통사고 등 다양한 일들이 발생합니다. 辰戌丑으로 이루어져도 좋지 않습니다. 예로 戊未 刑으로 발현되는 물상은 불분명하고 많지 않다는 겁니다. 丑土나 辰土가 끼어들어서 三字로 조합할 경우 비로소 물형이 복잡하고 다양해집니다. 따라서 가능한 세 개로 조합하는 물상들을 이해해야 합니다. 子午卯, 子卯午, 子酉午로 조합할 때 물형이 확실하게 드러나며 子卯 두 글자로 발생하는 물형은 뚜렷하지 않거나 드물다는 겁니다. 子卯 刑만 보이면 큰일 날 것처럼 설명합니다만 아닙니다. 사주를 읽는 실력을 배양하려면 가능한 많은 三字조합을 이해해야 합니다. 이런 학습을 선행하는 이유는 사주팔자를 명확하게 읽어내기 위한 겁니다.

제 3강

◆ 天干

天干의 이해
甲 - 수직으로 상하운동하다

天干의 이해

지금부터 **명리의 꽃**에 해당하는 十干을 살펴보겠습니다. 위에서 지속적으로 十干의 정체는 時間, 에너지, 氣라고 설명했습니다만 눈으로 확인할 수 없기에 손에 잡히는 개념은 아닙니다. 하지만 그 이치를 생각해보면 어렵지 않습니다. 시간은 절대로 멈추지 않으면 계속 움직이고 변합니다. 그럴 수밖에 없는 이유는 태양, 지구, 달이 원형으로 회전하기에 순환을 반복하는 것이지만 만약 사각형이나 삼각형과 같은 형태라면 순환은 불가능했을 겁니다. 天干에 비해 地支를 이해하는 것은 쉽습니다. 공간이자 물질계로 인간의 눈으로 확인가능하고 오감으로 그 존재를 느낄 수 있습니다. 인간의 인지능력으로 확인 가능한 것들에 대한 것입니다. 12地支의 명칭을 보면 모두 살아있는 동물로 결정했다는 것을 쉽게 이해합니다. 숨은 의미는 생명이 있기에 육체를 활용하면 죽어야 하므로 수명이 제한적입니다. 존재와 물형이 탄생하고 변하다가 사라집니다. 하지만 天干은 그렇지 않습니다. 보이지는 않지만 끊임없이 움직이는 과정에 서로 연결되고 새롭게 변형됩니다. 물질로 확인할 수 없지만 時間으로 氣로 존재합니다. 十干을 설명하면 이렇습니다. 十干을 연구했던 선인들은 오래도록 시간흐름을 관찰했을 겁니다. 그 과정을 꽃에 비유해 보겠습니다.

甲 뿌리가 하강하여 땅에 정착한 후 땅 위로 올라오니 乙이라는 새싹과 가지가 좌우로 펼치더니 丙火 꽃을 활짝 피웠습니다. 어느새 丁火 열매가 맺히고 戊土에서 확장하다가 己土에서 열매의 크기를 완성합니다. 庚에서 열매가 점점 단단해지고 辛에서 완벽한 열매가 완성되어 나무에서 뚝 떨어집니다. 壬은 씨종자 辛을 품어서 생명수를 공급하면 새 생명체로 탄생하려고 물형을

바꾸고 癸에서 새로운 뿌리로 바뀌어 甲으로 재탄생합니다. 자연의 순환원리에 입각하여 살피면 甲에서 癸까지 갔다가 다시 甲으로 나오기를 반복하는 겁니다. 十干에 계절을 감안해서 살펴보면, 甲은 겨울에 뿌리 내리고 乙은 봄에 좌우확산 하다가 꽃이 피어납니다. 丙火는 여름에 열매를 확장하고 丁火는 가을에 열매를 완성합니다. 여름에 庚은 丙丁의 도움으로 열매부피를 확장하고 점점 딱딱해지고 줄어들기 시작합니다. 가을에 辛金은 완벽하게 딱딱해져 낙하합니다. 겨울에 壬水는 보이지 않는 땅 속에서 辛을 품습니다. 봄에 癸水는 甲에서 물형을 바꾼 乙의 성장을 촉진합니다. 지구터전 戊土와 己土는 지구에 존재하는 모든 기운들, 木火金水의 터전과 같아서 드러내고 키우고 저장하고 새롭게 드러내는데 이렇게 반응하는 움직임들을 "十干"이라는 명칭으로 표현하였습니다.

사실 우리는 十干이 가진 뜻이 얼마나 많은지 모릅니다. 간단하게 생각해봐도 지구에 존재하는 모든 움직임을 十干으로 표현할 수 있어야 합니다. 자연과 인간의 모든 행동들을 10개 글자로 표현해야 한다니 그 의미가 몇 개나 되는지 예측하기 어렵습니다. 이처럼 十干은 甲이든 乙이든 그 의미가 상상하는 것보다 훨씬 다양합니다. 甲을 동량목이라고 표현하는 것으로는 근본이치에 접근도 하지 못합니다. 甲이 동량목이라고 학습한 후에 그 의미를 활용해서 사주팔자를 분석할 수 있던가요? 時間, 에너지와 같은 十干을 명사로 표현하는 것은 바른 학습방법이 아닙니다. 天干은 명사로 표현할 수 없습니다. 甲乙丙丁 十干의 개념을 선인들이 어떤 이유로 결정했을까요? 이 문제를 생각해 보죠. 甲과 乙은 木으로 동일한 오행이니까 동일한 속성으로 간단하게 생각하지만 사실은 정반대 속성입니다. 동일오행이 양음으로 나뉘면서 동질성을 가진 정반대 움직임으로 갈라집니다. 五

行의 陽陰은 비록 대칭구조는 아니지만 거의 정반대라고 인식해야 합니다. 이런 이유로 사주팔자를 분석할 때 필요한 用神을 火나 水라고 표현하는 것은 적절하지 않습니다. 오행의 양음은 거의 반대로 움직인다는 특징을 반드시 기억해야 합니다. 甲의 움직임을 살피면 먼저 땅 밑으로 뿌리내리고 일정기간이 지나면 땅 위로 수직으로 올라옵니다. 따라서 甲은 땅속에서 땅 밖을 향하여 직선으로 진격하는 움직임이기에 태도나 성정이 직선적입니다. 예로 甲日에 태어난 혹은 甲의 특징이 강한 사람들은 굴곡을 만들기 어렵기에 웨이브로 춤추라고 하면 잘 못 출겁니다. 직선으로 진격하는 甲의 특징을 일상에 활용해보죠. 예로 甲丙戊 三字가 조합하면 왜 성형수술이 될까요? 땅의 표면, 인체의 피부는 戊土입니다. 그 표면을 丙火로 화려하게 환하게 꾸미는데 甲이 움직여서 戊土 피부를 뚫어버립니다. 세 글자의 의미를 정리하면 아름답게 꾸미고자 피부를 고치기에 성형수술이 됩니다. 보통, 戌未 刑, 丑戌 刑을 성형수술이라고 합니다만 천간에서 이루어지는 三字조합 물상도 눈여겨 봐야합니다.

이런 표현이 있습니다. 고수는 天干을 다루고, 중수는 지장간을 다루고, 하수는 地支를 다룬다고 합니다. 天干을 이해하는 것이 명리의 가장 높은 단계라는 뜻입니다. 우리는 時間의 정체를 모르기에 十干을 다룰 수만 있다면 고수가 분명합니다. 地支의 刑沖破害는 물질계를 다루는 것이기에 고수가 될 수 없다는 의미이기도 합니다. 사주팔자에서 天干을 다룬다는 의미는 時間의 움직임을 관찰하는 것으로 겉으로 발현되는 사회활동을 관찰하는 겁니다. 天干 두 개의 작용은 生剋이고 세 개 이상이 모이면 三字조합으로 상응하는 의미와 물형을 결정하기에 공부가 깊어질수록 고수가 됩니다. 선인들은 자연의 움직임을 관찰하거나 자연현상에서 글자를 창조했을 겁니다. 문제는 甲乙丙丁으로 결정한 근거가 남아있지 않습니다. 물론 간단하게 甲은 무엇이고 乙은 무엇이라고 설명은 했습니다만 이런 근본원리도 수, 당시대에 이르러서 十干을 十神으로 바꿔버립니다. 소위 比肩, 劫財, 食神, 傷官, 偏財, 正財, 偏官, 正官, 偏印, 正印입니다. 그 후에는 甲이 에너지 특징은 무엇이고 乙의 에너지 특징은 무엇인가에 대한 연구는 더 이상 하지 못하거나 게을러집니다. 왜냐하면 十神은 十干처럼 에너지나 시간의 의미를 추론하는 것이 아니라 比肩은 친구요, 형제라는 이야기만 합니다. 하지만 우리는 十神을 버리고 十干을 학습해야 합니다. 그래야 공부가 깊어집니다.

인간의 사주팔자를 풀어보려는 공부를 할수록 내가 원하는 것이 아닌데 하면서 원점으로 돌아갑니다. 자연으로 돌아가고 우주로 돌아가고 본질을 찾아갈 수밖에 없는 겁니다. 고서 어디에도 甲乙丙丁을 만든 근거가 무엇이고 子丑寅卯를 누가 만들었으며 地藏干의 정체는 무엇인지 설명이 없습니다. 연해자평에 기도했더니 하늘에서 十干을 던져주더라는 황당한 이야기뿐입니다. 다행하게 약간의 근거가 남아있습니다. 581년에서 619년 사이에 수나라 소길이 썼다는 五行大義에 나오는 十干의미를 보겠습니다.

甲은 억누르고 잡아가두는 것이니 봄에는 열고 겨울에는 닫는다고 하였다. 정현이 예기와 월령에 注를 달아 말하기를 甲은 싹 틔우고 잡아당기는 것이며 乙은 꼬불꼬불한 것이니 봄이 되면 모든 물건이 씨앗의 껍질을 뚫고 싹트며 꼬불꼬불 나오는 것이라고 했다.

丙은 자루이다.(炳) 물건이 생겨나 자라면 각각 줄기자루를 잡는 것이다. 정현이 注를 달기를 丙은 빛나는 것이니 여름에 모든 물건이 강대해져서 빛나게 나타나 보이는 것이다. 라고 하였다. 丁은 머무를 亭 자와 같고 亭은 그쳐 쉬는 것이니, 물건이 생겨나서 크다가 그치는 것이다.

戊는 바꿀 貿와 같으니 생겨나서 극에 달하도록 크면 당연히 이전의 몸체를 변해서 바꾸게 된다. 己는 벼리 紀와 같은 것이니 물건이 이미 이루어지면 줄기와 바탕이 되는 것이 있게 된다. 정현이 말하기를 戊는 茂성한 것이고 己는 일어나는(起) 것이다. 즉, 만물의 가지와 잎 새가 무성해지니 그 중에서 빼어난 것이 억눌리고 굽혔다가 일어서는 것이다. 라고 했다.

庚은 고치는 것이고(更) 辛은 새롭게 하는 것(新)이다. 만물이 이루어짐에 교대하고 고쳐져서 새롭게 됨을 말한다. 정현이 말하기를 만물이 모두 엄숙하게 고치고 변경되어서 열매가 빼어나고 새롭게 이루어지는 것이라고 했다.

壬은 맡기는 것(任)이고 癸는 헤아리고 계책을 하는 것이다. 정현이 말하기를 만물을 닫아 감추는 때이니 아래에서 회임을 해서 싹이 돋아나도록 하는 것이라고 했다.

五行大義의 표현을 명확하게 헤아리기는 어렵지만 분명한 특징은 十干을 물질명사가 아니라 動的으로 표현하려고 노력했다는 점입니다. 예로 癸를 헤아리는 동작으로 표현하였으며 十神과는 아무런 연관이 없습니다. 오행대의에서 표현한 十干을 동사로 정리해보죠.

甲 - 억누르고 잡아가두다.
乙 - 꼬불꼬불 나온다.
丙 - 빛나게 나타내다.
丁 - 물건이 크다가 그치게 되다.
戊 - 몸체를 바꾸다. 무성해지다.
己 - 억눌리고 굽혔다가 일어나다.
庚 - 고치다.
辛 - 새롭게 하다.
壬 - 맡기다. 회임하다.
癸 - 헤아리다. 싹이 돋아나도록 하다.

흥미로운 것은 600년대에 활용했던 十干의 의미가 현대의 동량 목이나 태양과 같은 황당한 주장보다 훨씬 뛰어납니다. 古書를 참조하려 해도 없으니 지금부터 甲乙丙丁의 의미에 대해 상상의 나래를 펼쳐보겠습니다. 五行大義에서 보듯, 甲乙丙丁은 四季의 순환과정에서 발현되는 움직임과 변화를 관찰하고 만들었습니다. 따라서 사계의 순환원리를 이해하면 甲乙丙丁의 뜻을 충분히 이해하게 될 것입니다. 위에서 잠시 언급했던 五行의 陽陰이 어떻게 다른지 보겠습니다.

고서에 甲乙을 曲直(곡직)이라 표현합니다. 굽을 曲, 곧을 直. 여기에서 曲은 乙을 표현한 것입니다. 直은 甲입니다. 甲은 위에서 설명했듯 뿌리와 같아서 직선적인 움직임입니다. 甲은 직선적이기에 돌려서 말하는 것을 좋아하지 않거나 못합니다. 용건만 간단히 하는 것을 선호하며 완곡한 표현을 견디기 어려워합니다. 乙日에 태어난 친구가 있는데 표현방식을 보면 결론을 먼저 말하는 법이 없습니다. 한참 듣다 보면 진짜로 하고 싶었던 이야기를 합니다. 따라서 甲과 乙의 움직이는 방식은 차이가 큽니다. 甲은 직선운동, 乙은 곡선운동으로 움직임이 전혀 다릅니다. 甲이 戊土와 어울린다는 주장도 있지만 적절하지 않습니다. 戊土가 직선운동 하는 甲을 만나면 힘들어집니다. 서로가 불편해 하는 조합입니다. 四季圖의 이치 그대로 甲은 己土를 만나야 적절하게 짝을 이룹니다. 그 이치는 天干 合을 학습할 때 다룰 예정입니다. 甲이 직선적임에 반해 乙은 좌우로 왔다 갔다 합니다. 무한대로 좌우확산 하는 것은 아니고 펼칠 수 있는 범위까지 갔다가 원점으로 돌아왔다가 다시 가야 할 거리만큼을 반복합니다. 乙日에 태어난 여자 친구가 화를 내고 떠났다면 어떻게 해야 좋을까요? 乙은 갔다가 돌아오기에 가만두면 돌아옵니다. 四季圖의 그림대로 봄에 癸水의 生氣를 따르는 乙은 본능적으로 사랑을 퍼트리고 사랑을 받고 싶어 합니다. 이 과정에 다양한 사람들과 접촉하고 교류하면서 항상 사랑을 느끼고 전파하려고 노력합니다. 따라서 乙이 당장 화났다고 해도 관계가 끝났다고 생각할 필요는 없습니다. 이런 이유로 乙이 있으면 인간관계를 정리하기 어렵습니다.

지장간에 乙이 있는 地支는 卯木, 辰土, 未土입니다. 乙이 있는 글자들은 좌우로 펼치는 행위를 좋아합니다. 따라서 卯, 辰, 未가 있다면 주위에 인연이 많습니다. 乙의 속성 때문에 관계를 정리하지 못하는 성질은 辰土가 가장 강합니다. 卯, 辰, 未 세 글자에 모두 乙이 있음에도 辰土가 매듭짓는 행위를 가장 못하는 이유는 癸水와 乙이 모두 있어서 그렇습니다. 水氣는 가고 싶은 곳을 건너뛰는 것이 아니고 높은 곳에서 낮은 곳을 향하여 끊임없이 흘러갑니다. 가기 싫은 공간을 거부하지 않습니다. 이런 이유로 辰土는 주위에 사람들이 많으며 관계를 정리하고 끝내려 해도 어렵습니다. 하지만 장점은 인간관계를 잘 활용해서 발전할 수도 있습니다. 辰日 여자가 남자를 사귀면 정리가 쉽지 않습니다. A랑 헤어지고 B를 사귀었는데 A와 정리도 못하고 B와도 사귑니다. 남들이 볼 때는 삼각관계로 복잡하지만 辰土 입장에서는 자연스러운 행동입니다. 다짐하고 끊으려고 해도 어려운 이유는 모두 乙의 좌우확산 움직임 때문입니다. 이처럼 十干 에너지 특징을 학습하면 인간의 심리상태를 비교적 쉽게 이해합니다. 辰土는 군복을 입는 남자를 좋아하고, 인간관계를 정리하기 어렵고 등으로 보이지 않는 의미들이 굉장히 많습니다. 글자들의 고유한 특징들을 계속 관찰하고 찾아내야 합니다. 많이 찾아낼수록 사람들의 행동방식을 빠르게 이해합니다. 甲과 乙은 木 五行으로 동일하지만 甲은 수직상하 운동과정에 딱딱한 물형을 부드럽게 만들고 乙은 좌우확산하면서 물형을 최대한 부드럽게 펼치기에 굴신(屈伸)이 자유로워지도록 합니다.

丙丁을 炎上이라 부르며 동일한 火氣이지만 속성은 반대입니다. 丙火는 上으로 무한분산 움직임이고 丁火는 炎으로 열을 수렴하고 저장합니다. 사주팔자에서 부피를 확장하기 위해서는 丙火를 활용해야 하는데 火 用神이라고 표현하면 丙火, 丁火 모두를 구분 없이 활용할 수 있다고 생각합니다만 그렇지 않습니다. 丙火가 필요하면 반드시 丙火만을 활용해야 하며 丁火로 보충하지 못합니다. 보충한다고 해도 그 쓰임이나 효과가 작아집니다. 분산이 필요한 경우에 丙火를 활용하는데 없다고 丁火로 수렴할 수는 없는 겁니다. 오히려 역효과만 내고 문제가 발생할 수도 있으며 이에 따라서 쓰임이 크게 줄어듭니다. 여름에 丙火로 열매를 확장하는데 丁火가 부피를 줄이면 좋은 작용이 아니죠. 따라서 用神을 火氣라고 표현하는 것은 적절하지 않습니다. 반드시 丙火 또는 丁火로 정확하게 표현해야 합니다.

庚과 辛을 從革이라 부릅니다. 庚은 從, 辛은 革입니다. 甲은 딱딱한 것을 부드럽게 풀어낸다고 했는데 庚은 정반대로 부드러웠던 물형을 점점 딱딱하게 만듭니다. 庚의 원래 모습은 최대로 활짝 핀 꽃과 같습니다. 이런 움직임은 巳月의 지장간에 있는 丙火가 만든 겁니다. 午月에 이르면 丙火의 극도로 펼치는 움직임에 변화가 생깁니다. 丙火에서 丁火로 전환하면서 빛으로 펼치고 열로 수렴하면 열매가 뭉치기 시작하고 가을에 완성되어 땅으로 떨어지면 辛 완벽한 열매, 이 세상에서 가장 딱딱한 물형을 완성합니다. 부드럽던 물형을 점점 딱딱하게 만들 수 있는 것은 바로 丙丁 때문임이 분명합니다. 사주팔자에 庚辛이 많으면 움직임이나 성정이 딱딱하겠죠?

壬癸는 潤下라고 합니다. 壬水는 下, 癸水는 潤입니다. 壬水는 응축에너지로 무엇이든 최대로 줄여버리는 움직임입니다. 블랙홀처럼 만물을 응축시켜서 어둠 속에 숨겨버리기에 내부에서 어떤 일이 발생하는지 모릅니다. 하지만 癸水는 빅뱅처럼 폭발하는 정반대 움직임입니다. 안에 있다가 빠른 속도로 밖을 향하여 튀어나갑니다. 壬水는 申子辰 三合운동을 하는데 壬水의 블랙홀과 같은 특징은 子水가 가장 강합니다. 그 이유는 지장간에 壬癸가 만물을 어둠속으로 감춰버리기에 그런 子水의 행위를 표현하면 비밀리에, 보이지 않게, 도둑처럼, 불법으로 부적절한 행위를 할 수 있습니다. 子水와 丑土가 조합하면 그 속성이 더욱 강해집니다. 丑土의 의미는 남모르게, 불법을 저질러서, 보이지 않게, 음흉하게와 같은 의미들이 있습니다. 그 이유는 丑土의 지장간에 辛과 癸가 있고 地支로 내리면 酉子 破작용으로 씨종자를 부풀리는 행위를 저지르고 己土에 감추기 때문입니다. 지금은 어려운 개념이지만 刑沖破害에서 다시 다룰 것입니다. 壬水와 癸水는 동일한 水氣임에도 壬水는 응축하고 癸水는 발산하는 움직임이라고 기억해야 합니다. 좀 더 확장 해보면, 고대에

壬, 癸를 潤下(윤하)라고 했는데 윤택할 潤과 아래 下로 癸水는 만물을 윤택하게 만들기에 봄에 활용합니다. 下는 물이 높은 곳에서 낮은 곳으로 흘러내려가는 것을 표현한 것으로 어디까지 흘러갈지 모릅니다. 사주팔자에 壬水가 있다면 물처럼 흘러 다닙니다. 역마와 지살이 있어야 해외로 돌아다니는 것이라고 학습하지만 기초적인 개념에 불과합니다. 壬水나 丙火가 사주팔자에 있으면 그 시기에 해외로 가거나 타향으로 가거나 이동하게 됩니다. 예로, 壬午月, 癸未月, 丙子月도 역마 속성이 강합니다. 壬水나 丙火가 있으면 글자 속성대로 돌아다니는데 壬水는 물처럼 밤에 어둠 속을 흘러 다니며 해외도 포함하며 깊은 사색이나 연구와 같은 물상으로도 활용합니다. 未月이나 未土도 동서를 넘나들기에 해외 뜻이 강한데 壬水까지 있으면 해외무역 업과 인연이 많습니다.

戊己는 稼穡(가색)이라고 옛 표현이 멋집니다. 稼는 심는 행위입니다. 곡식을 심고 기릅니다. 己土는 穡으로 품고, 저장하는 행위입니다. 이런 움직임을 생각하면 戊와 己 중에서 누가 더 구두쇠일까요? 己土입니다. 안으로 저장하면 내놓지 않으려고 합니다. 己丑처럼 저장만 한다면 중풍에 걸릴 수 있으니 조심해야 합니다. 丑土를 잘못 쓰면 뇌졸, 뇌출혈, 풍 맞습니다. 丑土의 지장간에 己土가 있고 가장 가치 있는 물질 辛을 품고 절대로 내놓지 않으려고 합니다. 물론 일방적으로 구두쇠처럼 저장만 하는 것은 아닙니다. 잘 베풀고 욕먹는 소와 같은 丑土도 있습니다. 남을 위해 희생, 봉사지만 욕먹습니다. 절대로 베풀지 않는 丑土도 있습니다. 인색하다고 욕을 먹으며 심하면 피가 돌지 않아서 뇌출혈과 같은 문제가 생깁니다. 丑土는 잘 베풀어야 합니다. 丑土는 물건을 차곡차곡 쌓아서 숨 쉴 구멍조차 없게 만들고 결과적으로 피가 막히고 터져서 뇌졸중이 많습니다. 丑

年이나 丑土는 무언가를 습관적으로 모으는 행위는 좋지 않습니다. 丑土의 지장간 癸水가 원하는 대로 필요 없는 것들을 밖으로 버려야 합니다. 日支가 丑土라면 특히 주의해야 합니다. 戊土는 밖을 향하고 己土는 안을 향하는 것입니다. 戊土의 심고 기르는 행위는 만물을 확장하고 己土는 수확하고 저장합니다. 戊土는 확장이 필요할 때 활용하고 己土는 저장이 필요할 때 활용하기에 속성이 반대입니다. 따라서 土 用神이라는 표현도 옳지 않습니다. 戊己는 상호 보완작용이 아니며 보완한다고 해도 효율이 많이 떨어집니다.

조금 더 확장해보겠습니다. 丙丁을 炎上(염상)이라 표현했는데 丙火는 무한분산, 丁火는 열을 모으기에 丁火가 있다면 무엇이든 모으려고 합니다. 공간 활용에 비유하면, 丙火는 서울에 살고 丁火는 시골에 살고, 丙火는 아파트 중심에 살고 丁火는 아파트 후미에 삽니다. 시 중심에 아파트를 구입해도 丙火가 없으면 살지 못하고 임대를 주고서 변두리나 위성도시에 가서 삽니다. 丙丁이 정반대 움직임이라는 것을 모르는 이유는 十神만 학습해서 그렇습니다. 十神을 버리고 十干의 에너지 파동을 학습해야 옳습니다. 四季圖의 자연 순환원리를 살피고 이해해야 합니다. 四季圖 구조대로 에너지들이 조합되어야 시공간이 적절해지고 자유롭게 활동합니다. 만약 시공간이 적절하지 않은 글자가 끼어들면 조합이 나빠집니다. 甲은 戊土를 보거나, 戊土는 甲을 봐야 좋다는 주장을 하는데 자연의 이치가 아닙니다. 四季圖는 三字조합의 가치를 명확하게 표현합니다. 十干의 속성을 이해하는 것은 쉽지 않지만 사계도가 길잡이 역할을 확실하게 해줍니다. 위에서 하나 빠트린 것이 있는데 庚은 물형이 점점 딱딱해지는 이유는 丙丁으로 水氣를 제거하기 때문입니다. 火氣로 庚 내부에 있는 水氣를 말리기에 딱딱해집니다. 자연의 이치

그대로 여름에 庚金은 丙火를 활용하여 부피를 확장하는 과정에 점점 딱딱해집니다. 가을에 辛金이 완벽하게 딱딱해지면 丙火가 아무리 부피를 확장하려고 해도 불가능합니다. 이런 이유로 辛을 革, 革新이라 부릅니다. 辛의 물형을 새롭게 바꿔야만 합니다. 밥을 밖에 내놓으면 水氣가 증발해서 딱딱해지는데 물을 부으면 그렇게 딱딱했던 밥도 부들부들해집니다. 이것이 辛의 물형을 革新하는 과정입니다.

정리하면, 丙火가 庚을 키우고 확장하지만 辛으로 완성되면 더 이상 키울 수 없으며 壬水에 풀어져야 물형을 혁신해서 甲으로 바뀝니다. 庚이 丙火를 따르기에 종(從)이요, 辛은 壬水를 따르기에 革입니다. 辛이 丙火를 따르면 수천 년이 지나도 새 생명체는 탄생하지 않습니다. 壬水에서 물형의 혁신(革新)이 발생합니다. 딱딱함을 버리고 부드러운 木氣를 내놓는 과정을 혁신이라고 부릅니다. 이런 이유로 庚은 丙火를 좋아하고 辛은 壬水를 좋아합니다. 이처럼 자연의 순환원리는 정해져 있으며 인간의 잣대로 바꿀 수 없는 것입니다. 사주팔자에 庚이 있으면 丙火를 좋아하지만 庚辛이 모두 있을 경우에는 달리 판단합니다. 예로, 辛酉와 庚申이 있을 때 水대운으로 흐르면 辛酉를 활용하고 火대운으로 흐르면 庚申을 활용합니다. 이처럼 庚辛이 함께 있을 때 무조건 火를 써야 하거나 무조건 水를 써야 하는 것이 아닙니다. 자연은 <u>자발적 의지</u>를 가졌기에 水運으로 가면 辛酉를 활용하고 火運으로 흐르면 庚申을 활용합니다. 火 用神이라고 결정했으니까 火運으로 흘러야 하는 것이 아닙니다. 用神을 절대 불변으로 인식하면 水運에 발전한 이유를 이해하지 못합니다. 경직된 판단으로는 변화무쌍한 에너지들의 움직임을 이해하기 어렵습니다. 사주팔자에 존재하는 글자들은 자기가 원하는 에너지를 만나면 자발적으로 반응합니다. 내 맘대로 火 用神이라고 결정했어도 사주팔자에 있는 나머지 글자들이 가만있을 것 같아도 그렇지 않습니다. 내 맘대로 用神을 정했다고 해도 運에서 오는 에너지 특징대로 사주팔자에 있는 글자들이 상응하는 반응을 보이는 겁니다.

乾命				陰/平 1983년 8월 17일 08:00								
時	日	月	年	85	75	65	55	45	35	25	15	5
丁	甲	辛	癸	壬	癸	甲	乙	丙	丁	戊	己	庚
卯	寅	酉	亥	子	丑	寅	卯	辰	巳	午	未	申

이런 사주가 있습니다. 20대에 들어서자 나는 누구인가라는 호기심이 동해서 명리공부, 불경공부를 시작합니다. 月柱 辛酉의 시공간 16세에서 30세 사이를 지날 때에 癸亥와 반응합니다. 이런 움직임은 사주팔자 用神과 아무런 상관이 없습니다. 그렇다면 왜 20대 전에는 반응하지 않았을까요? 나는 누구인가에 대한 호기심은 辛酉때문이며 癸亥때문이 아닙니다. 癸亥는 물처럼 흘러 다니는데 辛酉를 만나면 흐름을 멈추고 씨종자를 품어서 마치 미네랄을 품은 것처럼 가치 높은 물로 변합니다. 사주팔자에 水氣가 많은데 金이 없다면 물의 가치는 낮습니다. 하지만 辛酉 광물이 들어가면 광천수로 비싸집니다. 癸亥의 속성은 흘러 다니는데 몰의 본질이 그렇습니다. 하지만 金을 품으면 방랑을 멈추고 안정을 취합니다. 엄마가 아이를 임신한 것처럼 물이 흐름을 멈추고 안정되면서 보석을 품은 물로 변합니다. 壬子도 마찬가지로 辛酉를 품으면 밖으로 돌지 않습니다. 따라서 辛酉가 癸亥를 만나는 것과 癸亥가 辛酉를 만나는 것은 다른 각도에서 살펴야 합니다. 辛酉가 癸亥를 만나면 자신의 씨종자의 정체를 알고 싶어 합니다. 癸亥가 辛酉를 만나면 흐름을 멈추고

씨종자를 품는 행위에 해당합니다. 하지만 辛酉가 火氣를 만나면 자신의 존재를 알고 싶은 것이 아니라 오히려 자신의 외형에만 집중합니다. 위에서 살핀 것처럼, 庚金은 火氣를 따르기에 혁신할 방법이 없지만 辛金이 壬水를 만나면 갑자기 나의 존재가 도대체 무엇인가를 고민합니다. 자신을 革新하려고 합니다. 정리하면, 辛이 丙火를 만나면 화려한 물질세상에서 나 잘났어! 壬水를 만나면 나는 누구지? 로 반응합니다. 이 사주에서 20세 辛酉의 시기가 오면 癸亥에 풀어지면서 나를 찾기 시작합니다. 사주팔자의 시공간에 이르면 宮位와 글자의 의미를 읽어주는 것이 사주팔자를 읽는 행위입니다.

질문 : 戊申간지의 경우, 申金이 地支에 있어서 남들이 가치를 알아주지 않는다는 의미를 잘 모르겠습니다.

답변 : 戊申, 己酉간지를 위아래로 바꾸면 庚戌, 辛未입니다. 戊土, 己土에 가장 가치 있는 金이 드러난 겁니다. 하지만 戊申, 己酉라면 보석이 내부에 감추어져서 심리내면에 자존감이 매우 높습니다만 겉으로는 드러나지 않았기에 남들은 가치를 알아주지 않습니다. 그 사람의 재능이나 능력을 모르기에 결과적으로 혼자 잘난 겁니다. 이런 성격은 단체생활이 어렵기에 주로 개인교사, 피아노레슨 식의 직업을 갖습니다. 申酉 金이기에 木처럼 무리를 지어서 함께 성장하는 성격이 아니라 각각의 열매가치대로 활동합니다. 자기만의 독특한 기술, 노하우를 내부에 감추고 드러내지 않거나 드러내지 못합니다. 戊申, 己酉간지의 특징이 그렇습니다. 하지만 庚戌, 辛未는 땅 위에 보석, 열매를 확실하게 드러냈기에 자존감이 높다고 드러내려는 기질이 있습니다. 사실 戊申, 己酉는 답답합니다. 내면에서는 남들보다 뛰어나다고 생각하는데 알아주지 않으니 짜증납니다. 庚戌, 辛未는 정반

대로 보석이 드러났기에 잘못 활용하면 굉장히 교만합니다. 나 잘났다고 하면서 상대방을 무시하는 경향을 보일 수 있습니다. 예로, 명품가방을 좋아해서 돈을 빌려서 구입하고 들고 다닙니다. 예로 戊日, 庚午 月에 태어나면 庚 열매가 익지 않았지만 戊土 표면에 드러났습니다. 따라서 자신의 존재감을 드러내는 것을 즐깁니다. 戊庚을 간지로 바꾸면 庚戌이고 뒤집으면 戊申입니다. 戊庚은 기본적으로 조합이 좋습니다. 戊土 땅에 가치있는 庚열매를 드러냈기에 보기에 좋습니다. 庚열매가 戊土 땅을 얻었고 戊土 땅 가치가 庚에 의해 상승됩니다. 庚은 戊土를 만나 존재감을 드러낼 터전을 만나고 戊土는 庚을 표면에 드러내 존재가치를 발휘합니다. 하지만 戊申, 己酉는 뛰어나지만 남들이 가치를 알아주지 않습니다.

반대로 庚戌과 辛未는 고평가되었기에 항상 겸손해야 합니다. 도도하고 거만하고 남들에게 못할 짓을 함부로 하면 흉합니다. 이런 이유로 庚戌일에는 이상하게 적절하지 않은 행동을 할 수도 있고 남들에게 욕먹는 행위를 할 수도 있습니다. 庚戌의 戊土가 개이기에 시끄러워집니다. 다만 무조건 그렇다는 의미가 아니고 宮位에 따라 구조에 따라 달라집니다. 年에 있다면 내 조상은 변방에서 한미하게 살았거나 군인계통의 직업이었습니다. 年月日時를 구분할 때 年은 문 밖, 月은 문 안, 日은 집 안, 時는 안방으로 구분합니다. 따라서 년에 庚戌이 있으면 비유하면 문밖에서 집을 지키기에 변방의 군인과 같은 속성입니다. 庚戌이 月에 있으면 가장 좋은데 내부에서 국가, 사회, 가정을 지킵니다. 日에 있으면 일간 스스로가 지키는 행위를 하므로 국가, 사회를 벗어나 주위 사람들을 보호도 하면서 가끔 함부로 행동할 수 있습니다. 남이 뭐라고 하던 목적을 위해 물불을 가리지 않는 것도 庚戌입니다. 물론 학력도 높고 굉장히 교양 있는 분들도 있습니다. 정반대로 교수인데 행실이 나쁠 수도 있습니다. 이처럼 庚戌의 행위는 丙火 지도자의 동태에 따라서 그 행실이 달라집니다. 庚戌이 月에 있으면 사회, 국가를 지키므로 충성심이 강합니다. 時에 있는 庚戌은 안방을 차지한 개와 같아서 침대까지 올라가니 버릇없지만 宮位와 상관없이 丙火, 寅午戌 火氣를 만나면 뛰어난 지도자를 만나 의젓해집니다. 이처럼 干支는 年, 月, 日, 時 宮位에 따라, 구조에 따라 뜻이 달라집니다. 예로, 甲申干支가 月에 있으면 사업이라는 뜻이에요. 甲을 수확하려는 의지를 가졌기 때문에 그렇습니다. 하지만 日에 있으면 공직, 검경물상이 강합니다. 동일한 간지라도 宮位에 따라서 간지의 뜻이 달라지는 겁니다. 干支의 속성이 宮位에 따라서 달라지기에 계속 연구해야만 합니다. 정리하면 만약 戊申일, 己酉일 여자의 경우는 스스로 자존심이 강해서 결혼생활이 어려울 수 있습니다. 당연히 사주전체 구조를 살펴야 하지만 결혼생활이 불편한 간지들로 戊申, 己酉는 내가 잘났다는 생각에 자존심이 강합니다. 癸卯, 壬寅은 여자가 남편을 키우고 있다는 생각을 합니다. 따라서 이런 날에 태어나면 순한 남편을 고르는 것이 좋습니다. 남편이 동갑이거나 어리거나 순해야 합니다. 남편이 뛰어나면 자존심 문제로 이혼할 수 있습니다. 壬寅, 癸卯는 壬水나 癸水가 寅卯의 성장을 주도하기에 자기 맘대로 다스리는 것을 좋아합니다.

질문 : 癸卯가 癸도 확산, 卯도 확산이니 좋은 것 아닌가요?
답변 : 자연 의미로는 壬寅, 癸卯는 굉장히 좋죠. 이 세상에서 가장 좋은 干支 네 개를 고르라면 壬寅, 癸卯, 丙申, 丁酉예요. 이 네 개가 四季를 표현합니다. 壬寅 겨울, 癸卯 봄, 丙申 여름, 丁酉 가을입니다. 문제는 자연에서는 시공간이 적절하지만 인간의 입장은 좀 다릅니다. 壬寅, 癸卯 여자가 남자를 키우려는 속

성으로 바뀌잖아요. 남자는 여자의 성장을 돕는데 여자의 경우는 陰이 陽을 키우려고 하므로 문제가 있는 겁니다. 결론적으로 戊申, 己酉, 壬寅, 癸卯일에 태어난 여자는 남편을 아이처럼 기르는 것을 좋아하며 주도적으로 남편을 보살피는 것을 좋아합니다. 이런 상황을 남편이 싫어하면 문제가 생깁니다. 또 戊申, 己酉, 壬寅, 癸卯일의 여자가 자식을 낳으면 남편을 멀리하려는 경향이 있습니다. 일지 배우자 궁위에 아이를 품었습니다. 이런 간지구조를 효율적으로 활용하는 방법은 교육 업에 종사하는 겁니다. 어리고 젊은 사람들을 상대로 기르고 가르치는 직업에 적합니다.

戊申, 己酉는 조직, 직장에 들어가기에는 자존심이 강해서 개인의 특기 申酉를 활용해서 아이들을 지도하는 피아노 레슨이나 과외 물상에 어울리는데 壬寅과 癸卯는 水木이 조합하니 함께 성장합니다. 교육, 건설 공직에 적합하지만 癸卯는 또 壬寅과는 다릅니다. 癸卯는 卯의 지장간에 甲과 乙밖에 없지만 壬寅에는 戊丙甲이 있습니다. 이런 이유로 壬寅은 부동산에도 인연이 많습니다만 癸卯는 개인의 재능이나 능력을 활용하는 이유는 癸水에 甲도 있고 乙도 있으니 많이 배우고 亥卯未 三合으로 계속 성장하려고 노력하기에 기술, 예능, 예술, 글, 그림과 악기에 재능이 많습니다만 그 꿈을 이루기 위해서는 巳火가 있어야 합니다. 卯木이 巳를 만나면 새싹이 꽃으로 활짝 피어납니다. 만약 卯木이 일지에 있고 巳火가 있는 宮位를 향하면 내 재능을 타인을 위해 활용하니까 공직, 직장생활이고 반대로 일지에 巳火가 있고 卯木이 향하면 일간이 卯木의 결과물을 취하는 겁니다.

이런 이치를 <u>時間方向</u>이라고 하는데, 卯巳가 사주팔자에 있는 경우도 무조건 일간이 취하는 것이 아닙니다. 시간방향과 궁위에 따라서 卯木의 움직임이 巳火의 결과로 완성됩니다. 예로 일지에 巳火가 있다면 日支가 노력의 결과물을 취하는데 卯木이 어느 宮位에 있느냐에 따라 의미가 달라집니다. 예로 年과 月에 卯木이 있고 巳火에 이르면 일간이 취합니다. 여기에 宮位의 의미를 감안하면 국가, 사회 혹은 조상, 부모의 노력들이 자연스럽게 일간에게 오기에 부모의 재산이나 유산을 물려받습니다. 자연스럽게 나를 향하기에 편하게 벌고 어른들의 도움으로 쉽게 법니다. 만약 日支에서 時支로 흐르면 내가 소유한 것을 자식에게 주거나 빼앗깁니다. 또 시지 卯木이 일지 巳火에 이르면 자식들이 효도하고 덕을 봅니다. 戊申, 己酉, 壬寅, 癸卯는 가능하면 동갑내기 혹은 남편이 순하고 말을 잘 듣고 부인이 사회활동을 적극적으로 하는 것이 좋습니다. 다만, 나머지 글자구조에 따라 의미가 변형되기에 무조건 그렇다는 의미는 아닙니다.

甲 - 수직으로 상하운동하다

자연의 순환원리에 입각해서 甲乙丙丁을 이해해야 합니다. 통변에 필요한 기교들은 나중에 학습하지만 먼저 甲乙丙丁의 본질을 자연이치에 입각하여 살펴야 합니다. 자연의 순환하는 이치는 변하지 않습니다. 예로 甲의 시공간은 겨울이기에 그 속성은 굉장히 딱딱합니다. 겨울은 壬水의 응축에너지에 영향을 받아서 만물이 극도로 움츠리고 춥습니다. 그럴 수밖에 없는 이유는 가을에서 겨울을 지나는 과정에 水氣가 땅속으로 하강하여 응축되어 버립니다. 모든 수기들이 땅속으로 몰리니까 나무들은 마르고 낙엽이 떨어집니다. 나무 위로 올려서 열매를 키우는데 활용했던 水氣를 밑으로 내리기 때문입니다. 나이를 먹으면 얼굴이 쭈글쭈글해지는 이유입니다. 水氣를 땅속으로 모아서 뭘 할까요?

가을에 낙엽이 辛 씨종자를 덮으면 속에서 열기가 생겨나고 땅속에 水氣를 모았기에 열기와 丁壬 合해서 亥子丑月을 지나는 사이에 辛을 甲으로 변화시킵니다. 가장 적절하고 자연스러운 甲의 물상은 뿌리이자 生氣입니다. 세상에 존재하는 生氣로 살아 움직이는 모든 존재들인데 뿌리로 인식하는 것은 매우 중요합니다. 우리에게 뿌리는 터전과 같아서 절대로 상하면 안 된다는 것을 암시합니다. 또 甲이 상하면 생기가 사라지니 사람이 죽을 수도 있습니다. 甲乙이 상하거나 문제가 생기면 결코 좋은 상황이 아닙니다.

하지만 甲申, 乙酉 月과 같은 상황은 흉하지 않습니다. 가을에는 반드시 수확하는 자연의 의지 때문입니다. 生氣가 상하는 심각한 계절은 寅卯辰月로 심하면 사망할 수 있습니다. 춘불용금(春不用金)이라는 표현을 쓰잖아요. 봄에는 金을 허락할 수 없는 겁니다. 기억할 점은, 甲은 봄이 아니라 겨울입니다. 봄에 활용하는 물형들은 딱딱하지 않기 때문에 甲이 봄이라면 딱딱하고 뻣뻣할 이유가 없습니다. 甲은 먼저 丁壬 合의 도움으로 땅 속 깊이 뿌리내리고 땅위를 향하여 수직으로 상승하는 움직임인데 쉬운 일일까요? 땅을 뚫으려면 얼마나 강력한 힘이 필요할까요? 壬水의 응축된 水氣를 품고 있다가 癸水가 동하는 순간 빅뱅처럼 폭발하면서 상승합니다. 이처럼 甲은 먼저 밑으로 안정을 취하고 위로 폭발하듯 올라가는 동작, 움직임을 표현한 겁니다.

따라서 甲의 속성은 굉장히 직선적이고 세상에 처음 등장한 존재이기에 지도자가 되기 위해서 많이 배워야 합니다. 생존의 시작을 알리기에 근본이며 뿌리이기에 흔들리면 전체가 불안정해집니다. 이런 속성으로 甲은 지도자 운명입니다. 다만, 지도자가 되려면 반드시 먼저 학습에 전념해야 합니다. 지도하려면 지도자의 자질을 갖춰야하기 때문이죠. 甲子, 癸甲, 子寅 세 개의 조합들은 교육 업에 어울리는 이유입니다. 年과 月이 癸甲이면 선생님이 될 가능성이 많아요. 甲은 뿌리에 해당하니 흔들리면 좋지 않습니다. 뿌리 깊은 나무 바람에 흔들리지 않는 것처럼 뿌리를 내려야 안정을 취합니다. 일상생활에서 안정적인 뿌리내림은 바로 배움을 뜻합니다. 예로, 乙未年 己卯月과 己亥年 丙寅月의 경우, 어느 조합이 뿌리가 깊을까요? 壬水를 품은 甲은 필연적으로 하강하고 癸水나 丙火를 만나면 밖으로 튀어나갑니다. 이것은 자연의 순환원리가 알려주는 불변의 지혜입니다. 壬水를 품은 뿌리는 壬水의 의지대로 땅 밑으로 내려가면서 뿌리가 두터워지면서 뿌리 깊은 나무가 됩니다.

乙未, 己卯 조합은 水氣가 없죠? 뿌리 내릴 생각을 하지도 않을 뿐더러 밖을 향하여 나가버립니다. 무슨 말일까요? 공부에 흥미가 없는 겁니다. 무식하다고 표현하는 것은 적절하지 않지만 공부는 포기하고 돈을 벌고자 일찍 사회생활을 시작합니다. 己亥, 丙寅은 먼저 하강하여 깊이 뿌리내리고 천천히 상승합니다. 丙火의 움직임이 느리기 때문입니다. 壬水와 丙火는 천천히 움직입니다. 壬水는 절대로 점핑을 못합니다. 땅을 순차적으로 흘러갑니다. 丙火는 자기 맘대로 비추고 싶은 곳만 비추는 것이 아니라 처음부터 끝까지 변함없는 속도로 골고루 비춥니다. 그래서 壬丙의 움직임은 느리고 고르고 바릅니다. 癸水와 丁火는 정반대죠. 기운을 급속도로 집중적으로 방사합니다. 한 곳에 빠르게 쏟아냅니다.

甲이 丙火와 조합하는 것과 甲이 丁火와 조합하는 것 중에서 어느 것이 급할까요? 당연히 甲이 丁火를 보는 것이 급합니다. 기운을 순간적으로 쏟아내기 때문이죠. 甲이 丙火를 보면 느긋합니다. 음양에 비유하면 陽陽, 陰陰, 남자와 남자, 여자와 여자는 당기는 힘이 약합니다. 남녀는 자동적으로 당겨오기에 사용하는 에너지의 속도가 다릅니다. 十神으로 傷官이 있으면 순간적으로 에너지를 쏟아버리고 금방 지쳐서 지속력이 약하기에 꾸준하지 못합니다. 예로 독서를 해도 앞에 보고 뒤에 보고 옆에 보는 식입니다. 책을 순서를 따르지 않고 뒤죽박죽 필요한 곳만 집중해서 봅니다. 따라서 전체를 다루는 직업보다는 집중하는 전문직에 어울립니다. 정리하면 乙未년 己卯월은 초년에 공부하기 힘듭니다. 기본적으로 寅卯辰이 水氣가 없으면 공부하지 않고 일찍 사회에 진출합니다. 공부할 수 없는 상황이기 때문입니다. 태양 빛이 좋으니 땅 속에서 뿌리 내리는 것이 지겹습니다. 밖으로 꽃 피러 나갑니다. 이런 움직임을 달리 표현하면 현실적, 물질적입니다. 꽃이 피는 이유는 짝짓기를 통하여 열매 맺기에 현실적입니다. 다만, 水氣가 없어서 불편해 보이는 사주구조의 경우에 사회생활 과정에 계속 공부합니다. 水氣가 필요하니까 끊임없이 공부로 보충하며 반드시 해야만 좋습니다. 사주구조는 공부에 집중하지 못하고 사회활동을 적극적으로 하지만 水氣가 부족하니 자신도 모르게 채우려는 노력입니다.

乾命			
時	日	月	年
癸亥	戊申	庚寅	辛亥

坤命			
時	日	月	年
庚申	戊申	甲寅	戊子

어느 구조가 더 깊게 뿌리내릴까요? 모두 뿌리내리는 구조가 분명합니다만 辛亥년 亥水가 寅을 향하여 가니까 亥水 속 壬水의 움직임으로 깊이 뿌리내립니다. 대운도 丑子亥로 계속 뿌리내리

기에 땅 밖으로 나가지도 못합니다. 나가고 싶어도 庚辛이 누르니 아래로는 가능하지만 위로는 성장이 어렵습니다. 사회에서 발전하기 어렵다는 의미로 인생이 풀리지 않는 상황입니다. 辛亥년 庚寅월이니 30이전에는 사회에서 두각을 나타내기 어려운데 대운도 丑子亥로 더욱 존재감이 없습니다. 하지만 亥대운이 지나고 戌대운을 만나면 상황이 확 달라집니다. 긴긴 겨울에 水氣를 만난 뿌리는 땅 아래로 내려가 뿌리 깊은 나무가 되었지만 인생이 힘들다가 戌土를 만나면 처음으로 긴긴 겨울을 지나고 따스한 온기를 느낍니다. 사주원국의 일주 戊申을 지나는 시기에 뿌리 깊은 나무를 벌목합니다. 만약 辛亥, 庚寅이 아니고 辛巳, 丙寅 조합이면 뿌리내리지 못하니 申으로 벌목해도 수확할 목재가 없습니다.

수확된 목재가 돈, 재물, 명예입니다. 30년 동안 하강만 하다가 갑자기 뿌리 깊은 나무를 벌목해서 큰 재산을 모읍니다. 소위 대기만성 입니다. 만약 庚午일이라면 밖으로 나가서 寅의 성장을 유도하지만 수확하지는 못합니다. 목의 존재를 밖으로 드러내고 성장을 도우니 학습했던 재능을 밖으로 활용하는 움직임입니다. 움직임의 차이로 재물의 크기가 크게 달라집니다. 남자는 수천억대로 재산이 얼마인지 모른다고 합니다. 뿌리 깊은 나무라는 의미를 사주팔자에 응용하는 사례입니다.

乾命			
時	日	月	年
丙午	戊寅	庚寅	辛亥

이런 구조는 어떻습니까? 辛亥, 庚寅은 동일합니다. 대운도 丑子亥로 깊이 뿌리 내립니다. 또 庚辛이 누르니 밖으로 나가지 못합니다. 물론 각도를 달리 보면 庚辛은 씨종자로 亥水에 풀어져서 寅으로 나오는 과정입니다. 寅寅으로 두 개의 뿌리가 매우 두텁고 丙午가 뿌리를 확장하기에 마른 戊土의 땅은 척박해질 수 있습니다. 특히 땅이 좁으면 굵은 뿌리기둥을 감당하지 못하고 갈라집니다. 인간의 육체에 비유하면 정신착란 증세가 올 수도 있습니다. 戊申은 벌목할 수 있지만 戊寅은 벌목은커녕 계속 뿌리내리는 터전역할을 하기에 戊土의 땅이 부족합니다. 또 丙火가 계속 분산하기에 수확의지가 없으니 결실 맺기 쉽지 않습니다. 이런 구조는 전문기술자에 어울립니다. 성장, 발전한 모습을 밖으로 드러내는 행위까지만 할 수 있습니다. 위에서 두 번째 戊子, 甲寅, 戊寅, 庚申 사주는 庚申이 있기에 벌목도 가능합니다만 甲寅 戊寅으로 수확하기 쉽지는 않지만 그래도 뿌리깊은 나무이니 백억 대 재산가입니다. 이처럼 나무를 벌목하는 행위와 성장하는 행위는 물질적으로 전혀 다릅니다.

坤命			
時	日	月	年
癸亥	戊申	己巳	甲寅

이런 사주가 있습니다. 년과 월의 甲寅과 己巳조합은 기본적으로 좋은 구조는 아닙니다. 水氣가 없어서 甲寅이 성장하기 힘들고 寅巳 刑으로 비틀리니 성장에 문제가 생길 수 있습니다. 따라서 30대 전까지는 잘 풀리지 않는 흐름입니다. 2005년 즈음 상담할 때 38세 사주원국 일지 申에 이르면 3억 정도의 재산은

모을 것이라고 예단했는데 10年이 흘러 2015년 乙未년에 재산이 대략 그 정도가 되었다고 좋아합니다. 甲寅년 己巳月로 水氣가 없으니 뿌리내리기 어렵지만 일지 申이 있으니 일정부분 수확은 가능합니다. 다만, 뿌리를 깊이 내리지 못해서 수확해도 한계가 있으니 3억 정도라고 설명했던 겁니다. 위에서 살펴본 두 사주는 뿌리내리는 과정은 힘들지만 굵은 뿌리를 벌목하니까 재물단위가 전혀 다릅니다. 이처럼 甲은 땅 밑으로 뿌리내리고 위로 수직상승하는 과정에 水氣를 만나면 땅속으로만 하강하고 癸水나 丙火를 만나면 땅 밖으로 오르기 시작합니다. 이처럼 壬水는 하강하지만 癸水는 빅뱅처럼 폭발하기에 甲은 필연적으로 하강과 상승을 반복하는 움직임을 보입니다.

甲이 丙火와 조합할 때와 丁火와 조합할 때의 움직임은 전혀 다릅니다. 甲은 丙火를 선호할 수밖에 없는 이유는 가을에 丁火가 辛 씨종자에게 열을 가하고 丁壬 슴해서 甲으로 물형을 바꾸었기에 다시 丁火를 만나야할 이유가 없습니다. 땅 밖으로 나가야 하는데 수렴하는 丁火를 만나면 다시 하강하기에 과거로 회귀하는 것과 같습니다. 이런 이유로 甲丙은 조화로운데 甲丁은 적절하지 않은 부분이 있습니다. 물론 甲의 입장에서 살핀 것이지만 丁火 입장에서 甲을 만나면 너무도 좋아합니다. 둘 사이의 입장이 다른 겁니다. 甲이 丁火를 보면 기술직에 어울립니다. 甲이 丙火를 보고 亥水를 보충하면 의료, 검경, 교수직에 어울립니다. 또 丁火일간이 甲의 도움을 받으면 교육, 검경, 사업에 모두 적합합니다. 다만, 丙火가 甲을 만나면 시공간이 적절하지는 않습니다. 이처럼 A가 B를 볼 때와 B가 A를 볼 때는 상이하다는 것을 이해해야 합니다. 이런 설명은 日干만을 살피는 것이 아니라 나머지 宮位도 그 이치를 동일하게 적용합니다. 예로, 丁日이 月에 甲을 보는 것과 時에 甲을 보면 宮位가 다르기에 의미가 다릅니다. 月에 甲을 만나면 조상과 부모의 음덕이나 혜택이 좋고 時에 甲을 만나면 時干 궁위가 상징하는 46세 이후에 丁火가 발전할 것임을 암시합니다. 이제 丁火가 月에 있고 년에 甲이 있다고 가정해봅시다. 丁火 부친은 부모덕이 좋습니다. 일간을 살피는 것이 아니라 각 宮位의 육친과 조합을 이동해서 살피는 겁니다. 만약 丙火가 月에 甲이나 乙을 보았다면 어느 조합이 더 좋을까요? 乙을 만나는 구조가 좋습니다만 甲日이 月에 丙火를 보는 게 좋을까요? 아니면 丁火를 보는 것이 좋을까요? 丙火를 만나는 것이 좋습니다. 당장은 이런 의미들이 와 닿지 않아도 익숙해질 겁니다. 이런 비교는 모두 근본이치에 대한 설명이기에 모든 사주팔자에 통용되는 것이 아닙니다. 예로 丙日에 태어났는데 주위에 화기가 강력하고 乙未 月이라면 丙火는 오히려 乙木을 반길 리가 만무합니다. 이 상황은 변통에 해당하지만 일간 근본이치에 익숙해져야 합니다.

정리하면, 甲의 시공간은 겨울이고 水氣를 만나면 땅속에 하강하고 뿌리내리고 癸水, 丙火를 만나면 수직 상승운동 합니다. 甲이 하강운동과 상승운동을 동시에 하는 과정은 壬甲丙 三字 조합입니다. 먼저 뿌리 깊은 나무가 된 후 상승하여 밖으로 존재를 드러냅니다. 세 글자의 움직임을 이해했다면 甲의 핵심을 학습한 겁니다. 이정도만 이해해도 甲의 의미를 이해하기 쉽습니다. 뿌리 깊은 나무는 뿌리 내리는 시간이 필요하기에 느리게 발전하지만 수확할 시기에 이르면 굵은 뿌리를 캐냅니다. 뿌리가 얕으면 공부할 시기에 밖으로 나가 돈을 법니다. 문제는 뿌리가 얕기에 능력에 한계가 있고 이것을 깨달은 후에서야 다시 뿌리내리려고 시도합니다. 예로, 50세에 다시 대학교에 입학하거나 노인대학에 들어갑니다. 젊은 시절에 뿌리내리지 못했기 때문입니다. 젊은 시절에 학업 운이 없었지만 말년에 뿌리내리는 운을 만나면 공부하고 싶어집니다. 위에서 살폈던 乙未년 己 卯월 구조는 水氣가 없으니 조상, 부모덕은 없습니다. 공부도 못하고 일찍 사회에 진출합니다. 지금은 왜 이렇게 해석하는지 이해하지 못해도 곰곰이 생각해보면 사주를 읽는 방식이 쉬워질 겁니다. 인위적인 잣대도 필요 없으며 乙未년 己卯월로 조합하면 水氣가 부족하니 집중하지 못하고 공부하기 싫어서 일찍 사회에 진출하겠구나. 기술자로 살거나 장사하겠다는 판단이 빨라집니다. 년과 월의 조합은 우리가 이해하지 못하지만 전생의 업보가 담겨있는 宮位입니다. 따라서 조합이 주는 의미를 학습하면 조상과 부모의 상황을 쉽게 읽습니다.

이어서 日干과 日支, 時干, 時支까지의 흐름을 살피는데 4개 宮位는 일간의 의지로 만들어가는 세상입니다. 人生을 크게 年月과 日時로 나누어 살핍니다. 年月은 나의 의지와 상관없이 숙명적으로 결정된 것입니다. 日時는 年月에 정해진 숙명이 아니라 일간이 펼쳐가려는 세상이지만 년과 월에서 정해진 근본터전, 전생 업보는 버릴 수 없습니다. 이런 이유로 年과 月의 구조에 따라 인생의 70%는 결정된다고 봅니다. 일간이 노력해도 年과 月에서 정해진 구조를 극복할 수 있는 경우는 특별한 경우를 제외하고는 30%~50% 정도라는 의미입니다.

좋은 운명으로 태어나려면 기본적으로 年月 조합이 좋아야 합니다. 일시의 배합이 적절하지 않아도 年月이 좋으면 조상, 부모 음덕으로 먹고 삽니다. 하지만 年月 조합이 적절하지 않으면 부모로부터 받을 것이 없고 日時까지 좋지 않으면 쉽지 않습니다. 따라서 年과 月이 어떤 구조일 때 좋은 운명인지를 이해하면 사주를 읽는 것이 쉬워집니다. 년월 구조를 이해하는 것이 중요한 이유는 가장 합리적인 택일법이기 때문입니다. 또 년과 월의 사주조합을 이해하는 방식이 **月支時空**입니다. 기 출판한 時空論과 月支時空-子月을 참조바랍니다. 時空論은 월지시공의 개론서로 월지의 원리를 설명합니다. 또, 월지시공은 월별로 年과 月의 구조를 설명합니다. 기억할 점은 日干은 년과 월 조합에 아무런 영향력을 행사하지 못합니다. 예로, 庚申 月에 태어나면 日干이 무엇이던 丙火가 없다면 배합이 적절하지 않습니다. 예로 癸亥 년 壬戌월이면 구조가 나쁩니다. 그 이치에 대해서는 時空論을 다룰 때 자세히 설명하겠습니다. 간단히 설명하면, 戌月에는 난로가 꺼지면 흉한데 년과 월에 水氣만 가득하기에 좋지 않은 겁니다. 조상, 부모의 음덕을 바랄 수 없고 친인척들 중에서 단명하신 분들도 계실 겁니다. 일간이 무엇이던 자수성가해서 살아가는 조합입니다. 숙명적으로 정해진 것으로 우리가 그 이치를 이해하지 못하고 있는 겁니다.

다시 본론으로 돌아가서, 甲은 먼저 뿌리내리고 위로 상승하기에 운동방향이 하강과 상승으로 두 개입니다. 뿌리내림은 壬水를 만날 때이고 癸水와 丙火를 만나면 상승합니다. 甲은 직선운동만 하므로 고지식하고 성정이 직선적입니다. 운동에 비유하면 검도와 같습니다. 상대의 급소를 찔러서 제압합니다. 甲의 시공간은 겨울이기에 四季圖의 이치대로 주위에 己土와 壬水가 있어야 합니다. 己土 땅이 없는 甲은 피곤합니다. 한곳에 정착하지 못하고 방황하며 돌아다닙니다. 이런 이치도 이해가 어려운 것은 아닙니다. 삶의 터전이 없는 것처럼 인생이 불안정합니다. 뿌리내릴 터전이 없는 겁니다. 물론 甲寅日이 한 번 뿌리내리면 오랜 세월 한곳에 정착하고 돌아다니지 않습니다. 甲寅이 己丑에 뿌리를 깊이 내리면 이사를 싫어합니다. 모든 이치는 자연의 순환원리 그대로 활용합니다. 인간에게 적용하지 못할 것처럼 느껴지지만 잘 맞는 이유는 인간도 자연의 일부이기 때문이죠.

이런 이치는 궁구하지 않고 인위적인 방법을 찾아내기에 기교만 늘면서 복잡하고 힘들어집니다. 자연에서 원하는 甲의 움직임은 뿌리내리는 과정에 경직되었던 속성을 풀고 점점 부드러워져야 하는데 壬水가 계속 응축을 유도하면 불가능합니다. 壬水가 계속 水氣를 공급하니까 甲이 영향을 받아서 부드러워질 방법이 없는 것입니다. 간지로 바꾸면 壬寅으로 그 속성은 겨울이며 丙火가 밖으로 유도하지 않으면 성정이 딱딱하고 냉정하고 직설적이죠. 四季圖 겨울에 있는 壬甲己 三字가 조합할 경우에 보편적인 직업물상은 <u>건설, 설계, 교육, 장기투자</u> 행위입니다. 생각해 보세요. 자연에서 뿌리내리는 과정입니다. 己土 터전에 壬水의 하강에너지로 甲이 내려갑니다. 새로운 뼈대 甲을 세우는 것과 같은 이치로 기초공사 하듯 지하실을 만들어가는 과정이니까 건설행위입니다. 건설 중에서 주로 설계, 디자인, 기초공사에 해당합니다. 이런 논리가 황당하게 느껴질 수도 있지만 아닙니다. 壬水도 하강운동, 甲은 壬水의 의지대로 하강운동, 己土도 저장하는 움직임이니까 건설과정에 비유하면 설계하고 내부에서 기초공사 과정이 맞습니다.

甲이 활동하는 시공간은 子丑寅月입니다. 子月, 丑月, 寅月이어야 하는 이유는 "성장하다"의 개념을 가진 甲에게 亥水는 성장의 기세가 없습니다. 六陰으로 陽氣가 전혀 없기 때문입니다. 빛을 삼킨 블랙홀처럼 어둠만 가득하니 성장의 속성이 전혀 없다고 해도 과언이 아닙니다. 子月에 이르면 壬水내부에서 빅뱅처럼 폭발하면서 癸水가 튀어나옵니다. 무한응축 상태에서 밖으로 향하려는 성장의지가 생겨납니다. 그때부터 甲도 성장의지가 동합니다. 丑月에 이르면 눈으로 확인할 수 없지만 땅속에 뿌리내리고자 딱딱한 씨종자 표면을 부드럽게 만들고 寅月에 껍질을 뚫고 땅(己土)과 접촉하여 뿌리내리기 시작합니다.

그 과정이 子丑寅이에요. 고서에 子丑寅을 天地人이라 표현했습니다. 寅의 정체는 生氣이고 사람이고 萬物입니다. 子水는 실체가 없는 보이지 않는 생명체로 丑土에서 배양되어 寅으로 드러나는 과정이 天地人, 하늘과 땅과 사람으로 표현한 겁니다. 甲生氣는 子月, 丑月, 寅月을 지나면서 점점 뚜렷해집니다. 甲은 성장과정으로 壬水를 보면 하강하여 뿌리 내리고 丙火를 보면 밖으로 상향하는데 만약 壬水를 보지 못하고 癸水만 있다면 맛이 묘합니다. 癸甲조합인데 干支로 바꾸면 甲子가 됩니다. 地支로 子寅이죠. 뿌리내리는 것도 아니고 안 내리는 것도 아닌 불안정한 상태입니다. 壬水, 亥水를 만나면 하강하여 뿌리내리는데 子水에 壬水, 癸水가 모두 있으니 한쪽에서는 뿌리 내리지만 한쪽에서는 밖으로 나가므로 불안정합니다. 甲子는 子丑寅을 지나는 과정에 땅 밖으로 탈출을 시도합니다.

땅을 뚫으면 乙이야! 라고 주장합니다. 乙이 세상 밖으로 나올 수 있었던 것은 모두 癸의 도움이 큽니다. 壬水의 도움으로 뿌리내리고 癸水의 도움으로 상승하는데 子月에 빅뱅처럼 陽氣가 동하니까 두 개의 움직임이 동시에 진행됩니다. 子月의 지장간에서 壬水가 癸水로 전환되기에 갑자기 壬水는 사라지고 癸水만 존재하는 것이 아닙니다. 그런 일은 발생하지 않습니다. 칼로 무 베듯 壬水가 갑자기 사라지고 癸水가 갑자기 등장하는 것이 아닙니다. 壬水와 癸水는 꾸준하게 이어지기에 반응하는 甲의 움직임도 다발적입니다. 丙火, 丁火가 이어지고, 庚金, 辛金이 이어지고 甲木, 乙木이 이어집니다. 하나는 陽氣요 다른 하나는 陰質이지만 기운이 이어지기에 절대로 한순간 정지되는 것이 아닙니다. 壬水가 癸水를 만들기에 陽氣와 陰氣가 천천히 에너지를 교류하면서 변하는 겁니다. 다만 壬水는 점점 기운을 잃어가는 대신 癸水는 계속 기세를 확장해갑니다. 甲이 壬水를 보면 무조건 뿌리 내리지만 子月에 壬水와 癸水가 모두 있기에 한쪽에서 뿌리 내리고 한쪽에서 밖을 향한다고 했습니다. 그런 움직임으로 丑월, 寅月에 뿌리 내리고 卯月에 땅 밖으로 나올 수 있었습니다. 그렇다면 선인들은 甲의 속성을 어떻게 결정했을까요? 봄에 땅 밖으로 튀어 나온 乙을 보면서 저게 뭐지? 하면서 관찰했을 겁니다. 겨울 내내 눈만 쌓여 있던 땅 위에 갑자기 파릇파릇 뭐가 나오더라는 겁니다. 호기심 많은 사람은 땅을 팠을 것이고 뿌리를 발견합니다. 뿌리 甲이 癸水의 도움으로 온기가 오르니까 싹으로 올라오는 움직임을 甲으로 표현한 겁니다. 甲의 결과물이 乙이구나. 이것이 甲과 乙의 관계입니다. 그렇다면 뿌리 내리고 위로 상승하는 움직임이 어떻게 가능하지? 壬水 응축에너지에 영향을 받아서 甲이 먼저 하강하다가 子月에 이르러 癸水로 폭발하기에 상향하는구나. 딱딱한 물형을 부드럽게 만들기 시작하여 상승하겠네. 甲은 처음에는 딱딱했다가 점차 부드러워지는 것이네. 甲의 최대로 부드러워진 모습이 乙이구나. 아하! 甲이 乙로 변하는 과정을 시간이 결정하는구나. 이런 흐름을 관찰하고 이해했던 것입니다.

乙은 부드럽고 굴신이 자유롭고 좌우확산 움직임입니다. 乙이 사주팔자에 있다면 부드럽고 자유롭게 돌아다닙니다. 卯月에 태어나면 정착하고 살기 어렵습니다. 토끼는 집 앞의 풀을 뜯지 않는답니다. 굴을 여러 개 파고 자기가 갔던 길을 다시 가지 않는다고 합니다. 정착해서 살지 않는다는 의미입니다. 卯月에 태어난 사람들은 자기가 소유한 집이 있어도 밖에서 산다고 합니다. 왜 집을 지키지 않을까요? 乙의 속성 때문에 그렇습니다. 甲은 뿌리니까 땅을 지키고 보수적이에요. 하지만 乙은 땅 밖으로 나왔기에 터전을 버리고 밖으로 나가는 겁니다. 표현을 달리 하면, 가정 일은 하지 않고 밖에 나가서 사회활동 하는 것에 집중합니다. 乙로 태어나면 살림 잘 하겠어요? 사회활동은 잘 해도 집안일은 못하고 싫어합니다. 일상생활에서 좌우로 확산하는 움직임은 모두 乙의 행위입니다. 乙이 있으면 말을 잘 하고 홍보도 잘 하죠. 좌우확산 하는 모든 행위를 乙로 이해하면 됩니다. 카톡, 문자, 편지, 전파 등 사방팔방으로 퍼뜨리는 행위가 乙입니다. 여기에 丙火까지 있으면 더욱 빨라집니다. 乙이 丙火를 보면 계속 확장합니다. 乙巳간지의 경우도 공익으로 활용하면 乙의 活力, 生氣를 巳火로 퍼뜨리지만 동일한 간지도 짝짓기로 활용하면 색을 탐합니다. 干支의미는 절대로 일방적이지 않습니다. 乙巳를 짝짓기 干支라고 표현하는 이유는 巳火, 亥水때문에 그렇습니다.

乙巳, 辛巳, 丁亥와 같은 干支를 갖고 있으면 그런 속성이 있지만 특징은 모두 다릅니다. 좌우로 生氣를 전파하는 것이 乙이기에 그 가치는 매우 높습니다. 세상에 生氣를 확산시키는 과정에 巳火로 극대화하는 행위가 바로 乙巳입니다. 다만 색을 탐하면 이곳저곳 새끼 치러 다니는 겁니다. 乙巳年 남자가 있는데 병원에 누워 있어도 간호사를 유혹하더군요. 색욕으로 전파하는 경우죠. 사주구조에 따라 달라지는데 乙巳를 적절하게 쓰면 공익을 위해 세상에 산소를 공급합니다. 乙은 산소입니다. 生氣를 공급하는 겁니다. 짝짓기 행위도 乙巳, 辛巳, 己巳에 따라 뜻이 달라집니다. 그 중에서 乙巳는 生氣를 가장 적극적으로 전파합니다. 乙은 甲에 근거를 두고 좌우로 펼치기에 甲이 상하면 근본이 상하지만 乙이 상하면 근본이 상하는 건 아니죠. 따라서 甲寅이 다치거나 水氣가 없어서 마르는 것은 좋은 것이 아닙니다. 위에서 살폈던 甲寅년 己巳일 여명의 경우는 生氣와 같은 뿌리가 말라 상하면서 성장, 발전에 문제가 생길 수도 있고 심하면 불구가 될 수도 있습니다. 예로, 癸卯년 戊午월이면 戊癸

합하고 卯午 破하니 卯木의 성장에 장애가 생깁니다. 기교적으로 卯午 破라고 설명할 필요도 없이 水氣가 없으니 말라서 장애가 생기거나 심하면 단명할 수 있습니다. 또 이상한 일들이 발생합니다. 예로 식구가 객사한다던지 주위 친인척들이 단명하거나 흉한 일들이 발생하는 것은 모두 水氣가 없어서 그렇습니다. 사주팔자에 생명수 水氣가 없으면 이상한 일들이 발생하는 겁니다. 水氣가 많으면 좋은 건 아니지만 생명에 지장은 없습니다. 기본적으로 水氣는 수명을 상징하기에 장수할 가능성이 높습니다. 고서에도 木이 水를 보면 장수한다고 표현합니다. 뿌리를 깊이 내리니 단명할 수 없는 겁니다. 乙도 오래 살려고 합니다. 乙의 본성이 生氣이기에 죽는 것을 두려워하는 겁니다.

질문 : 戊丙甲이 조합할 때 성형은 운에서 丙이 오면 하나요?
답변 : 그렇죠. 丙火는 외형을 아름답게 꾸미려고 합니다. 丙火가 강렬하여 戊土 땅이 마르면 壬水가 필요한 甲은 戊土 땅을 찢어버립니다. 즉, 甲戊가 조합하면 육체손상을 뜻하지만 丙火의 화려한 속성을 가미하면 성형수술이나 육체에 흉터가 남습니다. 寅은 흉터를 암시합니다. 사주에 寅이 있는데 水氣가 없다면 寅은 호랑이처럼 스스로 寅巳 刑합니다. 水氣가 없기에 甲이 마르니까 수술을 암시합니다. 寅月에 태어났고 사주팔자에 刑도 없는데도 의사가 많습니다. 寅은 寅巳 刑으로 피를 보는 겁니다. 時空論 책에서 밝힌 것처럼 寅 지장간에 甲丙이 있고 地支로 寅巳 刑이기에 生氣에 문제가 발생하는 조합입니다.

제 4강

◆ 三字조합, 天干

酉丑辰 三字조합
乙 - 좌우확산하다
丙 - 무한분산하다
丁 - 수렴하다
戊己 - 水火木金 터전을 제공하다
庚 - 딱딱해지다
辛 - 완벽하게 딱딱하다
壬 - 무한응축하다
癸 - 발산하다

酉丑辰 三字조합

天干을 이어가기 전에, 지루함을 좀 달래기 위해서 酉丑辰 三字조합의 의미를 살펴봅시다. 三字조합을 외우는 것은 무의미하며 근본이치를 살펴야 합니다. 먼저 글자를 분석해보면, 酉金은 지구에 존재하는 물질 중에서 가장 가치 있습니다. 寅 뿌리가 땅 위에 卯木으로 드러나는 순간은 命理로 매우 중요합니다. 땅속과 땅 밖으로 경계가 갈라지는 卯月과 酉月은 매우 중요한 의미를 가졌습니다. 卯月에 이르면 지금까지 움직임이 둔했던 에너지들이 갑자기 활발해지지만 쓰임이 좋았던 에너지들은 정반대로 둔해지고 가치를 상실합니다. 가을과 겨울에 활용했던 壬, 丁, 己, 辛, 甲의 움직임은 가치를 상실하고 乙, 癸, 戊, 丙, 庚 봄과 여름에 활용하는 에너지들은 적극적으로 움직이기 시작합니다. 卯月을 경계로 자연에서 보여주는 움직임이 크게 달라지는 겁니다.

卯木은 세상에 존재하는 물질의 출발점이며 봄, 여름, 가을을 지나는 과정에 새싹이 꽃피고 열매 맺고 열매를 완성하는데 그 과정을 寅午戌 三合운동으로 완성합니다. 寅卯辰, 巳午未, 申酉戌 9개월 과정입니다. 寅午戌 三合을 태양이나 火氣로 인식하지만 물질의 생장쇠멸 과정으로 살펴야 합니다. 亥卯未 三合운동은 木의 성장운동, 巳酉丑 三合운동은 열매를 완성하는 과정이고 申子辰 三合운동은 새로운 생명체를 내놓는 과정입니다. 4개의 三合 중에서 寅午戌은 가장 화려한 色界의 과정입니다. 흥미로운 점은 三合과정을 일방적으로 좋거나 나쁘게 만들지 않았습니다. 좋기도 하고 나쁘기도 하고, 나쁘기도 하고 좋기도 하고 하나의 과정이 끝나면 다른 삼합운동을 시작하는 것이 아니라 水에서 木으로, 木에서 火로, 火에서 金으로, 金에서 水로, 水에서 木으로 끊임없이 시공간이 연결되고 순환합니다. 얼마나 오묘한지 아세요? 아무리 화려한 인생도 한순간 확 꺾이게 만들고 밑바닥까지 간 다음에는 반드시 상승하게 만들어줍니다. 본론으로 돌아가서, 卯木이 좌우확산을 시작해서 卯辰巳, 午未申 까지는 생명체로 간주합니다. 나무로 살피면 卯에서 申까지는 생명을 유지하는 상태입니다. 酉月에 이르면 열매가 나무에서 땅으로 떨어집니다. 卯木에서 새싹들이 더불어 성장하다가 酉月에 하나의 독립된 씨종자, 열매로 떨어지고 분리됩니다. 따라서 卯에서 申까지는 단체의 속성인데 그 중에서 가장 강한 속성이 申이고 乙은 단체이면서도 개인적입니다.

이 개념은 아직 이해하기 어렵지만 나중에 설명합니다. 酉金은 땅에 떨어져 일정한 공간에 정착하면 그 공간에서 벗어나지 않으려고 합니다. 酉金과 卯木은 모양은 다르지만 동일한 것이라고 해도 틀리지 않는 이유는 봄에 卯木이 땅 밖으로 나온 이유는 가을에 酉金 열매를 완성하기 위한 것이죠. 酉金이 땅에 떨어진 후에 할 일은 亥子丑을 지나 봄에 새싹 卯木으로 나오는 겁니다. 이처럼 봄, 여름이 지나 酉金으로 바뀌고 가을, 겨울이 지나 卯木으로 나오기를 반복합니다.

생각해보면, 우리는 풍족한 세상을 살지만 봄에서 가을로 가지 않으면 혹은 시간이 정지하면 굶어 죽습니다. 흉년이 2년 3년만 지속되어도 굶어죽는 사람 많습니다. 이런 이유로 酉金은 세상에 존재하는 물질 중에서 가장 가치가 높습니다. 卯木은 당장 먹을 수 있는 것은 아니지만 酉金은 수확한 것, 생명유지에 가장 가치 있고 절실한 것입니다. 종자돈에 비유합니다. 예로 日支가 酉金이고 月이 子水이면 酉金을 子水에 넣어서 子水 속에 있는 癸水로 뻥튀기하듯 폭발시킵니다. 酉金을 콩이라고 상상해

보세요. 콩이 酉戌亥子로 흘러가는 과정은 酉金이 戌土 창고에 들어가고 亥水에서 새 생명체로 나오려고 준비합니다. 하지만 酉金이 子水를 바로 만나면 戌土 창고에 들어가지도 않고 亥水를 거치지도 않고 바로 子水의 지장간에 있는 癸水에 의해 폭발해버립니다. 딱딱한 酉金이 갑자기 빅뱅처럼 폭발하면서 부풀리는 겁니다. 酉金이 子水를 만나면 뻥튀기라 표현하는 이유입니다. 만약 일지 酉金이 月의 子水를 향하는 경우는 종자돈을 직업으로 활용하는데 예로 다단계나 사채놀이입니다. 그 특징은 酉子 破로 순서에 입각하지 않고 돈을 빠르고 크게 부풀리려고 합니다. 월급에 만족하지 못하고 팝콘 튀기듯 순식간에 큰돈을 벌어들이려는 심리상태입니다. 酉子 破가 이런 속성입니다. 단단하고 조그마한 酉金을 子水에 부풀려서 부피를 크게 확장하는 겁니다

壬水와 辛金은 申子辰 三合운동을 하는데 壬水는 응축에너지, 블랙홀과 같지만 오묘하게도 辛이 壬水에 풀어지면 생명체의 잉태가 가능해집니다. 丙火는 辛酉를 절대로 품을 수 없고 오로지 壬水가 辛酉를 품어서 木으로 물형을 바꿔줍니다. 생명수와 같은 壬水가 없으면 생명체가 지구에 등장할 수 없습니다. 이 얼마나 중요한 역할입니까? 壬水의 申子辰 三合운동 과정에 가장 왕성한 공간이 子月로 壬水와 癸水가 전환하기에 가장 춥고 어둡습니다. 가장 壬水다운 성격으로 어둡고 의심이 많으며 계속 확인합니다. 만약 亥까지 있으면 심각합니다. 亥水는 정보를 수집하고 子水는 癸水로 분석하므로 너무 영리해서 의심증이 생깁니다. 학업에 비유하면 자료를 잔뜩 모았지만 활용하지 못하는 것이 亥水입니다. 만약 子水도 있다면 정보를 분석하기 시작합니다. 亥水는 없는데 子水만 있다면 자료는 수집하지 않고 분석부터 합니다. 정보수집하고 분석하는 것이 순서인데 분석만 하

기에 깊이가 없는 겁니다. 子水의 속성은 흑색이고 申子辰 三合과 연결되면 불법과 비리를 암시하는데 어둠속에서 도둑처럼 행동합니다. 子時를 생각해 보세요. 그 행위는 도둑질, 색욕, 음주가무, 혹은 경찰이 도둑 잡는 행위입니다. 子水는 좋게 활용하면 창작활동입니다. 子水는 빛이 없어서 어두운 이유는 지장간 癸水 때문으로 12地支 중에서 癸水를 품은 것은 子, 丑, 辰입니다. 세 공간을 나쁘게 활용할 경우에는 어둠 속에서 불법, 비리를 저지를 수 있습니다. 丑土도 도둑심보가 가장 강하고 불법비리, 감방과 연결되는 이유는 지장간에 씨종자 酉金(辛金)이 巳酉丑 三合운동으로 들어가 있기에 지장간 癸水와 반응합니다. 위에서 酉金이 子水를 만나면 뻥튀기라고 했는데 그 성향이 丑土 내부에 酉子 破로 불법과 비리, 한탕주의 욕망이 숨어있습니다. 그런 이유로 辰戌丑未 중에서 유일하게 刑이나 沖으로 개고(開庫)해야 하는 글자가 丑土입니다. 나중에 辰戌丑未에 대해 학습해야 하는데 여기에서 간단히 설명해보겠습니다.

근본적으로 辰戌丑未는 내부에 물질을 담았을 때 沖刑하면 좋을 것이 없습니다. 辰戌丑未는 開庫해야 좋다고 하지만 믿을 것이 못됩니다. 무언가 담겨 있는데 충돌하면 흐트러지면서 물형이 찌그러지거나 상실합니다. 아무것도 담지 않은 창고라면 때리든 말든 상관없지만 창고에 물건을 저장했는데 부수면 창고가 상합니다. 이런 상황임에도 반드시 丑土를 열어야만 하는 이유가 있습니다. 沖刑으로 열어야 창고로 물질이 들어올 수 있기 때문이 아니에요. 丑土는 담을 물건을 子丑으로 合해서 담고, 申丑으로 담고, 酉丑으로 담고, 巳丑으로 담습니다. 그런데 丑土의 문제는 그 속성이 불법비리, 뻥튀기로 한탕을 노리는 겁니다. 이런 도둑과 같은 속성을 刑沖으로 두들겨 고치지 않으면 감방에 갈 확률이 높아집니다. 나쁜 짓 할 가능성이 높기에 열어야 하는 것이지 재물이 들어오도록 창고 문을 열어준다는 의미가 아닙니다. 丑土에 들어가야 할 물건은 반드시 들어갑니다. 들어갈 것이 들어가지 않는다면 刑沖會合 이론 만들 필요도 없습니다만 丑土는 불법비리를 저지르고 수감될 수 있기에 刑沖으로 때려서 문제를 해결해야 합니다. 예로 戌土가 있는데 丑土가 와서 戌丑이 만나면 강도, 사기, 관재구설이 생깁니다. 반대로 원국에 丑土가 있는데 戌土가 때려주면 감방 갈 일이 줄어듭니다. 만약 丑土만 홀로 있다면 관재구설이 생길 수 있고 또 대운이나 세운에서 戌土가 와서 丑土를 刑하면 도둑과 같은 속성이 발각되면서 오히려 감방에 갈 수도 있습니다. 이처럼 丑土는 불법비리, 강도, 사기, 소매치기와 같은 문제를 가지고 있습니다. 지인이 丑年, 丑月인데 어렸을 때 도둑질 많이 했어요. 지금 생각해 보면 어린 나이에도 丑土가 있으니 그런 것이지만 물론 도둑질이라 해봐야 기껏 사탕 이런 겁니다.

가장 큰 문제는 酉金(辛金)이 丑중의 癸水에 삭는 겁니다. 딱딱한 콩 辛이 亥子丑을 지나는 과정에 콩나물로 바뀌고 부드러워집니다. 콩이 콩나물로 바뀌는 대신, 콩의 형체가 癸水에 의해 허물어집니다. 酉金이 허물어지는 과정에 반드시 癸水가 개입됩니다. 癸水를 설명하고자 申子辰삼합을 설명했고 어둠의 자식도 설명했습니다. 辛(酉)이 癸水를 만나면 자신의 존재가치를 상실합니다. 酉子는 破작용으로 갑자기 뻥튀기처럼 부풀리기에 한탕주의입니다. 도박, 투기처럼 한순간 돈을 벌겠다는 욕망입니다. 타인의 것을 강탈하는 것, 노력으로 얻는 것이 아니고 조폭처럼 빼앗는 겁니다. 비정상적인 속도로 보이지 않는 공간에서 부풀리는 겁니다.

이제 酉丑辰 三字조합의 辰土에 대해 이야기 해보겠습니다. 辰

土의 지장간에 癸와 乙이 있기에 酉丑辰은 모두 연결되어 있습니다. 癸水는 도둑과 같은 탐욕이라 했으며 乙 콩나물도 함께 있습니다. 콩나물은 콩보다 부피가 훨씬 크지만 그 가치는 훨씬 작음에도 큰 부피를 좋아하는 사람들이 많습니다. 酉金 씨종자는 비록 부피는 작지만 그 가치는 수십 배, 수백 배 높습니다. 문제는 癸水의 음흉한 속성이 辰土에도 숨어서 乙을 활용해서 좌우로 확산하면서 실제보다 가치를 부풀립니다. 이런 움직임을 직업으로 활용하면 다단계, 곗돈놀이와 같습니다. 辰土의 문제는 가치가 낮은 물질을 가치 있는 것처럼 부풀리는 행위입니다. 乙의 움직임을 활용하여 다단계처럼 좌우로 확장하고 부동산 떴다방처럼 가치를 높이고 한탕을 노린 후 도망갑니다. 부동산가치를 과장, 홍보하지만 가치 없는 땅입니다. 이렇게 酉丑辰 三字로 조합하면 상응하면 물상을 만들어냅니다. 콩이 물에 불려서 콩나물로 변하는 이치를 기억하면 이해가 쉽습니다. 세상에 존재하는 물질 중에서 가장 딱딱한 酉金이 丑土를 거쳐 콩나물로 바뀌고 辰土에 이르니 껍질만 남았습니다. 우리 몸에서 가장 딱딱한 뼈, 치아가 酉丑辰으로 만나면 흐물흐물해집니다. 갑자기 치아가 다 빠지고 임플란트 하거나 관절염에 시달리고 뼈가 쑤시고 삭습니다. 사주팔자에 酉金과 丑土가 있는데 運에서 辰土가 오면 이런 현상들이 발생할 수 있습니다. 하지만 사주원국에 酉丑辰 三字가 모두 있는 경우에는 두 가지 물상으로 나타날 수 있습니다.

첫째 뼈가 흐물흐물해집니다. 사주구조를 봐야하지만 酉丑辰 조합에 적응되어 있습니다. 마치 사주원국에 沖이 있으면 沖 물상의 백신을 맞은 것과 동일한 효과입니다. 원국에 없는데 運에서 沖이 오면 沖에 반응해야 합니다. 즉 酉丑만 원국에 있는데 辰土가 오면 뼈가 훨씬 심각하게 흐물흐물해질 수 있다는 겁니다.

둘째 물상은 감방에 가는데 그냥 가는 것이 아니라 도둑질했던 것들을 다 빼앗기고 갑니다. 왜 다 빼앗길까요? 콩이 콩나물로 변했으니까 물형자체가 완전히 다릅니다. 酉丑辰이 있으면 비록 뻥튀기를 잘하지만 辰土에 가면 소유한 것들을 다 빼앗기고 수감되는 겁니다. 셋째 급속한 대발입니다. 어떤 사람은 2억짜리 집을 샀는데 30억을 보상받았습니다. 辰 대운에 이르러 酉子辰 조합으로 30억을 벌더군요. 순간적으로 대발하는 겁니다. 酉丑辰은 그런 규모가 아닙니다. 보통 수백억, 수천억 정도입니다. 문제는 불법, 비리로 축적하는 재물이지만 잘못하면 다 빼앗기고 감방에 갑니다. 일장춘몽입니다.

乾命-1975년			
時	日	月	年
丁	庚	己	乙
亥	辰	丑	卯

시간은 丁丑이나 丁亥시라고 합니다. 이 남자는 乙酉대운과 甲申대운 교접기 辛丑년 1월에 적금을 깨서 비트코인에 투자하여 근 3개월 만에 9억 이상을 벌어서 52평 아파트로 이사 갔다고 합니다. 丑辰이 있는데 酉金이 없다가 乙酉대운과 辛丑년을 만나서 한탕을 노리는 심리가 동하고 운 좋게 폭발하듯 재물을 취한 경우입니다. 이런 사례는 매우 많으니 다음 카페 자료를 참조하시기 바랍니다.

넷째, 다치거나 사망입니다. 뼈나 치아가 다치는 것 외에도 뚜렷한 물상 하나는 교통사고입니다. 酉金은 자동차인데 酉丑辰으로 조합하면 차량이 파손되는 교통사고가 많습니다. 酉丑辰 三

字가 모두 만나야 발생하는 것은 아니고 酉辰, 酉丑, 丑辰 모두가 동일하게 교통사고 물상입니다. 丑辰조합은 나쁘게 활용하면 도박, 투기, 화투, 사업으로 한탕, 마약, 정신병과 같은 물상입니다. 한 방 크게 노리는 욕망입니다. 酉丑辰 三字조합은 지금까지 설명한 다섯 개 물상을 기억하면 됩니다. 원국에 酉丑辰이 모두 있으면 돈 많다는 뜻입니다만 丑이나 辰土가 일지에 있어야 더욱 뚜렷합니다. 酉丑, 丑辰 두 글자만 있으면 흉한 일들이 발생할 수도 있습니다. 빼앗기고 수감되거나 사고가 나서 치아, 뼈, 육체가 다칠 수 있습니다. 물론 세 글자가 있어도 운에서 중복으로 만나면 酉丑辰 물상이 발현됩니다. 다만 두 개만 있는데 酉丑辰 三字로 조합하면 문제가 될 가능성이 높다고 기억하면 됩니다.

질문 : 酉丑辰이 모두 있는 분이 있습니다. 丁酉년 壬寅월 乙丑일 庚辰시로 부동산 하지만 부자로 보이지 않습니다. 이 구조는 어떤가요?

답변 : 日支가 丑土입니다. 酉丑으로 酉金이 일지를 향하는 과정에 협자로 끼어있는 寅을 비틉니다. 生氣, 뿌리를 건들고 지나가기에 좋지 않으며 乙丑과 庚辰이 乙庚 합하고 있지만 丙火가 없으면 열매가 확장하지 않습니다.

질문 : 丁火는 어떨까요?
답변 : 丁火도 丁壬 합하니 적절한 역할이 아니고 丙火로 열매를 확장하는 것이 아니라 丁火로 수렴하니 오히려 열매가 줄어듭니다. 특히 년에 酉金이 있고 月支에 寅이 있으면 寅酉로 불편합니다. 寅丑으로 붙으면 보통은 나쁘지 않은데 寅酉로 붙으면 원진이라고 표현하는 것처럼 한 글자만 바뀌어도 2억과 2백

억으로 차이가 납니다. 물론 寅丑도 음습하고 음탕한 뜻이 있지만 寅酉로 붙으면 다릅니다. 寅丑이 옆에 있으면 감방에 가더라도 백억은 만지고 간다는 개념이라면 寅酉가 조합하면 모인 것도 깨는 속성입니다. 寅을 건드리는 건 좋지 않은 거예요. 년에 있는 酉金을 時支로 돌리고 辰土를 앞으로 돌리면 좋았을 겁니다. 부동산을 하는 이유도 뻥튀기 성향을 가지고 있습니다.

乙丑, 庚辰 조합은 한탕과 음흉한 맛이 있습니다. 겉으로는 점잖아 보이는데 속은 어둡습니다. 다른 예문인데, 丑年 亥月 辰日입니다. 당시에 침몰하는 배를 가지고 10년이나 사업합니다. 또 酉丑辰을 모두 가진 사주팔자는 교민들 상대로 수백억을 모아서 파산선고하고 구속되었습니다. 당장은 수백억을 만지긴 했습니다만 寅酉로 붙으면 어려워요. 寅과 酉金이 붙지 않고 간격이 있으면 달라집니다. 예로 酉丑辰寅이면 좀 편해집니다. 寅酉를 殺手라고 했어요. 킬러. 호랑이가 닭 가지고 논다고 그랬잖아요. 또 심장마비 물상이니까 호랑이가 닭을 가지고 노는 느낌입니다. 중국에서 발생한 일인데 경찰이면서 수십 명을 죽이는 경우도 있었잖아요. 寅酉가 잔인할 수 있습니다. 히틀러도 寅酉가 있고, 전문 킬러도 寅酉가 있습니다. 寅酉로 조합하면 사람을 쉽게 죽여 버립니다. 순간적으로 심장마비가 올 수도 있고요. 예로 日支에 辰이 있고 時支에 酉金이 있으면 자식 얻기 쉽지 않은 구조죠. 辰酉의 殺氣를 풀어주지 않으면 그렇습니다. 물론 부부의 사주팔자를 모두 봐야 하지만 월지를 살펴야 합니다. 卯月이면 卯辰酉로 순서대로 흐르니까 酉金에서 卯木을 수확합니다. 만약 酉月이면 의미가 달라집니다. 酉月에 일지에 辰土가 있다면 酉金이 순서도 거치지 않고 갑자기 삭습니다. 辰土에서 酉金 종자돈이 홀라당 날아갈 수 있습니다.
酉丑辰 三字는 물론이고 三字조합은 월지를 먼저 살펴야 합니

다. 卯辰酉의 경우도 순서는 바르지만 卯辰은 가까운데 辰酉는 중간에 巳午未申을 거쳐야 하므로 시공간이 길고 넓습니다. 시공간이 넓어서 발생하는 의미를 생각해봐야 합니다. 이 시공간 간격이 말해주는 건 뭘까? 아무 의미가 없는 것이 아닙니다. 卯木에서 辰土로 가는 건 짧으니까 동일한 속성입니다. 하지만 辰土에서 酉金으로 가려면 時空이 넓으니까 좋을 수도 나쁠 수도 있습니다. 일이 풀리는데 시간이 많이 걸릴 수도 있고 일이 오랫동안 꾸준하게 지속될 수도 있지만 辰土에서 酉金으로 가는 과정이 길어서 지칠 수도 있기 때문에 좋은 모양은 아닙니다.

순차적인 흐름은 예로, 日支에 巳火를 두었고 년이나 월에서 卯木이 巳火를 향하여 오면 흐름이 좋으니 돈도 잘 벌고 순탄합니다. 만약 卯月인데 일지에 辰土라면 시공간이 짧기도 하지만 卯木도 辰土에서 움직임이 답답해집니다. 卯木이 巳火까지 가서 화려하게 꽃이 피고 巳의 지장간에 있는 庚 열매와 乙庚 합하는 단계까지 이르면 흐름이 매우 좋습니다. 年과 月에 卯木이 日支 巳火로 들어오면 자연스럽게 부자 될 가능성이 높습니다. 반대로 日支가 卯木이고 年과 月이 巳의 경우에는 자신의 재능을 밖으로 내놓는 거예요. 공무원이나 직장생활, 예술관련 기술자와 같은 속성입니다. 따라서 사주팔자에 존재하는 <u>時間方向</u>을 반드시 살펴야 합니다. 시간방향이 적절하면 부자 될 가능성이 높아집니다. 참고로, 사주팔자에 寅과 午가 있다면 직장인 중에서 가장 안정적이고 성공하는 조합이라고 합니다. 寅에서 기획하고 午에서 실행하지만 사업하기 쉽지 않습니다. 사업하면 망한다는 의미는 아니지만 丙火의 분산작용으로 庚의 틀을 딱딱하게 만드는 흐름이기에 조직, 단체, 직장에 어울립니다. 사주구조를 살펴야 하지만 寅午조합은 직장생활 중에서 가장 높은 월급을 받는 조합입니다.

질문 : 酉子辰의 경우에 세 글자가 다 있어야 하나요?
답변 : 酉子가 있는 것만으로도 뻥튀기 하는데 반드시 丁火가 있어야 좋습니다. 다음 시간에 다루려는 丁辛壬 三字조합으로 총명하고 대발합니다.
질문 : 午火는 안되나요?
답변 : 午火도 거의 동일합니다. 年月日時에서 午火가 年에 있어야 합니다.
질문 : 年에 午火가 있어요. 壬午 己酉 辛卯 庚子입니다.
답변 : 이 구조는 卯木하고 子水를 바꿔야 합니다. 丁辛壬 三字 조합에서 자세히 설명하겠습니다.

다시 十干으로 돌아가죠. 우리가 지금 학습하는 것은 甲乙丙丁戊己庚辛壬癸 十干인데 물질명사로 설명하지만 끊임없이 움직이고 변하는 시간이자 에너지이며 氣이기에 물질로 표현하는 것은 적절하지 않습니다. 앞으로 天干과 12支의 속성을 이해한 다음에 10干 12支의 순환과정도 살펴야 합니다. 명리는 결국 10干 12支 그리고 60干支가 전부입니다. 사주팔자도 10干과 12支 그리고 지장간이 전부입니다. 十干과 12支에서 時間과 空間이 적절하지 않아서 비틀리는 현상을 刑沖破害이라고 부릅니다. 年月日時 시공간 단위가 동일하고 순서대로 흐르면 刑沖破害가 발생할 수 없지만 시공간 단위가 다르니까 비틀리는 과정을 刑沖破害라 부르는 겁니다. 자연은 子丑寅卯辰巳午未申酉戌亥로 순차적으로 흘러가기에 충돌하지 않지만 자연도 사주팔자처럼 계속 충돌했다면 지구에서의 생활도 어지러웠을 겁니다. 가만 생각해보면 人間의 심리상태는 항상 뒤죽박죽이지만 自然은 표현 그대로 자연스럽습니다.

乙 - 좌우확산하다

이제 乙木을 살펴봅시다. 선인들은 卯月에 자연에서 보여주는 공간, 물질, 환경, 기후를 꾸준히 관찰하고 卯月의 지장간에 乙木을 표기합니다. 따라서 卯木을 이해해야 乙의 특징도 함께 이해할 수 있습니다. 卯月은 계절로 봄이고 戊土 터전에서 癸水의 발산에너지와 戊癸 合하여 온기를 올리고 乙의 성장을 촉진합니다. 그렇다면 卯木이 보여주는 속성은 뭘까요? 땅 속에서 壬水가 寅의 뿌리내림을 돕고 癸水는 위로 상승하게 만들어서 寅木이 땅을 뚫고 오르면 卯木입니다. 卯木의 글자모양을 보면 콩나물처럼 양쪽으로 갈라져 있습니다. 사과를 쪼개면 씨앗이 여러 개 있는데 바로 물질을 상징하는 겁니다. 하나는 陽氣, 둘은 물질입니다. 卯木은 둘로 갈라져 있기에 가능한 많이 좌우로 확산하겠다는 의지입니다. 卯木은 生氣입니다. 세상에 처음 나온 活力이자 生氣이기에 가능한 많이 좌우로 펼쳐야 합니다. 이런 움직임을 돕기 위해서 戊癸가 合으로 반응합니다. 결론적으로 戊癸 合하는 이유는 봄에 아지랑이 피어나는 환경을 조성하여 乙卯의 성장을 촉진하려는 겁니다. 戊土 표면의 온도를 올려주고자 癸水가 조합하여 乙木을 돕습니다. 戊癸 合火라고 부르는 이유는 날씨를 따뜻하게 만드는 것입니다.

卯木은 양쪽으로 갈라지기에 물질이며 절대로 한 방향으로 가지 않으며 가능한 많이 펼치려고 노력합니다. 乙木도 본질적으로 이런 속성을 가졌습니다. 세상에 존재하는 生氣 乙이 가장 잘하는 행위가 바로 좌우확산 움직임이며 반드시 좌우로 펼칩니다. 乙의 움직임을 한 마디로 정의하면 "좌우확산하다"로 표현할 수 있습니다. 사주팔자에 乙이 있으면 좌우확산 성향을 가졌으며 절대로 한쪽으로만 가지 않습니다. 乙木의 재미있는 성향은 한쪽으로 갔다가 다시 돌아온 후에 또 반대편으로 갑니다. 지그재그 움직입니다. 乙이 새처럼 생겼고 갈之자처럼 생겼습니다. 乙의 정확한 속성으로 한쪽으로만 가지 않기에 주의해야 합니다. 언제라도 정반대편으로 가는 움직임을 인간의 행위에 적용해보세요. 나쁜 행위로는 배반을 암시합니다. 또 한곳에 집중할 수 없으니 乙을 따라가다 보면 도대체 어디를 향하고 있는지 알 수 없어서 미로에 빠집니다. 물론 좋은 점은 굉장히 희망적입니다. 항상 생기를 퍼트려야 하므로 희망적이고 적극적으로 움직입니다. 아쉬운 점은 봄의 새싹이니 열매를 완성하려면 오랜 시간이 필요합니다. 가을이 멀기만 합니다. 그래도 乙은 포기하지 않고 적극적으로 움직여서 인맥을 형성하지만 결과를 얻기 어렵다는 것을 알기에 결과를 중시하는 것도 아닙니다. 결론적으로 乙의 행위는 生氣를 좌우로 펼치는 것에 국한하기에 乙의 움직임을 쫓다보면 가랑이 찢어질 수 있습니다. 乙의 희망가를 따라가지 마세요. 나는 꿈이 있습니다. 최대한 부풀리지만 결과에 연연하지 않아요. 이런 속성이 바로 乙입니다.

결과 없는 노력에서 벗어나려면 반드시 金이 필요합니다. 庚이나 辛이 있다면 좌우확산 움직임을 정리, 조정, 통제하기에 확 줄어듭니다. 그래도 계속 확장하려는 본성을 버리지 않습니다. 줄이는 과정에도 확장합니다. 글자속성은 절대로 멈출 수 없습니다. 주위환경에 따라 조절될 뿐입니다. 乙에 丙火를 조합하면 펼쳐대고 乙이 庚을 조합하면 겉으로는 여유로워 보이지만 여전히 확산합니다. 겉으로만 확산하지 않는 척 합니다. 앞으로 계속 심화학습 하니까 乙은 좌우확산하며 한 방향으로 가지 않는다. 이 정도까지 하고 넘어갑니다.

乙木은 종족번식 속성이 강합니다. 乙이 戊土를 보면 생각 외로 짝짓기(남녀관계) 잘합니다. 이런 특징을 도화라고 부릅니다. 기존에 이런 이론이 없지만 乙이 戊土 표면에 좌우로 펼치면서 꾸미고 장식합니다. 도화입니다. 戊일에 태어난 남자인데 좌우에 乙이 많으면 여자들이 많이 따릅니다. 乙 입장에서 자신의 존재를 드러낼 공간이 戊土뿐이니까 그렇습니다. 己土는 땅 속이기에 꾸미지 못하며 꾸민다고 해도 오래가지 못합니다. 癸水가 오면 乙癸戊 三字로 조합하면서 더욱 화려해 집니다. 乙이 戊土를 봐도, 戊土가 乙과 조합해도 남녀사이에 애정이 생기고 결혼했다면 외도합니다. 乙과 戊의 관계는 乙이 戊土를 찾아가는 것이며 戊土가 乙을 찾는 것이 아닙니다. 時間方向으로 살피면, 戊土는 땅이기에 움직일 수 없으니 乙이 戊土를 찾아와 그 위에서 좌우확산 하여 종족을 번식하는 행위가 바로 乙庚 合이며 상응하는 물상은 전파, 방송, 소식, 소프트웨어, 정보통신 등 지구에 존재하는 모든 것을 전송하는 행위를 乙이 수행합니다. 지구에서 좌우로 확산하는 움직임은 乙木 담당입니다. 乙庚 合해서 乙이 계속 움직이는 겁니다. 물상에 비유하면 庚은 하드웨어, 乙은 소프트웨어입니다.

떡집에서 乙이 떡이요 기계가 庚입니다. 사주팔자 年과 月에 乙庚 合이 있다면 기계가 가까이 있으니 떡이 나오는 속도가 빠르죠. 만약 년과 시에서 乙庚 合하면 기계와의 거리가 멀어서 떡이 나오는지 확인하려면 한참 걸립니다. 따라서 년과 시에서 합하면 시공간을 넓게 활용하기에 국제적이고 장기간에 걸쳐서 활용합니다. 년과 월의 乙庚 合은 짧은 기간을 활용하는 직업특징으로 예로 떡 방앗간, 이발사, 미용실입니다. 乙이 자라고 庚이 빨리 잘라냅니다. 하지만 年과 時에 있으면 빌게이츠, 스티브잡스처럼 세상을 지배하는 에너지가 생깁니다. 전 세계에 정보통신을 장악하고 영향력을 행사합니다.

丙 - 무한분산하다

丙火는 좌우확산 하는 乙보다 훨씬 광범위하게 펼쳐냅니다. 지구에 존재하는 만물의 부피를 확장합니다. 예로, 회사규모가 커지는 것은 자신의 재능도 있지만 丙火 분산하는 움직임을 잘 활용해서입니다. 회사 규모가 커지고, 육체의 일정 부위가 확장하고, 작았던 수박이 머리통처럼 커지고,, 봄에 꽃 봉우리가 활짝 피어나는 것처럼 작았던 물형이 크게 확장하는 움직임이 丙火입니다. 그런 움직임을 "무한분산하다"로 표현합니다. 무한분산하는 물형은 부드러워지고 가벼워집니다. 물론 부피가 커지기에 무조건 부드러운 것은 아닙니다만 모든 것이 분산되고 부피가 커지는 움직임이 丙火입니다. 달리 표현하면 뻥튀기 속성입니다. 만약 이런 움직임이 없다면 꽃이 활짝 피어나는 움직임은 없습니다. 또 최대로 펼쳤다는 표현도 없었을 겁니다. 丙火의 움직임이 강렬하면 모든 것을 부풀립니다. 언어를 활용하면 과장, 허풍이 심합니다. 庚午도 火氣가 강하면 丙火가 庚의 부피를 부풀리기에 영향을 받은 庚은 자신도 모르게 허세를 부립니다. 물론 庚이 과장하는 것이 아닙니다.

木과 金은 자율의지가 없으며 水火의 요구를 따르는 부속품에 불과합니다. 木은 水를 따르고 金은 火를 따릅니다. 반대로 표현하면 水는 木을 키우고 火는 金을 키우고자 존재합니다. 木金은 水火에 의해서 지구에 물형을 발현시키는 대행자에 불과합니다. 다행스럽게도 水火는 스스로 物形을 갖추지 못하기에 반드시 木, 金 대상을 통해서 존재를 드러냅니다. 庚은 그 자체로는 허세를 부리는 재주가 없습니다. 丙火에 부풀려지고 丁火의 도움으로 내실을 다집니다. 丙火로 열매를 확장하고 丁火로 속을 채워서 열매를 완성합니다. 먼저 丙火가 부피를 확장하고 丁火

가 내부에 실질적인 열기를 채워 넣는 겁니다. 午火의 지장간에 丙丁이 모두 있으니 庚이 午火를 만나면 힘이 듭니다. 나머지 사주구조에 따라서 庚이 심하게 상할 수도 있습니다. 이런 의미를 일상생활에 적용하면 깨우침을 얻고자 道를 닦는 겁니다. 타 죽지 않으려고 내면의 水氣를 찾아다닙니다. 水氣는 生氣의 근본이자 생명의 원천입니다. 나 타죽게 생겼으니 살려 주세요! 하면서 壬癸 우주본성, 우주어미를 찾아갑니다. 종교, 명리, 철학에 빠져듭니다. 정신을 갈구하지 않고 육체를 활용하면 조폭처럼 변합니다. 뜨거워서 자극을 받으니 자꾸 주위 사람들과 시비가 생깁니다. 나를 괴롭히는 강력한 火氣들에게 대항하겠다고, 이겨 보겠다고 덤비는 겁니다. 심하면 관재구설로 수감됩니다. 庚午日, 丙戌 時에 태어난 남자 사주를 보고서 조폭으로 감방 갔네요. 했더니 당사자가 깜짝 놀라더랍니다. 15年 刑을 살고 나왔다고 하더군요. 중견기업 회장인데 젊어서 한때 조폭으로 활동하다 15년 감방에 있었더군요.

또 다른 물상은 복어처럼 허세가 심해집니다. 庚이 巳午未 대운으로 흘러가는데 구조가 나쁘면 뻥쟁이입니다. 巳午未가 계속 庚의 부피를 확장하니까 실제보다 부풀려집니다. 庚이 하나만 있으면 그럴 가능성이 높아집니다. 그래도 庚은 계속 부풀려지니까 겉으로 보기에 화려해 보입니다. 변호사, 의사 집안으로 좋지만 너무 부풀려지면 허풍쟁이로 변하고 술을 마시면 난폭해지는 사람들이 있습니다. 이런 분들은 내면의 스트레스를 감당하다가 술이 들어가면 폭발합니다. 신기한 것은 이런 구조들의 특징은 낮에는 얌전하지만 밤에 술이 들어가면 돌변합니다. 보이지 않는 내면의 스트레스가 강하기 때문입니다. 스트레스를 이해할 수는 있지만 사회활동 과정에서 문제가 발생합니다. 庚이 만나는 巳午未가 너무 강하면 좋지 않습니다.

乾命				陰/平 1967년 10월 1일 02:00								
時	日	月	年	88	78	68	58	48	38	28	18	8
丁丑	庚午	庚戌	丁未	辛丑	壬寅	癸卯	甲辰	乙巳	丙午	丁未	戊申	己酉

이 구조는 十神 生剋으로 살펴서 관살혼잡이기에 고달픈 사주라고 표현하지만 연세대 전기공학과를 졸업하고 카이스트 출신이며 굉장히 똑똑하고 영민하며 己卯년에 전자통신 분야에서 연구원 박사과정을 밟는 과정이었습니다. 월지가 戌月이기에 사주원국과 대운의 강력한 火氣들을 담아서 庚金을 연마하기에 크게 발전합니다. 일간기준으로는 이해가 어렵지만 월지를 기준으로 살피면 명확합니다.

乾命				陰/平 1966년 9월 25일 08:00								
時	日	月	年	81	71	61	51	41	31	21	11	1
丙戌	庚午	戊戌	丙午	丁未	丙午	乙巳	甲辰	癸卯	壬寅	辛丑	庚子	己亥

이 남자는 사주원국에 水氣가 전혀 없으니 위 사주처럼 丁火로 내실을 다지는 것이 아니라 丙火로 계속 복어처럼 부피를 확장합니다. 따라서 겉으로 드러나는 물형은 화려해 보입니다. 한양대를 졸업하고 미국 조지워싱턴 대학에서 MBA를 받았습니다. 하지만 丁未년생 부인을 구타하고 위협하고 심지어 칼을 들기도 합니다. 신기한 점은 평소에는 온순하며 어려서 귀하게 자라 돈 귀한 줄 모르며 쓰다가 丑 대운에 갑자기 부친이 사망하고 모든 것이 엉망이 되었습니다. 이 구조는 위 설명에 부합하는데 폭력

성향은 사주팔자원국에 없는 水氣가 운에서 들어와 庚金이 탄성이 생겨 튀어나가기 때문입니다. 이런 에너지 파동은 당장 이해하기 어려울 수 있지만 점점 익숙해집니다.

사주팔자 원국에 水氣를 배합한 것과 水氣가 없는데 운에서 오는 것은 다릅니다. 사주원국에 水氣를 적절하게 배합하면 구조가 좋아집니다. 열매의 부피를 확장하는 과정에 적절하게 水氣를 채우니 과일의 당도가 높아집니다. 하지만 이 사주처럼 수기가 전혀 없고 火氣에 심하게 부풀리다가 水氣를 만나면 탄성으로 반발합니다. 위에서 언급했던 庚午일 丙戌시 회장은 사주원국에 약간의 수기가 있는데 壬子대운에 엄청난 속도로 큰 부자가 되었습니다. 庚이 말라가다가 水氣가 채워지니까 가치 높은 과일이 된 것입니다. 재밌는 점은, 조폭이라고 표현했는데 실제로 회장이 조폭출신으로 나이트도 운영하고 동대문 옷가게와 건설도 하는데 직원이 5, 60명 정도입니다. 회장이 퇴근할 때에는 직원들이 줄서서 "회장님 안녕히 가십시오." 인사를 합니다. 丙火가 부풀리는 움직임이 분명합니다. 기억할 것은 丙火는 <u>무한 분산 움직임</u>입니다.

庚午의 경우 丙火가 너무 강렬하고 水氣가 없으면 정신적으로 문제가 발생할 수도 있는 이유는 壬癸를 증발시켜버리기 때문입니다. 午火 때문에 정신병이 생기는 것이 아니라 午火에 의해서 정신을 상징하는 壬癸가 증발하는 겁니다. 주전자에 물을 담아서 가스 불에 올려놓으면 증발하는 이치입니다. 주전자가 다 타버리듯 화기를 견디지 못하고 정신병에 걸립니다. 화기는 강렬한데 水氣가 부족하면 정서불안이 생기고 마음의 안정을 찾기 어렵습니다. 壬午, 癸未간지가 주위에 화기가 강하면 정서적으로 불안정합니다. 그래서 자꾸 어디론가 떠나려고 합니다. 壬午,

癸未 月에 태어나면 부친과 인연이 별로 없습니다. 부친의 궁위에 있는 壬癸가 힘들어서 밖으로 나가버립니다. 또 부친이 해외로 가는 경우도 많아서 부친과 자식은 함께 살기 힘든 겁니다.

질문 : 셋째 아들이 壬午 月이니 나도 떠돌아다니겠네요?
답변 : 벌써 해외로 가셨네요.
질문 : 지금 셋째 아들과 제일 친하고 가까운데요.
답변 : 혹시 年에 庚이 있나요?
질문 : 年이 경진입니다.
답변 : 그러면 壬午 부친이 돌아다니지 않습니다. 庚이 있으면 壬癸가 안정 됩니다. 셋째 아들이 나오면서 아빠는 상황이 호전되기 시작한 겁니다.
질문 : 직위도 올라가고 돈도 많이 벌었어요.
답변 : 그 것이 아버지와 아들 사이의 인연입니다. 만약 庚이 없으면 아버지는 방황하고 돌아다닙니다. 차이가 큽니다.
질문 : 15세인데 壬水가 있어서 방황하지 않을까 걱정했는데 庚이 있으면 방황을 하지 않나요?
답변 : 정신을 잡아주는 것이 庚이기에 방황하지 않습니다. 한 끝 차이로 크게 달라집니다. 카페에 올린 예문에 빨간 색으로 표현해둔 것들은 모두 월지시공을 이해하도록 돕는 겁니다. 庚+壬午, 庚+癸未 조합은 그릇이 커집니다. 셋째 아들이 庚+ 壬午이니 庚의 도움으로 壬水의 그릇이 커졌다고 보면 됩니다. 이런 것들이 간지 조합 론입니다.

다시 丙火로 돌아가서, 丙火는 부피, 무게, 범위를 확장시킵니다. 간단하게 무한분산으로 기억하면 됩니다. 정리하면, 甲은 밑으로 뿌리내리고 위로 올라가니까 수직 상하운동 합니다. 乙木은 좌우확산 운동하니까 五行은 동일하지만 움직임이 전혀 다릅니다. 甲은 수직 上下운동 하지만 乙은 수직이라는 개념은 없고 좌우로만 벌립니다. 丙火는 범위, 무게, 부피 등 무엇이던 부풀립니다. 무한대로 분산시킵니다. 동일 오행이지만 丁火는 그렇지 않습니다.

丁 - 수렴하다

丁火는 일정한 공간에 열매를 수렴합니다. 정반대편에 있는 癸水는 봄에 온기를 올리고 만물의 성장을 촉진하지만 가을에 자연 의지는 丁火를 활용하여 지구표면의 열기를 집약하고 하강하게 만듭니다. 丙火는 무한분산하기에 안에서 밖을 향하고 壬水는 무한응축하기에 밖에서 안을 향합니다. 또 다른 특징은 물처럼 한곳에 정착하지 않고 끊임없이 흘러 다닙니다. 따라서 월주가 壬午인데 庚이 없다면 壬水가 파도처럼 흘러 다니고 또 수기가 증발하는 속성으로 그 자리를 지키지 못하고 밖으로 돌기에 월간 宮位 부친과 인연이 없습니다. 壬午, 癸未월에 庚辛이 없는 구조들은 부친이 이혼하거나 일간과 인연이 박하거나 海外로 떠나는 이유입니다. 하지만 庚辛이 있으면 안정을 취합니다.

壬水와 속성은 정반대이지만 무한분산 丙火도 밖을 향하여 갑니다. 예로, 月에 丙火가 있다면 밖으로 나가려 하므로 학업에 전념하기 힘듭니다. 하지만 丁火는 가을에 순간적으로 수렴작용을 통하여 열매를 오므려 버립니다. 이런 작용이 없다면 열매가 열리지 않으면 수확할 수도 없습니다. 丁火는 丙火와 반대로 만물의 부피를 축소시킵니다. 丙火는 매우 화려하지만 丁火는 화려함에서 멀어집니다. 중앙에서 점점 멀어져 결국에는 블랙홀처럼 보이지 않는 공간으로 떠나갑니다. 丁火의 최종목적지는 가장 어두운 壬水 공간입니다. 삶에 비유하면 춥고, 어두운 壬水를 향하는 출발점입니다. 정리하면, 丁火는 열매를 완성시키는 속성으로 수렴하여 내부에 열을 축적하는 움직임으로 기억하면 됩니다. 지적하는 속성도 강한데 그 이유는 丙火 넓은 시공간을 丁火 좁은 시공간에 빛을 열로 저장하는 과정이 쉽지 않기 때문에 丁火가 원하는 시공간으로 압축해야만 합니다. 따라서 丁火가 사주팔자에 있으면 세상에 고칠 일들이 많다고 느낍니다. 丁未는 전기, 전력을 다루고 고칩니다. 未土의 지장간에 丁火가 있고 天干에도 丁火가 있기에 열을 집약하고 고치려는 성향이 강합니다. 乙未도 마찬가지인데 乙木은 손으로 丁火는 전기로 고치는 차이만 있습니다. 乙未든 丁未든 고치는 것에 재주가 많습니다. 사회활동에 비유하면 丙火가 있으면 丁火보다 훨씬 화려한 시공간을 살아갑니다.

丁火는 화려하지 않지만 丁巳로 있으면 또 달라집니다. 화려한 巳火가 있기에 丁火가 계속 巳火 빛의 도움을 받습니다. 천간에 드러난 丁火는 지지에서 활동하는 巳火 속 丙火의 도움을 받습니다. 巳月부터 巳酉丑 三合운동 하는데 巳火에 있는 丙火의 도움으로 丁火가 커가는 겁니다. 또 巳중 庚을 활용하여 내실을 다집니다. 즉 丙火가 庚 열매를 확장하면 丁火로 뭉쳐주기만 하면 됩니다. 따라서 丁巳는 어부지리 개념입니다. 예로 丁巳 일의 경우에는 타인의 정보 혹은 윗사람의 도움으로 성장, 발전하는 겁니다. 경험담으로 丁巳일 여자가 있는데 이상하게 사람들이 모든 것을 투자할 테니 관리해달라고 부탁한다고 합니다. 丁火가 돈을 투자하는 것이 아니라 제 3자가 투자하고 관리만 해달라는 겁니다. 그래서 丁巳, 己巳는 어른들의 도움을 받을 수 있습니다.

丁火는 시공간을 수렴합니다. 丙火의 의지와 반대로 부피와 중량을 줄여서 단단하게 뭉칩니다. "골고루" 펼치는 것이 아니라 한쪽으로 모아버립니다. 甲이 丁火를 만나면 성질이 급하고 甲이 丙火를 보면 느긋하다고 했었습니다. 丙火는 꾸준하게 분산하기에 순간적으로 빠르게 집중하는 丁火의 움직임과는 다릅니다. 壬水도 꾸준하게 흘러가지만 癸水는 빅뱅처럼 일순간 氣를 집중하여 봄에 새싹들의 성장을 촉진합니다. 丁火도 필요한 부분에 열기를 집중하여 수렴합니다. 癸水와 丁火의 움직이는 방향은 정반대지만 氣를 순간적으로 활용하기에 성질이 급합니다. 물론 癸水나 丁火가 홀로 급한 것은 아니고 甲이 丁火를 봤을 때 조급합니다.

또 庚癸는 조급한데 庚壬은 느긋합니다. 정리하면 본질적으로 陽陽, 陰陰의 조합은 느립니다. 陽陰은 급합니다. 陰陽이 조합하면 순간적으로 기운을 쏟아냅니다. 乙이 丙火를 만나도 그 속성이 빠릅니다. 丁火와 癸水는 기를 집중적으로 활용하기에 쉽게 지칠 수 있습니다. 만약 癸水와 丁火의 집중력이 없다면 봄에 새싹들이 사방팔방으로 펼쳐지지 않고 가을에 열매를 완성하지 못합니다. 봄에 꽃이 순서대로 피는 것이 아니라 한 순간 동시다발로 펼쳐집니다. 그런 엄청난 에너지가 癸水입니다. 그런 에너지가 없다면 새싹과 꽃이 순간적으로 펼쳐질 수 없습니다. 丁火의 속성 중에서 가장 중요한 움직임은 수렴하는 것입니다. 丁火 덕분에 物形이 단단해집니다. 丙火보다 丁火가 훨씬 실속이 있습니다. 丙火가 壬에게 충당하면 분산작용이 줄고 丙火가 辛을 만나면 빛을 상실합니다. 나중에 설명하겠지만 丙火의 빛과 같은 속성을 통제, 조절할 수 있는 것은 辛과 己丑입니다. 己未로는 불가능하고 己丑일 때 가능합니다. 火氣 가득한데 己丑이 있다면 좋은 구조로 사업가로 수백억 재산도 축적합니다.

戊己 - 水火木金 터전을 제공하다

戊土는 봄과 여름에 陽氣를 드러내는 터전입니다. 고대에는 戊己를 가색(稼穡)이라 표현했습니다. 심고 기르고 거두어서 저장합니다. 따라서 戊土는 양기를 모으고 확장합니다. 하지만 己土는 아닙니다. 戊土는 모든 양기를 거부하지 않기에 규모나 범위를 확장하지만 己土는 엑기스만 골라서 저장합니다. 戊己의 특징도 전혀 다릅니다. 戊土는 가능한 모든 것을 받아들여서 부피를 확장하려고 애 쓰지만 己土는 핵심적인 것만 품고 저장합니다. 절대로 아무거나 품지 않고 가치 높은 것만 품으려고 합니다. 그래서 己酉간지가 독특합니다. 己土는 가장 가치 있는 것만 품는데 地支에 있는 酉金도 세상에서 가장 가치 있는 씨종자로 己酉로 조합하면 자기의 가치를 너무 과대평가하여 본인이 매우 뛰어나다고 생각합니다.

하지만 문제는 타인이 그 가치를 알아주지 않습니다. 己土 땅은 내부에 있으니 잘 보이지 않으며 酉金도 내부에 숨겨져 마치 땅 속 깊이 묻혀버린 고대 유물처럼 땅 속에 박힌 보석을 알아채기 힘듭니다. 간지를 바꾸면 辛未로 보석을 밖으로 꺼냈습니다. 모든 사람들이 존재를 확인합니다. 辛未는 소유한 보석을 밖으로 드러내지만 己酉는 내놓지 못하니 뛰어난 능력을 타인이 알기 힘듭니다. 다만 辛未는 보석을 드러냈기에 쉽게 빼앗길 수 있습니다. 己酉와 辛未는 모두 己土와 辛金이 조합하였지만 간지의 속성은 정반대입니다. 집어넣고 내놓지 않으려는 것이 己酉, 밖으로 드러낸 상태가 辛未입니다. 戊土와 己土는 그만큼 다릅니다. 戊土는 저장하려는 의지가 약하지만 己土는 반드시 내부에 저장해야 합니다. 이런 이유로 봄과 여름에는 戊土에서 만물을 확장하고 키우는 움직임을 드러냅니다. 따라서 戊土를 한마디로 표현하면 "확산하는 기운을 발현하다." 입니다. 戊土가 모든 陽氣의 움직임을 모아주기에 乙, 癸, 丙, 庚이 戊土에 모여듭니다. 戊土의 성공여부는 만물을 받아주는 터전역할을 잘하느냐에 달려있는 겁니다. 수많은 사람들에게 교류하는 무대, 터전역할을 충실하게 제공해야 합니다. 己土는 비록 안으로 저장하고 품는 역할이지만 아무거나 품는 것이 아닙니다. 가을에 수확한 열매만을 저장하는 상황을 이해하면 됩니다. 戊土는 봄과 여름에 己土는 가을과 겨울의 터전과 같습니다. 四季의 순환과정에 戊土가 己土가 되고 己土가 戊土로 순환합니다. 戊土는 모든 기운을 받는 무대요, 己土는 가장 중요하고 핵심적인 것만 까다롭게 골라서 저장하는데 그 정체는 바로 辛 씨종자입니다.

庚 - 딱딱해지다

봄에서 여름으로 넘어오면 癸水의 쓰임이 丙火로 바뀝니다. 봄에 癸水의 도움으로 온도가 상승하니까 丙火의 분산움직임이 극대화됩니다. 자연의지는 여름에 만물의 부피를 확장하는데 그 목적은 가을에 열매(음식)를 완성하기 위해서입니다. 이처럼 丙火는 지구 생명체들에게 엄청나게 중요한 작용입니다. 만약 丙火의 움직임이 없다면 쌀도, 고기도 얻을 수 없습니다. 丙火가 있기에 다양한 음식들을 취할 수 있는 겁니다. 丙火가 만물의 부피를 확장하는데 그 대상이 庚입니다만 庚金 스스로는 아무런 작용도 못합니다. 반드시 丙火와 丁火 지도자를 만나서 부피를 키우고 수렴하는 움직임을 통해서 내실을 다집니다. 그래서 庚金의 근본 뜻은 부드럽던 물형이 점점 '단단해지다'입니다. 물론 먼저 巳火에서 부피를 최대로 확장해야만 천천히 단단해집니다. 午月에 열매가 열리려면 반드시 먼저 丙火로 부피를 최대로 펼친 후에서야 가능합니다. 자연의 행위는 참으로 자연스럽고 오묘합니다. 巳月부터 丙丁이 동시다발로 협력하기 시작합니다. 午月에 丙火와 丁火가 낮에는 부피를 확장하고 밤에는 열매 내부에 내실을 다지는데 그 대상이 庚입니다. 열매가 부풀어지고 또 수렴 움직임이 丙丁에 의해서 반복되면서 맛있는 과일로 변해갑니다. 따라서 열매의 물형은 처음부터 딱딱한 것이 아니었으며 극도로 부드러웠습니다. 庚의 원래 모습은 매우 부드러운 乙이었습니다. 세상에 존재하는 물형 중에서 새싹처럼 부드러우며 甲에서 왔으니 딱딱한 것을 부드럽게 풀어 헤치는 움직임이 분명합니다. 甲이 부드럽게 변하면 乙이고 乙庚 合해서 丙丁으로 딱딱하게 만들면 庚에서 辛으로 완성됩니다. 완벽하게 딱딱해진 辛을 부드럽게 풀어내면 甲인데 물론 중간에 壬水가 그 움직임을 주도합니다. 이것이 四季를 끊임없이 순환하는 움직임으로 두 마디로 줄이면 딱딱함과 부드러움, 硬化작용과 軟化작용입니다. 지금까지 설명한 속성으로 세상이 돌아가는데 그 속성을 창조하는 것이 水火입니다. 무한분산과 무한응축이 반복되는 과정으로 壬癸丙丁이 순환합니다. 정리하면 庚金은 부드럽던 물형이 딱딱해지는 속성으로 사회활동에 비유하면 庚金을 잘못 활용하면 매우 부드럽던 분위기가 갑자기 딱딱해집는 상황입니다.

辛 - 완벽하게 딱딱하다

辛은 딱딱해지는 과정의 완성입니다. 辛의 출발은 봄에 새싹이 땅을 뚫고 오를 때 시작되었습니다. 甲을 근거로 乙이 튀어나오고 꽃이 피면 丙丁이 개입되어서 한편으로 최대로 펼치고 한편으로 수렴하면서 庚 내부에 열을 가득 담아서 최대로 딱딱해진 물형이 辛입니다. 씨종자와 같기에 물질 세상에서 가장 가치가 높은 존재로 도도하기에 다이아몬드라고 표현합니다. 육체에서는 가장 딱딱한 부위를 상징하는 치아와 같습니다. 다만, 손톱과 발톱을 辛이라고 부르지 못하는 이유는 계속 성장하기 때문으로 甲에 해당합니다. 辛은 더 이상 성장할 수도 없고 물형이 변하지도 못합니다. 성장하는 움직임은 오로지 甲乙이 담당하는데 손톱의 물형은 조금 딱딱하면서도 성장하기에 甲이며 부드럽지 않으니 乙이라 부르지도 못합니다.

壬 - 무한응축하다

壬水는 우주, 지구에 존재하는 물형을 극도로 수축시킵니다. 만물을 극도로 응축시키기에 "무한응축하다"로 표현합니다. 블랙홀을 상상하면 이해가 쉽습니다. 얼음처럼 뭉쳐버립니다. 그 얼음이 다 녹아서 水氣가 극도로 분산되면 丙火입니다. 얼음을 녹이는 과정이 癸水이고 분산된 水氣를 얼음으로 만드는 과정에 丁火가 개입해서 수렴하고 극도로 응축하면 壬水입니다. 세상은 이렇게 단순합니다. 실물경기가 나쁘면 壬水의 상태입니다. 경기가 꽁꽁 얼어서 풀리지 않습니다. 동맥경화 걸리게 생겼다는 표현도 모두 壬水입니다. 추운 겨울에 웅크리기에 壬水입니다. 자연에서 壬水의 역할에 충실하지 않으면 봄에 스프링과 같은 움직임을 드러내지 못합니다. 癸水의 빅뱅과 같은 폭발과정, 땅속에서 땅 밖으로 표출하는 움직임이 생길 수 없습니다. 火氣 무한분산 움직임만 있으면 느릿느릿 하므로 폭발하는 힘이 없습니다.

壬水는 굉장히 중요한 역할입니다. 수렴작용을 통해서 얻은 씨 종자를 풀어서 새로운 생명체를 내놓습니다. 이 과정에 壬水의 응축작용이 적절하지 않으면 좋은 생명체가 나올 수 없습니다. 뿌리 깊은 나무는 壬水가 있기에 가능합니다. 壬水의 도움이 있어야 먼저 안정적으로 뿌리내리고 봄에 새싹들이 힘차게 땅을 뚫고 오릅니다. 뿌리 깊은 나무가 아니라면 당장은 발전하는 것처럼 보이지만 결국은 제한적이기에 가을에 수확하기 어렵습니다. 뿌리가 깊지 않으니 많은 열매를 수확하지도 못합니다. 사주팔자 재물에 응용하면 뿌리가 상징하는 것은 바로 재물크기입니다.

乾命 - 1			
時	日	月	年
癸	戊	庚	辛
亥	申	寅	亥

坤命 -2			
時	日	月	年
庚	戊	甲	戊
申	寅	寅	子

1과 2 중에서 어느 사주의 뿌리가 더 깊을까요? 1의 뿌리가 훨씬 깊은 이유는 亥水가 있기 때문입니다. 子는 폭발하는 속성을 가졌기에 밖을 향하지만 亥水는 응축만 하므로 뿌리를 아래로 내립니다. 물론 子水의 지장간에 壬水도 있으니 한쪽에서 하강하고 한쪽에서는 상승합니다만 亥水의 지장간에는 癸水가 없으니 계속 하강합니다. 1은 남자요 2는 여자로 대운이 모두 亥子丑으로 흘러 계속 뿌리내리는데 亥水가 훨씬 더 깊이 내립니다. 2는 年支 子水이기에 뿌리내리는 작용이 떨어집니다. 모두 네 번째 대운에서 戌土를 만납니다. 丑子亥 과정에 남자, 여자 모두 편하지 않은 이유는 땅 속과 같은 어둠 속에서 뿌리만 내리니 존재감을 드러내지 못합니다. 그런 환경을 잘 활용하면 깊이 공부할 수 있습니다만 물질을 추구하려고 노력하면 잘 풀리지 않습니다. 하지만 성장이 끝나고 戌土 가을에 이르면 벌목할 수 있습니다. 1번은 日柱가 戊申이니 申으로 수확하고 2번은 時柱 庚申을 활용하여 수확하기에 수확도구는 庚申이 튼튼합니다. 하

지만 寅寅으로 벌목이 어렵습니다. 1번 남자는 亥寅申으로 수확하는 기계가 월지 寅木 바로 옆에서 벌목하기 쉽습니다. 2번 여자는 時支 申이 寅寅을 벌목하려면 힘이 듭니다. 따라서 戊申일이 수확능력이 훨씬 뛰어나기에 수천억을 수확하였지만 戊寅일은 수백억을 수확합니다. 가을에 벌목하는 상황을 상상해보세요. 뿌리가 깊으면 수확이 어렵지만 뿌리가 얕으면 쉽습니다. 이런 자연의 이치를 이해하면 일간의 통근이나 강약을 따지는 행위가 옳지 않음을 느낍니다. 반드시 月에서 요구하는 시공간 특징을 살펴야 합니다. 뿌리 내릴 때는 하강해야 하고 수확할 때는 낫질이 쉬워야 합니다. 뿌리가 깊으면 수확하기 힘이 듭니다. 묘지에 벌초하러 갔는데 잡초가 많으면 고생스럽지만 풀이 깨끗하면 빨리 끝나는 이치입니다. 月支에서 원하는 시공간을 무시하고 무조건 일간이 통근하고, 강해야 좋다는 논리는 옳지 않은 겁니다. 학생이 어른처럼 행동하면 무조건 좋다는 논리입니다. 시공간에 어울리지 않는 행위를 하는 사주구조가 좋을 리 없습니다. 예로 봄에는 성장하는데 수확하고자 낫질하면 생명이 위태롭습니다.

질문 : 1번 사주 時支에 癸亥는 어떤 작용을 하나요?
답변 : 寅을 申으로 수확하고 다시 癸亥에 풀어지는 흐름입니다. 申 씨종자를 풀어내는 겁니다. 이 작용으로 재물이 더욱 확장합니다. 癸亥가 아니라 丙午였다면 화기를 申에 공급하여 인을 수확하기에 빠르게 벌목하지만 寅이 심하게 상하는 단점이 있기에 흉한 일이 발생할 수 있습니다. 癸亥가 있으니까 火氣가 와도 열기를 품은 申을 癸亥에 풀어냅니다. 申을 벌목기계로만 볼 것이 아니라 씨종자요 그 자체로 재물이며 癸亥에서 확장합니다. 물론 酉金을 부풀리면 더 좋습니다만 단점이라면 寅酉로 조합하기에 寅을 적절하게 벌목하지 못합니다. 이런 설명들이

사주구조의 조합을 이해하는 겁니다. 癸亥가 있으니 나쁠 것 같지만 뻥튀기 역할로 이해하면 됩니다. 순간적으로 재물을 확장해버립니다. 물론 癸亥가 더 많으면 재물도 더 많이 확장할 것이라고 생각하지 말아야 합니다. 오히려 申이 적절하게 수확하지도 못하고 딱딱해야할 체성이 水氣에 너덜거리면서 문제가 발생합니다. 이런 설명들이 사주구조를 분석하는 행위입니다.

다시 壬水로 돌아와서, 무한응축 작용은 좋은 종자를 내는데 핵심 역할입니다. 壬子로 있으면 씨종자를 극도로 응축하기에 좋은 종자를 내놓지만 壬辰이면 辰土에서 열이 오르기에 종자가 탁해집니다. 壬午의 경우는 壬水를 오히려 癸水처럼 분산시키는 공간입니다. 이런 이유로 壬水가 午火에서 견디지 못하고 도망갑니다. 이때 庚이 추가되면 壬水가 미네랄을 품어서 안정됩니다.

癸 - 발산하다

이제 癸水를 살펴보겠습니다. 癸水의 가장 중요한 움직임은 겨울과 같은 壬水의 무한응축을 풀어내는 것입니다. 이런 움직임을 "발산하다"로 표현합니다. 癸水는 적당히 순차적으로 풀어내는 것이 아니라 빅뱅처럼 엄청난 폭발력으로 일순간 풀어내기에 무섭습니다. 卯辰巳월에 산과 들에 **순간**적으로 새싹과 꽃을 활짝 펼치는데 만약 癸水의 움직임이 없다면 불가능합니다. 폭발하듯 펼쳐내기에 酉丑辰 三字조합은 물론이고 子, 丑, 辰도 생각 외로 폭발적이기에 거칩니다. 극도로 응축하고 있다가 한순간 폭발합니다. 壬水를 풀어낼 수 있는 것은 오로지 癸水뿐입니다. 癸水 덕분에 봄을 향하고 발전합니다. 따라서 癸水는 생각 외로 지적을 잘합니다. 癸水와 丁火는 지구에 존재하는 만물의 순환과정에 깊숙이 개입하여 중요한 역할을 수행합니다. 子水에서는 폭발하여 겨울에서 봄으로 전환하고 午火에서는 丙火를 丁火로 수렴하여 가을을 향합니다. 이처럼 전환, 조절작용에 능하기에 癸丁의 눈으로 보면 세상에 고칠 일이 많습니다. 그래서 年과 月에 丁癸 沖으로 있으면 법조계와 인연이 많습니다. 국가, 사회에서 균형을 맞추려고 하므로 그렇습니다. 子平이라는 의미는 水氣로 균형을 맞추는 저울과 같은 작용을 상징합니다. 물은 항상 평평해지려는 속성을 가졌습니다. 그게 바로 法입니다. 水氣는 계속 낮은 곳으로 흘러 평평해집니다. 다만 壬水는 전체 균형을 맞추지만 癸水는 틀어진 부분의 균형을 맞추려고 하는 차이가 있습니다. 丙火는 전체를 고르게 비추지만 丁火는 필요한 곳만을 집중적으로 수렴합니다. 年과 月에 丁癸 沖이면 법조계, 사법고시, 법무사 사무실 직업물상을 기억하면 됩니다. 丁癸 沖을 밑으로 내리면 子午 沖으로 총명합니다. 子午 沖이 있으면 경찰에 어울립니다. 경찰에 적합한 이유는 子水 도둑을 잡는데 활용합니다. 戌土는 군인입니다. 글자의 속성도 모두 다릅니다. 정리하면 丁癸 沖은 법조계, 子午 沖은 총명하기에 공부를 잘 해서 대기업에 들어가 발전하다가 어느 날 갑자기 사주공부를 합니다. 반드시 그런 것은 아니지만 年과 月의 子午 沖은 중년에 갑자기 물질을 추구하다가 정신을 추구하기 시작합니다. 예로 대기업에 다니다가 갑자기 종교, 명리, 철학에 빠집니다.

▰제 5강▰

◆ 12지지의 이해

時間方向
三合운동과 12신살
12運星
十干, 十二支
月支가 중요한 이유
子月 - 壬癸
丑月 - 癸辛己
寅月 - 戊丙甲

時間方向

극히 자연스러운 시공간의 순환과정을 이해하면 중요한 논리 하나가 드러납니다. 그것은 바로 **時間方向**입니다. 예로 癸水가 乙을 향하고, 乙이 丙火로 향하고 丁火가 辛을 향하는데 논리의 근거는 지구가 회전하는 과정에 필연적으로 발생하는 시간흐름 때문입니다. 무슨 의미인지 살펴봅시다. 기존의 이론체계인 生剋과 十神은 생하고 극하는 과정에 발생하는 물질의 질량증감을 표현하기에 비현실적입니다. 마치 쇠고기 무게를 저울에 달아서 균형을 맞추려는 행위와 다를 바 없습니다. 하지만 우리가 매년 맞이하는 현실세계는 四季의 순환과정에 물형변화가 발생하는데 모든 과정의 명확한 기준은 <u>時間의 움직임</u>으로 독특한 <u>方向</u>이 있습니다. 지구는 둥글고 일정한 방향으로만 회전하기에 봄, 여름, 가을, 겨울을 순환하는 과정을 관찰한 선인들은 연구를 거듭하다가 결국 10干, 12支와 60干支를 시공간 순환원리를 이해하는 부호로 활용하게 됩니다.

선인들은 연구를 거듭하다가 인간이 탄생하는 순간의 시공간을 四柱八字로 규정하고 시공간과 인간의 삶 사이의 연관성을 연구하기 시작합니다. 따라서 四柱八字의 정체는 四季를 순환하는 과정에 자연스럽게 생겨난 時間方向을 근거로 물형변화를 읽어내는 행위입니다. 따라서 자연에서 보여주는 時間方向의 이치를 이해하면 억지스러운 十神과 生剋에서 벗어나 자연스러운 이론체계를 학습하게 됩니다. 이제 자연에서 보여주는 지혜를 가까이하고 사주팔자를 분석하려는 행위를 지양해야 학습효과를 높일 수 있습니다. 시공간 순환원리를 궁구하면 오랜 세월 그렇게 모호했던 刑沖破害의 근본이치가 너무도 자연스럽게 다가옵니다. 지구가 우리에게 보여주는 사계순환 과정의 움직임을 관찰하면 10干과 12支, 60甲子를 만든 선인의 뜻을 이해합니다. 사주팔자를 읽기가 편해지고 난해하기 짝이 없는 命理를 스스로 학습하게 됩니다. 사주팔자를 풀어내는 기교를 오래도록 학습해도 기준이 없으니 불안정하게 흔들렸습니다. 이런 이론이 맞는다더라, 저 이론은 틀리다고 하더라, 잣대질 하는 이유는 命理의 근본원칙이나 기준을 자연에 두지 않기 때문입니다. 위대한 자연의 순환원리를 기준으로 삼으면 분명해집니다.

다시 주제로 돌아가서, 지구가 회전하는 과정에 매우 안정적이고도 규칙적인 순환원리가 생겨나면서 十干과 12支사이에 時間의 주체와 객체 그리고 時間方向이 정해집니다. 이렇게 자연에서 보여주는 이치를 사주팔자를 읽는 과정에 활용합니다. 여기에 다시 宮位를 가미해서 <u>時間이 어느 宮位에서 움직여서 어느 宮位를 향하는지를 확인하고 그 의미를 분석합니다.</u> 이런 원칙으로 사주원국에 존재하는 시간방향을 읽고 대운과 세운에서 발생하는 현상들을 순서대로 읽어냅니다. 이런 이치에 익숙해지면 지구에 존재하는 시공간 반응방식을 이해하게 됩니다만 45강 이후에 자세히 설명합니다.

위에서 간략하게 天干을 다루었습니다. 학습과정에 천간의 실체가 時間, 氣, 에너지와 같은 것이라고 이해했습니다. 그 특징은 끊임없이 움직이고 절대로 멈추지 않으며 物形변화를 이끌며 四季의 순환방식을 결정합니다. 자연의 움직임에서 인간은 陰陽, 五行, 十干, 12支라는 멋진 작품을 창조하였습니다. 에너지들이 반응하여 창조하는 물형변화의 세계는 다행스럽게도 눈으로 확인 가능하기에 일정한 순환원리, 계절, 운동방향을 깨닫습니다. 甲의 계절은 겨울에 속하고 乙은 봄이고, 丙은 여름이고, 丁은 가을이고, 庚은 여름이고, 辛은 가을이고, 壬은 겨울이고, 癸는 봄이고, 戊는 봄여름을 담당하고, 己는 가을겨울을 담당하는 이치를 이해합니다. 十干을 계절에 배속하는 과정에 익숙하지 않은 것들이 있는데 바로 甲을 봄처럼, 庚을 가을처럼 인식하는 겁니다. 예로, 庚을 숙살지기(肅殺之氣)로 인식하지만 그 본질은 부드럽던 물형이 火氣에 점점 딱딱해지는 과정이 분명합니다. 巳月의 지장간에 있는 庚은 꽃과 같은 물형으로 최대로 펼쳐져 부드럽다가 여름을 지나는 과정에 딱딱해집니다. 최대로 딱딱해지는 가을에 庚의 물형이 辛으로 변합니다. 따라서 숙살지기는 庚이 아니라 辛에게 어울리는 표현입니다. 巳月의 庚은 꽃에 해당하고 申月의 庚은 음력 7월이기에 가을이 아니라 여름인 것입니다. 나중에 四季圖 구조를 학습하면 庚과 申이 여름에 배속되어 있음을 이해합니다.

三合운동과 12신살

우리가 생각할 때 지구는 스스로 그러하다고 인식하지만 그렇지 않습니다. 스스로 할 수 있는 것은 팽이처럼 회전하는 것 외에는 없습니다만 이것도 자발적 의지가 아닙니다. 태양, 달은 물론이고 우리가 모르는 우주기운들이 존재하기에 지구가 회전하는 것입니다. 따라서 지구가 자생능력을 갖추게 된 것은 모두 하늘의 의지 덕분이며 그 실체를 十干으로 규정하였습니다. 十干이 지구에 에너지를 방사하고 우리는 그 기운을 수렴하여 살아갑니다. 아침이면 일어나고 밤에는 잠자리에 듭니다만 지금 학습할 내용은 인간의 일상생활이 아니라 자연의 순환원리를 살피는 겁니다. 정리하면, 지구에서 물형이 끊임없이 변하는 이유는 天干때문이지만 우리는 그 이치를 명확하게 이해할 수 없습니다. 다행스럽게도 지구에서 보여주는 물형변화를 읽고 그 과정을 "三合운동"이라는 명칭으로 규정합니다. 天干이 地支(지구)

에서 물형을 만들어가는 과정인데 에너지가 동해서 生, 旺, 墓를 거치면서 물질의 틀을 만들고 완성합니다. 三合운동은 모두 4개로 申子辰, 亥卯未, 寅午戌, 巳酉丑입니다. 4개의 三合운동은 얽히고설킨 실타래처럼 절대로 끊어지거나 멈추지 않기에 깔끔하게 정리되는 것이 아닙니다. 하나의 삼합운동이 끝나면 다른 삼합운동이 시작되는 것이 아니라 실타래처럼 풀어지고 꼬이면서 끊임없는 물형변화를 만들어냅니다. 이런 이치를 한의에 활용하면 경락, 맥과 같은 것이고 命理로 활용하면 물질생성 과정으로 하늘의 뜻이 지구에서 물질로 발현되는 겁니다.

이것이 바로 <u>時間이 空間을 창조하는 과정입니다.</u> 時間흐름에 따라 공간, 물질, 계절, 육체, 환경, 심지어 인간의 심리상태가 결정됩니다. 예로 巳酉丑 三合의 경우, 巳火에서 열매를 만드는 기운이 동해서 申酉戌에서 열매를 완성하고 亥子丑에서 마감하는데 그 움직임을 규정하는 것이 바로 時間입니다. 자연스러운 흐름으로 四季의 순환과정에 물형이 변하는데 우리는 <u>그 의지의 주체를 時間으로 규정</u>하는 겁니다. 그 의지가 있기에 땅에서 三合운동으로 물형변화를 일으키고 12개월로 세분하여 특징을 살피면 **12神殺**이라 부릅니다. 12神殺은 사주팔자를 읽는 과정에 중요한 정보를 제공할 뿐만 아니라 방위나 방향을 활용하는데도 유용합니다. 정리하면, 三合운동이 중요하는 이유는 물질의 생장쇠멸 과정을 표현하기에 이것을 활용하여 공간, 환경, 계절, 물질, 방위, 인간심리를 읽고 이해하고 활용할 수 있습니다. 결론적으로 三合운동은 인간이 살아가는 세상에서 물질의 존재를 표현하는 수단이자 지구에서 발생하는 물질계의 변화과정이기에 **인간의 모든 것**이라고 해도 과언이 아닙니다. 삶의 모든 것을 三合운동이 결정합니다. 지구가 회전하기에 三合운동도 申子辰, 亥卯未, 寅午戌, 巳酉丑, 申子辰 방향으로 순환합니다. 寅午戌

삼합을 예로 살펴봅시다. 寅卯辰 巳午未 申酉戌 9개월을 흐르는 과정으로 보통 火局이라 부릅니다. 달리 표현하면 火 三合운동입니다. 정반대편에는 水 三合운동이 있어요. 申酉戌 亥子丑 寅卯辰 9개월을 흘러갑니다. 수화의 삼합운동 사이에는 겹치는 공간이 많습니다. 寅卯辰과 申酉戌인데 水 三合은 마감하는 과정에 火 三合이 출발하고 또 水 三合이 출발하면 火 三合은 마감됩니다. 水火가 계속 꼬리를 물고 순환하는 과정에 눈으로 보이는 물질이 반응하는데 그것을 木金이라 부릅니다.

즉, 水火 三合운동으로 木金의 三合운동을 실행하는 과정에 4종류의 三合이 얽히고설키면서 인간의 육체와 정신뿐만 아니라 지구에 존재하는 모든 것에 영향을 미칩니다. 사주팔자를 읽는 과정에 반드시 三合운동을 활용합니다. 年地가 申子辰 三合운동을 하는 경우에는 申酉戌, 亥子丑, 寅卯辰 9개월을 벗어난 巳午未 3개월을 순서대로 劫煞, 災煞, 天煞이라고 부르는데 외울 필요는 없습니다. 나중에 다시 자세히 학습할 것입니다. 12신살은 물질, 공간 즉, 땅의 변화라고 했는데 어떻게 활용하는지 보겠습니다.

坤命			
時	日	月	年
모름	辛巳	壬子	壬子

年支가 子水니까 申子辰 삼합운동 하므로 三合을 벗어난 공간은 巳午未이며 巳火는 劫煞, 午火는 災煞, 未土는 天煞입니다. 申子辰 삼합운동은 金을 품어서 水氣에 풀어내고 木으로 물형

을 바꾸는 과정인데 巳火에서는 그런 움직임에서 철저하게 벗어납니다. 그 이유는 巳火는 6陽으로 무한분산 하기에 水氣가 존재할 수 없는 공간입니다. 따라서 日支 巳火 겁살을 만나는 38세에서 45세 사이에 겁살의 공간특징에 영향을 받습니다. 이 여인은 이 시기에 갑자기 한국을 떠나서 필리핀에 가서 살았습니다. 즉, 사주원국 日支에 있는 巳火 겁살에 영향을 받아서 갑자기 전혀 익숙하지 않은 공간에서 살아갑니다. 이것이 바로 인간이 느끼는 공간(땅)의 변화입니다.

이런 이치를 활용하면 학습방향은 어디로 하며, 수면방향은 어디로 하며 개운할 수 있는 문의 방향은 어디이며, 열지 않아야 좋은 방향은 어디인지를 결정합니다. 이것이 바로 三合운동 과정을 12개 공간으로 나누어서 그 변화를 관찰한 것으로 12신살이라 부릅니다. 정리해보면, 하늘의 기운이 땅으로 내려오고 현실화되는 것이 三合운동이고 물질과 공간(방위) 변화를 읽어내는 핵심논리입니다. 三合운동은 육체에도 영향을 미치는데 경락으로 살피면 삼합운동 길이가 동일하답니다. 전문가가 아니기에 잘 모르지만 신기하게도 경락의 장단이 정확하게 일치한다고 합니다. 따라서 한의학에서도 굉장히 중요한 개념이라고 합니다. 4개의 三合이 실타래처럼 얽히고설키면서 육체에 영향을 미치는데 그 과정에 문제가 발생하면 바로 질병입니다.

12運星

12운성이라는 것이 있습니다. 하늘의 기운이 지구공간에서 일정한 파동을 일으켜 반응합니다. 12개월을 지나는 과정에 그 파동이 강해졌다 약해졌다 하면서 삼각형 모양으로 변화합니다. 기운이 무기력한 상태로 출발해서 위로 상승하다가 꼭짓점에 이르면 하강하여 바닥에 이르고 다시 기운을 회복해서 새롭게 출발하기를 반복합니다. 그래서 지구에서 발현되는 물질세상은 삼각형모양이라고 하는 겁니다. 12운성처럼 三合도 그 움직임은 다를 바 없는데 기운이 동하여 상승하다가 꼭짓점에 이르러 하강하고 바닥에 이르면 잠복기를 거쳤다가 다시 상승합니다. 天干이 지구 空間을 흐르는 과정에 발생하는 氣(에너지)의 변화입니다. 그 명칭을 장생, 목욕으로 부르는데 근본원리를 이해하면 명칭은 중요하지 않습니다. 12運星은 天干 에너지가 地支 공간을 지나면서 일정한 파동을 보이는데 그 과정을 12개로 나누고 명칭을 부여한 것입니다.

十干, 十二支

十干과 十二支가 없다면 우리는 사주팔자를 읽을 수 없습니다. 十干과 十二支가 있기에 태어날 때 받은 시간표를 四柱八字로 환산합니다. 時間, 空間좌표를 바꿔보니까 사주팔자가 나왔습니다. 十干과 12支를 만들지 않았다면 사주팔자를 읽어낼 수 없었을 겁니다. 달리 표현하면, 좀 더 정확하게 사주팔자를 풀고자 十干, 十二支를 활용하지만 문제는 天干과 地支 그리고 60甲子를 만든 이유는 사주팔자를 풀려고 했던 것이 아니라는 겁니다. 우주의 기운, 지구의 기운, 시간과 공간의 변화과정을 표현한 것인데 인간의 四柱八字에만 집중하니까 사고 확장이 어렵습니다. 분명히 命理의 맹점은 존재합니다. 아무리 十干과 12支를 정확하게 뽑아도 우주의 기운이 정확하게 무엇인지 모릅니다. 현재에는 子丑寅으로 표현하면서 立春을 기준으로 한 해가 시작된다고 인식하지만 고대에는 巳月을 일 년의 시작으로 보았습니다. 이처럼 인간의 판단기준은 가변적입니다. 동지를 한해의 출발점으로 하자, 立春을 기준으로 하자고 다투는데 무슨 의미일까요? 十干과 12支는 절대적이 아니며 가변적일 뿐만 아니라 착오나 오류가 존재할 수 있다는 겁니다. 내 사주는 특별해서 상담자들이 못 맞춘다고 이야기하지만 인간의 능력에 한계가 있다는 의미입니다. 인간은 神이 아닙니다. 十干과 地支가 우주변화를 완벽하게 표현했다고 누가 감히 장담하겠습니까? 비록 오류는 존재하지만 십간과 12지를 시공간 순환과정으로 인식하고 사주팔자에 활용해 보자는 겁니다.

月支가 중요한 이유

하늘에서 지구에 기운을 방사합니다. 그 이치를 연구해보니 12개의 달마다 뚜렷한 변화가 발생하는 것을 알게 됩니다. 달(月)은 물형 변화를 상징합니다. 월경이라고 부르고 밀물 썰물, 조수간만이 모두 물질변화에 속합니다. 월경으로 육체변화가 매달 발생하는데 정확하게는 한 달이 아닙니다. 27일, 28일 이런 식이죠. 나중에 윤달을 만들어서 땜질 합니다. 365일을 12달로 나눈 30일에 맞추지 않고 달의 주기가 지구물형에 변화를 주는 방식을 계산하고 맞지 않으니 윤달로 끼워 맞췄습니다. 여기에도 분명하게 착오가 있을 겁니다. 생각보다 많은 오류가 있기에 사주팔자 들이밀고 내 인생 정확하게 찍어낼 수 있을 것이라고 생각하면 공부하지 않는 것이 현명합니다. 사주팔자의 근거가 되는 역법부터 틀려있는지도 모를 일입니다. 12개월을 나눌 때 달을 기준으로 한 이유는(실제로는 태양과 달의 합작품) 물형변화에 영향을 주는 것을 달이라고 인식합니다. 이런 이유로 1년을 12달로 나눠서 관찰하고 12개 동물을 배속합니다. 생명을 가졌기에 태어나고 죽어서 다시 태어나는 生氣를 기준으로 했습니다. 그것이 바로 물질의 본질입니다. 地支 12개는 生氣의 변화과정을 표현한 것으로 변화의 주체는 바로 天干(時間)입니다. 인간은 물질변화 과정에서 十干과 12支를 창조했던 겁니다. 12支의 특징에 대해 고민하고 각 달에 가장 적합한 동물을 배속했을 겁니다. 흥미로운 점은 유일하게 辰月만 상상의 동물 龍으로 표현하고 나머지는 다 우리가 쉽게 접하는 동물들입니다. 辰月에 상상의 동물을 적용할 수밖에 없었던 이유는 그만큼 변화무상한 달이었기 때문일 겁니다. 지구에 존재하는 동물로는 표현할 수 없는 변화무쌍한 달이 辰月이라고 생각했음이 분명합니다.

사주팔자에서 月支를 중시할 수밖에 없는 이유는 연월일시 중에서 유일하게 시간과 공간, 물질이 개입되기 때문입니다. 月支가 사주팔자를 분석하는 기준인 이유는 바로 물질변화를 관장하기 때문입니다. 天干, 地支가 만나는 장소, 時間과 空間이 만나는 지장간에서 物形을 변화시키기에 月支를 기준으로 합니다. 年支는 365일 一年에 한 번씩 바뀜에도 중요하지 않게 생각하는 이유는 물질, 육체에 영향을 주지 못한다고 생각하기 때문입니다. 예로, 乙未 年에 감이 많이 열렸다고 표현하지 않으며 무슨 달에 감이 많이 열렸다고 표현합니다. 하지만 분명히 年은 365일에 해당하므로 氣的인 부분에서 오랫동안 나를 지배합니다. 宮位로 살피면 나의 前生을 상징하는데 나중에 학습합니다. 사실 地支를 분석하는 방법은 많습니다. 예로, 子月의 경우에 동물로는 쥐의 특성이고 또 하루의 子時에 인간의 행위를 관찰할 수도 있습니다. 밤에 공부하거나 술을 마시거나 연애하거나 도둑질하거나 도둑을 잡으러 다니는 등 인간이 할 수 있는 일은 정해져 있습니다. 또 지장간으로 분석할 수 있습니다. 地支 의미를 지장간으로 분석하는 방법이 훨씬 중요한 이유는 무엇일까요? 동물특징은 우리가 금방 알 수 있습니다. 쥐를 총명하다고 생각합니다. 또 子時에 할 수 있는 일은 정해져 있으니까 이것도 생각해보면 어렵지 않습니다. 하지만 지장간으로 地支의 특성을 연구하는 것은 쉽지 않습니다. 예를 들어보겠습니다. 사주팔자에 庚午가 있다면 午의 지장간에 丙火와 丁火가 있으니 丙火를 택하면 밖으로 나가서 적극적으로 활동하기에 외향적입니다. 丁火를 택하면 밖에서 안을 향하여 수렴하고, 조정합니다. 丙火는 분산하기에 부피를 확장하고 환하게 존재를 드러나기에 광고, 홍보에 적합하지만 丁火는 정반대 속성입니다. 따라서 庚金이 지장간에 丙丁을 모두 가졌기에 丙火로 확장하고 丁火로 수렴하는 행위를 동시에 합니다. 만약 水氣가 없다면 庚金은 화기에 상합니다. 午月에는 水氣가 많지 않기에 아무리 열매가 단단해도 부피를 확장하면서 열기를 채우면 상할 수밖에 없습니다.

이런 공간 환경을 인간의 심리나 태도에 비유하면 열불 나는 상황입니다. 화병(火病)이라고 부릅니다. 분노, 울분을 억제하는 과정에 생기는 병증입니다. 열매 내부에 熱이 가득차고 그것을 인내하는 과정에 고통을 받습니다. 사주팔자에서 水氣를 보충하지 않으면 도 닦는 과정과 동일하다는 표현했습니다. 내면의 갈등을 무한반복 하는 행위가 도를 깨우치는 과정과 다를 바 없습니다. 도 닦는 팔자, 스님, 혹은 화를 참지 못하고 폭발하면 깡패, 조폭이나 또 허풍이 강한 성정입니다. 午火의 지장간에 丙丁이 모두 있으니 運에 따라 丙火를 택했다가 어느 날 丁火로 바꾸거나 처음엔 丁火를 택했는데 나중에 丙火로 바꾸면서 변화를 줍니다. 여자가 庚午일의 경우는 예쁩니다. 庚을 丙丁으로 계속 단련하기에 마치 甲이 庚辛을 만났을 때 甲을 조각하는 것처럼 丙丁으로 庚을 화려하게 비추고 담금질해서 반듯하게 맞춥니다. 자기만의 틀을 만들고 내부에 있으려고 합니다. 따라서 외형은 아름다운데 38세 ~ 45세 사이에 丙에서 丁으로 바뀌거나 丁에서 丙으로 바뀌기에 일지에 이르면 남편에게 변화가 발생하면서 결혼이 불안정해집니다. 丙에서 丁으로 가거나 丁에서

丙으로 갈아타야 합니다. 그래서 庚午일주는 결혼을 늦게 하는 게 좋다고 합니다. 모 연예인이 庚午일주인데 30대 후반에 결혼하더군요.

예로 壬申일에 태어난 여자의 경우, 申의 지장간에 戊壬庚이 있습니다. 壬일 입장에서 戊土 남편은 庚으로 자신의 존재감을 드러내기에 잘난 척하거나 실제로 잘났습니다. 그 이유는 戊土가 庚을 만나면 戊土 터전에 가치 높은 庚열매를 드러냈기 때문이고 결과적으로 壬水를 향하여 가기에 庚壬 방탕물상입니다. 물론 방탕의 뜻은 무조건 나쁘다는 의미는 아닙니다. 방탕의 속성이 있기에 남들보다 뛰어난 기술이나 예술 감각을 활용할 수도 있습니다. 다만 庚壬으로 그 체성이 흐트러지니 뒷심은 약합니다. 그 이유는 庚이 부피를 확장하려면 반드시 丙火가 필요하고 또 단단하게 만들려면 丁火가 필요한데 申의 지장간에는 火氣가 전혀 없습니다.

정리하면 壬水의 남편 戊土는 잘나고, 멋지고, 바람기도 있는데 庚을 통해서 壬水를 만들려고 움직입니다. 十神으로 식신생재(食神生財)라고 부르는 구조입니다. 庚壬 방탕은 통제를 싫어하기에 직장생활은 힘들고 장사나 사업을 원하지만 뒷심이 약하니까 하다가 멈추기를 반복합니다. 申에 있는 壬水 물이 나오려면 시간이 한참 걸리는데 戊土가 丙丁 뒷심이 없으니까 기다리지 못하고 중간에 포기하기에 일은 잘 벌이지만 쉽게 중단하기도 합니다. 이런 이유로 壬申일 여자는 겉으로는 남편이 잘나고 멋지고 기술, 예술능력도 뛰어나지만 남편이 추진하는 장사나 사업은 결론이 없고 중단을 반복하다가 결과적으로 이혼합니다. 그 이유는 申의 지장간에 戊土가 庚, 壬을 보았고 壬申의 천간에 壬水가 있으니까 戊庚壬壬으로 무리하게 확장하다가 딱딱했던 庚(자존심)이 비틀거립니다. 특히 문제는 戊土의 지원자이자 庚의 틀을 만드는 丙丁이 없고 庚壬으로 방탕하다가 힘이 빠집니다. 결혼하기 전에는 좋은 남자였는데 점점 무기력하게 변해갑니다. 참고로 여성의 사주에 印星이 너무 많으면 남편이 무기력해지는 경우가 많습니다.

지금까지 살펴본 방식이 지장간으로 干支를 연구하는 겁니다. 壬辰일의 경우, 어떤 여인은 남편이 처녀를 안방에 데려와 애까지 낳았다고 합니다. 지장간에 있는 글자들의 관계를 분석하면 이해가 갑니다. 地支를 분석하는 방법은 많은데 우리는 12支 지장간의 글자들을 분석하고 그 의미를 학습합니다. 지지의 뜻을 살피는 다양한 방법들은 이미 출판된 책들에 설명이 있으니 혼자 공부하면 됩니다만 지장간으로 설명하는 책은 없습니다. 그 외에 또 다른 독특한 특징들이 있는데 그것까지 살펴보기로 하겠습니다. 地支를 이해하는 방법 중에서 각 月의 공간, 환경특징을 살피는 겁니다. 동물, 子時의 특징, 지장간 외에도 예로 辰月의 경우에 봄에 반드시 모내기하고, 巳月에 꽃이 피고, 午月에 열매 맺어야 하고 酉月이면 수확해야 합니다. 이런 방식도 계절을 이해하기 좋습니다.

생각해볼 문제는, 天干과 地支를 합하고 60개의 간지로 60甲子라고 부릅니다만 60甲子를 60甲寅부터 시작할 수도 있었는데 왜 甲子부터 시작했을까요? 天干과 地支의 시공간이 상이하기 때문입니다. 하늘에는 이미 甲이라는 기운이 존재하지만 지구에는 아직 甲의 기운이 발현되지 않았기에 甲寅이라 부르지 못합니다. 따라서 甲子와 甲寅 사이에 時空間 간극이 존재하는데 바로 子丑寅으로 天地人으로 표현합니다. 따라서 甲子는 天干에 生氣가 존재하였지만 지구에는 아직 생명체가 탄생하지 않은 시점을 기준으로 한 겁니다. 그렇다면 지구가 생기기 이전, 하늘에도 生氣가 없는 상태를 어떻게 표현할까요? 바로 壬子입니다. 지구가 생겨나고 생명체가 존재할 수 있는 환경을 표현했기에 60甲子가 되었습니다. 하늘에 존재하는 生氣 甲을 땅에서 子水가 이어받습니다. 그리고 子丑寅 과정을 거쳐 寅 생명체가 등장합니다. 바로 지구에 존재하는 生氣이자 만물입니다.

따라서 12支의 근본은 寅이 아니라 子水입니다만 아직 육체를 얻지 못해서 인간이라 부를 수는 없고 생명체의 근본입니다. 生氣를 부여하는 영혼과 같은 존재가 子水입니다. 甲子에서 시작해서 丙子, 戊子, 庚子, 壬子로 흘렀다가 다시 甲子로 순환합니다. 甲子는 生氣의 출발점을 뜻하고, 丙子는 빛과 같으니 활동할 수 있는 공간의 출발점입니다. 戊子는 삶의 터전이 생기고, 庚子는 甲과 전혀 다른 씨종자와 같은 庚으로 물형을 바꾸는 출발점입니다. 반대로 표현하면 庚씨종자를 새로운 생명체 甲으로 전환하는 출발점입니다. 참고로 干支에도 陰陽이 있습니다. 戊子는 터전의 출발점인데 戊子는 陽이고 그 다음 단계인 己丑이 陰입니다. 甲子는 陽이고 乙丑은 陰이며, 丙寅은 陽이고 丁卯는 陰입니다. 따라서 戊子, 己丑은 同一한 의미를 가지고 있습니다만 그 차이는 陽과 陰, 氣와 質로 나뉩니다. 예로, 戊子年에 새로운 터전의 출발점이기에 새로운 공간을 확보하려는 움직임을 보입니다. 그 형태는 다양한데 예로, 기존의 땅을 벗어나 새 공간으로 이동합니다. 다만 陽이기에 실제로 실행에 옮기는 것은 己丑年 말 즈음에서야 戊子년의 계획이 현실화됩니다. 이 의미가 干支의 陰陽입니다. 甲子는 60甲子의 출발점이기에 만약 甲子日에 상담할 경우에는 기존의 터전을 버리고 새롭게 출발하겠다는 생각을 합니다만 확실하게 결정한 것은 아니고 마음만 움직인 겁니다. 乙丑日 왔다면 甲子의 뜻이 확고해지면서 새롭게 출발하겠다는 甲子의 의지를 확실하게 결정합니다. 좀 더 깊이 들어가면 다른 의미가 추론됩니다. 새 출발하겠다는 의미를 뒤집으면 지금 상황이 싫고, 나쁘고, 만족하지 못하기에 乙丑을 부도라고 표현합니다. 甲子와 乙丑은 새 출발하는 상황이기에 반드시 과거에 소유했던 것들을 버려야 합니다. 쉽게 표현하면 사업에 부도가 난 상황입니다. 잘 나가는 경우에는 새 출발할 이유가 없습니다. 지긋지긋한 남편과 이혼하고 새 출발할 거야. 사업에 망해서 새 출발할 거야. 라고 합니다. 甲子에서 출발 의지가 動하고 乙丑에서 출발을 결정하는데 그 이면에는 과거를 청산할 수밖에 없는 상황에 처한 겁니다. 물론 甲子도 새 출발하기에 물질이 없습니다만 甲子와 乙丑 중에서 더욱 불리한 상황은 乙丑일에 온 사람입니다.

甲子에서 절실히 필요로 하는 것은 새 출발을 위해서 무언가를 배워야 합니다. 이런 이유로 甲子에게 가장 적합한 직업은 교육입니다. 甲子日에 상담하러 왔다면 새 출발하거나 교육 업에 종사하거나 과거를 청산하려는 사람이며 그 의도가 적절한지를 물으러 온 것이고 乙丑일에 왔다면 부도가 난 상황입니다. 이것이 干支의 陽陰을 이해하는 방식입니다. 이처럼 간지의 뜻을 추론하는 방법이 바로 지장간으로 天干과 지장간을 비교, 분석합니다. 글자의 속성, 동물의 특성, 시간대, 月의 계절특징을 살피고 정리하면 干支의 뜻을 이해합니다. 그 이치를 매일 상담하러 온 사람들의 상황을 분석하는데 유용하게 활용할 수 있습니다. 분명하게 그날에 상응하는 기운을 받고 있는 겁니다. 사주팔자에 비교하면 년처럼 순수한 기운입니다. 육체, 물질, 공간, 환경에 직접적으로 영향을 미치는 것은 아니지만 前生 宮位로 35세 즈음에 나의 인생을 지배하기 시작합니다. 물론 어렸을 때도 지배할 수 있지만 잘 인지하지 못합니다. 아직 육체가 성숙하지 않아서 그렇습니다. 이런 이치를 이해하고 확장하면 상담할 때 과거에 어땠으며 미래는 어떻게 될 것인가를 파악합니다. 오늘 상담하러 왔다면 그 時間에서 상담할 내용의 길흉이 결정됩니다. 사주팔자와 관계없이 시공간에서 주어지는 에너지로 길흉을 읽습니다. 이런 방법은 많습니다. 타로나 점법도 마찬가지인데 다만 우리는 명리의 골수라고 하는 60干支의 뜻을 읽어내는 겁니다. 干支의 속성을 이해하면 사주와 상관없이 시공간 흐름을 읽어내고 설명합니다. 지장간 글자와 天干을 대비하여 어떤 관계를 형성하는지 살펴야 하는데 명리의 끝에 가면 天干과 地支, 60干支만 남는다고 하는 이유는 사주나 명리는 모두 時空間의 순환과정을 60개 干支로 부호화해서 그런 것입니다. 干支를 많이 알수록 사주를 좀 더 깊게 이해하는데 아직은 그 공부를 하지 않았기에 한 단계씩 올라가야 합니다.

정리하면, 干支에도 陽陰이 있고 陽에서 기운이 동하여 탐색하러 온 것이고 陰일에 왔다면 결정하고 확답을 들으러 온 것입니다. 나는 회사를 그만두려고 결정했습니다. 따라서 바꾸는 것이 좋지 않다고 조언해도 듣지 않을 가능성이 높습니다. 戊子, 己丑에서 설명했던 己丑은 巳酉丑 三合운동을 마감했기에 멀리 떠나는 의미입니다. 丑土는 반드시 그런 속성을 가졌습니다. 日支 丑土는 배우자가 멀리 떠날 것을 암시합니다. 떠난다는 의미는 반드시 이혼을 뜻하는 것은 아닙니다. 물론 구조에 따라 사별, 이혼, 별거, 주말부부, 해외장기 출장 등으로 떠날 수 있습니다. 미국에 계시는 분 사주가 戊子年 己未月 癸丑日 癸丑 時로 결혼을 두세 번 한 것 같은데 현재는 미국 남편과 재혼해서 사십니다만 壬辰年에 남편의 자식들이 사망하는 불행을 겪었습니다. 이처럼 丑土는 멀리 떠나는 겁니다. 주로 海外로 갑니다. 巳酉丑 三合운동을 완성해서 기존 공간에서는 더 이상 물질을 얻을 수 없기 때문입니다.

子月 - 壬癸

지금부터 12支의 뜻을 정리하고 넘어갑니다. 子월부터 시작해보죠. 위에서 언급한 것처럼 甲子, 子丑寅이기에 子水부터 다룰 수밖에 없습니다. 子에서 시작해서 卯木을 내놓고 午火에서 수렴해서 酉金 씨종자를 얻고 다시 子水를 통해서 뿌리 내리고 卯에서 땅 밖으로 새싹을 꺼내놓습니다. 이것을 子卯午酉라 부르고 상이한 계절이 만나서 필요한 부분을 조절하는 움직임을 子卯 刑, 卯午 破, 午酉 破, 酉子 破라는 명칭으로 부르는데 근본속성을 이해하는 것이 중요하지 명칭은 의미가 없습니다. 근본 뜻과 발현되는 물상만 이해하면 되는 겁니다. 子卯 刑하면 자궁병이라든지, 子水 부족으로 자식을 낳기가 힘들다든지, 子水가 傷함으로써 발생하는 물상만 읽어 주면 되는 것입니다. 辰未戌丑도 상이한 계절이 만나서 뭔가를 조정할 일이 발생할 수밖에 없죠. 자연에서 辰土의 행위와 未土의 행위, 戌土의 행위, 丑土의 행위가 서로 다릅니다. 丑土의 기운을 辰土가 빼고 未土가 辰土의 속성을 바꿔서 맞추고 戌土가 未土를 조절하고 또 丑土가 戌土의 속성을 비틀어 맞춥니다. 다시 돌아서 辰土는 丑土의 상황을 조절해서 辰土의 환경에 보충합니다. 이런 흐름을 戌未 刑, 戌丑 刑, 丑辰 破라고 부르는데 辰未 조합은 명칭이 없지만 분명하게 유사한 파동이 있습니다. 이 내용은 丑戌未 三刑을 학습할 때 다루겠습니다. 寅巳申亥도 동일한 논리입니다. 寅巳申亥는 계절이 다르기에 두, 세 글자가 조합하면 계절이 요구하는 조건에 따라 환경을 조정합니다. 寅이 巳火를 만나서, 巳火가 申을 만나서, 申이 亥水를 만나서, 亥가 寅을 만나서 서로 다른 계절속성 때문에 조정해야할 부분이 생깁니다. 이런 이치를 寅巳 刑, 巳申 刑, 申亥 穿, 亥寅 合이라 부르는데 각 글자들이 갖는 속성을 刑冲破害로 표현한 것에 불과하며 명칭은 중요하지 않습니다. 이런 이치는 三合과 계절환경 때문에 발생합니다. 반드시 환경에 맞게 물형을 바꿔야 합니다. 변화를 주지 않으면 생장쇠멸(生長衰滅)에 문제가 발생합니다. 즉 四季를 순환하는 과정에 봄에서 여름으로, 여름에서 가을로, 가을에서 겨울로, 겨울에서 봄으로 서로 다른 상황을 조정해야만 합니다. 계속 봄에만 있으면 성장만 하면서 꽃 피고 열매 맺을 생각을 하지 않습니다. 이런 문제를 子午卯酉, 辰戌丑未, 寅巳申亥를 통해서 조절하는데 그 과정이 三合운동과 마구 엮입니다. 그 것을 맞추는 과정에 문제가 발생하는데 육체에 비유하면 일정부위가 비틀리는 질병과 같습니다. 지구에 비유하면 심각한 기후변화로 지구 일부가 상합니다. 지구가 일정한 속도로 회전하는 과정에 미세한 변화로 해일, 화산, 지진이 발생하고 예측 불가능한 일들이 발생합니다. 그런 이치를 명리에서는 刑冲破害라고 부르는 겁니다. 앞으로 하나씩 풀어가야 합니다.

子水는 지구에서 존재하는 물질, 땅, 육체의 출발점입니다. 子水의 가장 중요한 특징은 지장간의 壬, 癸 두 글자로 표현합니다. 물론 지장간에 두 글자만 있다는 의미가 아닙니다. 十干이 모두 있으면 우리가 살아가는 동안 0.00001초도 빠짐없이 十干의 기운을 공급합니다. 기분이 좋았다, 나빴다 계속 감정기복을 보이는 이유는 에너지들에 민감하게 반응하기 때문이죠. 사람마다 사주팔자에서 받은 에너지대로 상이하게 반응하는데 이런 것을 감정의 유희라고 표현합니다. 근본은 변함이 없는데 겉으로 발현되는 기운들이 계속 바뀌는 겁니다. 속마음 겉마음, 서로 다른 속성들이 만들어집니다. 여기에 속지 않으려고 도를 닦습니다. 子水가 중요한 이유는 壬水에서 癸水로 전환하기 때문으로 명리뿐 아니라 지구자연에서 굉장히 중요한 움직임입니다. 子水는 아들 子로 쥐라는 동물이요 번식력으로 표현합니다만 壬水는 六陰으로 陽氣가 전혀 없는 시공간입니다. 빅뱅이전으로 도대체 무엇이 존재하는지 모르는 극도로 응축된 상태입니다. 三陽三陰이라고 들어 보셨나요? 주로 한의 쪽에서 사용한다고 하더군요. 壬丙, 巳亥가 양기에서 음기로 음기에서 양기로 전환하는 과정에 매달 陽陰 변화를 표기한 것입니다.

참조 : 음은 소음(少陰) 태음(太陰) 궐음(厥陰) 세 가지로 나누고 양 또한 소양(少陽) 태양(太陽) 양명(陽明)의 세 가지로 나눈다.
子: 一陽五陰　丑: 二陽四陰　寅: 三陽三陰　卯: 四陽二陰
辰: 五陽一陰　巳: 六陽無陰　午: 一陰五陽　未: 二陰四陽
申: 三陰三陽　酉: 四陰二陽　戌: 五陰一陽　亥: 六陰無陽

壬水 빅뱅이전의 상태에서 癸水가 폭발했습니다. 우주의 움직임에 비유하면 빅뱅을 시작하였습니다. 즉, 계수는 빅뱅을 일으키는 에너지입니다. 자연의 순환과정에서도 癸水가 빅뱅을 일으키기에 亥水 六陰을 풀어헤치고 子月에 봄을 향할 수 있는 상황이 동한 겁니다. 어렵게 생각할 필요는 없어요. 子月에 가장 추울 때까지 내려갔다가 반발력이 생기면서 폭발하는데 이때를 기준으로 봄을 향하여 온도가 오르기 시작합니다. 가장 추운 곳에서 처음으로 陽氣가 동하여 봄을 향하는 변화가 발생한 겁니다. 十干과 12支는 지구에서 발생하는 시공간의 순환과정을 문자화한 것이기에 글자로만 이해하면 어렵습니다. 子水는 가장 추운 곳에서 처음으로 온도가 오르려는 시점으로 이해하면 됩니다. 다만, 壬水와 癸水 두 글자가 함께 있다는 의미는 매우 중요합니다. 壬癸의 속성은 정반대임을 설명했습니다. 壬水의 무한응축과 癸水의 폭발하여 열을 올려주는 움직임은 전혀 다릅니다.

壬水의 성정은 말이 없고, 무슨 생각을 하는지 모르고, 안에서 공부만 하고, 내성적이고, 연구하고, 드러내지 않으려는 속성입니다. 하지만 癸水는 밖을 향하기에 전혀 다르죠. 乙癸戊 三字의 시공간은 봄으로 모두 밖을 향하는 움직임입니다. 집에 있지 않고 사회에 나가서 적극적으로 활동합니다. 卯月에 태어난 사람도 유사합니다. 토끼처럼 튀어나가서 활동을 즐깁니다. 정반대편에 있는 辛金, 丁火, 己土는 내부, 안을 향하기에 드러내지 않으려고 합니다. 문제는 壬水, 癸水가 동시에 있으니 子月의 속성은 산만합니다. 가만있다가 갑자기 튀어나가기를 반복합니다. 나쁘게 표현하면 이러지도 저러지도 못하는 상황입니다.

여기에 씨종자 辛과 辛壬癸 三字로 조합하면 정신을 지배하는 글자들입니다. 辛 씨종자를 壬癸에 풀어서 윤회하는 과정입니다. 壬水에서 과거를 심판받고 癸水에서 새 영혼을 얻습니다만 물질은 없고 정신만 있는 곳이에요. 辛은 물질이고 壬癸는 영혼의 세계와 같으니 子水는 물질은 없고 영혼, 정신을 활용해야만 합니다. 의미를 확장하면 가지고 있던 돈을 지키기 어렵고 날린다는 뜻이니까 子水는 인간이 활용하기에 불편합니다. 예로 子일에 태어나면 38세에서 45세 인생의 절정에서 물질이 밖으로 튀어나가는 겁니다. 정신을 추구해라. 공부해라. 교육해라. 돈을 버는 것을 기뻐하는 움직임은 아닙니다. 돈을 벌려면 어떻게 해야 합니까? 해외로 가야죠. 子水는 겨울과 같은 상황이니 가지고 있던 돈도 나가는 상황입니다. 壬癸가 모두 있으니까 申酉戌 가을에 얻었던 씨종자 辛을 子水에 풀어야 합니다. 마치 엄마의 뱃속에서 잉태한 아이가 무럭무럭 자라는 상황이기에 사회활동이 어렵습니다. 亥子丑을 지나 寅에서 비로소 생명체로 탄생합니다. 따라서 亥子丑은 영혼의 세계와 같지만 반드시 申酉戌 씨종자 金(돈, 재물)을 水氣에 풀어내야 합니다. 子水에 있는 壬水

와 癸水가 그 행위를 하므로 소유했던 재물이 변질됩니다. 庚子가 그런 의미가 강합니다. 庚子年 혹은 庚子일은 교육에 어울리는데 재물을 추구하면 술집과 같은 물상입니다. 庚子는 가장 좋은 직업이 교육으로 庚子年에 태어나면 교사 직업이 많습니다. 또 씨종자를 水氣에 풀어내기에 종교, 명리, 철학에도 인연이 많습니다. 庚이 씨종자와 같은 자신을 子水에 풀어내기에 교육업에는 어울리지만 물질 추구는 쉽지 않습니다. 子水는 두뇌를 활용하여 창조능력을 가졌지만 단점은 金을 뜯어먹는 겁니다. 물론 金을 부드럽게 만드는 속성을 잘 활용하면 酉丑辰 三字조합처럼 큰 재물을 갑자기 벌기도 하고 탐욕을 부리고 한방을 노리다가 감방에 들어가기도 합니다. 이런 관점에서 子水를 생각해보세요.

壬水, 癸水가 교차한다. 물질이 없으니 정신을 추구한다. 壬癸로 생각이 복잡하지만 어두워서 보이지 않으니까 의심도 많고 보수적이다. 그래서 앞으로 나가려면 무조건 배워야 하니까 교육에 어울린다. 甲子日의 경우 유치원 교사에 어울립니다. 교육이 아니면 종교, 명리, 철학, 쪽으로 인연이 많습니다. 성정에 비유하면 우유부단, 잡생각, 보수적, 융통성 없고 답답합니다. 처음 출발해서 어리숙한 상태이기에 먼 길을 떠나는 과정에 길안내자, 지도자가 되려면 공부를 많이 해야만 합니다. 앞길이 구만리와 같은 상황이어서 미래가 어떻게 전개될지 모르는데 소유하고 있던 돈은 조금씩 사라지는 상황입니다. 그런 문제를 해결할 수 있는 유일한 길은 학문에 전념하는 겁니다. 학원사업, 교육 사업에 종사하는 것이 좋습니다. 내면의 정신을 밖으로 내놓으면 좋지만 감추려는 움직임은 적절하지 않습니다. 子水는 저장하는 것을 원하지 않습니다. 壬에서 癸水로 바뀌기에 속에 있는 것을 밖으로 꺼내기에 저장할 수도 없습니다. 돈도 저장할 수 없으니 밖으로 꺼내라고 합니다. 子月에 자연은 그런 움직임을 요구하는 겁니다. 싫다면 그 공간에서 도망가야 합니다. 돈을 벌고 싶으면 지금 있는 곳을 떠나서 海外나 타향으로 가야 합니다. 子水의 성격은 둘 중 하나로 생각이 깊거나 우유부단하고 그 속성이 생각보다 찹니다. 물론 사주팔자가 성격을 결정하기에 8개의 에너지 속성이 섞여서 복잡합니다만 日支는 내 배속, 가장 본질적인 정체성과 같은 공간입니다. 남들은 쉽게 알아차리지 못하는 뼈 속까지 나의 본성입니다. 그런데 子水는 희한하게도 폭발력을 가졌기에 차가우면서도 갑자기 폭발하는 성향을 드러냅니다. 느긋하고 여유로운 성격인데 어느 순간에 갑자기 다혈질로 변하고 조급함을 드러냅니다. 만약 子午 沖이 있는데 火氣가 강력하고 子水가 무력한 구조는 그 성정이 다혈질로 즉흥적이며 좌충우돌 합니다. 子水는 왜 폭발력을 가졌을까요? 壬에서 癸로 변하는 과정이 우주빅뱅하고 동일하기 때문입니다. 무한대로 응축했던 壬水가 압력을 견디지 못하고 터져버리는 겁니다. 子丑辰의 지장간에 癸水가 있기에 그 움직임은 폭발적입니다. 언어로 표현하기에 "폭발"하는 정도를 느끼지 못하지만 우주빅뱅처럼 엄청난 에너지가 폭발하는 것으로 기억해야 합니다. 앞에서 설명했던 酉丑辰과 子丑辰은 유사한 속성입니다. 어느 날 갑자기 돈을 폭발적으로 벌어들입니다.

子水는 보수적이며 의심도 많습니다. 새 출발을 했으니 어디로 가야할지 모르는 상황입니다. 컴컴한 어둠 속에서 의심이 많을 수밖에 없으며 亥水도 있다면 더욱 확실해집니다. 심하면 의처증, 의부증도 생길 수 있지만 적절하게 활용하면 깊은 내면의 세계에 이릅니다. 그 이유는 亥子를 간지로 바꾸면 壬子입니다. 壬子는 정신을 추구하는데 亥子는 地支에 있으니까 물질적입니다. 亥에서 정보를 수집하고 子에서 분석하는 과정이기에 잘못 활용하면 의심도 많고 잡생각이 많습니다. 亥水는 없고 子水만 있다면 아무것도 모르는데 새 출발해야만 하므로 어떻게 가야할지 몰라 보수적이며 우유부단해서 결정에 애로를 겪습니다. 亥子丑 특히 子月에 태어나면 공부를 많이 해야 합니다. 노자, 맹자, 공자에 子水 붙인 이유를 알겠죠? 처음으로 정신을 창조한 사람들입니다. 정신 지도자들입니다. 子水는 물질이 전혀 없으니 정신적 순수함을 상징합니다. 丑土와 다릅니다. 甲子, 乙丑은 氣와 質이라고 했는데 그 차이가 굉장히 큽니다. 丑土의 지장간에 辛이 있는데 소위 씨종자요 종자돈과 같은데 巳酉丑으로 연결되기에 丑土의 특징은 굉장히 독특합니다. 丑土의 속성에는 영혼, 귀신과 같은 물상이 나올 수밖에 없는 이유가 子水처럼 순수한 사상이 아니라 전생이 어이지고 癸水의 폭발하는 움직임으로 부풀려 한탕하려는 성향이기에 머리가 아픕니다.

식구관계로 子水의 특징을 살피면, 장남이나 장녀를 암시하는데 지도자 역학을 해야 하기 때문입니다. 장남, 장녀가 아니라고 해도 정신적으로 그런 역할을 하거나 가정을 책임져야 하는 숙제가 있습니다. 子水 지도자를 향하여 식구들이 모여듭니다. 숫자로 1에 해당하기에 좋은 것은 아닙니다. 지도자가 되어서 자신을 희생하고 책임지고 이끌어야 합니다. 이런 이유로 子水는 부모덕이 별로 없고 인연도 박하면서도 책임을 져야만 하는 묘한 관계입니다. 새 출발하려면 가정환경, 배경을 버려야하기 때문에 새 길을 개척하는 지도자이면서도 조상, 부모로부터 유산을 받을 수도 없는 황당한 상황입니다. 물론 丑土도 그런 속성을 많이 가지고 있는 이유는 지장간에 癸水가 있기 때문입니다. 子水의 뚜렷한 특징 하나는 물처럼 흘러 다닙니다. 申子辰 三合과 연결하면 그 속성이 훨씬 강해집니다. 흐르는 속성을 정신에 비유하면 방황, 방랑, 방탕을 암시합니다. 이런 문제를 해결하고

자 子水에서 공부해야 합니다. 육체의 움직임으로 표현하면 운전수처럼 계속 차를 몰고 유랑합니다. 어둠 속에서 활동하면 조폭, 깡패처럼 밤에 함께 몰려다니는 어둠의 자식들입니다.

乾命				陰/平 1952년 6월 27일 00:00								
時	日	月	年	87	77	67	57	47	37	27	17	7
丙	乙	戊	壬	丁	丙	乙	甲	癸	壬	辛	庚	己
子	未	申	辰	巳	辰	卯	寅	丑	子	亥	戌	酉

사주원국 年에 壬水, 申子辰이 모두 있습니다. 10대, 20대 초반까지 조폭두목으로 신문에 날 정도로 악명 높았다고 합니다. 나중에 정신으로 활용하여 불교계에서 활동했습니다.

壬水와 申子辰을 방황으로 사용하는 경우에는 멀쩡하게 대학에 다니다가 어느 날 갑자기 인도로 도 닦으러 가는 식입니다. 정신적인 방황을 멈추고자 공부합니다. 申子辰 三合의 중앙 子水는 물처럼 떠도는 속성이기에 日支 子水의 시기 38 ~ 45세 사이에 부부가 함께 살지 못하고 떨어져 살아갈 수 있습니다. 한 사람이 해외로 가거나 주말부부가 되거나 혹은 같이 살지만 가산을 탕진할 수 있습니다. 子水 배우자는 정신적으로는 많은 도움을 주지만 물질적으로는 쉽지 않다는 겁니다. 글자 속성이 그러합니다. 格局, 用神은 나를 속여도 글자가 가진 에너지특징은 나를 속이지 않습니다. 글자의 가치가 사주구조와 시공간에 따라 변형되지만 근본 이치는 변할 수 없습니다.

丑月 - 癸辛己

丑土의 지장간에 癸辛己가 있습니다. 甲子, 乙丑의 상황을 생각해보세요. 丙子와 丁丑, 戊子와 己丑, 庚子와 辛丑, 壬子와 癸丑도 동일합니다. 子에서 丑으로 변화하는 시간방향은 子水에서 폭발하는 陽氣가 동해서 결과적으로 일정한 터전 丑土를 만들어냅니다. 그 움직임은 子水가 丑土를 향하기에 원래의 터전에서 멀어집니다. 즉, 있던 공간에서 새 터전이 생기는 것이 아니라 멀리 떠나서 새 터전을 마련하는 것이 丑土입니다. 해외도 포함됩니다. 비행기 두 세 시간 타는 정도의 거리를 丑土라고 표현했는데 새 터전이 열리는 겁니다. 丑土에서 요구하는 것도 子水와 마찬가지로 반드시 과거의 것을 버려야 합니다. 子에서 새롭게 출발하고 丑까지 갔기에 터전이 생겼는데 원래의 터전이 아니라 새로운 땅으로 간 것입니다. 그래서 己丑年에는 사람들이 멀리 떠나려고 합니다. 저도 己丑年 말에 원래의 공간에서 멀리 떠나서 환경에 변화를 주었습니다. 직장을 바꾸고, 일하는 공간을 바꾸거나 직업자체가 바뀌기도 합니다. 다양한 방식으로 과거를 버리는 것이 丑土입니다.

근본터전은 丑土의 지장간 己土 때문인데 엄마 뱃속에서 무력무력 자라서 만삭이 되어가는 상황입니다. 寅에서 엄마 배 속을 벗어나 세상 밖으로 나와야 하기에 丑土와 寅은 터전을 버리고 떠나는 겁니다. 엄마 배속과 같은 丑土는 만삭이 되어야 나올 수 있기에 뿌리에 대한 집착이 매우 강합니다. 주로 식구들, 친척들과 함께 하는데 丑土가 年과 月에 있다면 집안의 어른들과 관계가 깊어서 식구들과 함께 일하기도 합니다. 예로 年과 月이 亥子丑이면 조상, 부모의 뿌리들이 묶여서 함께 합니다. 寅年, 丑月에 태어난 여자분 사주팔자 두 글자를 보고서 부모님께 효녀지만 반드시 고향을 떠나 타향에서 발전하며 고향에 돌아가는 것은 좋지 않지만 항상 부모님을 걱정하고 생각하는 효녀라고 했더니 그렇다고 합니다. 사주팔자 전체를 살핀 것도 아니고 딱 두 글자를 설명한 것으로 丑土의 특징은 모친의 배속처럼 친인척과의 끈을 버리지 못하는 겁니다. 위에서 살폈던 戊子년 己未월 癸丑일 癸丑시 여자 분도 어떻게 하면 동생들을 미국으로 데려가서 편하게 살게 해줄까를 고민합니다. 癸丑이 時에 있기에 주로 동생들입니다. 매년 해외에서 형제들이 만나서 휴가를 보냅니다. 자신의 씨종자를 품었기에 조상에 대한, 친인척에 대한 집착을 버리지 않습니다.

씨종자에 대한 집착이 강력한 것이 子丑 合입니다. 六合 중에서 子丑 合, 午未 合의 끌어당기는 힘이 가장 강합니다. 원래 지구축이 丑未인데 子午로 기울면서 子水는 丑土로 돌아가고 午火는 未土로 회귀하려는 속성이 강하다고 합니다. 인간이 느끼지 못하는 우주의 기운으로 사주팔자에 子丑 合이 있다면 집착이 강합니다. 물론 합의 의미는 宮位에 따라 달라집니다. 日時는 나와 자식, 日月이면 나와 부모, 月年이면 부모와 조부모 사이입니다. 六合의 단점은 시공간을 굉장히 협소하게 활용합니다. 우물 안 개구리처럼 원래의 터전에서 벗어나지 못합니다. 午未 合도 유사한 속성입니다. 子丑 合, 午未 合의 인력이 강하기에 좋다고 인식하지만 협소한 시공간만 활용하여 답답합니다. 묶이면 떨어지기 힘듭니다. 예로 고향 떠나 타향에서 발전하고 싶은데 이상하게 식구들을 벗어나지 못합니다. 이것이 六合의 단점입니다.

坤命				陰/平 1960년 3월 11일 02:00								
時	日	月	年	80	70	60	50	40	30	20	10	0
乙	甲	庚	庚	辛	壬	癸	甲	乙	丙	丁	戊	己
丑	子	辰	子	未	申	酉	戌	亥	子	丑	寅	卯

엄마와 오빠가 계속 돈을 뜯어가지만 안쓰러운 마음에 돈을 주고 만다. 일과 시에서 子丑 合하는데 十神에 국한하지 말고 글자의 쓰임과 시간방향으로 구조를 분석해야 합니다. 甲은 안정적인 터전을 얻으려면 반드시 丑土가 필요합니다. 辰土라고 하는 이론도 있지만 四季圖 이치를 이해하면 甲이 丑土에서 안정을 취하는 이유를 이해합니다. 문제는 丑土를 향하여 갔는데 그 땅 주인이 乙임을 깨닫습니다. 하필 동료, 친구, 경쟁자가 차지한 땅에서 안정을 취할 수밖에 없으니 甲은 丑土의 땅에 미련을 버리지 못하고 탐할 수밖에 없지만 그 대가로 乙에게 땅 사용료를 내야합니다.

문제는 乙의 상태가 좋지 않습니다. 乙은 辰土에서 좌우로 확산하는데 월지에 멀리 있고 子丑 겨울과 같은 땅에서 움직임이 답답합니다. 따라서 甲이 내는 토지사용료를 받아가는 형제, 친구, 경쟁자는 희한하게도 甲이 돌봐야할 정도로 가난합니다. 甲은 이런 사람들이 싫어서 벗어나려고 해도 시공간이 어둡고 협소한 子丑 合에 묶여서 벗어날 수 없습니다. 宮位로 분석하면, 엄마와 오빠는 월지 辰土에 있으며 마른땅이기에 수기가 필요합니다. 子水는 申子辰 三合으로 辰土를 향합니다. 따라서 일지 子水 내가 소유한 것들이 丑土에 들어가 묶이고 辰土에 들어가 묶입니다. 사주원국에서 결정된 시간방향 때문에 이 여인은 엄마와 오빠한테 묶여서 벗어나지 못하는 겁니다.

시공간으로 살피면 子丑 合은 추운 겨울에 냉기만 가득합니다. 丑의 지장간 辛의 냉기와 子, 丑의 지장간 癸水가 湯火(탕화)작용으로 丑土 내부에 가스를 축적하기에 강한 폭발력을 가졌습니다. 辛때문에 냉기를 조장하고 己土 때문에 가스를 내부에 축적하면서도 癸水의 폭발력으로 비틀어진 움직임이 생겨납니다. 나가려는 癸水와 응축하려는 辛己 사이에 발생하는 긴장감을 湯火(탕화)라고 부릅니다. 따라서 丑土는 가스폭발, 연탄가스 사망, 화재, 화상과 같은 물상입니다. 흥미로운 점은 子丑寅은 겨울이고 추우니까 물의 문제가 발생할 것처럼 느끼지만 그렇지 않습니다. 午未申 月에는 물의 문제가 발생하고 子丑寅 月에는 불에 의한 문제가 발생합니다.

乾命				陰/平 1962년 11월 25일 00:00							
時	日	月	年	86	76	66	56	46	36	26	16	6
壬	癸	壬	壬	辛	庚	己	戊	丁	丙	乙	甲	癸
子	巳	子	寅	酉	申	未	午	巳	辰	卯	寅	丑

이 구조에서 화재발생은 좀 이상해 보입니다. 사주원국에 水氣가 많으니 화재가 난다고 생각할 수 없습니다만 甲午 年에 공장에 세 번의 화재가 발생했습니다. 午火가 강력한 수기들을 자극하여 불꽃이 튀어 화재가 발생하였습니다.

丑土 탕화작용은 차가우면서도 끓습니다. 차가운데 火傷을 입는 경우입니다. 丑土의 지장간 癸水는 폭발하고 辛金은 응축하려는 과정에 두 에너지가 정반대로 움직이는 것이 문제입니다. 丑寅午 三字를 湯火라고 설명합니다만 丑土는 지장간 속에 있는 에너지들의 속성이 비틀려서 발생하는 문제입니다.

丑土의 중요한 속성 하나는 지장간 내부에서 辛과 癸사이에 酉子 破가 동합니다. 癸水, 辛金, 己土가 丑土 속에 있는데 癸와 辛을 地支로 바꾸면 酉와 子로 破작용이 발생합니다. 딱딱했던 酉金이 子水에 破당해서 딱딱함을 유지하지 못하고 변질됩니다. 마치 기계가 녹슬고 콩이 부드럽게 변하는 상황입니다. 콩을 불리는 상황을 생각하면 이해가 쉽습니다. 이런 작용은 심각해보이지 않지만 다이아몬드와 같은 酉金의 가치가 망가지는 겁니다. 딱딱해야할 酉金의 물형이 너덜너덜 변질되고 건장하던 육체가 질병에 시달리고, 갑자기 치매에 걸리는 상황과 다를 바 없습니다. 심하면 마약에 찌들어 살아가는 상태입니다. 이미 酉丑辰에서 자세히 다루었으니 이 정도로 정리하고 넘어갑니다.

丑土의 속성을 좀 더 확장해보죠. 丑土의 중요한 속성은 새로운 땅을 원하는데 그 행위를 달리 표현하면 죽음을 암시합니다. 예로 이혼하거나 배우자가 사망할 수도 있습니다. 사람들이 가장 많이 사망하는 달이 丑月이라고 합니다. 亥子丑 영혼의 세계의 마지막 단계인 丑月에 이승에서 저승으로, 저승에서 이승으로 떠나는 것처럼 새로운 땅으로 떠나기에 잘 죽습니다. 일 년 중에서 몇 月에 가장 많이 사망하는지 물었더니 丑月이라고 합니다. 왜 그럴까요? 날씨가 추워서 몸에 이상이 와서 그럴 겁니다. 추위 때문에 가장 많이 사망한다는 논리는 좀 그렇습니다. 추운 지역에 사는 사람들이 많이 죽는다는 주장과 다를 바 없기 때문입니다. 丑土는 사실 亥子丑 윤회과정의 마지막으로 우리가 모르는 기운이 있습니다. 새로운 땅에 가서 정착하라고 요구합니다. 엄마 배속에 있다가 탄생하는 과정을 상상하면 이해가 쉽습니다. 엄마 배속은 원래의 땅이고 세상 밖으로 나오면 丑土에서 벗어난 겁니다. 엄마 배속과 탄생은 큰 차이가 없어 보이지만 말 그대로 하늘과 땅 차이입니다. 저승과 이승처럼 시공간이 전혀 다릅니다. 엄마 배속을 벗어나서 이승에 정착하라는 암시가 있는 것이죠. 그래서 丑土는 원래의 땅을 벗어나야만 하는 겁니다.

둘째, 丑土의 뚜렷한 특징은 바로 집착하는 성격입니다. 丑土가 재미나는 점은 베풀기도 잘하지만 심각할 정도의 구두쇠도 있습니다. 세상은 항상 양면적입니다. 丑土가 재물을 축적하는 방법은 돈을 다림질하여서 빽빽하게 쌓는다고 합니다. 뇌졸 증이나 중풍처럼 갑자기 피가 막힐 정도로 차곡차곡 저장합니다. 그래서 丑土의 속성을 잘못 활용하면 성정이 답답하고, 소통이 어렵고, 혼자 잘 났다고 생각합니다. 또 다른 면으로는 소처럼 희생하고 봉사하는 속성도 강하기에 잘 베풀기도 합니다. 매우 이중적입니다. 위에서 살폈던 癸丑일, 癸丑시 미국 여성분도 잘 베풉니다. 주위 친인척들에게 지극정성으로 도움을 줍니다. 따라서 丑土를 함부로 단정하지 말고 어떻게 행동하는지 살펴야 합니다. 잘 베푸는 사람은 대부분 발전하지만 丑土에서 집착하고, 축적하면 대부분 흉합니다. 가능한 밖으로 내보내야 탕화 작용이 사라집니다. 오래된 물건을 쌓아두거나 습관적으로 특정한 물건을 축적하는 행위는 좋지 않습니다.

坤命			
時	日	月	年
乙亥	己未	癸酉	己丑

나중에 12神煞에서 다루지만 이 사주에는 癸水가 六害라는 神煞입니다. 丑土의 지장간에 있는 癸水와 地支의 子水가 六害로

- 207 -

인간의 정신을 지배하는데 己土에 탁해졌습니다. 丙子大運에 질투심이 많고 남편이 늦게 들어오면 회사까지 쫓아가는 의부 증세로 미쳤습니다. 결혼한 子대운을 시작으로 丁丑대운에도 치료하지 못하고 정신병원에 입원했습니다. 丑土의 집착에서 벗어나지 못한 겁니다.

乾命			
時	日	月	年
丙辰	癸丑	甲午	丙午

1966년 남자입니다. 일지에 丑土가 있습니다. 丑辰 破하고 午丑 탕화 속성이 강합니다. 辰丑으로 동하면 지장간 속에 있는 癸水가 파동을 일으킵니다. 日干도 癸水예요. 인체에서 영혼과 같은 癸水가 상하면 정신이 불안정해지고 심하면 정신병이 발생합니다. 辰未, 丑辰은 酉丑辰 三字조합처럼 한탕을 노리는 속성이 강합니다. 도박, 투기, 마약 혹은 한탕을 노리는 사업을 하다가 파멸합니다.

셋째, 丑土의 지장간에 빅뱅과 같은 폭발력을 가진 癸水가 있기에 내부에 계속 쌓다가 일정 시점에 폭발합니다. 흥미로운 점은 丑土의 반응은 한 박자 느립니다. 丑月에 태어난 여성을 본 적이 있는데 사람들이 웃어도 왜 웃는지 모르다가 한참 후에 웃기 시작합니다. 丑土의 반응이 한 박자 늦는 겁니다.

넷째. 酉丑辰 三字조합에 대해서 언급했습니다만 丑土는 본래의 가치를 상실합니다. 丑土의 지장간 내부에서 酉金(辛金)이 癸水

(子水)에 酉子 破당하기 때문입니다. 가치 높은 씨종자 辛酉가 子水에 폭발하면서 원래의 가치를 상실합니다. 좋게 활용하면 엄청나게 빠른 속도로 재산을 축적하지만 나쁘게 활용하면 딱딱한 물형이 변질되면서 교통사고로 다치거나 사망하거나, 다양한 이유로 육체가 상하거나 도둑, 강도짓 하다가 수감되면서 문제가 발생합니다. 나중에 土에 대해서 다루겠지만 辰戌丑未 중에서 유일하게 丑土는 沖刑을 해야만 합니다. 丑土를 沖刑으로 열어서 창고에 재물이 들어가게 하려는 것이 아닙니다. 丑土에서 발생하는 가치상실 문제를 막기 위해서 필요합니다. 오해하지 말아야 할 것은 丑戌 刑으로 墓庫(묘고)가 열리면 그 속으로 재물이 들어가는 것이 아닙니다. 辰未戌는 물질을 담았을 때 沖刑을 해서 좋을 것이 없습니다. 辰戌丑未는 開庫되어야 한다고 주장하지만 아니라는 겁니다. 나머지 세 글자와 다르게 丑土를 沖刑해야 하는 이유는 丑土의 도둑과 같은 酉子 破작용을 방지하기 위한 겁니다. 丑未 沖으로, 丑戌 刑으로 丑土의 음습한 속성을 해결하는 것이죠. 丑未 沖하면 비록 丑土의 어두운 속성이 모두 제거되는 것은 아니지만 50%는 줄어드는 것으로 봅니다. 丑土의 심각한 문제인 어둡고, 답답하고, 씨종자가 개입되어서 물질에 탐욕을 부리고, 집착이고, 비밀스럽고, 도둑, 강도처럼 불법을 저지르는 문제를 어느 정도 완화시킵니다.

乾命				陰/平 1972년 12월 8일 08:00								
時	日	月	年	87	77	67	57	47	37	27	17	7
丙	戊	癸	壬	壬	辛	庚	己	戊	丁	丙	乙	甲
辰	申	丑	子	戌	酉	申	未	午	巳	辰	卯	寅

이 남자는 乙卯대운 庚午년 18세 3월에 절도죄로 잡혀서 10월

재판에서 징역 5년을 선고받았습니다. 출옥 후에도 정신 차리지 못하고 丙辰대운 辛巳년 29세에 다시 범죄를 저지르고 수감되었습니다. 년과 월에서 壬子와 癸丑으로 굉장히 어둡고 丑土의 특징대로 타인의 물건을 탐하는 속성이 강합니다. 子丑 合으로 그 성정도 극히 협소한 공간만 살피기에 사고방식이 단조롭고 발전적이지 못합니다. 丑土가 열려야 하는데 丑辰 破로 오히려 탐욕만 부추깁니다.

乾命				陰/平 1972년 12월 6일 06:00							
時	日	月	年	88	78	68	58	48	38	28	18	8
辛卯	丙午	癸丑	壬子	壬戌	辛酉	庚申	己未	戊午	丁巳	丙辰	乙卯	甲寅

乙卯대운 丙子년 24세에 사기죄로 수감되었고 丙辰대운에도 적절한 직업에 종사하지 못하고 나쁜 짓을 하면서 살아갑니다. 이 구조도 년과 월의 조합이 어둡고 丑土의 도둑과 같은 속성을 처리하지 못하였습니다.

乾命 1955년			
時	日	月	年
庚戌	丁丑	己卯	乙未

부자사주로 생겼죠? 재물그릇이 얼마정도로 보입니까? 중국 하중기 사례집에 나오는 예문인데 수백억대 재산을 축적했다고 합니다. 일과 시가 丁丑과 庚戌로 丑戌 刑으로 丑土의 문제를 처

리했습니다. 庚金이 丑土에 담기고 丑戌 刑으로 문제를 해결했을 뿐만 아니라 천간에서 乙庚 合하고 火氣로 열매를 확장합니다. 이처럼 辰戌丑未 창고에 물질을 담을 수만 있다면 좋은 겁니다. 물론 陽氣의 물질을 담는 것이 좋습니다. 乙丁己辛癸가 아니라 甲丙戊庚壬을 담아야 큰돈이 됩니다. 이 내용은 墓庫論에서 따로 다룹니다.(2021년에 출판한 三合과 墓庫論 참조바랍니다.) 이처럼 丑土는 沖刑으로 체성을 바꿔야만 도둑과 같은 나쁜 속성이 줄어든다는 것을 기억해야 합니다.

乾命-1936년			
時	日	月	年
己	丙	辛	丙
丑	辰	丑	子

이 남자는 운전수로 丁未大運 57세 癸酉年 酉丑辰 三字로 조합하는 해에 교통사고로 사망했습니다. 酉丑辰 물상 중에서 교통사고로 사망한 사례입니다. 흉하게 발생하는 물상 중에서 가장 흔한 것이 교통사고입니다. 오토바이, 배도 모두 포함합니다.

丑土는 지키려고 할 것이 아니라 베풀어야 복을 받습니다. 베풀지 않으면 病이 찾아옵니다. 日支 丑土 배우자도 그 속성대로 공간에서 떠나려고 합니다. 특히 일지를 포함해서 丑丑으로 복음인 구조는 결혼생활이 좋지 않아서 이혼하는 경우를 많이 봅니다. 하지만 결혼에 대한 미련이 많아서 계속 재혼하려는 경향도 강합니다. 그렇지 않은 경우도 있습니다만 丑土는 아들을 두 명 두는 경우가 많습니다. 丑은 陰이라 짝을 이루려는 속성이 강하기에 나가면 데려오기를 반복하기에 여러 번 결혼합니다.

丑土는 귀신의 속성이 강하다는 것을 설명했습니다. 이런 이유로 죽음을 다루는 상조, 종교, 명리, 철학, 점법과 연관이 많습니다. 酉金(辛金)을 품은 지장간은 조상과 연결되어 있다고 보는데 일종의 업보입니다. 己酉년, 辛丑년, 辛酉년처럼 씨종자를 가지고 태어나면 종교, 명리, 철학과 인연이 많을 수밖에 없습니다. 사주팔자에 丑土가 있으면 전생 업보나 원한의 문제를 잘 풀어야 하므로 제사를 지내는 것이 좋습니다. 년과 월에 辛丑, 辛丑 여성의 경우 조상과의 인연이 강하기에 조상제사는 물론이고 다양한 제사를 지내서 원혼들을 위로합니다. 열심히 제사를 지내기에 큰 탈 없이 살아가지만 그렇지 않으면 丑土에서 접신, 빙의, 정신착란과 같은 문제가 발생합니다. 丑土의 집착하는 성향으로 귀신들이 달라붙기에 제사를 통하여 좋은 곳으로 가도록 원한을 풀어내야 합니다. 인간의 탄생과정에 비유하면, 어머니 배속과 같은 丑土에서 삶의 터전을 얻었을 뿐만 아니라 子丑으로 癸水 영혼과 육체가 결합하는 공간이기에 조상신을 잘 모셔야 문제가 없습니다. 한 가지 빠트린 부분은 酉丑辰으로 만나면 관절염, 신경통, 요통, 임플란트 등으로 뼈가 부실해집니다. 예로 壬辰년에 갑자기 치아가 다 빠졌다는 사주구조에는 酉辰, 酉丑, 丑辰, 酉丑辰과 같은 글자들이 많습니다.

寅月 - 戊丙甲

이제 寅月로 넘어갑니다. 寅月은 드디어 지구에 생명체가 등장합니다. 지구에 존재하는 萬物이자 인간을 포함한 모든 생명체입니다. 탄생을 통하여 존재를 인정받는 상태를 寅이라고 합니다. 나무로 비유하면 뿌리에 해당합니다. 金水木 윤회과정의 첫 단계로 金을 水氣에 풀어서 목 생명체로 내놓습니다. 천간으로는 甲이죠. 甲子, 乙丑, 丙寅으로 지나는 과정에 처음으로 생명체가 지구에 태어난 겁니다. 子水는 생명체를 만들 수 있는 근원적인 에너지이니 생명체라고 부를 수는 없습니다. 동지 세수설과 立春 사이에서 혼동하는 이유입니다. 뱃속에 있는 아이를 생명체로 볼 것이냐의 문제로 엄마 배속에 생명체가 있다는 것은 누구나 알지만 사회에서 그 존재를 인정받을 수는 없습니다. 인도적 측면에서 배 속 아이도 생명체가 분명하지만 명리에서는 寅月을 기준으로 해야 맞는 겁니다. 四柱八字는 태어난 순간의 時空間을 기준으로 하니까 그렇습니다. 태어나지도 않은 아이의 사주팔자를 기록할 방법은 없습니다. 우리는 명리의 이치를 다루는 것이지 일상생활의 논리가 아닙니다.

이처럼 金水木 씨종자에서 생명체로 순환하는 과정의 첫 단계가 寅月로 그 의미는 매우 중요합니다. 지구에 새 생명체로 등장하는 것보다 중요한 일이 있을까요? 막 태어났으니 사망할 위험도 큽니다. 寅月인데 未土가 있거나, 寅月인데 巳午未로 흘러 水氣가 없으면 寅은 생기를 잃고 말라 죽을 수 있습니다. 寅月은 반드시 壬水 생명수로 성장함에도 기존의 古書를 따라서 丙火가 필요하다고 착각합니다. 寅이 사주원국에 巳午未가 많거나 대운이 巳午未로 흐르면 공부는 하지 않고 일찍 사회활동 한다고 했죠? 水氣가 부족하니 공부에 집중하지 못하는 겁니다. 壬水의 속성은 응축하고자 내부를 향하여 침잠하는 겁니다. 內面에 집중하는 것이죠. 하지만 巳午未는 화려한 세상으로 나가는 겁니다. 보통 丙寅간지의 느낌은 굉장히 총명하고 화려해 보이지만 水氣를 적절하게 보충하지 않으면 오히려 공부를 싫어하고 사회로 뛰쳐나갑니다. 만약 壬水를 보충하면 壬甲丙 三字조합으로 총명하고 장기적으로 학업에 집중합니다. 생명체를 기준으로 살피면, 巳午未로 흐를 때 水氣를 보충하지 않으면 寅은 시들시들 말라버립니다. 未를 만나면 寅未로 묘지에 들어가듯 상합니다.

土의 조합 중에서 寅未를 귀문이라고 하는 이유는 寅이 未土에 들어가면 죽는다는 것을 알기에 죽기 싫어서 눈치가 엄청 빠릅니다. 서울대 가려면 사주팔자 원국에 寅未가 있어야 한다는 소리도 있습니다. 寅未로 조합하면 죽기 싫어서 눈치가 빠르고 영리합니다. 사주원국에 壬水가 없는데 운에서 未土가 오면 寅이 未土에 들어가 生氣를 상실하면서 갑작스런 사고나 암과 같은 질병으로 심각해질 수 있습니다.

또 寅巳 刑의 경우, 寅月인데 巳火가 혹은 巳月인데 寅이 옆에 붙어 있으면 巳火가 寅이 가지고 있는 甲의 에너지를 잡아먹습니다. 따라서 甲이 시들해져 질병에 시달리거나 사고로 사망할 수 있습니다. 寅巳 刑 때문에 죽는 것이 아니고 寅 生氣에 문제가 생겨서 죽는 겁니다. 壬水가 강하면 화려한 세상으로 나가지 못해서 발전하지 못하는 단점은 있어도 건강하고 장수합니다. 아무리 돈이 많아도 사주팔자에 生氣가 없으면 질병으로 시달립니다. 채소를 밖에 내놓으면 말라서 시들시들해지는 이치와 다를 바 없습니다. 채소의 生氣를 유지하려면 동쪽에 두어야 하고 묵은 된장은 서쪽에 두어야 합니다. 寅卯辰 동쪽 방향에 나무를 키워야하고 채소의 신선도를 오래 유지하려면 동쪽에 두어야합니다. 묵은 것들은 申酉戌 서쪽에 두어야 합니다.

寅木을 호랑이로만 생각하지 말고 생명체라고 인식해야 합니다. 생명줄과 같으니 인간에게 이보다 더 중요한 것은 없습니다. 酉戌하고 다릅니다. 가을에 열매가 떨어지면 생기, 생명을 잃습니다. 하지만 寅卯辰에 문제가 생기면 목숨이 왔다 갔다 합니다. 그래서 卯月에 태어난 사람은 酉운을 항상 조심해야 합니다. 잘못하면 심하게 상할 수 있습니다. 卯月에 태어난 여자 분에게 2004년 2005년도 甲申년과 乙酉년에 몸이 좋지 않았을 것이라고 했더니 어떻게 아느냐고 반문합니다. 남편과 중국에 처음 왔을 때 적응을 못해서 그런 줄 알았다고 하더군요. 卯木 生氣를 酉金이 자르면 아픈 겁니다. 卯月에 태어났으니까 酉金에 沖당하면 生氣가 상할 수밖에 없습니다. 다만 사주원국의 時에 庚이나 辛이나 酉나 申이 있으면 중년 이후에 卯木을 수확해서 재물로 취합니다. 하지만 단점은 酉金에게 沖 당하기에 재산을 모으지만 육체적으로는 질병이나 사고로 상할 수 있습니다. 寅木을 호랑이나 偏官과 같은 특징으로 규정하는 것은 한계가 있습니다. <u>生氣가 죽느냐 사느냐는 사주를 분석하는 과정에 굉장히 중요한 사항</u>입니다. 寅木이 未土에 들어가는데 壬水를 보충하지 않으면 질병으로 시달릴 수 있습니다. 寅을 생명체로 인식하면 사주구조에서 읽어낼 수 있는 내용이 많습니다.

둘째, 巳酉丑 三合은 巳月에서 丑月까지 丙丁으로 열매를 완성하는 흐름이니까 水氣는 물론이고 木氣도 없애기에 부드럽던 물형이 딱딱해집니다. 사회에서는 조직, 단체, 직장처럼 일정한 틀을 상징하는 물상입니다. 寅木은 巳酉丑 三合을 벗어나는 첫 단계로 저승에서 이승으로 건너오는 것처럼 과거와는 전혀 다른 환경에서 출발 합니다. 위에서 언급한 것처럼, 丑寅은 기존의 시공간에서 벗어나야 하므로 과거와 인연이 없습니다. 과거를 버리고 새 생명을 얻고 새 인생을 살아야 합니다. 혼자이기에 고독하고 외롭습니다. 씨종자들과 함께하던 巳酉丑 三合운동을 벗어나버렸습니다. 터전도 벗어나고 씨종자들의 무리도 벗어났습니다. 씨종자를 풀어내는 亥子丑을 지나 전혀 다른 物形으로 바뀌었습니다. 씨종자를 품은 亥子丑은 씨족사회와 같은 개념입니다. 엄마와 자식, 피붙이들처럼 亥子丑년에는 식구들과 관계되는 일들이 많습니다. 寅卯辰은 함께 성장하는 형제나 친구들과 인연입니다. 巳午未는 화려한 色界로 나갔으니 씨종자와 전혀 관계없는 사람들과 함께 합니다. 申酉戌은 가을에 수확한 열매와 같으니 水木 부모형제와는 거리가 멉니다. 이처럼 寅木은 亥子丑 씨족사회, 피붙이를 벗어난 첫 단계로 혼자서 새로운 인생을 개척할 의무를 가졌기에 고독하고 외롭습니다. 예로 日支에 寅이 있으면 내면은 고독하고 혼자 있는 것을 즐기며 많은 사람들과 함께 하는 것을 즐기지 않습니다. 회사에서는 기획부처럼 독단적으로 활동하거나 많아야 세 명이 팀을 이루어서 움직입니다. 만약 寅에 午火가 붙으면 조직사회에서 가장 뛰어난 조합이라고 했습니다. 寅午와 寅은 의미가 다릅니다. 寅木은 혼자 활동하지만 寅午는 기획에서 실행까지 이어져 있기에 직장생활에 적합하지만 사업은 쉽지 않습니다. 정리하면, 寅은 근본터전을 벗어나 홀로 새 길을 개척하기에 고독합니다. 2009년 己丑年과 2010년 庚寅年에 새로운 터전으로 떠나갑니다. 새 직장을 찾아갑니다. 환경에 변화를 주고 집도 이사하면서 기존의 공간을 바꿉니다. 하늘에서 우리에게 요구하는 것은 떠나라는 것이지만 기분 좋게 떠나는 상황은 아닙니다. 丑과 寅이 연결되면 묘한 속성이 있어요. 丑土에 담겨진 것들이 寅에게 넘겨집니다. 丑土 지장간에 있는 씨종자 辛을 寅 지장간 甲으로 물형을 바꿔야 합니다. 따라서 丑寅사이는 死에서 生으로 넘어오는 과정에 전생업보가 이어집니다. 酉金을 寅으로 꺼내 놓았으면서도 전생업보에서 철저하게 분리되지 못하고 강력한 끈이 연결되어 있습니다.

하지만 먼 곳으로 떠나기 위해서 丑寅이 밀어내는 속성까지 있으니 둘 사이의 움직임은 참으로 오묘합니다. 이런 丑寅의 관계로 발현되는 물상은 불법, 비리, 야반도주, 재물을 강탈해서 도망가기, 의도적 부도, 은행털이, 타인의 배우자를 빼앗는 행위, 성폭행 등입니다. 丑土에 있는 씨종자를 寅으로 강탈하는 과정에 떨어지지도 못하면서 탈출을 시도하는 복잡한 움직임입니다. 끌어당기는 힘이 강해서 떨어질 수도 없습니다. 모친이 아이를 낳고 애지중지 바라보는 모습입니다. 지장간으로 살피면, 丑寅의 지장간에 合이 세 개나 있습니다. 甲己合, 丙辛合, 戊癸合으로 연결되어 끌어당기는 힘이 강력합니다.

坤命-1974년			
時	日	月	年
庚	己	丙	甲
午	丑	子	寅

乾命-1964년			
時	日	月	年
丙	己	癸	甲
寅	丑	酉	辰

2004년 甲申년 상황으로 여인과 유부남은 깊은 관계에서 벗어나지 못합니다. 남자의 부인이 둘의 관계를 알았음에도 이혼하고 자기와 결혼해줄 것을 기대합니다. 두 사주의 공통점은 모두 丑寅이 있기에 엄청난 집착을 가졌습니다.

또 寅은 세상을 이끌어가는 지도력이 강하고 땅을 지배하려는 성향이며 학문에 비유하면 유교입니다. 공자의 가르침과 유사하지만 아무리 가르쳐도 구만리 길입니다. 戊寅일에 손님이 주식이나 부동산투자를 하려고 한다면 단기로는 어렵고 장기투자를 해야만 합니다. 이제 막 세상에 나왔기에 금방 결실을 얻을 수는 없습니다. 공자가 국가를 다스리는 방식을 설파하고자 전국을 돌아다녔지만 오랜 세월이 흘러서야 비로소 그 뜻을 이해했습니다. 이처럼 寅의 꿈이 실현되려면 오랜 시간이 필요합니다. 寅卯辰은 단기투자에 적합하지 않습니다. 만약 申酉戌이 강하면 단기간에 수확하려는 속성이 강합니다. 중간과정에 흥미가 없으며 결론만을 중시합니다. 하지만 寅卯辰은 봄에 나무를 키워야

하는데 하루아침에 성장할 수는 없습니다. 따라서 사주팔자에 水木이 많으면 단기투자는 불가능합니다. 장기간 성장에 주력하고 가을에 이르러서야 비로소 수확할 수 있습니다.

▬제 6강▬

◆ 12地支

寅月 - 戊丙甲

卯月 - 甲乙

辰月 - 乙癸戊

巳火 - 戊庚丙

十干과 12地支로 삼라만상의 순환원리를 표현하였습니다. 삼라만상이 드러내는 이치를 인간이 창조한 60개의 干支로 표현한 것입니다. 계속 十干과 12支의 근본개념에 대해 살피는 중입니다. 기존에 학습하는 十神과 生剋으로는 이해하기 힘들기에 자연에서 알려주는 이치를 시간, 에너지, 움직임으로 十干의 의미를 살폈고 지금은 地支를 이어서 하고 있습니다. 이 과정이 끝나면 四季圖를 통하여 四季가 어떤 방식으로 순환하는지 학습하면 우리가 어디에 있는지 이해하고 세상 돌아가는 이치를 깨닫습니다. 사실 사주팔자는 命理의 가장 하부단계입니다. 지구자연의 모든 것을 표현한 十干으로 종교와 철학은 물론이고 물질과 심리, 인간관계도 설명이 가능해야 합니다. 세상 모든 이치를 十干과 12支로 이해하고 설명하는 것입니다. 그중에서 극히 미세한 부분을 살피는 것이 四柱八字에 해당하지만 잘못된 인식은 十干과 地支는 인간의 사주팔자를 판단하고자 만들었다고 생각합니다.

十干은 四柱八字 때문에 만든 것이 아니며 지구자연의 순환원리를 표현한 시공간부호입니다. 四柱八字는 지구자연 전체범위에서 극히 일부에 불과한 개인의 운명에 대한 것입니다. 十干과 12支를 학습하는 이유는 지구자연을 이해하려는 것입니다. 종교, 철학을 포함하여 세상의 모든 이치를 뚫어보는 겁니다. 四季圖는 자연의 순환원리에서 발현되는 정신과 물질의 모든 것을 담아냈습니다. 十干과 十二支는 참으로 위대한 발명품입니다. 12支 학습이 끝나면 세상이 어떻게 돌아가는지 陽陰, 時節, 天干 合, 사계순환원리, 12支의 근본이치를 학습합니다. 근본이치를 이해하면 그 다음부터는 쉽습니다. 처음부터 사주팔자를 풀려고 하므로 어렵다고 느낍니다. 학습할수록 어려운 이유는 기본을 무시하고 사주팔자를 푸는 기교만 학습하기 때문입니다.

저번 강의에서 寅까지 했는데 세부내용은 다루지 않았습니다.

寅月 - 戊丙甲

寅木의 가장 중요한 의미는 生氣입니다. 생명과 같은 것으로 문제가 생기면 죽는다고 했습니다. 또 萬物(만물)이자 생명을 가진 모든 것으로 세상을 이끌기에 책임이 막중합니다. 甲이나 寅은 선구자가 되기 위해서 반드시 공부해야 합니다. 공부하지 않으면 지도자 역할을 적절하게 못합니다. 寅의 가치는 얼마나 학습하느냐에 달렸습니다. 공부해서 지도자의 길을 갈 것인가 아니면 공부는 멀리하고 巳午未 화려한 세상에 나가서 돈을 벌 것인가에 따라서 차이가 납니다. 공부는 멀리하고 일찍 사회에 진출하면 발전하는데 한계가 있습니다. 지도자가 공부하지 않았으니 자격이 없습니다. 子月에 노자, 맹자, 공자가 지도자, 창조자인 것처럼 寅과 子水는 교육과 밀접한 관계가 있습니다. 未土와 더불어 학문의 별입니다. 癸水, 甲木, 甲子 子寅은 공부하는 글자와 조합입니다.

둘째, 寅木은 고독합니다. 단체를 이루지 않습니다. 사자는 단체를 이루지만 호랑이는 혼자 논다고 합니다. 싸움을 해도 호랑이는 홀로 싸우는 특징을 보인답니다. 고독할 수밖에 없어요. 세상에 홀로 나왔으니 함께하는 것이 어렵습니다. 그렇다고 반드시 혼자도 아닙니다. 가장 친한 한두 명 정도와 함께 합니다. 나무에 비유하면 뿌리에 해당하니까 기획, 창조능력은 뛰어나기에 기획부에서 두각을 나타내지만 대외활동, 영업활동에는 적절하지 않습니다. 만약 巳火나 午火가 있으면 기획하고 실행하는 능력을 갖춘 겁니다. 문제는 寅이 巳火와 조합하는 것과 午火와 조합하는 것은 전혀 다릅니다. 寅巳 刑으로 寅 생기가 상할 수 있지만 寅午는 寅午戌 三合으로 적절한 조합입니다. 물론 寅午도 水氣가 부족하면 성장에 한계가 있습니다. 寅은 고독하고 기획하는 것인데 午火와 조합하는 순간 단체, 조직속성으로 변하는 겁니다. 寅巳는 기획, 광고, 홍보하는데 刑의 문제로 生氣가 상하는 문제가 있다는 것을 기억하면 됩니다.

셋째. 丑土에서 설명했지만 丑土의 지장간에서 발생하는 酉子破 문제로 신기(神氣)가 있는데 그 업보를 寅木과 卯木이 타고 올라옵니다. 丑土에 감추어진 업보가 寅으로 전달되는 겁니다. 寅木이 땅을 뚫고 나오면 卯木이기에 丑寅卯 사이에 前生의 기운이 연결되는 겁니다. 이런 이유로 丑寅卯에는 神氣와 같은 예지 능력이 있습니다. 촉이 강해서 사람의 운명을 읽거나 상대를 읽는 행위들입니다. 종교색채와도 연결되며 느낌으로 상대를 뚫어 봅니다. 丑寅卯는 귀신들과의 인연도 강하기에 명리공부를 해주는 것이 좋습니다.

넷째 寅木은 자존심이 강하고 독립적이기에 타인의 지배를 거부합니다. 甲寅이 모두 있으면 그런 성향이 더욱 강합니다. 타인에게 해를 끼치지 않지만 남이 지배하는 것을 거부합니다. 선구자, 지도자로 태어났기 때문입니다. 따라서 열심히 공부하지 않으면 오히려 흉해집니다. 쓸데없이 고집과 자존심만 강하고 뻣뻣합니다. 다섯째, 寅은 寅卯辰으로 연결되어 장기적입니다. 새싹에서 열매까지 과정을 기간으로 살피면 됩니다. 열매를 완성하는 기간을 살피면 寅卯辰에서 출발하여 申酉戌 가을에 열매로 수확하려면 오랜 시간이 필요합니다. 빨리 수확하려는 사람들은 申酉戌이 많습니다. 寅卯辰日에 상담하러 왔다면 가능한 멀리 보고 해야 합니다. 주택구매도 5년 이상을 고려해야 하고 학업도 5년 이상 생각해야 합니다. 장사도 당장에는 수익을 보기 어려우니 장기투자로 진행해야 합니다. 寅은 뿌리를 단단히 내려야 위로 올라갈 수 있습니다. 장기적인 학습을 필요로 하는 의료, 검경에 적절합니다. 초년에 寅에서 학업을 중단했는데 중년에 水氣를 만나면 사회활동을 하지 못하고 뿌리내기 위해서 내부로 들어갑니다. 돈은 있으나 학문이 짧은 것을 한탄하는 이유도 모두 공부해야할 시기에 집중하지 못했기 때문입니다.

여섯째, 寅은 타향에서 발전합니다. 丑土에서 새로운 땅으로 떠났으니까 寅에서 그 땅에 정착해서 살아갑니다. 표현을 달리하면, 丑土 寅木이 타향으로 가지 않으면 발전하기 어렵다는 것을 암시합니다. 하지만 寅卯辰은 동일한 뿌리와 같아서 형제, 식구들과 유대관계를 유지하려는 이중적인 성향입니다. 멀리 떠나야 하면서도 식구들과의 인연을 소중하게 여깁니다. 멀리 떨어져 있다고 해도 마음은 함께 합니다. 이런 이치는 사주팔자와 상관이 없을 듯해도 동일합니다.

일곱째는 寅木은 피를 부르기에 상처, 흉터가 남습니다. 나중에 寅巳申亥 子午卯酉 할 때 자세히 다루겠지만 寅의 지장간을 분석해보면 스스로 寅巳 刑합니다. 水氣가 증발하면서 생기가 상하는 문제입니다. 지장간에 戊丙甲이 있는데 강력한 甲이 막 태어난 寅午戌 三合의 출발점 丙火를 生하다가 시간이 흐르면 丙火와 寅巳 刑하기에 生氣가 상하는 겁니다. 부연설명하면 戊丙甲 중에서 丙甲을 地支로 내리면 寅巳이기에 스스로 刑하는 방식으로 物形을 조절합니다. 寅 生氣가 상하는 과정에 흉터, 상처를 남기는 것입니다. 주로 얼굴에 흉터가 있는 것이 좋습니다. 戊丙甲이 조합하면 성형수술이라고 했습니다. 水氣가 없기에 甲이 戊土의 마른 땅을 뚫어 버립니다. 인체의 표면이 상하는데 丙火로 조합하니 피부를 아름답게 꾸며야 합니다. 寅이 있는데 육체가 흉터가 없다면 성형하거나 피를 볼 일이 있기에 어려서 흉터를 가지는 것이 좋을 수도 있습니다. 이런 이유로 寅月에 의사가 많습니다. 우리가 탄생하는 과정에 반드시 피를 봐야하기에 직업을 의사로 활용하는 겁니다. 水氣가 적절하면 의학박사입니다. 동일한 이치로 寅巳申亥는 스스로 刑합니다. 지장간은 자연에서 보여주는 자연스러운 조정과정을 자세하게 설명해줍니다. 寅巳, 巳申, 申亥, 亥寅은 스스로 조절해야 사계를 순환하기에 반드시 刑하는 겁니다.

여덟째, 寅의 고독, 지배받지 않으려는 속성으로 중년에 고독해집니다. 과부, 홀아비와 같은 물상이죠. 이혼하지 않으면 별거와 같은 식입니다. 혹은 잦은 출장이나 주말부부처럼 떨어져 살아갈 일들이 많습니다.

坤命-1924년			
時	日	月	年
丙午	甲寅	丙寅	甲子

寅寅이 복음으로 일지 배우자 궁위에 있는데 壬戌대운이 오면 寅午戌로 三合을 이룹니다. 1964년 甲辰年에 삼합과 진토가 沖하니 남편이 사망했습니다. 日支 38~45세 사이에 문제가 발생하였습니다. 시공간이 반응하는 방식에 대해서 학습하겠지만 壬戌干支도 묘한 殺氣가 있습니다. 寅午戌 三合이 辰戌 沖하는 문제와 상관없이 壬戌干支에 내재된 殺氣입니다. 地支로 바꾸면 戌亥로 가을에 얻은 씨종자를 亥水에 넣고 극도로 응축해버립니다. 책 宮位論에서 亥水에는 생명체가 없다고 설명했으며 임신

하기도 어려운 공간이라고 했습니다. 子水에 가야만 생명체를 만들어낼 에너지가 생겨납니다. 壬戌日에 태어나 火氣를 戌土에 담으면 많은 재산을 축적하지만 壬戌이 운에서 오는 것은 살기를 품은 에너지가 오는 겁니다. 戌亥가 블랙홀처럼 生氣를 가진 생명체들을 亥水에 응축해서 生氣가 사라지는 겁니다. 辛未, 壬戌간지는 무섭습니다.

아홉째 寅木은 숫자로 3입니다. 法도 삼각형 모양입니다. 寅木이 甲이며 지도자 역할을 하는데 다스리는 대상은 戌土 지구이자 백성입니다. 땅의 모양을 바꿀 수 있는 것은 木입니다. 땅 위의 나무들이 물형에 변화를 줍니다. 甲을 땅 위에 존재하는 생명체로 인식하고 그들의 터전을 戌土로 생각해야 합니다. 그래서 甲寅은 법이자 통치입니다. 甲寅과 庚申이 다투면 법의 문제가 발생할 수 있는데 寅은 법처럼 정당하게, 공평하게, 논리적으로, 균형을 유지합니다. 만민을 평등하게 대합니다. 寅日 상담은 숫자 3이나 세 명을 이야기 합니다. 두 명밖에 오지 않았다면 한사람은 밖에서 기다립니다. 卯日은 숫자 2로 두 명이고, 申日은 숫자로 4, 네 명입니다. 일지를 쓰다보면 일정한 숫자를 발견합니다.

卯月 - 甲乙

卯月은 명리에서 굉장히 중요한 공간입니다. 子午가 지구 축으로 만물을 통제하고, 좌右는 물질계를 상징하는 卯酉가 조절합니다. 子水에서 壬에서 癸로 전환한 이유는 水生木으로 木氣를 만들려는 것이고 午火에서 丙에서 丁으로 전환한 이유는 酉月에 열매를 완성하기 위한 겁니다. 이런 움직임의 본질은 A의 상황을 B로 바꾸려는 겁니다. 子水공간에서는 壬水의 극도로 응축된 상황을 봄을 향하도록 癸水로 전환하고 午火에서는 丙火의 분산하는 속성을 가을을 향하도록 丁火의 수렴작용으로 전환하기에 卯木과 酉金이 반응합니다. 卯木이 甲과 乙을 전환하고 酉金이 庚과 辛을 전환합니다. 이런 움직임에서 중요한 의미는 陽界와 陰界에서 활용하는 에너지들이 갑자기 변합니다. 卯木에서 甲 땅속, 보이지 않는 공간속성이 乙 땅밖, 환하게 드러나는 공간으로 바뀝니다. 이런 움직임은 지구에 존재하는 十干들의 작용을 바꾸어버립니다.

四季圖의 이치대로 陽界와 陰界에서 전혀 다르게 활용하던 에너지들의 움직임이 갑자기 변해버립니다. 壬水, 丁火, 己土, 甲木, 辛金은 그 작용을 상실하고 癸水, 乙木, 丙火, 戊土, 庚金들은 갑자기 활발하게 움직입니다. 굉장히 중요한 변화입니다. 寅月과 卯月의 공간상황은 전혀 다릅니다. 寅은 땅 속에 있지만 卯木은 땅 밖으로 나가려는 의지가 강렬합니다. 寅時에 일어나면 활동하기에 이르지만 卯時에는 집 밖으로 나갑니다. 더 이상 내부에 머물러야할 필요가 없으며 밖에서 활동을 시작할 수 있습니다. 따라서 근본터전을 지키지 못하는 것이 卯木입니다. 좌우확산은 잘하지만 지키는 행위는 어렵습니다. 乙일간의 경우는 남자, 여자가 모두 가정 일을 못할 수 있습니다. 에너지 속성이 안에서 밖을 향하기 때문으로 사회활동은 잘합니다. 月支가 卯木이면 밖으로 나가야 합니다. 卯辰巳, 乙癸戊는 밖을 향합니다. 봄에는 집안에 있을 수 없습니다. 해외에 나가고, 산과 들을 돌아다니기에 집을 지키지 못하는 겁니다. 甲과 乙은 寅에서 卯까지로 땅 밖으로 나오면서 陽氣가 陰氣로 바뀝니다. 물질을 상징하는 陰氣는 짝을 이루기에 卯木의 글자 모양도 두 개의 대문처럼 갈라져 있습니다. 절대로 한곳에 집중하지 못합니다. 이 이야기 하다 갑자기 저 이야기 하고 결론이 없습니다. 항상 새로운 것에 흥미를 갖습니다. 하던 일을 마무리하고 새 일을 시작하는 것이 아니라 동시다발적으로 진행합니다. 100번을 질러서 한두 개 성공하면 된다고 생각합니다. 따라서 乙木, 卯木 쫓아가다가는 가랑이 찢어집니다. 하나씩 세부적으로 살펴보겠습니다.

卯木은 집중력이 없으며 마무리가 어렵거나 마무리할 생각을 하지 않습니다. 卯木은 봄에 生氣를 최대로 확산시켜야 하는 사명감을 가지고 태어났기에 딱 거기까지만 하면 되는 겁니다. 따라서 卯木은 진행하는 일의 완성을 이루지 못하며 또 이룰 필요도 없습니다. 가능한 많은 生氣를 퍼트리려면 사방팔방으로 펼치면서 확산해야 하므로 집중하는 움직임은 필요하지 않습니다. 항상 바쁘게 살아가는 卯木이 상응하는 결과를 얻으려면 반드시 乙庚 합하거나 卯申 합해야 합니다. 다만 문제는 卯木의 속성이 庚申 내부로 사라져 金으로 바뀌기에 卯木은 자신이 행했던 결과를 보지도 못하고 사라집니다. 卯木의 결과물은 결국 庚申이 취하는 겁니다. 이것이 卯木의 숙명입니다.

간지조합으로 살펴보면, 乙巳와 甲申이 조합하면 乙에게 좋습니다. 그 이유는 甲을 의지하고 또 甲이 만들어 놓은 申을 巳申으로 연결하여 취할 수 있습니다. 따라서 乙巳가 甲申을 옆에 두고 취할 수 있으면 乙에게 굉장히 좋습니다. 또, 乙巳일에 태어났는데 年과 月에 申이나 酉가 있다면 돈과 명예를 취하기 좋습니다. 그 이유는 乙巳일의 행위에 대한 결과가 年과 月에 열매로 완성되었으니까 日支 巳火와 연결하여 재물과 권력을 취할 수 있는 능력을 乙巳가 가진 겁니다. 만약 甲申이 없거나 년, 월에 庚辛, 申酉가 없고 乙巳만 있다면 乙木의 좌우확산 운동은 적극적으로 펼치지만 결과를 얻기 어렵습니다.

	坤命-1960년		
時	日	月	年
丙戌	乙巳	乙酉	庚子

이 여인은 2004년 당시에 45세였는데 건설공무원을 돈과 미인계로 매수하여 부동산투자로 30대 말에 이미 3천억 재산을 모았다고 합니다. 乙巳일의 결과물이 庚과 酉로 년과 월에 있으니 국가, 사회의 정책을 활용하여 재물을 축적하였습니다. 특히 천간에서 乙丙庚 三字조합으로 돈에 흥미가 지대합니다.

만약 乙巳일에 태어난 여명이 사주원국에 庚辛이 없다면 남편의 능력이 떨어집니다. 그 이유는 巳의 지장간에 있는 庚이 꽃으로 드러났습니다. 庚金은 巳酉丑 三合운동을 하는데 巳火의 지장간에 있는 庚金의 물형은 화려한 꽃에 해당합니다. 따라서 乙의 남편 庚은 꽃처럼 외모는 화려하지만 아직 사회활동 능력은 떨어집니다. 따라서 乙巳일 여자는 잘생겼지만 아직 어리숙한 남편 庚金을 보살피고 키워줍니다. 비유하면 자신이 사회활동해서 집에서 놀고 있는 남편을 보살핍니다. 巳의 지장간에 丙, 庚이 있는데 乙이 丙火를 향하고 丙火는 庚을 향하여 빛을 방사하면 꽃처럼 펼쳐지긴 해도 열매로 완성되기 까지는 시간이 필요합니다. 외형은 화려하지만 능력은 떨어지는 남편이 분명합니다. 하지만 乙巳가 甲申月과 조합하거나 年과 月에 庚申, 辛酉가 있다면 자신의 능력도 좋고 남편의 능력도 뛰어납니다. 巳火에서 어린아이에 불과했던 庚이 年과 月에 성숙한 열매로 완성되어 등장하였기에 남편의 능력이 좋은 겁니다. 정리하면, 乙巳의 巳

火는 巳酉丑 三合의 출발점인데 지장간의 庚 남편은 화려한 꽃과 같습니다. 乙木은 의젓한 남편 庚申을 필요로 하는데 巳火속에 있는 화려한 庚을 남편으로 둔 것이죠. 庚은 수렴되어야 열매로 바뀌기에 巳火에서는 화려해도 열매로서의 존재를 드러내지 못합니다. 庚은 "딱딱해지다"의 움직임인데 巳火는 六陽으로 꽃을 활짝 펼쳤기에 겉은 화려하지만 실속은 없는 겁니다. 얼굴은 잘 생긴 미남이지만 사회활동 능력은 떨어지는 겁니다. 따라서 乙巳여인은 사회활동 하면서 庚남편을 丙火로 확장시켜 주겠다는 욕망을 가졌습니다. 乙의 좌우확산 움직임을 적극적으로 펼칠 수 있는 丙火가 巳의 지장간에 있기에 결과적으로 庚 남편의 성장을 촉진합니다. 乙木은 丙火를 향하고 丙火는 庚을 향하는 시간방향은 바뀌지 않습니다.

둘째, 卯木은 年煞의 속성입니다. 도화라고 하는데 본질은 목욕과 유사합니다. 三合운동의 두 번째, 12운성의 두 번째 단계입니다. 巳酉丑 三合과정 첫 단계 巳火 장생은 三合운동의 목적과는 정반대로 활짝 펼칩니다. 長生이기에 상응하는 기운이 동한 것처럼 인식하는데 딱딱하기는커녕 극도로 부드럽습니다. 長生 개념을 간단히 정리해보면, 어떤 기운이 처음 생긴 것이지만 三合운동의 움직임과는 정반대라고 이해해야 합니다. 예로 甲은 亥卯未 三合운동을 통하여 끊임없이 성장합니다. 따라서 원래의 부피, 무게, 중량을 키우는 움직임이 분명합니다. 먼저 하강하지만 결과적으로 밖으로 향합니다. 따라서 甲은 亥水에서 장생한다고 표현하지만 성장하려는 성향이나 속성이 없습니다. 六陰으로 壬戌干支 그리고 戌亥천문으로 설명한 것처럼 블랙홀과 같아서 만물의 성장이 소멸된 공간입니다. 하지만 오묘한 자연의 이치는 위로 성장하려면 반드시 亥水의 무한응축 과정을 거치도록 하였습니다. 그리고 두 번째 단계인 子水에서 壬水가 癸水로 전환하면 비로소 성장 움직임을 시작합니다. 다만, 무한응축 과정이 없다면 癸水로 폭발하지 못합니다. 예로, 개구리가 움츠렸기에 앞으로 튀어나갑니다. 이처럼 甲이 亥에서 장생하니까 성장속성이 있다고 생각하지만 전혀 그렇지 않습니다.

亥水에 生氣가 없는 이유는 이렇습니다. 酉金이 열매로 떨어져 戌土에 들어가 丁火의 도움으로 열을 축적합니다. 戌土의 지장간에 있는 丁火가 辛에게 열기를 가하고 亥水에 들어가면 子水에서 폭발하면서 생명체를 만들어낼 에너지가 생성됩니다. 酉金 콩이 亥水에 들어가 丁壬 合하면 딱딱했던 콩 내부에서 분열이 일어나는 겁니다. 丑月에 이르면 콩 내부에서 콩나물로 바뀌려는 움직임이 강해지고 寅月에 콩나물이 밖으로 나왔습니다. 이 과정의 첫걸음인 亥水에는 딱딱한 콩만 있으며 부드러운 콩나물 속성은 생겨나기도 전이라는 겁니다. 단지 콩이 콩나물로 바뀔 터전은 마련한 것에 불과합니다.

이처럼 三合운동의 실질적인 움직임은 두 번째 단계에서 시작되는데 그 움직임을 12운성으로 浴地(욕지), 신살로 桃花(도화)라 부릅니다. 처음으로 三合운동의 움직임이 출발해서 불안정하다는 것을 암시합니다. 과거에서 미래로 향하는 첫 단계에서 그 상황이 급변하니까 불안정하다는 의미를 표현한 것입니다. 亥卯未 三合운동에서 甲이 子水를 만나면 목욕, 도화로 표현하는데 그 이유는 甲이 子水에서 壬水와 癸水를 모두 만나기에 응축할지 폭발하여 나가야할지 헷갈리는 공간을 만났기 때문입니다. 壬水를 만나 뿌리를 내려야 하나? 癸水를 만나 위로 올라야 하나? 두 에너지 사이에서 갈등하는 움직임을 목욕, 도화라고 표현하였습니다. 중심을 못 잡아서 불안정한 상태입니다. 정리하면, 年殺, 桃花, 沐浴은 모두 불안정한 상태에서 성장하고자 노

력하는 움직임입니다. 과거에는 시녀라고도 표현했는데 三合운
동을 출발하고자 처음으로 기운이 동하는 상황이라고 기억하면
됩니다. 또 그 움직임 이전 상태 亥水는 무한응축하면서 성장을
거부하기에 성장의 기세가 전혀 없다고 이해해야 합니다.

巳酉丑 三合운동으로 살펴보죠. 巳酉丑의 움직임은 부드러운 물
형을 점점 딱딱하게 만들어갑니다. 庚의 움직임이 가진 속성으
로 9개월에 걸쳐 이루어집니다. 부드럽던 물형을 딱딱하게 만들
어가기에 그 속성을 庚으로 규정하고 巳火의 부드러움이 딱딱해
지면 申金, 丁火 熱을 품어서 최대로 딱딱해진 물형을 酉金이라
고 표현합니다. 巳午未 申酉戌 亥子丑 9개월 과정의 출발점 巳
火는 "딱딱해지다"와는 정반대로 움직입니다. 亥水는 무한응축,
巳火는 무한분산 하므로 "딱딱하게 하다"는 기운이 전혀 없습니
다. 그렇다면 왜 巳火에서 장생하느냐? 펼쳐야 수렴할 수 있기
때문에 그렇습니다. 만물의 이치는 다를 바 없습니다. 巳火에는
巳酉丑 三合 속성이 전혀 없지만 둘째 단계인 午火에서 목욕,
도화, 년살로 움직임이 시작됩니다. 午火의 지장간에 丙丁이 있
기에 丁火가 수렴운동을 시작합니다. 그래서 庚午는 그 움직임
을 헛갈려 합니다. 丙火로 분산하고 丁火로 수렴하는 속성을 모
두 가졌기에 그 움직임이 불안정합니다. 巳酉丑 三合운동의 실
질적인 첫 걸음입니다. 정리하면, 巳火에서 장생하지만 삼합운
동의 속성과는 정반대 움직임이다. 그런 기운이 있었기에 두 번
째 단계에서 삼합운동을 시작하고 이 과정을 장생과 목욕이라
부릅니다.

壬水는 申子辰 삼합운동을 합니다. 申酉戌 亥子丑 寅卯辰 9개
월을 거치는데 申에는 응축의 움직임이 없습니다. 반드시 酉月
에 가서야 壬水의 정반대편에 있는 丙火의 분산작용을 무력하게

만듭니다. 卯辰巳月이 봄의 속성인데 卯木, 辰土, 巳火는 무언가를 내부에 저장하려는 움직임이 전혀 없습니다. 따라서 사주에 卯辰巳가 많은 사람들은 감추려는 속성이 없습니다. 여름에 활용하는 천간 에너지들 "戊丙庚" 세 글자도 저장하려는 성향은 별로 없습니다. 庚의 딱딱해지는 운동은 申酉戌에서 집중적으로 이루어지고 酉月에 딱딱함을 완성하고 열매가 땅으로 떨어집니다. 따라서 申月에는 丙火, 丁火로 열매를 확장하고 내실을 다지는 상황입니다. 여름의 戊丙庚은 丙火가 戊土에 빛을 방사하고 庚을 키우지만 가을에 사용하는 丁辛己는 丁火가 辛을 최대로 수렴하면 壬水에 풀어져 물형에 변화를 줍니다. 金에서 木으로 바뀌는 과정으로 반드시 壬水가 필요합니다. 이처럼 동일 오행이지만 庚申은 丙火를 원하고 辛酉는 壬水를 원합니다. 또, 甲寅은 壬水를 원하고 乙卯는 癸水와 丙火를 원합니다. 나중에 자세히 설명합니다만 壬甲, 癸乙, 乙丙, 丙庚, 丁辛, 辛壬 이런 식으로 사계가 순환합니다.

따라서 申子辰 三合의 출발점 申은 여전히 丙火를 필요로 함에도 申子辰을 水 三合이라 부릅니다. 酉月에 가서야 비로소 庚이 辛으로 바뀌는데 그 이유는 辛이 丙火와 丙辛 合해서 분산움직임을 막아버리고 壬水의 응축작용으로 전환시키는 겁니다. 이런 이유로 壬水가 酉金을 만나면 목욕, 도화라 부릅니다. 壬申, 丙寅干支의 경우 장생이라 부르지만 오히려 시간이 오래 걸리는 개념으로 이해하면 됩니다. 壬申과 丙寅은 목적을 이루려면 많은 시간이 필요합니다. 申子辰 三合운동의 실질적인 움직임은 酉月에 가서야 壬水의 속성이 드러납니다. 酉월의 지장간에서 庚에서 辛으로 바뀌기에 壬水가 움직이기 시작합니다. 천간에 응용해봅시다. 庚壬과 辛壬의 경우에 어느 조합이 적절할까요? 庚辛이 비록 동일한 오행이지만 의미는 전혀 다릅니다. 당연히

辛壬 조합이 적절합니다. 庚이 壬水를 生하는 것은 적절하지 않습니다. 庚 내부에 丙火를 품었기에 壬水를 生하는 것은 적절한 배합이 아닙니다. 乙庚 合하고 丙火를 배합하거나, 寅午戌로 庚을 자극하여 辛처럼 바꿔주어야 壬水와 庚의 배합이 적절해 집니다. 庚에서 辛으로 바뀌는 이유는 내부에 丙丁 빛을 열로 축적하기 때문으로 먼저 庚에게 열을 가한 후 壬水와 조합해야 壬辛 조합처럼 적절해집니다. 이런 관계를 살피는 것을 三字 조합이라 부르며 나중에 자세히 다룹니다. 다른 예로, 甲이 丙火를 生하는 것과 乙이 丙火를 生하는 것은 직위, 권위, 명예, 재물측면에서 다릅니다. 甲이 丙火를 生하지만 시공간이 적절하지 않습니다. 위에서 丙寅은 장기적이라고 표현했습니다만 그 의미는 바로 빠르게 활용하지 못하는 겁니다. 十神으로 印星인데 조합이 적절하지 않아서 乙에 비해 그 쓰임이 떨어집니다. 예로, 丙日이 乙丑 月을 만나면 丑月의 공간이 적절하지 않지만 乙이 丙火를 향하는 움직임이 있기에 甲보다 좋습니다. 마찬가지로 壬水가 辛을 만나면 庚과 조합하는 것보다 시공간이 훨씬 적절합니다. 이것이 <u>天干조합의 시공간 상황을 살피는 방법</u>입니다.

원래 주제로 돌아와서, 申子辰 三合은 壬水의 응축운동인데 출발점 申月은 丙火의 분산작용이 강렬하기에 응축운동이라고 표현하지 못하고 두 번째 단계 酉月에 가서야 비로소 丙火가 답답해지면서 실질적인 응축운동을 시작합니다. 이런 酉金의 행위를 우리는 도화, 년살, 목욕이라 부릅니다. 마지막으로 寅午戌 三合의 경우도 동일합니다. 무한분산 과정이지만 寅月에는 오히려 壬水의 기운이 강렬합니다. 여전히 땅 속에서 뿌리로 성장하기에 壬水가 寅에게 水氣를 공급합니다. 卯月에 새싹이 땅 밖으로 튀어나가야 비로소 丙火의 분산운동이 움직이는 겁니다. 癸水가 壬水를 氣化시켜서 卯木의 성장을 촉진합니다. 卯木의 좌우확산 움직임이 강해질수록 丙火의 분산작용이 강해집니다. 乙卯가 壬癸의 에너지를 빨아서 水氣가 줄기에 丙火의 기세는 점점 강해집니다. 壬水가 庚, 辛과 조합하는 상황, 丙火가 甲, 乙과 조합하는 상황은 별 차이가 없어 보이지만 일억과 50억 100억 만큼 차이가 벌어집니다. 조합에 따라 엄청난 차이가 발생합니다. 천간조합은 단순하지 않습니다. 천간조합의 관계를 규정하는 時間方向의 개념에 대해서도 따로 다루겠지만 엄청나게 중요합니다. 자연의 순환하는 이치는 그 의지가 뚜렷하게 정해져 있습니다. 무엇과 무엇이 만나야 적절하고, 무엇이 무엇을 향하고, 무엇이 무엇을 받아서 에너지를 증가시키는지 결정되어 있는 겁니다.

자연의 순환원리는 절대로 格局, 用神과 같은 인위적인 이론으로 바뀔 수 없습니다. 壬水가 庚辛 중에서 어느 것을 만나느냐에 따라서 운명이 결정되는 겁니다. 用神으로 운명을 바꿀까요? 用神 할아버지가 와도 운명은 바뀌지 않습니다. 우리가 공부하는 이유는 사주구조를 읽는 방식을 이해하기 위한 겁니다. 물론 運에서 상황이 좋아질 수도, 나빠질 수도 있지만 사주원국에서 用神을 정하고 대운에서 기다리는 방법은 옳지 않습니다. 원국에 정해진 운명은 상담자가 아무리 원해도 변하지 않기 때문입니다. 우리는 정해진 운명대로 살아가기에 그 내용을 읽는 것이지 내가 정한 판단대로 결정하는 것이 아닙니다. 내 판단의지가 상담자의 운명을 바꿀 수 있다는 생각을 버려야 합니다. 옆길로 샜지만 卯木은 기운이 불안정합니다. 좌우로 펼치는 움직임이 산만합니다. 그래서 己卯를 "똥꼬" 간지라고 농담 삼아 말합니다. 卯木이 己土 내부에서 버티지 못하고 밖으로 튀어나가 버립니다. 己卯월주, 일주에 있는 묘목은 己土의 자리를 지키기 힘듭니다. 예로 己卯月의 경우에는 성장기에 자꾸 가출할 수 있습니다. 일에 있으면 배우자가 자꾸만 밖으로 튀어나가려고 합니다. 時에 있으면 자식이 밖으로 나가는 겁니다. 부모와 함께 살지 못하고 독립하려고 합니다. 己卯일주 남자나 여자나 배우자 卯木의 움직임을 힘들어합니다. 己卯의 뜻도 宮位에 따라 달라지지만 己卯에게 가장 적절한 직업물상은 교육입니다. 卯木은 년살, 도화, 목욕 속성으로 밖으로 나가려는 움직임 외에도 다양한 뜻이 있습니다. 卯木은 좌우로 펼치는 과정에 주위 사람들과 접촉하기에 많은 사람들과 관계를 형성합니다. 生氣를 퍼트리는 卯木은 수많은 사람들과 교류를 즐깁니다. 인생의 목적이 다양한 사람들과 교류하는 겁니다. 더불어서 生氣를 만들려고 하며 결과를 얻을 수 없다는 것을 알기에 결과에 집착하지 않습니다.

셋째 卯木은 응용력이 뛰어납니다. 寅은 기획능력이라고 했는데 실행은 卯木이 합니다. 卯木은 창조능력은 약합니다. 남들이 창조한 것의 쓰임을 좋고 편하게 바꾸려고 노력합니다. 甲寅은 기획하고 창조하는 것은 잘하지만 실행을 잘 못하기에 卯木이 응용하고 활용하고 확장합니다. 이것이 寅과 卯의 엄청난 차이입니다. 이처럼 寅卯, 巳午, 申酉, 亥子는 거의 정반대 속성이라고 이해해야 합니다. 長生의 움직임이 정반대인 것과 똑같죠? 寅巳申亥가 장생이고 子卯午酉에서 장생의 움직임을 정반대로 돌려놓기에 년살, 도화, 욕지라 부르는 겁니다. 卯木은 세상을 좀 더 개선할 방법은 없을까? 기존의 것들을 더욱 편리하게 활용할 방법을 고민합니다. 乙卯 글자모양을 보세요. 어느 정도 접촉하다 결과를 얻기도 전에 돌아서서 반대편 쪽으로 갔다가 다시 돌아오기를 반복합니다. 이 과정에 계속 접촉이 이루어지는데 남녀관계로 살피면 인연이 복잡해집니다.

넷째, 卯木을 公門이라고 합니다. 공공의 행위를 위해서 집을 떠나서 밖으로 나가는 겁니다. 따라서 卯木은 집에서 활동은 잘 못하거나 가정 일들은 신경 쓰기 싫어합니다. 여자의 경우도 살림을 싫어하거나, 할 수 없는 상황 때문에 사회활동 합니다.

坤命-1964년			
時	日	月	年
모름	乙酉	己巳	甲辰

한국인으로 미국이민자입니다. 乙이 巳月에 태어났으니 미인으로 밖을 향하는 움직임입니다. 하지만 일지 남편이 酉金이기에 乙의 움직임을 답답하게 만듭니다. 결국 2009년 즈음에 이혼했습니다. 乙酉는 乙의 움직임이 酉金을 만나서 매우 답답합니다. 그래서 乙酉일주들은 좋은 남편을 얻고도 함께 살기 힘들어합니다. 酉金 남편이 나쁜 것이 아니라 乙이 남편의 존재를 견디기 어려워합니다. 자신의 움직임을 방해하는 酉金을 싫어하기 때문입니다. 酉金의 지장간에 庚辛이 모두 있는데 庚에서 辛으로 그 성질이 바뀌면 乙木은 결혼생활이 불편해집니다. 결혼할 때는 庚으로 의젓했는데 시간이 지나면 점점 辛으로 변했다고 느낍니다. 그래서 이혼하고 처음 남편보다 못한 남자를 만나게 됩니다. 乙木은 이혼할수록 나쁜 남자를 만날 수도 있습니다.

다섯째 乙木은 아름답게 장식합니다. 卯木은 寅木을 근거로 땅을 뚫고 올라오는 과정에 반드시 표면을 뚫습니다. 그리고 戊土 표면에 乙의 生氣를 공급해서 아름답게 장식합니다. 계절변화를 상상하면, 겨울에는 허허벌판으로 황량했지만 봄에는 산과 들에 새싹과 꽃들이 화려하게 피어납니다. 이런 움직임을 직업에 활용하면 건축, 건설, 건물임대, 토목과 같은 물상입니다. 특히 己卯干支의 경우 교육, 건설, 임대업에 어울립니다.

乾命-1980년			
時	日	月	年
庚子	壬辰	己卯	庚申

월이 己卯입니다. 부친은 교사였으며 사주당사자는 건물임대로 재미를 보았습니다.

여섯째, 위에서 丑寅卯의 흐름을 다루었는데 卯에는 묘한 기운이 있습니다. 卯木이 丑을 만나는 것은 좋지 않습니다. 丑이 있는데 卯木이 오거나 卯木이 있는데 丑이 오거나 원국에 卯丑이 모두 있을 때 둘의 관계는 주의해서 살펴야 합니다. (輪迴論을 참조바랍니다.) 丑卯는 저승과 이승이 연결되는 과정에 원래의 물형에 변화가 생깁니다. 조상묘지에 적용해보면 묘지에 문제가 생길 수 있습니다. 묘지가 훼손되었거나 물이 찼거나 기울어졌거나 무너진 상황입니다. 卯丑이 만나면 조상묘지를 돌봐 주는 것이 좋습니다. 조상, 업보, 윤회, 조상 묘지와 관련이 많은 것이 卯丑조합이라고 기억해야 합니다. 일이 꼬이고 풀리지 않으면 묘지를 살펴서 문제를 해결하거나 조상의 업보를 풀어주는 행위를 해야만 합니다.

일곱째, 卯木에는 완성, 결론이 없습니다. 卯木은 좌우확산 하고자 태어났기에 그 이상의 움직임은 못합니다. 일정지점까지 가면 좌로, 우로 틀어버리기에 끝까지 가려는 의지가 없습니다.

예로 선거에서 처음에는 열심히 하다가 중간에 포기하고 표가 많은 사람에게 합병당하는 상황입니다. 이 의미를 확장하면 기본적으로 卯木은 재물과 인연이 박하고 안정적인 터전, 집과도 인연이 없습니다. 임대업에 어울리는 이유는 땅을 뚫고 올라와 원래의 땅에서 벗어나기에 인연이 없는 겁니다. 임대나 월세는 주택을 타인에게 분양하거나 빌려주고 다른 주택으로 떠나는 움직임입니다. 이것이 己卯월에 태어난 사람들이 보이는 행동특징입니다. 응용하면, 건설 분양을 己卯 월에 태어난 사람에게 맡기면 좋습니다. 卯木이 己土를 뚫기에 분양을 잘합니다. 동물에 비유하면 토끼는 집을 놔두고 밖에 나가서 산다고 합니다. 소유한 집이 있더라도 살지 못하거나 살기 싫어합니다. 왔다 갔다 하면서 정착하지 못합니다. 卯木이 참 묘합니다. 부동산과 인연이 없으면서도 임대업과 어울립니다. 소유한 집에서 살지 못하니 집을 구입해서 타인에게 전세나 월세를 주면 적절한 행위를 하는 겁니다.

여덟째, 卯木은 깔끔합니다. 땅을 뚫고 나왔기에 땅과 흙과 인연이 없습니다. 손에 흙을 묻히는 것을 좋아하지 않으며 약간의 결벽증이 있습니다. 병도 없는데 병이 생길까봐 미리 병원에 가서 검진 받습니다. 卯木의 이런 심리상태가 심해지면 결벽증세, 신경과민, 정신분열로 반응할 수도 있습니다. 예로, 癸卯년, 壬戌월, 丁未일에 태어난 사람은 卯未, 戌未, 亥卯未 三合에 戌未 刑하고 戌月에 丁壬癸로 水氣가 많고 戌午대운에 六害로 걸리니까 정신분열이 생기고 丁巳대운까지 약물로 치료합니다. 卯木이 있기에 신경과민 증세가 있는데 그 움직임이 답답해지면서 정신분열이 생겼습니다.

辰月 - 乙癸戊

辰月로 넘어갑니다. 辰月만 유일하게 상상의 동물인 용을 배정했습니다. 아마도 辰月의 시공간 상황을 설명할만한 동물이 없을 정도로 그 속성이 변화무쌍함을 암시합니다. 辰月 봄의 중간에 이르면 乙癸戊 三字가 좌우확산하고 水氣를 조절해서 아지랑이 피어나면서 巳月에 꽃을 활짝 피도록 준비합니다. 일상생활에 비유하면 출근하고자 바쁘고, 수많은 사람들이 모이고, 또 모내기 하면서 협력하고, 시장처럼 시끌벅적하면서 교역이 이루어집니다. 이런 특징을 가진 辰月을 살피던 선인들은 12개월 중에서 가장 독특한 특징이 있다고 생각했을 겁니다. 龍의 속성도 그 성격이 묘합니다. 지금은 기초학습 과정으로 아홉 개 정도의 뜻만 살피는데 기본이 잡히면 확장합니다.

辰土에 대한 가장 큰 오해는 물이 많다고 생각합니다. 辰土의 땅은 열이 오릅니다. 다혈질이고 순간 욱합니다. 辰土의 지장간에 癸水가 있으니 빅뱅처럼 폭발합니다. 卯辰巳 月의 공간은 수렴, 응축 움직임이 전혀 없고 무조건 밖으로 튀어나갑니다. 따라서 차분하게 정리하는 움직임이 없습니다. 모든 것을 밖으로 꺼내야 합니다. "솔직히 이야기하는데 말이야" 그런 식입니다. 다만 癸水는 흑색이고 약간의 酉金이 남아서 음흉한 맛은 있습니다만 잘 숨기지 못합니다. 酉金 콩을 부풀리기에 짝퉁, 뻥튀기, 과장을 통해서 한순간에 돈을 빠르게 모으려고 시도합니다. 酉丑辰 三字조합에서 설명했습니다. 부풀리고 과장하고 열이 오르기에 다혈질이고 질병에 비유하면 고혈압, 당뇨와 같은 증상입니다. 辰土는 열이 오르기에 水氣가 탁해진 상황입니다. 좌우에서 亥水를 보충해주지 않으면 해결되지 않습니다. 모내기하는 과정을 상상해보세요. 논의 물 상태는 매우 탁합니다. 질병도 마찬가지로 피의 흐름이 막히고 탁합니다.

둘째, 辰土는 申子辰 三合의 마지막으로 조폭, 깡패, 비리, 사기, 껄렁거리는 속성이 있습니다. 또 辰未가 조합하면 부풀리는 행위를 하는데 부동산떳다방, 다단계와 같은 물상이고 계 놀이하다가 계주가 도망가는 물상입니다. 그 이유는 辰土의 지장간에 乙이 좌우로 펼치다가 未土에서 묶이고 잡혀서 활동이 답답해지니까 견디지 못하고 도망갑니다. 辰戌 沖, 戌未 刑, 丑戌 刑이라는 명칭은 있고 辰未는 없습니다만 刑 작용이 명확하게 존재합니다. 그 물상은 과장홍보, 가치를 부풀리다가 자금회전이 답답해지면 부도내고 도망갑니다. 무리하게 확장하다 자금회전에 문제가 발생하는 겁니다. 능력보다 훨씬 많이 확장하다가 꼬여서 야반도주합니다. 수준에 맞지 않게 사업을 확장하는 행위, 계를 수준에 맞지 않게 크게 하는 행위 등입니다.

셋째, 辰土는 중간자 역할을 잘합니다. 寅卯辰 중에서 寅이 보스에 어울립니다. 辰土는 수많은 사람들하고 교류하는 것을 잘하기에 접객, 상담, 치료 개념이 강합니다. 辰土는 피가 탁하기에 생명수를 공급해서 치료해야 합니다. 한의사, 의사, 약사 직업도 많습니다. 짝퉁, 불량품, 과장홍보도 있지만 한의사, 의사, 약사, 치료, 정수기, 남을 보살피는 행위에도 적합합니다.

넷째, 辰土는 중간 책이니까 사람들이 꼬이고 인연이 복잡하며 적절하게 관계를 정리하기 어렵습니다. 申子辰 水氣의 특징과 좌우확산 하는 乙木의 특징 때문에 정리하기 어렵습니다. 이런 이유로 남녀 관계를 깔끔하게 정리하기 힘들어 합니다. 辰日 여자가 그렇습니다. 辰土 지장간 乙이 좌우로 펼치니까 삼각관계로도 얽힙니다. 애정고민이 많이 생기는 공간입니다. 접객업의 경우도 사람들을 많이 상대하니까 그 행위를 즐기는 것으로 생각하지만 辰土는 생각보다 자존심이 강합니다. 겉과 속이 다릅니다. 겉으로는 사람들과 친한 것 같아도 속으로는 다른 사람보다 잘 났다고 생각합니다. 겉으로 판단하면 오해합니다. 사람들과 친하지만 속에서는 나는 너희들과 수준이 틀리다고 합니다. 나 龍이야! 이런 자존심을 가진 辰土입니다. 사람들을 많이 상대하면서도 자존심이 강한 이유는 용이라는 동물특징 때문입니다.

다섯째, 辰土는 무조건 水氣가 필요합니다. '개천에 龍났다'고 표현하지만 그러기 위해서는 반드시 水氣가 필요합니다. 辰土는 水氣 잡아먹는 하마입니다. 사주팔자에 水氣가 많으면 辰土가 있어야 水氣를 저장합니다. 辰土가 있는데 水氣가 없어서 마르면 어떻게 개운할까요? 방생합니다. 거북이, 붕어 방생하면 좋습니다. 사실 辰月의 공간특징은 水氣가 마르면 학업과는 인연이 없습니다. 하지만 水氣가 좋으면 생각보다 훨씬 학력이 높습니다. 水氣가 없으면 타향, 해외로 유학을 가야 공부합니다. 辰대운 만나 해외유학 간다는 사주사례도 많습니다. 辰月을 물질에 비유하면 가장 현실적이고 바쁜 상황입니다. 출근해야 하는데 무슨 공부를 하겠습니까? 묘한 점은, 사주팔자에 水氣가 辰의 지장간 癸水뿐이라면 반드시 癸水를 추구해야 하니까 종교, 명리, 철학공부 합니다. 기억하기에 탤런트 김희애 사주가 丁未年, 甲辰月, 丁巳日입니다. 甲丁丁甲으로 丁火가 열기를 원하기에 돈도 잘 벌고 사회에서 명성을 얻지만 영혼과 같은 水氣를 채우는 행위를 필요로 하기에 공부도 많이 하고 학력이 높습니다.

여섯째, 辰土는 상상력이 뛰어납니다. 꿈, 상상력, 몽상, 종교,

명리, 철학과 인연이 많은 글자입니다. 용의 느낌대로 비현실적인 세계에 흥미가 많습니다. 寅卯辰이 있는 사람들은 낭만적입니다. 따사로운 봄날처럼, 아이들처럼 순수하고 낭만적이고 감정이 풍부합니다. 申酉戌은 결과를 추구하니까 잘못하면 돈만 벌면 그만이라는 태도를 보일 수 있습니다. 寅卯辰에서는 봄에 새싹들이 산과 들에 피어나는 것처럼 들판을 뛰어놀고 싶은 충동을 느낍니다. 辰土의 재미나는 특징은 계산을 잘 못하고 즉흥적으로 행동합니다. 물건을 사도 계획 없이 한꺼번에 사버립니다. 비슷한 물건들을 한꺼번에 사는 이유는 그 중에서 하나를 골라야 하는데 따지는 것이 귀찮아서 그렇습니다. 나중에 하나를 고르면 나머지는 쓸모가 없어집니다. 물건을 구입할 때는 다르다고 생각했지만 집에 와서 보면 비슷비슷합니다. 그렇게 낭비하는 것을 조심해야 합니다. 마치 논에 모내기할 때 모를 심듯 유사한 것들을 한꺼번에 구입합니다. 중구난방이나 오합지졸, 명확하게 판단하지 않고 대충대충 이라는 의미가 있습니다.

巳火 - 戊庚丙

巳月에 이르면 공간특징이 寅卯辰월과는 전혀 다르게 변합니다. 寅卯辰 뿌리와 새싹을 벗어나 땅으로부터 훨씬 위로 올라가 꽃으로 물형을 바꿉니다. 神煞로 망신과 동일한 개념입니다. 亡身은 정확한 정체를 모르다가 그 존재를 확실하게 드러내기에 망신이라 부릅니다. 그 전에는 느끼지 못하고 몰랐던 존재가 명확하게 드러납니다. 寅卯辰에서 새싹들이 경쟁하며 성장하느라 비슷비슷해서 존재감이 없지만 巳月에는 자신만의 고유한 꽃으로 드러납니다. 巳月에 꽃을 활짝 펼칩니다. 열매를 맺으려는 욕망으로 짝짓기가 이루어집니다. 巳月의 지장간에 戊庚丙이 있는 이유입니다. 戊土 터전에서 丙火의 도움으로 庚 꽃이 활짝 피었습니다. 이것이 巳月에 자연에서 원하는 움직임입니다. 열매 맺고자 꽃 피는 행위가 巳月의 핵심적인 움직임입니다. 꽃이 피는 이유는 존재감을 뽐내기 위한 겁니다. 그리고 수많은 교류를 통하여 짝짓기가 이루어집니다. 寅卯辰을 벗어나 꽃이라는 물형으로 완벽하게 달라지기에 함께 성장하던 사람들과의 인연은 점점 멀어지고 넓은 시공간, 사회에서 다양한 사람들과 교류합니다. 十宮圖2에서 丙火 16세에서 23세 사이를 상상하면 됩니다. 사회생활을 위해서 고향을 떠나는 움직임이 巳火입니다. 수많은 짝짓기가 발생하는 이유는 열매를 맺으려고 시도하기 때문입니다. 그 행위의 결과가 午月에 열매로 드러납니다. 남녀가 결혼하는 행위를 사랑이라고 표현하지만 꽃과 벌이 짝짓기로 열매를 맺듯 인간도 자식을 얻기 위한 행위입니다. 사회에서 수많은 사람들과 교류하는 이유도 모두 재물을 축적하려는 겁니다. 巳酉丑 三合운동으로 겉으로 보기에 인연을 만들고 교류하는 행위이지만 그 속내는 열매, 재물을 만들려는 욕망입니다. 이제 세부적으로 살펴봅시다.

첫째, 부부 인연이 별로 없고 덕이 없습니다. 日支가 巳火라면 그런 특징이 있겠죠. 물론 원론적인 설명에 불과하니까 반드시 그렇다거나 전체가 그렇다고 생각할 필요는 없습니다. 사주구조에 따라서 글자가 좋다가 나빠지고, 나빴다고 좋아지기를 반복합니다. 다만 원론적으로 巳火는 다양한 짝짓기가 이루어지기에 부부가 떨어지고 독수공방 성향이 강해질 수 있습니다. 일지에 巳火가 있으면 열매 맺고자 짝짓기 행위가 이루어지기에 밖으로 나가고 배우자와 떨어져 살 수 있습니다. 巳月이니까 다양하게 사회활동하면서 수많은 인맥을 형성하고 교류합니다. 에너지 속성 자체가 밖으로 나갑니다. 특히 日支에 巳火가 있는데 申운이 오면 지장간에 있는 丙火가 申을 만나 庚을 키우고자 나가버립니다. 時間方向이 巳火에서 申을 향하고 이 움직임이 일지 배우자가 밖에 나가서 다른 사람과 짝짓기 하는 겁니다.

坤命-1985년			
時	日	月	年
甲	戊	辛	乙
寅	辰	巳	丑

戊일간이 년에 乙丑으로 있으니까 유부남과 인연이 생길 가능성이 높습니다. 乙이 戊土를 향하는데 그 아래에 丑土를 깔고 있으니까 戊土의 경쟁자가 乙과 짝을 이루고 있습니다. 辛巳월이기에 乙이 오는 것을 辛으로 거부하지만 乙은 戊土를 향합니다. 月支가 巳火로 18세에 결혼했지만 남편이 외도하여 이혼하고 유부남과 생활합니다.

坤命-1974년			
時	日	月	年
癸	戊	己	甲
亥	申	巳	寅

巳月에 태어났습니다. 결혼하고 남편과 떨어져 살아갑니다. 다행하게 년에서 시까지 寅巳申亥로 순차적으로 흐르니 좋습니다. 만약 日支가 巳火이고 月에 申이 있다면 巳火는 申을 향해서 나가버리는데 월과 일이 순차적으로 흐르니까 38세 즈음에는 월에 있는 巳火가 일지 申 남편의 부피를 확장하기에 남편이 돈을 많이 벌었습니다. 이런 에너지 파동을 살피는 것이 바로 時間方向입니다.

乾命-1954년			
時	日	月	年
모름	壬辰	己巳	甲午

월지가 巳火로 수많은 사람들과 엄청나게 교류하는데 부인하고 떨어져 삽니다. 부인은 홍콩에 살고 사주당사자는 중국에서 사업합니다.

둘째, 巳火는 집중하기 어려워 공부하기 쉽지 않습니다만 반드시 공부를 열심히 해야 합니다. 巳火는 사회생활을 빨리 시작하는 성향이 있지만 공부를 하느냐에 따라 그릇이 크게 달라집니다. 巳火는 화려한 꽃과 같으니까 내면에 집중할 수 없습니다. 만약 공부하지 않으면 육체를 활용하는 직업으로 변하고 방탕의 길로 갈 수도 있습니다. 巳月은 꽃피고 짝짓기 하는 시절이니까 인연이 복잡하다고 했습니다. 巳火에서 짝짓기가 이루어지니까 남자, 여자가 예쁘고 잘 생겼습니다. 巳火에서 "암수 서로 정답구나." 상황인데 문제는 이혼하면 재혼이 쉽지 않습니다. 남녀가 짝짓기는 잘하는데 이혼하고 재혼해서 안정적으로 살기는 힘듭니다. 남자가 애인으로 두거나 여자가 유부남과 살아가는 삼각관계는 가능합니다. 巳火의 특징도 독특합니다. 쉽게 인연을 만나는 것처럼 보이지만 재혼하려면 쉽지 않습니다. 특히 결혼하고 이혼하면 인연만 복잡해지고 불안정해집니다. 巳火에서 이혼하면 인연을 억지로 만드는 것은 좋은 모습이 아닙니다. 특히 여자가 재혼하려고 짝을 찾으면 돈과 명예가 상할 수도 있습니다. 짝을 짓고자 인연이 많이 생기는데 신중해야 돈과 명예가 상하지 않습니다. 남녀 공히 동일한 상황입니다. 巳火에서 원하는 것은 군중 속의 고독입니다. 巳火는 열매를 완성하고자 짝짓기 하는데 그 행위는 공적 행위입니다. 乙巳간지도 사적으로 활용하면 개인 연애로 바쁘지만 공적으로 활용하면 교육 업에 종사합니다. 따라서 巳火에서 고독을 느끼지 않으려면 열심히 공부해서 공적으로 활용해야 합니다. 공허함을 사명감이나 책임감으로 사용해야 합니다. 짝짓기를 잘하도록 만들었으면서도 사적으로는 고독함을 요구합니다. 하늘의 의지가 신기합니다. 개인적인 짝짓기를 포기하고 공익을 위해 에너지를 활용하면 돈과 명예를 줍니다. 예로 교육자와 같은 물상입니다. 짝짓기에 집중하면 돈과 명예가 날아갑니다. 홀로 고독해야 나머지 것들을 내려줍니다.

巳月에 미남, 미녀들이 많습니다. 피부도 좋고, 잘 타지도 않습니다. 그렇지 않은 사람도 있는 이유는 辰월의 지장간 戊土가 巳月의 餘氣로 넘어 온 다음에 中氣에 庚이 나오고 正氣에 丙火가 나옵니다. 따라서 戊土까지는 辰月의 속성이 이어져서 巳月 상반기에 태어나면 辰土의 탁한 맛이 남아있습니다. 巳火의 화려한 속성은 庚의 시기부터 꽃이 활짝 피어납니다. 巳火의 물상은 광고, 홍보, 방송, 화장품, 예술, 관광으로 겉은 화려하지만 내면에는 아무도 모르는 고독함이 있으며 그것을 해결할 수 있는 방법은 공부입니다. 겉만 화려하면 인생이 거칠어지고 고독해집니다. 정리하면, 巳火는 화려함, 군중 속의 고독입니다. 꽃이 많은 사람들의 사랑을 받지만 고독한 개념으로 이해하면 됩니다. 많은 사람들과 접촉하기에 구설, 시비, 주색, 색욕과 같은 문제들이 계속 발생할 수도 있습니다.

坤命-1965			
時	日	月	年
癸亥	癸亥	辛巳	乙巳

辛巳 月에 乙巳 있으며 해수도 두 개나 있으니 짝짓기 성향이 강합니다. 이혼했고 재혼하려고 하지만 어렵습니다.

坤命-1966년			
時	日	月	年
己酉	丁丑	癸巳	丙午

남편에 대한 집착이 강하고 의부증이 있습니다. 巳火가 있는데 남편과 이혼할까 불안해합니다. 巳火의 속성을 스스로 느끼고 있습니다. 이혼하면 결혼이 어려울 것이라고 생각합니다. 월간에 癸水가 있고 주위에 丙火, 巳火가 있으니까 癸水는 시간방향의 특징대로 丁火보다는 丙巳를 향하여 갑니다. 이런 움직임을 느끼는 丁火는 남편이 외도하거나 자신을 떠나는 것을 두려워합니다.

셋째, 巳火는 巳酉丑 三合운동의 출발점으로 물질과 인연은 좋습니다. 巳酉丑삼합 과정의 출발점 巳火에 대한 戊己의 입장은 다릅니다. 戊土는 巳火에서 시절을 만났지만 己土는 적절한 시절을 만나지 못했습니다만 나름대로 金氣를 품을 수 있기에 물질적으로 나쁘지 않습니다. 巳月은 열매의 출발점이자 화려하게 꽃을 피우고 다양하게 교류하기에 戊己土 모두 물질과의 인연은 좋습니다. 일간이 무엇이던 巳월은 활동하기 좋은 공간입니다. 寅卯, 巳午, 申酉, 亥子에서 寅巳申亥와 子午卯酉는 특징이 상이합니다. 물질 측면에서 寅巳申亥가 훨씬 많습니다. 그 이유는 子午卯酉에서 기운이 전환하기 때문입니다. 卯木은 甲과 乙, 午火는 丙과 丁, 酉金은 庚과 辛, 子水는 壬과 癸로 그중에서 가장 물질적으로 박한 글자가 子水입니다. 오로지 두뇌로 승부를 걸어야 합니다. 총명함으로 교육에 활용합니다. 卯午酉의 속성도 陽氣에서 陰氣로 전환하니까 물질이 풍부한 상황은 아니라는 겁니다. 寅巳申亥는 다릅니다. 寅卯는 동일한 오행이지만 寅에는 戊丙甲, 巳에는 戊庚丙, 申亥도 마찬가지로 戊土가 있으니까 물질을 적재할 터전이 있습니다. 물질을 받아들일 속성을 가진 겁니다. 戊土는 무대처럼 사회생활에 편리한 터전입니다. 내부를 뜻하는 己土보다 훨씬 화려합니다. 己土는 내부에 저장했지만 존재감을 드러내지 못합니다. 이처럼 寅卯, 巳午, 申酉, 亥子가 동일 오행임에도 물질 측면에서는 寅巳申亥가 子午卯酉보다 훨씬 많습니다. 巳月과 午月을 비교하면, 己土가 巳月에 시절도 잃은 것처럼 보이지만 巳酉丑삼합 물질 庚을 품었습니다. 午火는 丙丁으로 화기만 강렬한데 巳火에는 戊 庚 丙이 모두 있습니다. 이것이 陽과 陰으로 물질에서 차이가 생깁니다.

집중력으로는 子午卯酉가 훨씬 강하지만 단점은 계속 중간에 변화를 주어야만 합니다. 酉金은 庚에서 辛으로 전환해야 합니다. 乙酉일주의 경우, 酉에 庚과 辛이 모두 있으니까 庚을 辛으로 바꾸거나 辛을 庚으로 바꿔야 합니다. 무조건 庚에서 辛으로 변하는 것이 아닙니다. 시간은 순차적으로 흐르기에 庚에서 辛으로 흐르지만 개인의 사주팔자는 대운이 순행도, 역행도 가능합니다. 예로, 乙酉일주의 대운이 亥子丑으로 흐르면 辛이 활발하게 움직입니다. 巳午未로 흐른다면 물론 庚이 적극적으로 활동

합니다. 乙酉일 여자는 巳午未로 흘러야 꽃도 피고 화려하고 金 열매도 맺습니다만 亥子丑으로 흐르면 추운 겨울을 지나는 과정에 남편이 辛처럼 무섭습니다. 이처럼 시간방향도 자연과 인간이 원하는 환경이 틀리기에 주의할 부분이 있습니다. 따라서 酉金을 대하는 乙의 느낌은 전혀 다릅니다. 乙은 乙庚 합하고 丙火로 열매를 확장하는 것을 원하며 亥子丑 추운 겨울에 乙이 두려워하는 辛이 적극적으로 활동하는 것을 원하지 않습니다. 남편은 변함이 없는데 亥子丑으로 흐르면 이상하게 남편이 미워집니다. 이 내용은 어려울 수 있는데 子午卯酉, 寅巳申亥, 辰戌丑未에서 자세히 설명합니다.

子午卯酉는 양기가 음기로 전환하는 공간으로 환경이 급변합니다. 이미 설명한 것처럼, 丙子日에 상담하러 온 여성의 경우, 子水의 지장간 壬水, 癸水 남자 사이에서 고민합니다. 이처럼 子卯午酉의 전환개념은 실용적인 통변법입니다. 子午卯酉 日에 상담하러 왔다면 둘 사이에서 갈등합니다. 하나를 선택해야만 하기에 변화를 주어야만 합니다. 하지만 寅巳申亥는 다릅니다. 새로 출발하는 것이 핵심이고 辰戌丑未는 정리하고 마감하는 것이 핵심입니다.

넷째. 巳火는 역마처럼 해외 속성이 강합니다. 壬申년 乙巳월 남자 애는 10세부터 해외에서 살고 있습니다.

乾命-1971년			
時	日	月	年
戊寅	乙卯	癸巳	辛亥

월주가 癸巳입니다. 꽃처럼 펼치는 움직임으로 미국에서 호텔경영학을 전공하고 한국에서 관광개발로 박사학위입니다.

질문 : 壬午, 癸未도 양음으로 분류하는가요?
답변 : 당연히 그렇죠. 壬午에서 癸未로 양에서 음으로 변합니다. 壬午, 癸未는 수기가 증발해서 현재의 시공간에서는 도저히 살수가 없으니까 벗어나려는 욕망입니다. 午未에서 火氣가 탱천해서 水氣가 무한대로 분산해버리니까 안정을 찾지 못하고 벗어나려고 합니다. 壬午는 午中 丁火가 수렴운동으로 壬水를 향하기에 그렇게 심각하지는 않는데 癸未는 발산에너지 癸水가 未土에 있는 강력한 중력에너지를 견디지 못합니다.

질문 : 사주팔자에서 土의 중요성은 무엇인가요?
답변 : 天干이건 地支던 土가 없으면 삶의 무대, 안정적인 터전이 없는 겁니다. 여러 기능 중에서 땅의 가장 중요한 역할은 안정적인 터전을 제공합니다. 땅이 없으면 삶이 불안정해집니다. 자격증이 있는데 토가 없다면 자격증을 활용할 곳이 없습니다. 木火金水 오행에 따라 달라지는데 乙木은 戊土의 터전에서, 甲木은 己土의 터전에서 또 乙은 辰戌에서 甲은 丑未에서 자격증을 활용합니다. 戊土는 밖으로 드러내고 己土는 내부에 저장하지만 未土의 속성은 그 공간에서 벗어나려고 합니다. 동서를 연결하기에 未土에서 무역업이 많이 나옵니다. 未土는 左右를 연결하고자 고향을 떠나 해외에서 살아가는 속성이 강합니다. 질문의 요지는 土가 없으면 안정적인 터전이 없기에 역마처럼 불안정하게 돌아다닙니다.

▬제 7강▬

◆ 癸甲戊 三字, 12地支

癸甲戊 三字조합
午月 - 丙己丁
未月 - 丁乙己

癸甲戊 三字조합

地支 午火를 해야 합니다만 간단히 三字조합에 대해 살펴봅시다. 위에서 丑卯, 丑寅卯, 酉丑辰 조합에 대해서 살폈고 여기에서 癸甲戊 三字조합의 의미를 살펴보려고 합니다. 사실 三字조합은 굉장히 많습니다. 天干, 地支에 최소한 30종류 이상입니다.(2022년 하반기에 三字조합을 책으로 출판할 예정입니다.) 3字, 4字조합을 관찰하면 다양합니다. 生剋으로는 생하거나 극한다는 극단적인 생각을 합니다만 아무리 剋해도 상하거나 죽지 않습니다. 우리가 매일 生剋으로 살아간다면 하루에도 열두 번씩 뼈가 분질러져야 합니다만 그런 일은 발생하지 않습니다. 반드시 三字 혹은 多字가 조정을 통하여 문제를 해결하는 과정에 상응하는 물형을 드러냅니다.

三字조합은 기존 이론에는 없습니다만 **四季圖**를 연구하는 과정에 발견한 자연법칙들입니다. 예로, 癸甲戊는 **傷官見官**이라고 부르는데 이 명칭은 日干을 기준으로 生剋 작용을 十神으로 활용한 것입니다. 癸日을 기준으로 傷官 甲이 正官 戊土를 만났습니다. 물론 상관이 정관을 만났다고 해도 무조건 흉한 것도 아닙니다. 十神 生剋 관점에서는 무조건 흉하다고 간주하는데 절대 그렇지 않습니다. 예로, 乙日의 丙火가 庚을 만나면 丙火 상관이 庚은 정관을 극합니다. 하지만 동일한 조합도 자연에서는 丙火 분산에너지가 庚 열매를 확장하는 움직임입니다. 乙日을 기준으로 傷官이지만 丙火와 庚의 관계는 여름에 열매를 키우는 효과입니다. 여기에 乙도 乙丙庚 三字로 조합하면 대부분 재물 복이 두텁습니다. 여름에 丙火가 庚을 키우지 않으면 가을에 辛 열매를 완성하지 못합니다. 天干 合을 학습할 때 설명하지만 乙庚 합했을 때 丙火가 없으면 열매가 크지 않으니 합하는 가치가 낮습니다. 이처럼 일간을 기준으로 十神을 활용하는 傷官 見官으로 살피는 것은 제한적입니다. 三字조합은 일간기준이 아니라 사주팔자에 존재하는 모든 宮位에서 가능합니다. 예로 年月時에 癸甲戊로 조합해도 물형이 동일하게 발현됩니다. 宮位를 살펴야만 하는 이유는 甲에 의해 戊土가 상하는 宮位에서 문제가 발생하기 때문입니다. 戊土가 年月日時 어느 宮位에 있느냐에 따라서 발현되는 물상과 육친이 달라집니다. 기억할 점은, 三字조합은 日干을 기준으로 살피는 것이 아니며 宮位와 時間 方向을 참조해서 물형을 읽어야 합니다.

이제 癸甲戊 三字조합의 근본의미를 살펴봅시다. 아직 학습한 내용이 아니기에 그 이치를 가만히 생각해보면 됩니다. 甲이 겨울에 壬水의 도움으로 뿌리 내립니다. 壬水는 무조건 甲을 향하여 파고들고 甲은 뿌리내리기 시작합니다. 봄이 오면 甲이 수직상승하여 땅을 뚫고 올라오는데 움직임의 핵심은 바로 수직이라는 것입니다. 甲은 좌우확산을 못하기 때문입니다. 甲이 땅 위로 오르면 乙의 물형으로 변합니다. 반드시 땅을 뚫어야만 땅 위로 올라올 수 있습니다. 땅을 뚫는다는 개념은 굉장히 중요합니다. 甲丙戊 三字가 조합하는데 水氣가 없으면 성형수술 물상이라고 한 이유는 戊土 땅의 표면을 찢어버리기 때문입니다. 戊土 인체의 피부가 찢어지는 겁니다. 땅위로 드러난 乙은 癸水의 도움을 받아서 성장합니다. 癸水는 子月부터 壬水가 甲의 뿌리를 하강하는 동안에 甲을 살살 유혹해서 조금씩 위로 오르게 만듭니다. 물론 寅月에 이르는 과정에 대부분의 움직임은 뿌리내림입니다. 정리하면, 하강하는 것은 壬水 때문이고 상승하는 것은 癸水 때문입니다. 癸水는 子月부터 壬水를 빨아서 계속 氣化시켜 상승합니다. 찬물이 끓는 과정을 상상하면 이해가 쉬운데 그렇게 하는 이유는 甲이 땅 위로 상승하도록 돕는 겁니다.

땅을 뚫고 나온 乙을 보는 순간 癸水는 있는 힘을 다해서 乙木을 키웁니다. 이런 자연스러운 움직임을 時間方向이라고 부릅니다. 癸水는 乙에게 미친 듯 에너지를 방사하기에 癸水의 힘은 점점 무기력해지고 丙火 분산에너지는 점점 강해지면 여름에 이릅니다. 봄에는 癸水가 乙에게 기운을 전달하기에 좌우로 펼치는데 새싹들이 순차적으로 펼치는 것이 아니라 순간적으로 폭발하듯 펼쳐지는데 그 과정이 고스란히 戊土에서 이루어집니다. 癸水, 戊土, 乙木 세 글자가 만나서 癸水가 乙의 성장을 戊土에서 촉진하는 겁니다. 이처럼 자연에서는 乙癸戊 三字조합을 활용해서 봄의 시공간특징을 결정합니다. 이 조합은 인간의 의지로 바꿀 수 없으며 자연이 스스로 그러합니다. 癸水가 乙을, 乙이 戊土 위에서, 戊土가 癸水와 合합니다.

세 조합이 만나는 이유와 물상이 무엇인지 살펴봅시다. 癸水는 발산에너지로 봄에 온기를 올려줍니다. 癸水를 동사로 "온기를 올리다" 이런 의미로 이해하고 봄날에 피어나는 아지랑이 물상으로 기억하면 됩니다. 물론 癸水가 戊土와 合하기에 가능하며 合火라고 표현하는 이유는 戊癸 合을 통하여 봄에 온기를 올리기 때문입니다. 또 이런 움직임으로 丙火의 분산 에너지는 점점 상승합니다. 자연에서 戊癸 合하는 이유는 乙의 성장을 촉진하기 위한 것인데 만약 사주팔자에 乙이 없다면 戊癸가 合하는 움직임은 짝짓기 행위에 불과합니다. 이처럼 天干 合도 단순하게 두 글자 관계로 판단하는 것은 제한적입니다. 戊癸 合할 때, 合의 대상이나 목적인 乙이 있느냐를 반드시 살펴야 합니다. 戊癸가 있는데 乙이 사주원국에 없다가 運에서 乙癸戊 三字조합을 이루면 가치가 높아집니다. 정리하면, 戊癸만 있다면 쓰임이 없거나 약하며 육친의 合 정도로 이해하면 됩니다. 예로 癸일이 月에 戊土를 만나면 시공간이 좁은 직장생활, 공무원과 같은 그릇이지만 乙과 함께 三字조합을 이루면 戊土와 癸水의 쓰임이 갑자기 좋아집니다. 甲과 乙의 차이를 癸甲戊 三字조합으로 살펴보겠습니다. 甲은 반드시 땅을 뚫는데 그것도 수직으로 뚫어버립니다. 따라서 甲의 움직임은 굉장히 직선적이며 좌우확산 움직임은 못합니다. 이 특징은 굉장히 중요한 통변근거가 됩니다. 甲과 달리 乙은 戊土 표면을 찢어야할 필요가 없습니다. 乙木은 땅을 싫어한다고 했습니다. 뿌리에서 새싹으로 올라왔기에 터전을 벗어나 좌우로 펼치기 시작합니다. 甲은 반드시 己土와 합하여 흙을 품어야 살지만 乙은 땅을 벗어납니다. 乙이 결벽증 같은 것이 있다고 그랬던 이유는 땅과 접촉하는 것을 싫어하기 때문입니다. 甲과 乙은 이렇게 다릅니다. 甲은 땅을 뚫어서 상처를 남기지만 乙은 땅을 아름답게 꾸미려고 합니다. 그래서 甲은 주의 사람들에게 상처를 주고 乙은 부드럽게 사랑을 전파하려고 노력하는데 그 움직임이 戊土 표면을 아름답게 꾸미는 것입니다.

또 癸水가 乙을 만나면 미친 듯 성장을 돕는 이유는 두 에너지의 시공간이 매우 적절하기 때문입니다. 癸水는 봄날의 따뜻한 아지랑이와 같은데 甲은 겨울 땅속의 뿌리와 같습니다. 癸水가 아무리 甲을 키우려고 해도 못할뿐더러 壬水가 키워야할 甲을 癸水가 키우겠다고 억지를 부리는 상황입니다. 따라서 甲과 癸는 겨울과 봄의 시공간 차이로 적절하지 않은 관계입니다. 癸水가 甲을 활용할 때의 의사표현은 서툴고 거칩니다. 나름대로 애교를 부린다고 해도 상대방은 재수 없다고 느낄 수 있습니다. 만약 癸일이 時에 甲이 있다면 주로 기술, 예술로 활용합니다. 글이나 그림, 혹은 때리는 행위 예로, 빵집이나 피자집 물상입니다. 만약 年과 月의 宮位에 있다면 노조, 사회고발 기자처럼 반발심을 가졌고 행동이 거칠어 관재구설이 발생할 수 있습니다. 癸乙, 癸甲은 차이가 매우 큽니다. 甲과 乙은 동일한 木氣임에도 겨울과 봄으로 활동하는 시공간이 상이하고 뿌리에서 새싹으로 변하는 과정에 甲은 戊土 표면을 뚫어버리는 문제가 심각합니다. 다시 강조하지만 동일오행이라고 비슷한 것이 절대로 아닙니다. 사주구조에서 글자 배치에 따라 혹은 글자 조합에 따라 1억과 100억 차이가 발생합니다. 四季圖에서 보여주는 이치대로 자연이 활용하는 에너지 방식이 다르기에 글자에 따라, 三字조합에 따라 사주에 지대한 영향을 미치는 겁니다.

사계의 순환원리에 대해서는 四季圖에서 자세히 다룰 예정이지만 十干과 12地支의 시공간은 명확하게 구분되어 있습니다. 乙癸戊 三字는 모두 외부로 발산하는 움직임으로 좌우확산, 온기를 올려서 乙木을 키우는 움직임을 戊土에서 발현시킵니다. 봄에 성장하는 새싹을 상상하면 이해가 쉽습니다. 봄에 수축, 축소, 줄이려는 성향자체가 없습니다. 수렴하거나, 축소하거나, 감추거나, 습하거나, 음흉한 속성이 없습니다. 乙癸戊를 한 단어로 바꾸면 辰土입니다. 辰土는 모든 것을 밖으로 꺼내려는 움직임으로 내부에 저장할 수 없습니다. 이런 이유로 사주팔자에 辰土가 있으면 욱하는 성격에 "솔직히 말하면"식으로 속에 있는 것들을 밖으로 쏟아냅니다. 辰土에는 비밀이 없으니까 주위에 사람들이 많지만 강한 자존심을 가졌습니다.

乾命-1988년

時	日	月	年
乙卯	癸卯	壬戌	戊辰

2015년 乙未年이 왔습니다. 이 사주에서 乙이 時干에 있으니까 乙의 구조와 움직임을 살펴야 합니다. 乙은 사주팔자에 정해진 구조대로 비행기를 타고 어디로 향하나요? 년에 있는 戊土를 향하여 갑니다. 그 과정에 癸水는 먼저 乙에게 에너지(연료)를 공급해주기에 癸水를 뛰어넘고 壬水를 지나는 과정에 조금 위축 되었다가 봄과 같은 戊辰의 땅에 도착합니다. 여기에서 생각해 볼 문제는 乙이 戊土를 향하는 과정에 중간에 끼어있는 癸水와 壬水를 지나는 의미입니다. 乙의 움직임이 혼란스러워지는 것으로 時空間이 비틀리는 상황입니다.

예로 乙庚 合이 年과 時에 있다면 중간에 月과 日이 끼어 있기에 두 글자가 무어냐에 따라서 다양한 방식으로 시공간이 비틀립니다.(이런 이치에 대해서 夾字論이라는 책으로 2021년도에 출판했습니다.) 시공간이 비틀리면 원래의 에너지 특징을 유지 못하고 비틀리고 변질됩니다. 예로 乙庚 合이 年과 月에서 이루어지면 日時는 合사이에 끼어있지 않기에 비틀리지 않습니다. 이런 이치를 이 구조에 응용해보겠습니다. 사주구조대로 癸水가 乙木을 향하지 않았다면 乙은 바로 戊土를 향하여 가겠지만 반드시 먼저 癸水가 乙을 접촉합니다. 宮位를 감안하면 日과 時로 개인적으로 추구하는 행위이며 국가, 사회, 직업적으로 추구하는 것이 아닙니다. 乙未年이 오면 癸水가 乙에게 에너지를 방사합니다. 개인적으로 추구하는 방향에 癸水 아이디어를 공급하는 것이죠. 水는 木을 통해서 자신의 존재를 드러내는데 壬水는 甲을 통해서, 癸水는 乙을 통해서 드러냅니다. 이런 이유로 癸일이 年이나 月에 乙을 두면 좋은 겁니다. 이 사주도 癸日, 乙月, 戊年이라면 癸水가 乙을 향하고 乙은 戊土를 향하여 가기에 불필요한 움직임은 없지만 이 사주는 그렇지 않습니다. 반드시 먼저 癸水가 乙을 향해 날아가서 에너지를 공급하면 乙은 비행기를 타고 戊土까지 가는 과정에 癸水와 壬水를 거쳐야 합니다. 癸水를 공급받아서 발랄하게 움직이지만 壬水를 지날 때는 바다에 떠있는 오리처럼 불안정해집니다. 乙의 좌우로 펼치는 움직임이 답답해지는 겁니다. 癸水를 만날 때 활발하다가 壬水를 만나는 시공간에서 속도가 답답해지다가 결과적으로 戊土에 이릅니다. 만약 운에서 戊土가 오면 乙木의 터전이 생기는 것으로 이런 움직임을 <u>시공간반응</u>이라고 부릅니다. 시공간 반응은 아무 때나 아무렇게 반응하는 것이 아닙니다. 오로지 <u>사주원국에 정해진 시간표</u>대로만 반응합니다. 아무리 원해도 필요한 에너지가 오지 않으면 취하지 못합니다. 乙이 시간에서 개인적으로 추구하다가 乙未년을 만나면 굉장히 넓은 시공간을 뛰어넘어서 年의 戊土를 향하여 갑니다. 년은 국가나 해외를 상징하는 宮位이기에 乙이 추구하는 것을 戊土에서 실현하려고 합니다. 결론적으로 乙癸戊 三字조합의 象은 어디서 맺히겠어요? 년의 宮位 戊土에서 맺힙니다. 戊土가 月에 있는 것과 時에 있는 것과 年에 있는 것에 따라서 물형 차이가 발생합니다. 사주를 읽는다는 것은 사주원국에 정해진 구조가 운에서 어떤 방식으로 반응하는가를 살피는 겁니다. 시공간은 아무렇게나 원칙도 없이 발생하는 것이 아닙니다. 乙癸戊라고 무조건 乙癸戊가 아닙니다. 年에서 이루어지면 국가, 해외입니다. 月에서 이루어지면 사회를 상징하는 궁위이기에 사회활동, 직업관련 일이 발생합니다. 時에 있으면 개인적인 문제입니다.

乾命-1990년			
時	日	月	年
丁	癸	戊	庚
巳	酉	子	午

사주원국에 癸戊는 있지만 乙이 없기에 戊癸로 합하는 가치는 떨어지며 두 글자가 合의 인력으로 묶여있습니다. 따라서 癸水는 戊土의 속성에 지배당하기에 성격이 고지식하고 정직하지만 보기에 따라서 답답해 보입니다. 癸水가 戊土 正官과 合하니까 공무원이라고 생각하는데 庚까지 있으니까 官印相生으로 더욱 좋다고 판단하지만 단순하게 十神으로만 판단하면 오류를 범하기 쉽습니다. 기억할 점은, 戊癸 合의 목적은 卯辰巳月 봄에 乙木의 성장을 촉진하는데 이 사주는 子月이고 또 乙이 없으니 단지 癸水와 戊土가 합으로 묶여있다고 판단합니다. 乙未年이 오면 상황이 급변합니다. 별로 쓰임이 없던 戊癸 合의 가치가 갑자기 상승합니다. 癸水가 乙을 향하고 乙이 戊土를 향하고 戊癸가 합해서 乙의 성장을 촉진합니다. 乙未년에 시험에 합격해서 정 직원을 기다립니다. 이 사주는 년과 월에 子午 沖이 있기에 총명합니다.

坤命-1993년			
時	日	月	年
戊	己	壬	癸
辰	丑	戌	酉

이 사주는 年과 時에서 戊癸 合하지만 문제는 合의 목적인 乙이 없으니까 쓰임이 약하지만 乙丑大運이 오면 큰 변화가 발생합니다. 쓰임이 없던 戊癸 合의 가치가 乙癸戊 三字로 조합하면서 갑자기 가치가 상승합니다. 癸水는 戌月 공간에게 쓰임이 약하고 壬水도 戊土 난로를 상하게 합니다. 다만 다행하게도 戊癸가 합해서 火氣를 조성해주는 맛이 있습니다. 乙을 만난 癸水는 비록 戌月이지만 움직임이 가벼워지고 자신의 에너지를 乙에게

적극적으로 쏟아냅니다. 癸水의 도움을 받은 乙은 정해진 時間 方向대로 戊土를 향해 날아갑니다. 서리 내리는 가을이 갑자기 봄에 아지랑이 피어나는 상황으로 변합니다. 甲午年이 오면 月支 戊土에 열을 공급하니 좋으며 천간에서 壬甲己 三字로 四季圖 겨울에서 원하는 조합을 이룹니다만 壬水가 없었다면 癸甲戊 三字로 좋지 않았습니다. 따라서 존재하지만 쓸모없었던 壬水와 癸水 두 글자가 갑자기 쓰임을 얻습니다. 비유하면, 포커에서 계속 쓸모없던 카드가 마지막에 받은 카드 하나 때문에 갑자기 가치가 상승합니다. 그 해에 만화협회에 합격했습니다. 사주원국에서 가치가 없다가 운에서 갑자기 가치가 상승하면 크게 발전하는 겁니다. 반대로 굉장히 좋은 구조인데 운에서 쓰임을 상실하면 갑자기 나빠질 수 있습니다.

乾命-1955년			
時	日	月	年
癸亥	戊寅	己卯	乙未

년과 월에서 乙未, 己卯로 조합하였습니다. 아직 월지시공을 학습하지 않아서 이해하지 못할 수 있지만 이 구조는 卯月에 성장하기 위해서 반드시 亥水가 필요합니다. 天干에 乙癸戊 三字가 모두 있는데 재산이 천억이라고 합니다. 초년에는 지독하게 가난하게 살다가 末年으로 갈수록 부자가 되어서 천 억대 재산을 축적합니다. 年과 月에서 乙未와 己卯가 조합하면 초년에 공부하지 못하고 가난합니다. 水氣가 전혀 없으니까 공부에 관심이 없고 고졸, 전문대 정도를 마치면 사회활동을 시작합니다. 이처럼 년과 월 조합에 정해진 의미가 있습니다만 月支時空에서 학

습합니다. 기억할 것은 년과 월에서 乙未, 己卯로 공부인연이 박하지만 천간에서 乙癸戊 三字가 조합하고 亥水가 水氣를 공급하니 엄청난 부자가 되었습니다.

乾命-1888년			
時	日	月	年
庚申	癸未	乙卯	戊子

천간에 癸乙戊 三字로 시간방향이 명확합니다. 癸水가 乙을 향하고 乙이 년의 戊土를 향하는 과정이 순탄합니다. 위 사주들은 乙癸戊 三字로 조합해도 乙이 戊土까지 가는 과정에 시공간이 비틀리고 힘들어집니다. 만약 夾字로 끼어있는 글자들의 쓰임이 좋으면 乙의 가치는 높아지지만 乙癸壬戊의 경우는 乙을 활용하는 과정이 좌충우돌로 안정이 어려웠습니다. 이 사주는 癸乙戊 時間方向이 日에서 月을 거쳐 年을 향하는 흐름이 매우 순탄하기에 1888년에 태어난 중국인으로 그 시절에도 어려서부터 17개국을 여행하고 돌아와 고위공직자가 되었습니다. 癸乙의 결과물이 년의 戊土에 있기에 국가적인 인물입니다.

乾命-1978년			
時	日	月	年
丁丑	乙酉	乙丑	戊午

홍콩 영화배우 주걸륜(周杰倫)입니다. 乙丑월로 乙癸戊가 아니지만 丑土의 지장간에 癸水가 있습니다. 丑月인데 대운이 丑寅

- 261 -

卯辰巳午未로 흘러가기에 겨울에서 봄을 향하여 갑니다. 또 월의 乙이 년의 戊土를 향하기에 宮位의 의미대로 국가, 해외와 인연이 깊습니다. 국가의 부름을 받거나, 국가에 이름을 알리거나 활동하는 시공간이 넓습니다. 천간에 乙戊 밖에 없지만 丑土에 癸水가 있기에 乙癸戊 三字조합을 이룹니다. 이처럼 지장간도 고려해서 삼자조합을 살펴야 합니다.

乾命-1978년			
時	日	月	年
癸	甲	乙	戊
酉	子	卯	午

이 사주는 천간에서 癸乙戊로 조합하는데 중간에 甲이 끼어 있습니다. 癸甲 조합은 공부와 인연이 있다고 했습니다. 시간방향으로 살피면 癸水가 乙을 향하는 과정에 甲을 거치면서 갑니다. 즉, 癸甲乙戊를 순서대로 흘러서 그 결과가 戊土에서 완성됩니다. 공부를 많이 해서 국학대사, 시인, 종교, 철학자입니다. 癸甲을 乙로 戊로 전달하고 결과물이 년 宮位에 있으니까 국가, 해외를 뜻하기에 대만에서 10대 주요인물로 뽑혔습니다. 철학사상에서 중요한 인물이라고 합니다. 사주팔자에 존재하는 글자들은 고유한 가치, 의미를 가졌고 우리는 그것을 읽는 방법을 학습하는 과정입니다.

乾命-1946년			
時	日	月	年
乙	戊	丁	丙
卯	申	酉	戌

월지가 酉月인데 丁酉로 조합했으니까 亥子가 있으면 매우 좋습니다.(丁辛壬 三字조합). 하지만 日支에 申이 오면서 酉月에서 申으로 시간이 역행해 버립니다. 酉月 다음에 일지에 亥水나 子水라면 시간흐름이 순차적인데 申이니까 거꾸로 흘러갑니다. 따라서 申의 시공간에서 피가 막히듯 꼬이고 막힙니다. 이 남자는 대운이 水運으로 흘렀어도 辛丑, 壬寅대운을 지나도록 발전하지 못하다가 53세 癸卯大運을 만납니다. 사주원국 時柱 乙卯를 지나는 시점에 癸水를 만난 것이죠. 酉月에 필요한 水氣도 만났으며 일시에서 乙癸戊 三字로 조합합니다. 이때부터 가장 편하고 여유로워졌다고 합니다. 그 시기에 이르자 사업체를 헐값에 인수해서 규모를 확장하고 매각해서 빚을 다 갚고도 큰돈을 벌어서 말년을 편하게 지냅니다.

주의할 점은, 운에서 癸水 재성이 오고 戊癸 슴하니까 일간이 큰돈을 번 것이 아닙니다. 사주원국에서 乙戊로 두 글자만 있기에 가치가 높지 않다가 乙癸戊 三字로 조합하면서 갑자기 가치가 높아졌습니다. 癸卯대운에 戊乙 가치가 화사한 봄날을 만난 것처럼 발전한 것입니다. 이것이 바로 乙癸戊 三字조합입니다. 봄에 활용하는 에너지들로 배합이 적절하기에 아름다운 물상을 만들어냅니다. 다만, 乙癸戊로 조합하는데 辛이 있거나 운에서 辛이 와서 乙木을 沖하는 경우에는(辛戊乙 三字조합) 흉하게 변할 수 있습니다. 또 乙癸戊가 癸甲戊 三字로 조합하면 글자 하나만 바뀌었음에도 물상이 전혀 다릅니다. 壬水를 필요로 하는 甲입장에서 戊癸 슴하면 甲은 말라갑니다. 甲은 항상 壬水를 필요로 하며 癸水가 급한 것이 아닙니다. 癸亥로 오면 좋습니다. 癸丑도 甲에게 나쁘지 않습니다만 癸水는 丑土 공간을 만나면 즐겁지는 않습니다. 四季圖의 원리대로 겨울에 배속된 甲은 반드시 壬水를 만나야 안정적으로 뿌리를 내립니다만 癸水를 만나도 癸甲으로 교사, 교육으로 활용할 수 있습니다. 문제는 戊土와 조합하는 순간에는 상황이 확 달라집니다. 戊土가 戊癸 合하면서 火氣를 만들어내는 과정에 甲이 마르면 물을 달라고 戊土의 땅을 뚫어버립니다. 화분에 물이 없으면 화초가 죽어버리는 상황, 사막에서 땅이 갈라지는 상황을 상상하면 됩니다. 甲이 戊土를 사정없이 뚫어버리면 육체가 상하거나 관재구설, 부도나는 것처럼 흉합니다. 기본적으로 甲戊가 조합하면 넉넉한 수기를 보충하지 않는 한 불편합니다. 甲戊로 조합해도 무난한 경우는 年에 甲이 있고 月日時에 戊土가 있을 때는 국가에서 백성을 다스리니까 크게 흉은 아닙니다.

터전을 상징하는 戊己는 木과 金에 의해서 가치를 발현하기에 木은 땅의 형태를 결정합니다. 甲이 戊土를 어떻게 장식하느냐에 따라서 가치가 달라지는 겁니다. 산에 나무가 어떤 모양이냐에 따라서 산세가 달라지는 것과 동일합니다. 땅은 스스로 자신의 정체를 결정할 권한이 없습니다. 山이 오면 山이요 木이 오면 木이요 金이 오면 金이요 태양이 비추면 밝아졌다가 태양이 지면 어두워지는 겁니다. 터전이나 무대역할에만 충실합니다. 戊土는 기본적으로 지구 표면과 같아서 水氣가 없습니다. 戊土는 발산, 분산에너지의 터전이기에 빛과 열에 의해서 땅이 마르니 축축하지 않습니다. 하지만 己土는 땅 속에 水氣를 품어서 축축합니다. 陽氣를 발산하는 癸水, 丙火, 乙木, 庚金의 속성들은 지나친 水氣를 꺼립니다. 이런 이유로 乙도 壬水를 좋아하지 않습니다. 癸水도 水氣가 많아지면 壬水처럼 변하기에 발산움직임이 답답해집니다. 따라서 癸亥는 지지에 통근해서 좋다고 판단할 필요가 없습니다. 癸水는 <u>가벼울수록 존재가치를 드러내고</u> 그 움직임이 적절합니다. 癸卯, 癸巳가 좋은 이유는 발산에너지를 적극적으로 활용할 공간을 만났기 때문입니다. 기존 방식대로 癸水가 卯巳에 설기되어서 무력하다고 생각하지만 癸卯, 癸巳는 가벼운 움직임으로 乙의 성장을 촉진합니다. 癸水에게 가장 적절한 공간은 卯木입니다. 午月에 이르면 癸水는 반드시 庚을 필요로 합니다만 이런 변화에 대해서는 나중에 설명하겠습니다. 열기가 많아지고 水氣가 마를수록 壬水가 필요한 甲은 마른 戊土 터전을 공격하는 이유는 물을 달라는 겁니다. 戊土 땅이 축축하면 甲이 戊土를 괴롭힐 이유가 없지만 水氣가 없는 戊土의 땅은 반드시 상합니다. 하지만 乙木은 戊土의 땅을 뚫는 것이 아니라 아름답게 장식합니다. 이런 이유로 乙戊는 장식행위에 어울립니다. 甲戊는 戊土를 찢어서 성형수술 물상이지만 乙戊는 아름답게 꾸미는 물상입니다. 조경이나 얼굴을 아름답게 꾸미는 성형수술입니다. 이처럼 乙戊가 조합하면 부동산 조경 사업에도 적합합니다. 戊癸 合할 때 甲이 끼어들면 戊癸 合의 가치가 갑자기 흉해집니다. 봄에 乙을 키우려고 합하는데 갑자기 겨울의 시공간에서 활동하는 甲이 끼어들어 乙의 터전 戊土를 파괴합니다. 이런 조합은 殺氣가 숨어있습니다. 癸甲戊 三字 조합은 살벌합니다. 오히려 丁辛壬 三字조합의 살기가 약한 편입니다. 유독 癸甲戊 三字조합은 강한 살기를 가졌습니다.

乾命-1969년			
時	日	月	年
모름	戊寅	丙寅	己酉

남자입니다. 대운이 역행하니까 亥子丑으로 흘러갑니다. 과거에 사주를 분석하는 방식으로 보면 20년 공부해도 殺印相生, 丙火 用神으로 볼 겁니다. 그래서 "용신을 모두 丙火로 보겠네요."

- 265 -

했더니 水運에 좋았다고 하더군요. 당연하죠. 火대운으로 흘렀다면 戊土의 땅이 말라서 힘들었을 겁니다. 이처럼 사주구조를 十神으로 분석하면서 丙火가 寅 편관을 살인상생 해야 좋다거나 寅月에 추우니까 丙火로 조후한다는 식으로 판단하면 정반대로 보는 겁니다. 대운이 水運으로 흐르면서 水氣를 공급하기에 땅은 마르지 않고 木도 적절하게 성장하기에 돈도 잘 벌고 직위도 있으며 건물도 임대할 정도로 잘 삽니다. 水氣를 보충하지 않았다면 땅이 거칠어지고 인생도 거칠어집니다. 寅木 두개가 戊土를 뚫지 않은 이유는 水氣가 땅을 적셔주었기 때문이에요. 물론 丙火가 寅의 기운을 빼서 戊土를 상하지 못하게 합니다. 따라서 寅은 먼저 丙火를 향하고 丙火는 戊土를 향하는 흐름은 분명하지만 문제는 일정 시점에 이르면 戊土의 땅은 말라서 사막처럼 변합니다. 水대운을 만나니까 壬甲丙 三字조합으로 戊土의 땅이 마르지 않고 목을 기르니 잘 사는 겁니다.

乾命-1968년			
時	日	月	年
丙	乙	甲	戊
戌	亥	子	申

이 구조는 조금 뒤죽박죽입니다. 乙戊, 甲戊, 乙丙, 丙戊로 섞였는데 31세 戊辰대운에 年의 戊土가 오니까 甲이 戊土를 찌릅니다. 또 辰土가 년과 월에서 申子辰 三合을 이룹니다. 甲을 통제하던 申이 원래의 기능을 상실합니다. 申子辰 三合하고 시지 戊土와 辰戌 沖합니다. 이런 조합을 三合 沖이라고 부르는데 三合과 刑沖破害 책에서 그 이치를 설명했습니다. 부자로 살던 집이었는데 戊辰대운에 갑자기 쪼들리기 시작합니다. 그 이유는 甲

이 戊土의 터전을 공격했고 申子辰 三合 沖으로 삶의 터전이 불안정하게 흔들렸기 때문입니다.

乾命-1973년			
時	日	月	年
戊	丁	戊	癸
申	丑	午	丑

년과 월에서 戊癸 합하는데 甲午年이 오니까 癸甲戊 三字로 조합하고 午月에 마른 월간 부친 戊土를 甲이 직선으로 공격합니다. 그해에 부친이 두 번이나 수술했습니다.

乾命-1999년			
時	日	月	年
丁	癸	戊	己
巳	丑	辰	卯

월과 일에서 戊癸 합하고 있는데 甲午年에 癸甲戊 三字로 甲이 戊土를 뚫습니다. 癸甲戊의 성정은 난폭합니다. 순했던 학생이 甲午년에 갑자기 난폭해졌고 卯丑으로 정신착란 증세도 생기면서 부친에게 대들고 성적은 추락했으며 정신적으로 방황합니다.

乾命-1972년			
時	日	月	年
乙	丙	戊	壬
未	申	申	子

시에서 년으로 乙丙戊壬으로 순차적으로 흘러가는데 癸丑대운이 오면서 戊癸 合하는데 甲午年에 戊土를 뚫어버립니다. 2014년 甲午년에 부친이 사망합니다. 癸丑대운 甲午年에 癸甲戊 三字조합을 이루는데 그 속성을 모르면 월간 부친 戊土가 상하는 것을 읽어내기 어렵습니다. 日干을 기준으로 도식(倒食)으로 문제가 발생했다고 설명할 수 있지만 근본원인은 癸甲戊 三字로 부친을 상징하는 戊土(月干 宮位)가 상한 겁니다.

乾命-1998년			
時	日	月	年
모름	癸卯	甲寅	戊寅

丙辰대운이 왔습니다. 丙대운 14세 2011년 辛卯年에 친구들 폭력에 견디지 못하고 자살해 버렸어요. 癸水에 丙火가 오고 甲은 더욱 말라가는 戊土를 심하게 뚫어 버립니다. 甲이 丙火를 생하는 傷官生財로 보이지만 마른 戊土의 땅을 甲이 뚫어버립니다. 만약 宮位가 바뀌어서 甲年, 戊月, 癸日이라면 甲이 국가에서 백성 戊土를 다스리니까 흉함이 훨씬 줄어듭니다.

乾命-1950년					乾命-1950년			
時	日	月	年		時	日	月	年
甲寅	戊子	戊子	庚寅		乙卯	戊子	戊子	庚寅

두 사주는 동일한데 時만 甲寅과 乙卯로 다릅니다. 癸巳대운이 오면 甲寅時는 癸甲戊 三字조합이고 乙卯時는 乙癸戊 三字조합

으로 乙卯 時가 훨씬 좋습니다. 甲寅 時는 회사를 그만두고 사업하다 망했고, 癸卯 時는 대기업 계열사 사장으로 취임해 갔습니다. 이처럼 차이가 없을 것 같지만 한 글자 때문에 물형이 사정없이 달라집니다. 사주가 비슷하면 인생도 비슷할 것이라는 생각을 버려야 합니다. 동일오행도 甲, 乙 혹은 壬, 癸에 따라서 일억과 백억처럼 차이가 벌어집니다. 이런 이치를 깨우치면 사주팔자를 함부로 예단하지 않습니다.

乾命-1978년			
時	日	月	年
모름	癸丑	甲子	戊午

권투선수 파퀴아오 사주입니다. 癸甲戊 三字가 뚜렷하게 보입니년의 戊土 터전이 상하니 조상, 부모의 음덕은 얻기 힘들다고 읽어야 합니다. 다만, 子午 沖으로 총명합니다. 하지만 癸甲戊 三字로 그 성정이 매섭습니다. 또 지지에서 午丑으로 에너지가 폭발하기에 주먹도 매우 강합니다. 乙未년에 乙癸戊 三字가 조합하면 甲이 乙로 속성이 변하면서 戊土를 향해갑니다. 乙癸戊 三字조합의 결과가 年에서 완성되는데 국가, 해외 물상으로 그 해에 메이웨더와 시합해서 1000억 수입을 올렸습니다. 그렇다면 펀치의 날카로움을 어떻게 분석할까요?

乙癸戊는 따사로운 봄날로 그 성정이 부드럽습니다. 가을에 활용하는 丁己辛 三字조합은 날카롭습니다. 癸甲戊 三字조합의 경우, 특히 子月에 癸水가 甲으로 戊土를 공격합니다. 권투로 활용하지 않으면 깡패, 조폭처럼 폭력을 행사합니다. 모 PD가 자기 사주라고 속이고 제주에 사는 분의 사주를 보았는데 癸甲조합입니다. 癸日 甲午月인데 살인누명으로 20년 수감생활 했더군요. 癸甲의 속성은 원하지 않아도 계속 구설시비를 만듭니다. 만들고 싶은 것이 아니라 자동적으로 만들어집니다. 癸甲戊 三字조합의 특징이 그렇습니다. 三字가 天干과 地支에서 조합할 때는 어느 宮位가 動하느냐를 살펴야 합니다.

이쯤에서 우리가 학습하는 과정을 정리해보면 이렇습니다. 地支를 모두 학습하면 四季의 순환원리를 학습하고 地藏干과 天干合의 원리도 살펴야 합니다. 세상 돌아가는 이치를 이해하면 사주읽기가 훨씬 수월해집니다. 命理도 자연의 이치를 근거로 했다는 것을 기억해야 합니다. 사주명리가 자연의 순환원리에 우선할 수는 없는 겁니다. 인간이 탐구정신은 자연의 순환이치를 깨우치고 十干과 12支를 창조하고 우연히 사주팔자에 응용해서 활용하기 시작한 겁니다. 시공간부호 60甲子는 3000년 ~ 4000년 전부터 활용했지만 사주팔자는 빨라야 1,500년 전부터입니다. 무엇을 먼저 학습해야 할까요? 十干과 十二地가 표현하는 자연의 순환원리를 먼저 학습해야 사주팔자를 풀려는 기교를 부리지 않습니다. 세상 돌아가는 이치를 이해하면 얼마나 좋습니까? 나를 찾아가는 과정입니다.

午月 - 丙己丁

午火를 이어서 합니다. 巳月에 戊土 터전에서 丙火의 도움으로 庚 꽃이 만개하여 아름다운 광경을 만들어냈던 이유는 짝짓기를 통해서 열매 맺으려는 겁니다. 午火의 지장간에 丙己丁 세 글자가 있어요. 丙火가 丁火로 바뀌는 시간흐름으로 丙火 빛을 丁火 열로 바꿉니다. 이런 이유로 午火에는 전기관련 직업이 많습니다. 丁火, 午火, 丁未가 모두 전기관련 업입니다. 己土는 丙火 빛을 丁火 열로 바꾸는 변압기와 같습니다. 또 돋보기처럼 빛을 받아서 열을 축적한 후 己土 내부에 저장합니다. 운동방향으로 살피면 丙火 분산운동을 丁火로 수렴하기 시작합니다. 열을 수렴하는 행위는 굉장히 중요합니다. 丁火의 수렴운동이 있기에 물형의 부피나 규모가 줄어들기 시작합니다. 사업하는데 午대운을 만나거나 丁火를 만나면 사업이 줄어들 가능성이 높습니다. 丙火는 활짝 펼치니까 확장하는 움직임이지만 丁火가 빠르게 수렴해버립니다. 확장해야만 하는 사업규모가 축소되는 겁니다.

둘째, 午火에 丙丁만 있으니까 水氣 특히 癸水가 살기 힘든 공간입니다. 丙火로 분산하고, 丁火로 열을 수렴하는 午月 여름입니다. 여름다운 여름을 맞이하였는데 癸水는 丙火에 분산되고, 丁火에 수렴되면서 癸水 본연의 발산작용을 못합니다. 壬癸는 인간의 뇌수를 상징하고 정신을 지배합니다. 엄마의 양수, 모체와 같아서 우리는 물에서 안정감을 느낀다고 합니다. 바닷가에서 살면 자살을 많이 한다고 하네요. 왜 그럴까요? 어머니 배 속의 양수처럼 편안해서 삶의 의욕이 없다고 합니다. 자극을 받아야 도전하고 목표가 생기고 열심히 움직이는데 바다를 보면 평온해지고 의욕이 줄어든다는 주장입니다. 午月에 水氣가 증발하면 정신이 불안정해지는 것이 문제입니다. 그래서 午月, 未月에 태어나면 살던 곳을 지키기 어려워서 타향, 해외로 떠납니다. 구조가 나쁘면 정신분열 증세를 보입니다. 사막의 오아시스에서 癸水를 찾듯 정신을 추구합니다. 종교에 비유하면 기독교로 사막에서 神을 찾는 것처럼 강렬한 믿음을 필요로 합니다. 절박함이 있습니다. 종교에 심취하지 않으면 해외로 가거나 타향으로 떠나거나 가출해서 돌아오지 않는 사람들의 사주에 午火, 未土가 많습니다. 정신이 불안정해지는 문제입니다. 그 문제를 해결하려면 庚이 필요합니다. 午月과 未月에 庚이 있느냐에 따라서 100억이 왔다 갔다 합니다. 정신병 걸릴래, 아니면 백억 벌래 이 정도로 차이가 납니다.

셋째, 수렴행위를 통하여 열매 맺습니다. 열매가 열려야 생명체들에게 먹거리를 제공합니다. 사주팔자에 丙火를 가진 사람과 丁火를 가진 사람의 방식은 전혀 다릅니다. 丙火는 중심가로 화려하지만 丁火는 지방이나 위성도시에 살아갑니다. 丁火는 중심으로 가기 어렵고 변두리 쪽으로 갑니다. 에너지 특징이 그렇습니다. 따라서 巳火는 화려한 공간에서 사람들이 많이 모이고 사치스럽고 과장합니다. 실제보다 꾸미는 겁니다. 巳月에는 짝짓기를 위해서 광고, 홍보하지만 午月에는 열매가 열리기에 실질적인 것을 추구합니다. 수렴하는 이유는 물질을 자기 쪽으로 당겨오려는 움직임입니다. 巳月, 午月이 크게 다른 점은 巳火는 巳酉丑 三合, 午火는 寅午戌 삼합운동 합니다. 寅午戌은 丙火로 에너지요 巳酉丑은 庚으로 열매에 해당하기에 巳酉丑이 훨씬 물질적이죠. 寅午戌은 열매의 크기를 확장하는 것에 집중하지만 巳酉丑은 열매자체를 완성하는데 주력합니다. 巳火는 겉으로는 화려하지만 내면에서는 열매를 지향합니다. 무슨 행동을 하던 巳火의 움직임에는 열매로 연결하려는 의도가 숨어있는 겁니다. 이런 움직임을 이해하고 午火를 살펴봅시다.

첫째, 午火는 활동반경이 줄어듭니다. 사업에 비유하면 부도나고 망할 수도 있습니다. 午火, 丁火 운에는 사업 확장에 주의해야 합니다. 둘째, 午火는 정신방황입니다. 壬午, 癸未 月의 경우에 壬癸 부친이 월간을 지키기 힘듭니다. 내가 壬午, 癸未 月에 태어났다면 부친은 밖으로 도망갑니다. 부친이 외도하거나 이혼하거나 사망하거나 직업 때문에 해외로 갑니다. 壬午, 癸未 月

에 부친이 안정되려면 年에 庚이 있어야 합니다. 만약 내가 庚일에 태어났다면 31세 이후, 월간에 있는 부친의 사주팔자로 살피면 시간에 庚이 있으니 46세 이후에 부친이 안정됩니다만 그 전에 버티지 못하면 이혼하거나 해외로 가거나 사망할 수도 있습니다. 壬午, 癸未 月은 庚이 굉장히 중요한 역할을 하는 겁니다. 부친 壬癸는 水氣의 속성대로 방탕, 방랑, 물처럼 흘러 다니는데 어둡기에 주위 사람들이 존재를 잊어버립니다. 壬寅은 임수가 점점 밝아지지만 壬戌은 점점 블랙홀로 사라집니다. 물론 구조가 좋으면 해외유학, 해외무역으로 활용합니다. 壬午, 癸未는 정신적으로 방황하는데 그것을 해결할 방법이 庚이라고 기억하면 됩니다.

乾命-1977년			
時	日	月	年
辛卯	丙午	壬寅	丁巳

일본사람으로 주위에서 따돌림 당했는데 庚子대운 戊寅年 하룻밤 2시간 만에 주민 30명을 살해하고 자살했습니다. 천간은 丁壬 合과 丙辛 合으로 구성되고 지지는 寅巳 刑, 卯午 破로 비틀립니다. 천간과 지지의 의지가 전혀 다릅니다. 나중에 학습하지만 庚子대운이 오면 子水는 六害라는 신살로 인간의 정신을 지배하는 매우 중요한 특징을 가졌습니다. 마치 전생의 업보나 인간의 영혼과 같은 육해 子水가 子午, 子卯로 충동적으로 변합니다. 더 큰 문제는 壬水가 생명수를 공급하는 중요한 역할인데 戊寅 年에 壬水가 증발하고 寅巳 刑 하기에 寅 생기가 심하게 상합니다. 丙丁으로 水氣가 증발하니까 정신착란이 옵니다. 丁

巳, 壬寅, 丙午, 辛卯로 壬水가 증발하는 상황에서 戊寅年에 壬水가 증발하면 강력한 화기들이 辛金을 자극하고 寅巳 刑으로 寅이 상하고 辛卯로 卯木 生氣가 상하면 木火 피의 흐름이 막히면 심장마비, 뇌출혈, 정신착란, 자살 물상을 만들어냅니다. 여기에 저승사자 이론을 대입하면, 巳年을 기준으로 寅卯辰은 저승사자와 같은데 사주원국에 寅卯가 있고 무인년에 다시 겁살 저승사자가 와서 살기가 강해지고 30명의 목숨을 빼앗는 저승사자로 변했습니다.

셋째, 午火는 쉬지 않습니다. 말은 서서 잔다고 합니다. 말은 항상 뛰어나갈 준비를 하고 있습니다. 언제라도 바로 달릴 준비를 마친 파발마와 같습니다. 이처럼 말은 집에서 머물기 힘듭니다. 굉장히 활동적이며 쉬지 않고 달립니다. 이런 午火의 특징은 사회활동에 적합합니다. 여자가 午火를 가졌다면 기본적으로 말 같은 속성입니다. 丙午년이면 남편을 지키기 힘든 이유가 말 같아서 그렇습니다. 따라서 午火가 있으면 남성스럽기에 사회활동 하는 것이 좋습니다. 만약 집에만 있다면 병든 말이거나 남편 잡는 말이 됩니다. 반드시 午火속에 가득한 열기를 밖으로 빼내야 합니다. 丙午年에 태어난 여자는 내부에 열기를 축적하기에 일정기간이 지나서 해소하지 않으면 결혼생활이 순탄하지 않습니다. 물론 丙午년에 태어나면 무조건 이혼한다는 의미는 아니지만 말처럼 밖으로 뛰어다니는 속성 때문에 그럴 개연성이 높아집니다. 여자가 바지를 즐겨 입는 행위는 傷官이 正官을 만나는 것과 같습니다. 마치 여자가 남성과 같은 속성으로 변하는 겁니다. 주위에 바지를 즐겨 입는 여성들의 부부관계, 사회활동 상황을 살펴보세요. 치마를 즐겨 입는 여성의 경우는 남편에게 사랑받을 가능성이 높습니다. 午火의 속성 때문에 자신도 모르게 남편의 발전을 저해할 수 있다는 겁니다. 그래서 여자는 치마를 입거나, 바지를 즐겨 입으면 적극적으로 사회활동 해야 합니다. 午火의 내면에 열이 가득하니까 열불난다고 하는 것처럼 그 열기를 밖으로 배출하는 겁니다. 午年에 태어나거나 午日에 태어나면 중력에너지가 강하기에 육체를 활용하는 스포츠나 경찰처럼 강인하게 뛰어다니며 활동합니다. 성격으로 보아도 내부에 열이 가득 찼기에 급하고 폭발하면서 욱합니다. 특히 子午沖하는데 火氣는 강하고 子水가 무기력하면 불난 집에 부채질 하듯 그 성정이 더욱 거칠어집니다.

넷째 午火는 꽃을 열매로 바꾸기에 화려한 외형보다는 실질적인 재물을 축적하려는 욕망이 강합니다. 巳火와 午火는 생각보다 차이가 많습니다. 다섯째 午火는 단체, 조직 물상으로 말은 무리를 지어서 다니고 혼자 떨어져서 놀지 않는답니다. 寅午戌 三合도 寅은 혼자서 활동하지만 午火는 조직을 갖추려고 합니다. 寅만 있으면 기획하면서 혼자 활동하지만 寅午로 조합하면 조직, 단체 물상이고 직장생활에 어울립니다. 기획하고 실행하는 능력까지 갖추고 직장생활 하는 겁니다.

다섯째 午火는 정력의 상징입니다. 남자사주에 午未가 있으면 엄청난 체력을 자랑합니다. 未土에서도 언급하겠지만 기본적으로 여자인연이 많습니다. 午火는 정력이 강하니까 인연이 복잡하겠죠. 이런 이유로 중년에 이혼할 수도 있습니다. 丙午 年에 태어난 여자들도 이런 속성을 갖고 있다고 했습니다. 사주구조 때문이 아니라 丙午가 그런 에너지를 가졌습니다. 남자에게는 특별한 문제는 아니지만 여자의 특징이 남자처럼 변하는 것이 문제입니다. 午火는 독특한 행동방식이 있는데 활동반경이 좁으면 어느 순간 견디지 못하고 뛰쳐나가려고 합니다. 밖으로 나가서 미친 듯 달렸다가 돌아옵니다. 예로, 밤에 차를 몰고 미친

듯 돌아다니는 행위입니다. 열이 쌓여서 밖으로 폭발하는데 운동으로 이런 문제를 해결하는 사람도 많습니다. 더러는 밤마다 나이트클럽에 갑니다. 午火가 있다면 활동적인 직업을 갖는 것이 좋습니다. 日支에 午火가 있으면 부인이나 남편이 그런 성향을 가졌기에 집에만 있으면 견디기 힘들어 합니다. 따라서 마구 활동하거나 몸이 아파서 집에 있습니다. 조금 극단적으로 표현하면 그렇습니다.

여섯째 午火는 金의 속성을 가진 직업을 좋아합니다. 午火에 丙丁이 모두 있기에 자신도 모르게 庚을 확장하려는 욕망이 강합니다. 午火는 금속과 관계가 없을 것 같지만 자신도 모르게 金水를 당겨옵니다. 예로 중공업, 제철소, 조선소, 자동차 등 金에 관련된 직업에 종사합니다. 그리고 기본적으로 재산을 축적하는 능력이 좋습니다. 日支 午火의 경우에 배우자의 직업이 주로 조선소, 선박, 철강, 무역, 해외와 인연이 많습니다.

乾命-1967년			
時	日	月	年
丁丑	乙卯	丙午	丁未

이 구조는 사주원국에 金氣가 극도로 무력하기에 인연이 없어 보이지만 丙午와 丁未로 火氣가 강력하니까 금속공학과를 졸업했습니다. 이처럼 火氣 특히 午火는 금속을 끌어오는 중력에너지와 같습니다. 다만 금속공학과를 졸업했지만 관련 업종에 종사하지는 않고 대기업 인사과에서 재직했습니다.

坤命-1972년			
時	日	月	年
甲寅	戊午	丁未	壬子

日支에 午火가 있습니다. 남편이 조선소 선박 검사원입니다. 이런 사주사례는 많습니다. 어떤 부인의 월주와 일주가 癸未월 戊午일입니다. 남편의 직업은 선박 수주, 철강관련 업입니다.

질문 : 甲辰년 癸酉월 壬午일 戊申시 남자입니다. 평생 금형제작 일을 했습니다만 그것도 관련이 있습니까? 또 癸甲戊 三字 조합 속성도 포함되는 것인가요?

답변 : 이 구조에서 癸甲戊는 거리가 멉니다. 癸甲이 戊土를 향해 가려면 한참 가야합니다. 중간에 癸水, 壬水를 지나는 과정에 水氣를 보충하면 甲이 戊土를 공격하기 어려워집니다. 월주 癸酉는 午火가 없으면 교육 쪽으로 가는데 午火가 있으니까 酉金을 담금질해서 癸水로 빼내려고 합니다. 그래서 금형제작으로 돈을 잘 법니다. 이런 방식이 사주구조를 분석하는 방법인데 壬水가 辛을 보는 것과 庚을 보는 것은 다릅니다. 또 癸水가 酉金을 보는 것과 壬水가 酉金을 만나는 것도 다르죠. 壬水가 酉金을 보면 경쟁우위로 년에 있는 甲의 성장을 촉진하니까 자기 생각대로 辰土를 다스립니다. 내 의지대로 살아갑니다. 癸日이라면 癸甲戊 三字로 거칠어 질 수 있습니다. 壬午가 甲을 다루는데 月에 癸水가 있으니까 壬水는 癸水를 향하고 癸水가 甲을 향하기에 결과적으로는 甲이 辰土를 다스려 거칠지만 壬水가 있기에 부드러워집니다. 통제를 받지 않겠다는 의미는 壬水가

酉月에 적절한 시절을 만났기에 임수의 사상을 자연스럽게 甲에게 전달하고 辰土를 다스립니다. 壬水가 甲에게 아이디어를 전달하고 辰土를 통제하기에 남의 지배를 싫어하는 성격입니다.

未月 - 丁乙己

이제 未土로 갑니다. 12地支 중에서 매우 독특한 글자가 未土입니다. 午月을 지나 未月에 이르면 지장간에 丁乙己가 있는데 정확한 의미는 乙의 성장을 완성했다는 겁니다. 巳에서 꽃 피고 午에서 열매 맺고 열매의 크기와 무게가 계속 확장하다가 未月 끝에 이르면 확장 불가능한 열매로 완성됩니다. 亥卯未 三合은 未土에서 성장을 완성하고 巳酉丑 三合은 丑土에서 수렴을 완성하기에 未土와 丑土의 지장간에 있는 己土는 물질의 완성을 뜻합니다. 주의할 점은 未土에서의 성장완성은 씨종자의 완성이 아닙니다. 나무에서 분리되는 열매로 완성되려면 酉月까지 가야만 합니다. 그렇다면 未月과 酉月의 차이점은 무엇일까요? 未土는 열매의 부피가 확장할 수 없을 만큼 물질적, 육체적, 질량적으로 완성되었다는 뜻입니다만 여전히 나무에 매달려서 申月을 지나 酉月에 가서야 완벽한 씨종자로 분리됩니다.

둘째, 亥卯未 三合운동을 완성하기에 未土의 지장간에 있는 乙의 움직임은 굉장히 답답합니다. 十干은 어느 공간에서도 자신이 가진 본성을 버릴 수 없습니다. 乙이 卯月을 만나면 좌우확산 움직임이 굉장히 적극적이지만 午月에는 느려지고 未月에는 더욱 답답해집니다. 하지만 어떤 시공간에서도 乙이 좌우확산하려는 속성은 포기하지 않습니다. 亥月 혹은 庚辛을 만나면 적극적으로 움직이지 못해도 좌우로 펼치려는 본성을 포기한 것은 아니라는 뜻입니다. 未月에는 특히 지장간에 있는 丁火가 乙木

의 움직임을 더욱 답답하게 만듭니다. 또 未月에 이르렀으니 乙木의 물형이 申月로 넘어가면 확실하게 庚으로 바뀌어야 합니다. 未土 속의 乙과 申 속의 庚이 乙庚 合하는 이유입니다. 예로 乙未年에는 乙이 庚을 만나기에 여자들이 남자를 찾아간다고 했습니다. 여자들이 짝짓기를 원하는데 자연에서는 당연한 행위입니다. 乙입장에서 申月에 반드시 열매 맺어야 하므로 庚 남자를 찾아가는 겁니다. 乙未년에 여자들이 결혼하고 싶다는 표현을 많이 했습니다. 자연에서 열매 맺으라고 요구하니까 자신도 모르게 그런 움직임을 보입니다. 正官이 와서, 傷官이 와서 혹은 財星이 와서 그런 것이 아닙니다. 十神과 상관없이 乙未年에 여자가 짝을 찾기를 바라는 겁니다.

乙未년에 庚이나 戊日 남자에게는 여자들이 찾아오는 해가 될 수 있습니다. 乙이 未土와 함께 왔지만 乙木은 未土 공간을 좋아할 리가 없죠. 乙은 未중 己土에서 안정을 취하기 어렵기에 잠시 머물다가 떠나는 공간에 불과하며 결과적으로 戊土를 찾아 떠나갑니다. 未土의 땅에서는 답답해서 戊土 넓은 땅으로 떠나는 겁니다. 따라서 庚이나 戊에게 乙未년은 나름 재물이 들어오는 해입니다. 乙이 庚金을 만나 열매 맺으니 돈이요, 乙이 戊土의 표면을 아름답게 꾸미면서 모양이 좋아지기에 돈을 암시합니다. 돈을 벌어서 차와 옷을 사서 꾸미는 것과 다를 바 없습니다. 열매는 재물이자 돈입니다. 만약 乙未가 아니고 乙巳라면 乙은 巳의 지장간에 있는 戊土에서 안정을 찾기에 乙이 戊土를 찾을 필요가 없습니다. 乙未는 未土에서 답답해서 넓은 터전 戊土를 찾아가는 겁니다. 戊乙로 조합하였는데 사주팔자에 癸水까지 있다면 더욱 좋습니다. 예로 乙未年 癸未月이 오면 乙癸戊 三字로 조합합니다. 일진으로 분석해도 未일에 만나는 여인은 나를 찾아온 여인입니다. 여성이 남성을 원하는 해이기 때문입니다.

坤命-1991년			
時	日	月	年
辛	乙	戊	辛
巳	亥	戌	未

이 여인은 2015년 乙未年에 사귀는 남자도 없으면서 결혼하고 싶다는 말을 자주합니다. 乙未년 사주상담 사례에는 자신의 짝을 찾고 싶다는 내용이 많습니다. 이처럼 干支가 가지고 있는 의미와 물상이 중요합니다. 干支의 뜻을 이해하면 운의 흐름을 이해하기 쉬워집니다. 시공간의 순환특징을 상징하는 干支로 기운을 읽는 겁니다. 지금까지 살핀 내용을 중심으로 未土의 특징을 살펴봅시다.

첫째 未土는 양으로 희생양이라고 표현합니다. 하늘에 제사를 지내서 문제가 없도록 기원할 때 양을 죽이고 피를 바칩니다. 아름다울 美자는 양(羊)이 크다(大)는 뜻입니다. 옛날 사람들 눈으로 양이 크면 아름답게 느꼈나봅니다. 희생양이란 뜻은 하늘과의 인연이 강하기에 하늘의 소리에 귀 기울여야만 합니다. 그것이 바로 공부로 未土가 암시하는 의미입니다. 하늘의 소리를 들으려면 죽도록 공부해야 그 뜻을 알아듣습니다. 神殺로 天煞이라 부릅니다. 천살에서 공부하느냐 하지 않느냐에 따라서 인생이 달라집니다. 천살에서 공부는 하지 않고 돈을 탐하면 천벌 받습니다. 하지만 공부에 집중하면 운도 풀리고 학업성적도 크게 올라갑니다. 未土는 종교, 명리, 철학과 전혀 관계가 없어 보이지만 깊은 인연이 깊으며 교육 업에도 인연이 많습니다. 未土

를 가지고 태어나면 하늘을 모셔야 합니다. 하지만 묘하게도 물
물교역, 해외무역이란 뜻도 있습니다. 동쪽과 서쪽을 연결해야
만 하므로 한곳에 머물지 못하고 계속 이동합니다. 사방팔방 해
외로 돌아다니는 겁니다. 未土는 자신도 모르게 水氣를 찾아 돌
아다녀야 살 수 있습니다. 水氣가 바로 공부이고 정신입니다.
학교 공부가 아니라도 다양하게 책을 읽어야 좋습니다. 未月은
열매를 완성해야하는데 水氣가 굉장히 부족하기에 물을 찾아야
만 합니다. 午火, 未土 모두 동일한 상황이지만 未土는 水氣가
더욱 절실합니다. 未土가 사주팔자에 있다면 十神이나 神煞로
무엇이든 공부를 많이 할수록 좋습니다. 未土는 학문의 별입니
다.

乾命-1960년			
時	日	月	年
癸	甲	癸	庚
酉	寅	未	子

사업하는 분입니다. 종교, 명리관련 많은 공부를 했으며 감각이
뛰어납니다. 모든 이론을 세부적으로 파고들어 분석합니다. 불
교와도 인연이 강해서 배우자도 절에서 인연이 되었습니다.

坤命-1973년			
時	日	月	年
乙	癸	己	癸
卯	丑	未	丑

여명으로 未月에 태어났습니다. 필요한 水氣를 癸丑으로 보충하

고 미토 학문의 별을 활용하여 고대 영문과를 졸업하고 영어를 가르칩니다.

坤命-1948년			
時	日	月	年
癸	癸	己	戊
丑	丑	未	子

미국에 사시는데 명리 신봉자입니다. 未月에 필요한 수기를 찾아나서는 겁니다. 디자이너로 활동하면서 식당도 운영합니다.

둘째, 未土의 가장 큰 특징은 신체장애입니다. 未土가 두 개 이상 있으면 신체가 불편할 수도 있습니다. 未土의 지장간에 있는 乙이 丁火에 의해 열도 오르고 답답해집니다. 성장을 완성해서 움직임도 답답한데 丁火가 내부에 열기를 채우면서 못살게 굽니다. 이런 이유로 未土는 신체의 움직임이 답답해질 수밖에 없습니다. 심하면 장애의 문제가 생깁니다. 未土의 장애문제를 설명했을 때는 믿지 않다가 몇 개월 지나서 친척 중에 장애인이 있는 것을 확인했다고 합니다.

셋째 未土는 고독합니다. 수많은 사람들과 교류하지만 스스로는 고독함을 느끼기에 군중속의 고독입니다. 다양한 사람들이 무역, 교류하는 과정에도 고독을 느낍니다. 이런 이유 때문에 종교, 명리, 철학을 공부합니다. 山羊의 행동을 상상하면 됩니다. 그 높은 산에서 혼자 고독을 즐기며 살아갑니다.

넷째, 종교, 명리, 철학과 인연이 많고 또 水氣가 증발하기에 귀신하고도 인연이 많습니다. 午火, 未土는 정신이 불안정할 수 있다고 했는데 보이지 않지만 壬癸 지친 영혼들이 있는 공간입니다. 귀신들의 水氣를 달라고 아우성거립니다. 그래서 未土에는 귀신들의 영혼을 달래야 합니다. 午火, 未土에서 壬癸가 증발하면서 정신이 혼미해지고 사이비종교에 빠집니다. 未土를 가진 사람들은 喪家(상가)에 가는 것에 주의해야 합니다. 年에 未土가 있어도 그런 속성이 있지만 未月이면 훨씬 강합니다. 이런 사주가 있습니다.

坤命-1977년			
時	日	月	年
丙午	丁卯	丁未	丁巳

이 여인은 평범하게 살아갑니다. 종교, 철학도 사주팔자를 보는 것도 좋아하지 않습니다. 학력이 높은 것도 아니며 평범한 인생입니다. 그 이유는 丁火가 품은 열기 때문입니다. 丁火의 본성은 열기이기에 강할수록 체성이 뚜렷해집니다. 丁火는 아무리 강렬해도 뜨거움을 두려워하지 않습니다. 戊土, 己土, 丙火의 속성과는 다릅니다. 丙火는 강렬하면 庚을 상하게 만들지만 丁火는 甲, 乙을 가지고 있는 이상 水氣가 많은 거보다 火氣가 많은 것을 훨씬 좋아합니다. 十干은 자신이 가진 고유한 속성을 좋아하는 이유입니다. 체성이 뚜렷하다는 뜻은 자신의 의지가 강하다는 의미입니다. 따라서 주체성이 강해서 타인의 의견이나 조언을 들으려하지 않으며 자신의 의지대로 살아가기에 종교, 명리, 철학에 흥미가 없습니다. 특히 화기가 강하기에 실질적인 인생을 살아갑니다.

乾命-1978년			
時	日	月	年
戊	丁	戊	戊
申	未	午	午

표면적으로는 火氣가 가득하여 타 죽을 것처럼 보이지만 아닙니다. 부친은 정수기 사업으로 수백억 매출을 올리며 사주당사자는 水氣가 없으니 학업에 전념하지 못했을 것처럼 보이지만 서울대를 졸업했고 부친 사업을 도우며 丁火의 속성대로 굉장히 점잖지만 주관이 극히 뚜렷합니다. 丁火는 아무리 조열해도 열기를 두려워하지 않습니다. 기억할 점은 丙火는 빛으로 만물을 태워 버릴 수 있지만 丁火는 내부에 열을 축적하는 작용으로 강력한 열기를 즐깁니다. 두 사주는 모두 젊어서는 종교, 명리, 철학에 흥미가 없지만 중년 이후에는 未土의 속성이 발현될 수도 있습니다. 未土는 귀신과 인연이 많다고 설명한 것처럼 영가천도를 해주는 것이 좋습니다.

坤命-1967년			
時	日	月	年
戊	己	丁	丁
辰	丑	未	未

은행에서 근무하는데 壬子대운에 喪家 집에 가서 귀신이 붙었다고 합니다. 未土가 두 개나 있으며 또 丑辰 속에 있는 癸水도 귀신을 암시합니다.

乾命 - 1972년			
時	日	月	年
戊申	丁未	丁未	壬子

고대에 수석입학 했고 공부를 잘했습니다. 부인은 변호사입니다. 계속 고시에 낙방한 후에는 태극권, 종교에 심취하여 부인이 이혼을 요구하지만 자식 때문에 못합니다. 년과 월의 丁壬합으로 집중력이 좋습니다. 영혼의 세계와 같은 壬子의 속성이 일주의 시기에 연결되면서 종교, 철학에 빠집니다. 壬子로 총명하지만 未土 때문에 정신을 집중하는 기수련, 태극권으로 빠져버립니다.

다섯째, 未土는 정착하기 힘듭니다. 사통팔달 교역이 발생하는 공간이기에 해외무역 업과도 인연이 강합니다. 未土의 땅에서 태어나면 그 공간에서 살기 어렵습니다. 타향으로, 해외로 가야 합니다. 亥卯未 三合 성장운동을 끝내버렸으니 未土에서 더 이상의 성장은 불가능하기에 떠나는 겁니다. 이런 이유로 壬午, 癸未 月에 태어나면 부친과의 인연이 박합니다. 특히 부친과 인연이 길지 못합니다. 상담사례인데 乙巳年, 壬午月, 庚日이라고 해서 부친과 인연이 없겠다고 했더니 7세에 부친이 돌아가셨다고 하면서 어떻게 아셨냐고 그러더랍니다. 시간방향대로 壬水가 乙을 향해서 나가버리니까 부친 壬水는 庚으로부터 멀어집니다. 이것이 시간방향으로 부친이 나로부터 멀어져가니 인연이 없는 겁니다.

乾命-1985년			
時	日	月	年
모름	辛亥	癸未	乙丑

15세부터 캐나다와 중국에 유학했습니다. 癸未 부친은 년에 있는 乙木을 향하는데 年의 宮位는 국가나 해외를 상징하기에 중동 건설현장에서 오래도록 근무하셨습니다.

여섯째, 未土는 현재의 공간을 벗어나야 하므로 乙未, 丁未, 己未, 辛未, 癸未처럼 日支에 未土가 있다면 결혼생활을 유지하기 쉽지 않습니다. 丑土나 未土나 새로운 땅으로 떠나려는 욕망이 강합니다. 丑土는 寅을 향하고 未土는 申을 향해 갑니다. 안에서 밖으로 향하는 움직임입니다. 따라서 일지의 시기 38세에서 45세 사이에 결혼생활이 불안정해집니다. 辛未일의 경우는 거의 두 번 결혼합니다. 己未도 거의 두 번. 乙未가 이혼하지 않으면 부인의 건강에 이상이 생길 수도 있습니다. 물론 두 글자로 판단하기에 무조건 그렇다는 것은 아니기에 오해하지 말아야 합니다. 이렇게 저렇게 따지다보면 60간지 중에서 좋은 것은 하나도 없다고 느껴집니다만 계속 학습하다 보면 60간지 모두가 좋게 느껴지는 날이 옵니다. 살아있는 것만으로 행복한 것이기에 그렇습니다.

일곱째, 未月에 과일이 익어갑니다. 맛 味자로 요리를 좋아하거나 그런 직업과 인연이 많습니다. 커피를 뽑으면 다른 사람에 비해 커피 맛이 훌륭하거나 亥卯未 三合의 성장하려는 노력 때문에 갈고 닦은 전문가의 면모를 가지고 있습니다. 남들보다 뛰어난 예술, 기술 재능이나 전문가적 자질이 있습니다. 月支 未土는 악기를 잘 다루거나 골동품을 분석하는 수준이 높거나 무언가 뛰어나게 잘하는 것이 있습니다. 없다면 식품유통업처럼 음식을 거래합니다.

마지막으로, 未土에서는 乙의 움직임이 답답한데 사업에 비유하면 자금회전이 어렵습니다. 辛도 현찰, 乙도 현찰로 보는데 辛은 사실 물질이 없습니다만 나중에 설명하겠습니다. 乙未로 만나면 未의 지장간에 있는 乙이 답답해졌습니다. 계속 움직여야 하는 乙이 未土에 묶여서 현금이 저당 잡힌 상황입니다. 집을 팔수도, 살수도 있는데 巳午未 과정에 돈 관리를 잘하면 주택을 구입하지만 돈 관리를 못하면 집을 팔거나 담보로 대출받아야 하는 상황입니다. 未辰 刑의 문제처럼 辰土에서 마구잡이로 일을 확장하다가 未年에 이르러 자금회전이 어려워지면서 집을 팔아야 합니다. 이것이 나중에 배울 刑의 조합 중 하나인 未辰입니다. 현존하는 명리이론에 없는 조합입니다. 戌未 刑, 丑戌 刑, 辰戌 冲이라고 부르지만 辰未가 조합하면 刑이라고 부르지 않습니다. 하지만 未辰이 조합해도 반드시 刑하는 관계입니다. 그 특징은 辰土에서 능력 밖으로 벌이다가 未土에서 움직임이 답답해집니다. 이에 상응하는 물상은 돈이 필요해서 부동산을 저당 잡히다, 사업이 부도나다, 계 놀이 하다 야반도주하다, 무언가 부정한 물품을 팔다가 구속되다, 다단계와 같은 불법행위를 하다가 감방가다. 부동산떴다방으로 한탕을 노리다가 구속되는 물상입니다. 辰土에서 마구 펼치다가 未土에서 丁火로 수렴하니 갑자기 상황이 어려워지는 겁니다. 未土에서는 상반된 결과가 나오는데 돈 관리를 잘해서 집을 하나 더 사거나 못 해서 집을 팔아야 합니다.

乾命-1964년		
時 日 月 年		
丙 壬 壬 甲		
午 辰 申 辰		

자금회전 때문에 乙未年에 집을 팔았습니다.

지금까지 글자의 속성을 학습하고 있습니다만 사주팔자에 존재하는 의미가 아니라 자연에서 보여주는 의미입니다. 천간과 지지는 자연의 순환과정을 정리한 時空間부호이기에 근본적으로 인간의 사주팔자와 상관이 없습니다. 글자의 속성은 格局, 生剋, 用神과 같은 방식으로는 알 수 없습니다. 天干과 地支가 결합하면 干支가 되면서 또 다른 뜻을 만들어냅니다. 干支가 다른 干支와 조합하면 또 새로운 의미를 창조합니다. 干支조합론은 아직 없는 이론입니다만 月支時空 개념을 이해하면 쉬우며 택일과 연결되는 중요한 논리입니다. 향후 책으로 출판할 예정입니다. 명리의 바른 학습방법은 외우는 것이 아니라 이해하는 겁니다. 자연이 우리에게 알려주는 근본 이치를 이해해야하며 외워서 될 성질의 공부가 아닙니다.

예로, 未土의 속성을 명확하고 빠르게 이해하는 방법은 지장간 속을 들여다보는 겁니다. 未土에 丁乙己가 있으며 지금까지 그 의미를 학습했습니다. 사주팔자를 분석할 때 매우 중요하게 활용하는 무기입니다. 공부가 깊어지면 천간, 지지의 의미를 확장해야 합니다. 지금 당장은 기억하기 힘들지만 자연의 순환원리를 학습해가면 외우지 않아도 이해할 수 있습니다. 자연의 순환원리는 외우는 것이 아닙니다. 自然이라는 표현처럼 그냥 그런 겁니다. 자연스럽게 매일 숨 쉬고 밥 먹고 자는 것과 동일합니다. 명리라고 생각하니까 어렵다고 느낍니다만 신기하게도 四季의 순환과정은 모두 알고 있습니다. 겨울은 춥고, 여름은 덥습니다. 여름에 더운 이유는 火氣가 탱천해서 겨울에 추운 이유는 水氣가 응축해서 그렇다는 것을 모두 알고 있습니다. 그 이치를 생각하면서 학습하면 그렇게 어렵지 않습니다. 지금단계에서는 사주팔자를 풀어보려고, 맞추려고 하지 말아야 합니다. 사실 맞출 수도 없는 상황입니다. 적어도 몇 개월 동안 자연의 순환원리에 대해서 깊은 생각을 해야 합니다. 시공학은 아름다운 자연순환원리를 이해하는 과정입니다. 지장간의 순환이치를 살피면 아름다운 자연이 펼쳐집니다.

제 8강

◆ 12地支

시공간이 반응하는 방식의 이해
申月 - 戊壬庚
酉月 - 庚辛
戌月 - 辛丁戊
亥月 - 戊甲壬

시공간이 반응하는 방식의 이해

인생에서 발생하는 일들은 태어날 때 받은 사주팔자의 에너지 파동대로 발생합니다. 자신에게 주어지지 않은 일들은 발생하지 않는다고 믿습니다. 다만 명확하게 인식할 점은, 우주기운이 지구에 우선하고, 지구기운이 국가에 우선하고, 국가기운이 사회단체보다 우선하고, 사회단체기운이 개인의 사주팔자보다 우선합니다. 따라서 개인의 운명은 절대로 상위개념을 극복하지 못하면서도 개인에게 발생하는 일들은 사주 꼴대로 발생한다고 믿어야만 합니다. 다만, 다양한 에너지들이 섞이기에 사주팔자를 분석하는 것은 참으로 어렵습니다. 공통분모를 연구해서 통계학이라고 주장하지만 사주팔자는 그런 것이 아닙니다. 사주팔자가 동일해도 동일한 것이 아닙니다. 국가, 조상, 부모 환경이 전혀 다릅니다. 글자 하나 차이로 甲이 5억이면 乙은 500억이 될 수도 있는 것처럼 사주 꼴대로 산다는 뜻은 세상에 존재하는 인간의 수만큼 다르게 반응함을 뜻합니다.

다만 사주팔자를 분석하는 것이 너무도 어렵기에 공통적인 특징을 찾아내서 쉽게 분석하려고 노력합니다. 다양한 이론들을 가져다가 사주를 읽겠다고 합니다만 불행하게도 동일한 물상으로 발현되는 사주팔자는 존재하지 않습니다. 사주를 읽는 행위는 참으로 어려운 일입니다. 寅申 沖은 동일해도 한 사람은 교통사고가 발생하고 다른 사람은 화물차 운송업으로 많은 돈을 법니다. 사주구조에 따라서 좋게 쓰이기도 나쁘게 쓰이기도 하는 겁니다. 우리는 어떤 기준으로 사주팔자를 읽어야 하는지 정신을 못 차립니다. 그 기준을 잡아보고자 時空論에서 년과 월의 구조에 대해 설명하였습니다. 月支 時空에 따라서 글자 의미가 좋기도, 나쁘기도 합니다. 마지막 학습과정에 時空間이 반응하는 이치에 대해서 학습할 예정입니다. 올해 무슨 일이 발생할지를 읽는 방법입니다. 지금 간단하게 설명하는 이유는 나중에 하면 바로 이해가 어렵기 때문입니다. 기회가 있을 때마다 조금씩 확장학습해야 합니다. 오래도록 명리공부를 했어도 時空間반응에 대한 논리를 이해하는데 애를 먹더군요.

乾命-1955년			
時	日	月	年
己	丙	乙	乙
丑	戌	酉	未

아인슈타인이 이런 말을 했습니다. 미리 머리 아파해 할 필요는 없어요. 표현은 어렵지만 쉽습니다. 시공간이 중력(重力)에 의해 휘어진다고 표현했습니다.(夾字論이라는 책으로 이치를 설명했습니다.) 사실 중력이라는 표현도 어렵고 시공간이 휘어진다는 표현도 어렵습니다만 사주팔자로 그 이치를 설명하려는 겁니다. 이 사주는 일주가 丙戌이기에 대운이든 세운이든 丙戌이 왔다면 생극으로 판단하여 에너지 증감을 따질 필요가 없습니다. 사주 모양대로 丙戌이 왔기에 丙戌일이 사주팔자에서 무엇을 하는지를 읽으면 됩니다. 먼저 天干구조를 살펴봅시다. 丙火가 己土에게 마음을 씁니다. 두 개의 乙은 丙火를 향해 옵니다. 이런 움직임을 時間方向이라고 부르는데 나중에 설명하겠습니다만 설명한 부분이 있기에 감은 있을 겁니다. 丙이 甲乙을 만났을 때 음양의 작용이 다릅니다. 木生火의 경우, 甲도 丙火를 생하고 乙도 丙火를 생합니다. 다만 작용의 차이가 존재합니다. 예로, 甲丙 조합이 50원이라면 乙丙 조합은 200원과 같은 차이는 있지만 甲乙이 丙火를 향하는 時間方向은 바뀌지 않습니다. 乙 두개

가 丙火를 향해 오는 이유는 丙火가 운에서 와서 그렇습니다. 그리고 丙火는 己土를 향하여 갑니다. 丙火는 戊己 土를 향하여 가지만 효과는 다릅니다. 丙火와 戊土는 四季圖에서 모두 여름에 배속된 에너지들이기에 시공간이 적절해도 丙火가 戊土를 향하는 것이 무조건 좋다는 의미는 아닙니다. 만약 사주원국 구조가 조열한데 丙火가 戊土를 향하면 水氣는 더욱 증발합니다. 근본과 변화를 이해해야 합니다. 丙火와 己土는 시공간이 적절하지 않습니다. 丙火는 여름에 활용하는 분산에너지요 己土는 가을, 겨울에 씨종자를 품고 저장합니다. 己土는 辛金 씨종자를 땅 속에 저장하고 甲 뿌리를 내리려면 반드시 壬水를 품어야 하므로 습합니다. 따라서 己土의 습하고 어두운 속성이 丙火의 분산작용과는 조화를 이루지 못합니다. 하지만 사주원국에 丙午, 丁巳, 乙未로 화기가 탱천하다면 오히려 戊土보다 己丑을 활용해서 丙火의 기세를 조절해야 합니다. 이것이 변통입니다. 다만 반드시 먼저 근본이치를 이해한 후 변화를 익혀야 합니다.

기억할 것은, 水生木, 木生火, 火生土, 土生金, 金生水 과정은 시간이 순차적으로 흐르기에 절대로 변할 수 없습니다. 예로 未月이라면 巳午未로 이어진 겁니다. 또 巳午未는 寅卯辰에서 온 것입니다. 寅卯辰은 木이고 巳午未는 火입니다. 巳午未는 申酉戌로 가고 亥子丑으로 갑니다. 木火金水의 흐름으로 月支를 묶어서 굵게 살핀 겁니다. 寅卯辰, 巳午未, 申酉戌, 亥子丑 오행의 동질성을 살핀 후에 각각 세분하여 살펴야 합니다. 예로, 亥子丑은 申酉戌에서 와서 寅卯辰으로 가야 합니다. 사주팔자도 이런 순차적인 흐름이 좋습니다. 申酉戌이 年에 있어야 월에서 亥子丑에 풀어지고 寅卯辰이 日時에 있어야 합니다.

다시 주제로 돌아와서, 丙戌이 왔을 때는 天干에서 丙火의 구조대로 반응합니다. 地支에서 무슨 일이 있는지 살펴보겠습니다. 地支도 반드시 사주구조대로만 반응합니다. 戌土가 왔으니까 戌土가 무엇을 하는지 살펴야 합니다. 첫째, 戌未 刑합니다. 刑沖破害에서 설명하는 현상들은 사주원국에 정해진 꼴대로만 반응합니다. 둘째, 戌丑 刑합니다. 하지만 잘 보세요. 丑戌 刑이라는 공간, 戌未 刑이라는 공간은 다릅니다. 또 戌未 刑사이에 酉金이 끼어 있지만 丑戌 사이에 끼어있는 글자는 없습니다. 따라서 戌未가 刑하면 반드시 酉金이 중간에서 비틀리면서 원래의 물형을 유지하지 못하고 상합니다.(이런 이치를 夾字論에서 설명하였습니다.)이렇게 사주원국에서 비틀리는 글자가 반응하면 현실화 되는 겁니다. 이런 걸 時空間반응이라고 부릅니다.

중국에서 應期라는 단어를 활용하지만 時間과 空間은 없고 지장간에 있는 글자가 天干으로 드러난 것을 표현하는데 時空學에서 설명하는 내용은 천간에서 발생하는 시간방향, 지지에서 발생하는 刑沖破害를 모두 감안하여 살핍니다. 시공간반응의 정확한 의미는 사주원국과 운에서 이루어지는 반응과 변화를 의미합니다. 이 작용을 이해하는 것은 결코 쉽지 않습니다. 이런 이치를 이해하고자 50강까지 계속 사주구조를 분석하는 방법을 학습해야 합니다. 시절, 월지시공, 시간방향, 三字조합, 사주구조를 종합하여 운을 읽어내는 것을 時空間反應(시공간반응)이라고 부르겠습니다. 夾字의 개념은 天干 4개, 地支 4개의 글자 사이에 끼어있는 글자가 비틀리는 것으로 아인슈타인의 時空間이 휘어진다는 개념과 다를 바 없습니다. 夾字는 天干도 있고 地支도 있는데 沖 사이에 글자가 끼어 있다면 沖의 속성대로 비틀리고 변질됩니다. 원래의 가치가 변질되는 겁니다. 이 사람은 庚戌年에 이르러 戌未 刑사이에 끼어서 비틀리던 酉金의 지장간 庚金이 天干으로 드러나 사망합니다. 庚金은 十神으로 偏財이기에 부친이 사망할 것처럼 생각하지만 宮位로 살피면 월지 모친이 사주원국에 정해진 구조대로 천간으로 드러나 사망하였습니다. 천간에 드러나기 전까지는 酉金이 夾字로 비틀려서 불편하지만 문제가 발생하지는 않습니다. 하지만 庚戌년에 이르면 비틀리는 고통을 더 이상 참지 못하겠다고 천간으로 튀어나왔습니다. 酉의 지장간에 庚과 辛이 있는데 경금이 드러나서 乙庚 合으로 묶이고 사라졌기에 그 해에 모친이 사망한 것입니다.

乾命-1965년			
時	日	月	年
戊	戊	戊	乙
午	戌	寅	巳

이 사주에서 시공간이 반응하는 방식을 읽어 보죠. 巳대운이 오면 년에 있는 巳火와 동일한 글자가 왔으며 정해진 사주 꼴대로 반응할 것입니다. 巳火는 정해진 시간방향대로 戌土를 향하여 갑니다. 巳火 빛이 戌土 墓地 어둠 속으로 들어가는 겁니다. 유사한 조합으로 申은 丑土를 향하고, 亥水는 辰土를 향하고, 寅은 未土로 들어갑니다. 이런 움직임을 陽氣가 墓地에 들어간다고 표현하는 것으로 辰戌丑未에서 학습합니다. 이런 이치도 時間方向이라 부르는데 지구가 일정한 방향으로 순환하는 과정에 절대로 바뀌지 않는 기준을 제공합니다. 위 사주에서는 戌未 刑 사이에 비틀리는 酉金의 문제를 살폈는데 墓地의 문제는 조금 다릅니다. 예로 申이 丑土에 들어가고 丑戌 刑하면 丑土 墓地에 들어간 申이 비틀리고 변질됩니다. 이런 문제가 발현되는 과정에는 명백하게도 시간의 선후가 존재함에도 시공간의 이치를 활용하지 못하는 생극 관점에서는 申丑戌 세 글자만 보면 丑戌

刑으로 열어서 申을 丑土로 담는다고 주장합니다. 墓庫 論에서 자세히 학습합니다. 이 사주는 巳대운이 오면 자연스럽게 戌土를 향하는데 그 과정에 반드시 月支에 夾字로 끼어있는 寅을 찌그리고 갑니다. 동일한 寅巳 刑도 사주 꼴에 따라 천차만별로 반응합니다. 이 사주의 꼴은 巳火는 반드시 戌土를 향하도록 정해졌으며 그렇게 결정된 운명이 언제 발생하는지 운에서 결정합니다. 이 사주를 보았을 때 혹시 巳대운이 지났냐고 물어봤어요. 巳대운에는 巳火가 戌土를 향하는 과정에 정해진 숙명대로 寅 생기가 마르고 刑으로 비틀려 사망할 정도로 위험합니다. 만약 戌土가 없다면 巳火가 戌土를 향하지 않고 단순하게 寅巳 刑만 하므로 사망할 정도의 문제는 아니지만 사주원국 구조대로 巳火가 반드시 戌土까지 가야만 하고 夾字로 끼어있는 寅木을 비틀어버립니다.

이것이 바로 夾字의 무서움으로 時空間이 휘어진다고 표현합니다. 어렵게 생각할 필요는 없습니다. 중간에 끼어있는 글자가 비틀리고 상하는 것으로 이해하면 됩니다. 夾字로 짜인 사주구조는 너무도 다양합니다. 자세한 내용은 기 출판한 夾字論을 참조하시기 바랍니다. 夾字를 살필 때 주의할 점은 바로 시간의 선후문제입니다. 예로 辰戌 沖 사이에 卯木이 끼어있다면 술토가 먼저 올 수도 있고 진토가 먼저 올 수도 있습니다. 만약 戌土가 먼저 오면 卯戌 합이 먼저 발생하고 辰土가 먼저 오면 먼저 卯辰으로 조합합니다. 이에 따라서 반응하는 물형, 육친, 공간상황이 달라집니다. 시간의 선후문제는 생극 논리에는 없기에 판단하지 못합니다. 시간과 공간이 어떤 방식으로 반응하는지를 모르기 때문입니다. 자연의 순환원리를 모두 학습한 후에는 시공간반응에 대해서 자세히 다룰 것입니다.

乾命-1987년

時	日	月	年
丙	癸	癸	丁
辰	酉	卯	卯

유명 야구선수 류 현진 사주라고 합니다. 누군가가 乙未년에 상황이 좋지 않은 이유를 물었습니다. 乙未年이 오면 먼저 사주원국에서 무엇이 동했는지를 살펴야 합니다. 천간에 乙이 없으니 地支를 살펴보면 년과 월의 卯木과 時에 있는 辰土 지장간에 乙이 있습니다. 또 卯卯로 복음이요, 卯酉 沖하고, 辰酉 합합하는 과정에 卯木이 상할 수 있습니다. 卯木이 상하면 일간 癸水는 생기, 활력을 상실하고 움직임에 문제가 발생합니다. 따라서 乙未년에는 신체가 불편한 것은 피하기 어렵습니다. 이런 문제를 生剋으로 살피면 답을 찾기 힘들지만 시간과 공간이 반응하는 방식을 이해하면 매우 쉽습니다. 사주당사자에게 발생하는 사건이나 현상은 사주팔자에 정해진 꼴대로 반응합니다. 시간과 공간이 반응하는 방식을 이해하면 발생하는 사건들을 추론하는 명확한 근거를 제시합니다.

간단하게 정리하면, 사주팔자의 天干은 시간방향과 삼자조합으로 반응하고, 地支는 운의 天干에 드러난 글자가 地支의 어느 궁위에서 반응했는지를 살펴야 합니다. 류 선수의 구조는 천간에서 두 개의 癸水가 乙을 향하고 乙은 丁火, 丙火를 향합니다. 이런 시간방향에서 결정되는 물상을 추론합니다. 天干의 時間方向은 宮位를 참조하여 氣적인 부분을 판단합니다. 또 육체와 물질, 공간 변화는 地支구조를 살펴서 판단합니다. 乙未년에 乙이 천간에 드러났을 地支에서 어떻게 반응하는지를 살펴야 합니다. 卯木 두 개와 辰의 지장간에 있던 乙이 천간으로 드러났기에 卯酉 충하고 辰酉 합하면서 생기와 활력을 상징하는 乙木이 상했습니다. 이때 주의할 점은 辰土의 지장간에 있는 乙의 문제이지 辰土 공간의 문제는 아닙니다. 이런 문제를 명확하게 구분하지 않으면 심각한 오류가 발생합니다. 예로 丑戌未 三刑의 경우 대충 三刑이라고 표현하는 것은 옳지 않습니다. 정확하게 시간의 선후를 따져야만 합니다. 丑戌未에서 반응할 수 있는 경우의 수는 엄청나게 다양합니다. 丑戌, 丑未, 戌未, 혹은 丑戌未 혹은 丑未 沖 사이에 戌土가 夾字로 끼어서 비틀릴 수도 있습니다. 또 丑戌의 경우도 戌土가 丑土를 刑하는지 아니면 丑土가 戌土를 刑하는지에 따라서 물형이 달라집니다. 대충 三刑이니까 흉하다고 생각하면 나중에 적당히 둘러치는 수준에 머물고 맙니다. 지장간에 숨겨졌던 시간이 동한 순서를 자세히 따져야만 합니다. 오늘은 이 정도까지 학습하면 충분합니다. 더 이상 다루면 이해하기 어렵습니다.

질문 : 乙이 동해서 酉金에게 沖하러 갔습니까?
답변 : 乙이 동해서 사주원국의 꼴대로 반응하니까 卯酉 沖합니다. 사주원국에서는 卯酉 沖하겠다는 의지가 분명하지만 항상 卯酉 沖하고 있는 것이 아니라 천간으로 드러나 반응할 때만 沖합니다. 丑戌未 三刑이 사주팔자에 있다면 계속 丑戌未 三刑이 동하는 것이 아닙니다. 丑戌 刑으로 반응하면 丑戌만, 戌未 刑으로 반응하면 戌未만 반응합니다. 丑戌未가 모두 천간으로 드러나면 丑戌未 三刑이 동합니다. 사주원국에 정해진 운명대로 운에 따라 순차적으로 반응하고 물형을 결정합니다. 만약 중간에 夾字(협자)가 끼어 있다면 글자들이 비틀리기도 하지만 좋아지는 구조도 있습니다.

申月 - 戊壬庚

이제 申月로 갑니다. 申月의 지장간에 戊壬庚 세 글자가 있습니다. 戊土는 未月의 기운을 담아서 申月로 이월시키는 작용입니다. 未月의 지장간에 있던 丁과 乙을 담아서 申月 戊土로 넘겨주면 丁과 乙의 물형을 壬과 庚으로 바꿉니다. 申月에 壬水가 드러났기에 자연에서는 만물을 응축하겠다는 의지를 드러냅니다. 지금부터는 더 이상 확장하지 않겠다는 표현입니다. 다만 申月에 壬水가 申子辰 三合을 출발해도 여전히 丙火의 기세가 강하고 壬水의 기운은 전혀 없습니다. 申月에는 丙火의 강력한 에너지로 庚 열매를 키우고 완성해야 합니다. 열매를 키우느냐 키우지 못하느냐의 차이는 나무에 매달려 있느냐로 구분합니다. 나무에서 낙하하면 열매를 키울 방법도 없고 필요도 없습니다. 즉, 열매의 기준은 庚에서 辛으로 떨어지는 순간이라고 보면 됩니다. 낙하하는 순간 열매를 키우는 丙火의 가치를 상실합니다.

열매가 낙하하기 전까지 丙火는 열심히 과일을 키웠습니다. 水氣가 마르고 더 이상 매달릴 수 없는 열매는 중력을 이기지 못하고 땅으로 떨어집니다. 사실 이 모든 과정은 水氣가 상승하느냐 하강하느냐에 따라서 열매가 중력을 이기느냐 이기지 못하냐를 결정합니다. 재미나게도 늦가을에 감이 다 떨어졌는데 홀로 매달린 감들도 있습니다. 이런 상황을 干支로 표현하면 庚戌입니다. 庚 열매가 酉月에 떨어져야 함에도 戌月까지 매달려 있습니다. 이런 庚戌의 속성은 평범한 사람들과 다르게 독특하고 심하면 변태행위를 할 수도 있습니다. 물론 좋은 뜻도 있는데 남들이 못하는 행위를 과감하게 해내기도 합니다. 月에 있으면 국방, 군인의 상입니다. 庚 무기로 戊土 창고를 안전하게 지킵니다. 군인, 경찰, 경비, 세콤, 수위처럼 가을에 수확한 씨종자, 가장 가치 있는 후을 저장한 戌土 창고를 지킵니다. 흥미로운 점은 떨어져야 하는데 아직도 매달려 있으니 이상한 겁니다. 혼자서 고독하게 버티고 있습니다. 戌土 속 丁火의 도움을 받아서 성장을 포기하지 않았습니다. 남들이 못하는 과단성을 가진 것으로 좋기도 나쁘기도 합니다. 庚戌이 日이나 時에 있으면 무모한 과단성이 심해질 수도 있습니다. 버릇없이 침대까지 올라갔다고 표현합니다. 물론 庚戌이 있어도 지도자와 같은 丙火와 寅午戌을 만나면 사회에서 뛰어난 능력을 드러내고 학력도 높으며 수백억 재산도 축적합니다. 하지만 壬水처럼 방탕 에너지를 만나면 경거망동 합니다. 庚戌은 또 상황에 어울리지 않는 행동을 합니다. 나무에서 떨어져야 함에도 붙어 있으니까 상황에 맞지 않는 움직임입니다. 庚戌일 상담은 현재의 활동이 적절하지 않음을 암시합니다. 예로 자신의 성격이나 수준 혹은 조건이 현재의 직장이나 조직에 어울리지 않아서 그만두려고 합니다.

申月을 이어서 하면, 申月에는 여전히 丙火의 기세가 강하기에 壬水의 응축에너지가 무기력합니다. 丙火가 계속 庚열매를 키우기에 丙申간지로 조합하면 의미가 매우 좋습니다. 그 이유는 申月에는 열매가 아직 땅에 떨어지지 않았고 丙火로 계속 키워야 합니다. 丙申月에 태어나면 특별한 경우를 제외하고는 물질적으로 풍부한 환경입니다. 자연에서 사계를 대표하는 간지를 강의 초반부에 살폈습니다. 봄은 癸卯로 巳까지 있으면 매우 좋습니다. 여름은 丙申, 가을은 丁酉, 겨울은 壬寅으로 봄, 여름, 가을, 겨울을 상징합니다. 癸卯 봄에는 癸水가 묘목이 마음껏 확산하도록 발산에너지를 쏟아냅니다. 그리고 巳火로 꽃을 활짝 핍니다. 만약 巳火가 없다면 癸水는 卯木의 성장을 촉진할 뿐 卯木의 꿈을 실현하지 못합니다. 癸卯의 꿈은 戌土에서 이루어지는데 바로 乙癸戌 三字조합입니다. 巳火의 지장간에도 戌土가 있고 庚이 있기에 卯木이 巳火를 향하는 움직임은 좋습니다. 여름은 丙申으로 丙火가 申 열매를 무럭무럭 익힙니다. 따라서 申의 지장간에 있는 壬水는 무기력합니다. 丙火가 申을 확장하다가 酉月에 열매를 완성하기에 申과 酉의 속성은 상이합니다. 申은 딱딱해지는 움직임을 출발하며 딱딱한 상태가 아니며 酉月에 가서야 열매로 완성됩니다. 庚은 未月까지 크기를 완성한 풋과일입니다. 과일의 차이점은 표면이 파란 색인가 빨강색인가의 차이로 丙火가 건조한 가을초입에 사과의 껍질을 뜨겁게 비춰서 표면을 태우니까 고통스럽습니다. 그래서 庚午가 도를 닦는 것처럼 고생하는 겁니다.

申月은 과일이 익어가지만 아직 매달려 있기에 애매한 상황입니다. 떨어지면 수확하는데 수확할 수도 없습니다. 또 申月에 어떻게 관리하느냐에 따라서 酉月에 수확의 성패가 결정됩니다. 농부에게 굉장히 신경 쓰이는 시기입니다. 수확하는 酉月 보다 더욱 신경 써야 합니다. 논으로 밭으로 바쁘게 뛰어다니는 상황을 상상하면 됩니다. 아침에 일어나 열심히 돌아다니며 열매를 관리합니다만 사실 가만두어도 문제는 없습니다. 卯辰巳午未月까지는 돌보느라 다양한 활동을 하는데 申月에는 익기만 기다리는 상황이죠. 丙申干支가 좋은 이유는 申月에 丙火가 열매를 익혀 주기에 물질적으로 인연이 좋고 사업에 어울립니다. 여기에 乙이 추가하면 乙丙庚 三字조합으로 매우 좋아집니다. 그래서 丙申 月에는 노력하지 않고 쉽게 돈 벌 수도 있습니다. 그래서 申月은 둘 중 하나로 베짱이처럼 빈둥빈둥 놀거나 바쁘게 돌아다닙니다. 申月이 가진 묘한 속성입니다. 이제 申月의 특징을 좀 더 자세히 다루어 보죠.

첫째, 驛馬(역마)의 특징입니다. 엄청나게 바쁜 상황입니다. 산으로 들로 열매를 관리하러 다닙니다. 강한 驛馬의 특징을 가진 공간입니다. 반대편에 있는 寅보다 훨씬 강합니다. 丑土와 寅木은 멀리 떠나는 움직이지만 역마처럼 바쁘게 돌아다니는 의미가 아닙니다. 할 일이 없어서 무엇을 할까 고민하다가 멀리 떠나는 겁니다. 엄마 배속에서 탄생하니 시공간을 크게 이동합니다. 寅은 땅속으로 뿌리 내리니 바쁠 것이 없고 사회에서도 존재를 드러내지 못합니다. 막 탄생한 아이가 사회활동 한다고 할 수 없습니다. 하지만 申月은 바쁩니다. 쉽게 기억하라고 이렇게 비유합니다만 들판으로 마구 돌아다닌다고 생각하면 됩니다. 만약 申月에 집에서 논다면 바빠야 할 사람이 무언가 문제로 활동을 못하는 상황입니다. 申의 역마상황을 직업으로 활용하면 이동이 잦은 유통업, 운송업, 차량운전 물상입니다. 申月의 속성은 돌아다니는 것을 나쁘다고 볼 수 없습니다. 집에만 있으면 쓸모없는 申으로 베짱이가 된 겁니다.

둘째, 申月에는 열매가 완성되지 않아서 결론이 없습니다. 申이 있는 사람은 남 좋은 일을 많이 합니다. 자기는 챙기지 못하고 타인을 위해서 뛰어다니며 좋은 일 합니다. 열매를 안전하게 수확할 수 있도록 보살펴야 하기 때문이죠. 내 에너지를 타인을 위해 쓰는 겁니다. 이런 행위를 나쁘게 표현하면 오지랖이라고 합니다. 申月에 태어나면 남 좋은 일을 많이 하지만 자신을 위한 행위는 잘하지 못하는 겁니다. 주위 사람들은 자기 일보다 타인을 위해서 열심히 뛰어다니며 도와주기에 좋아합니다. 겉으로는 금방 수확할 것처럼 보이지만 결실을 얻기 쉽지 않습니다. 물론 丙火가 申을 키우면 열매를 확장하고 잘 익은 과일이지만 없다면 남 좋은 일만 하는 오지랖 행위입니다. 이런 이유로 申月에는 반드시 丙火가 필요하다는 겁니다.

셋째, 申의 속성은 확장하지 못합니다. 줄어들 일만 남은 겁니다. 申대운, 세운은 과일의 부피가 줄어드는 상황입니다. 물론 丙申간지는 여전히 부피를 확장하지만 申으로만 있다면 규모가 줄어들기 시작합니다. 그 움직임은 어디서부터 시작되었느냐? 午月의 지장간에서 丙火가 丁火로 바뀌는 순간부터 丁火로 수렴하기 시작했습니다. 午火를 설명할 때 午대운을 잘못 활용하면 확 줄어든다고 했습니다. 사업규모가 확 줄어들 수도 있습니다. 午火의 중력으로 물질로 뚜렷하게 드러나는 공간이 申월입니다. 열매로 완성을 시작하는데 未月에 크기가 결정되었기에 申月부터는 부피를 확장하지는 못합니다. 예로, 申운에 사업을 확장하려면 어렵다는 겁니다. 그렇다고 무조건 불가능하다는 것은 옳지 않습니다. 申月에 丙火가 있고 乙이 있다면 乙丙庚 三字로 조합해서 사업으로 크게 발전합니다. 운의 길흉은 사주구조를 살펴야 합니다만 지금은 각론을 설명하는 중입니다. 申月은 가을에 수확을 준비하면서 도와야만 하는 상황이므로 申日에 추진하는 일이라면 주로 나오는 숫자가 4로 4명이 동업하는 상황입니다. 따라서 申에서는 100원을 벌 것으로 예상했지만 4명이 나눠 먹는 것처럼 줄어드는 경우가 많습니다.

넷째, 申에는 人德이 없습니다. 공익을 위해서 봉사하는 행위에 어울립니다. 오지랖이 넓어서 내 것을 챙기는 것이 아니라 타인을 챙깁니다. 이런 행위에 적절한 직업으로는 교육, 공무원, 복지, 봉사활동 등입니다.

다섯째 申은 생각보다 산만합니다. 乙의 좌우확산 움직임처럼 끈기가 약합니다. 과일이 이곳저곳에서 익어가기 때문에 한 곳에 있을 수 없으니까 사방팔방 바쁘게 뛰어다녀야 합니다. 겉으로 보기에 산만한 사람처럼 끈기가 없어 보입니다. 친구나 식구들 사주에 申이 있다면 확인해보면 재밌습니다.

여섯째 申은 보살피는 상황이라고 했습니다. 따라서 나이 어린 학생들을 보살피는 행위는 좋습니다. 戊申일의 경우에 남편의 나이가 혹은 능력이 좀 덜해야 좋다고 했습니다. 申 열매를 돌보는 상황이기에 그렇습니다. 戊土 여자가 申 열매를 돌보는 상황이기에 일지 남편은 아이와 같은 성향입니다. 비록 실질적인 나이는 많다고 해도 행실이나 성정이 어린애 같다는 겁니다. 물론 丙火가 있다면 성숙한 남편으로 바뀝니다. 남편의 능력이 뛰어나면 申열매를 보호할 필요가 없습니다. 자기보다 뛰어나면 감당하지 못하는 겁니다. 申이 있다면 피아노 과외, 문방구, 책방, 학생들을 상대하는 의식주를 다루는 것도 좋습니다.

일곱째, 酉도 불교속성이 굉장히 강하지만 申月에 태어난 사람들은 산으로 들로 뛰어다니는 과정에 등산을 좋아하거나 절에 다니거나, 산행과 인연이 많습니다. 돌아다니는 행위가 나쁘다는 의미가 아니며 기본적으로 불교와 산에 인연이 많습니다.

여덟째, 주위에 돌봐야할 사람들이 많습니다. 관리하고 신경써야할 일이 많습니다. 오지랖이 넓고 보살펴야 할 식구들이 많습니다. 申月이면 원하지 않아도 엄마와 함께 살아야 하는 상황이 생깁니다. 의미를 확장하면, 申月, 酉月에는 치료하는 행위에도 어울립니다. 未月에 움직임이 답답해지고 申月부터 수확하기 위해서 生氣를 줄여야하기에 그렇습니다. 열매를 완성하려면 과일 표면이 丙火에 타들어갑니다. 신체에 상처가 생기는 것과 다를 바 없고 열매로 낙하하는 과정에 또 육체가 상하기에 申酉戌月에는 주위를 보살피는 행위가 필요합니다. 의사, 간호사, 복지사와 같은 속성입니다. 물론 숙살을 활용해서 검찰, 경찰도 나옵니다. 마지막으로 돌아다니는 의미를 배우자와의 관계로 살피면 별거, 이혼, 주말부부 혹은 함께 살아도 남편의 이동이 잦거나 돌아다는 직업입니다.

酉月 - 庚辛

이제 酉月로 갑니다. 酉金의 지장간을 이해하는 것은 쉽습니다. 庚하고 辛밖에 없습니다. 庚을 辛으로 바꾸는 행위가 이루어집니다. 나무에 매달린 庚이 완벽한 열매로 완성되고 땅으로 떨어집니다. 사실 그 움직임은 굉장히 잔인합니다. 生死의 갈림길에 선 겁니다. 나무에 매달려 있다는 것은 여전히 태양과 水氣의 도움을 받습니다. 빛도 받아들이고 水氣도 받아들입니다. 하지만 酉金으로 낙하하는 순간부터는 태양 빛도 의미가 없고 水氣를 보충하는 것도 의미가 없습니다.

죽는 것과 다를 바 없습니다. 命理로도 굉장히 중요한 의미를 가졌습니다. 매우 까다로운 글자가 酉金입니다. 뜻도 많고 이해할 것도 많습니다. 무궁무진한 통변의 세계, 사고의 폭을 넓힐 수 있는 공간입니다. 이 씨종자가 戌亥子丑을 지나면서 수많은 물상을 만들어 냅니다. 酉丑辰도, 酉戌도, 酉子 破도 만들고 酉辰 합하면 酉金의 체성이 흐물흐물해집니다. 또 육체가 죽어서 윤회하는 과정에 새로운 영혼을 얻습니다. 이처럼 酉金은 종교, 명리, 철학에서 굉장히 중요합니다. 庚과 辛의 전환점이라는 단순한 개념에는 어마어마한 뜻이 숨어있습니다. 庚과 辛의 차이는 生死처럼 비교할 수 없을 정도로 다릅니다. 酉월에 이르면 봄과 여름에 활발하게 움직이던 에너지들 乙木, 癸水, 戊土, 丙火, 庚金은 자신의 에너지를 더 이상 사용하기 힘들어집니다. 乙木은 좌우확산 운동을 전혀 못하게 됩니다. 열매가 땅으로 떨어졌는데 좌우확산해서 무엇할까요? 아무런 쓰임이 없는 겁니다. 乙酉일에 태어나면 酉배우자를 감당하지 못합니다. 乙酉일에 태어난 여자는 겉으로는 좌우확산 잘하고 발랄해 보이지만 집에 들어가면 남편에게 욕할 수도 있습니다. 욕하고 싶은 것이 아니라 감당하기 힘드니까 자기도 모르게 반발심이 생기고 욕이 나옵니다. 乙이 자신의 에너지를 전혀 활용하지 못하니 얼마나 답답하겠습니까? 물론 乙酉의 酉金이 나쁘다는 뜻이 아닙니다. 乙에게 나쁜 것이지 酉金 자체가 나쁜 것은 아닙니다. 乙酉일로 태어난 여자의 특징 중 하나가 좋은 남자를 만나도 이혼하고 덜한 남자를 만나서 살아갑니다. 물론 巳火가 있으면 그 문제를 많이 해소하지만 일지 酉金은 불편합니다.

癸水의 목적은 봄의 시공간에서 乙의 성장을 촉진하는데 癸酉로 조합하면 乙을 키우지도 못하고 殺氣를 가진 酉金을 만났습니다. 따라서 癸酉도 천간과 지지의 배합이 적절하지 않습니다. 그래서 癸酉도 종교, 명리, 철학과 인연이 많습니다. 癸酉, 癸丑, 癸亥는 시공간이 적절하지 않고 발산에너지를 활용하기 어렵습니다. 乙酉, 癸酉는 이런 성향이 강합니다. 酉金 열매가 낙하하여 戊土 표면에 도착하는 순간, 봄과 여름에 활용하던 양기들은 확 줄어듭니다. 戊土가 辛月을 만났다면 부친의 상황이 좋지 않습니다. 부친 辛의 속성이 최대로 쪼그라들기 때문이죠. 傷官이라고 표현하는데 月干에 傷官이 있다고 모두 그런 것은 아니지만 기본적으로는 부친의 움직임이 辛처럼 쪼그라드는 겁니다. 丙火는 酉月에 이르면 열매를 확장하던 작용을 상실합니다. 庚으로 매달려 있다가 辛으로 떨어지면 분산에너지로서의 역할을 상실하는 겁니다. 酉月에 이르면 봄과 여름에 활동하던 乙癸戊丙庚의 쓰임은 사라져 버립니다. 酉月을 기점으로 빈둥거리던 壬, 丁, 己, 甲, 辛은 적극적으로 활동합니다. 卯月에는 정반대 현상이 발생하기에 卯酉 경계점은 굉장히 중요합니다. 酉金은 확장하던 기세를 수렴과 응축으로 전환해버리니 상황을 급변하게 만드는 작용으로 12支 중에서 가장 많은 의미와 특징을 가졌습니다.

첫째, 酉金은 완벽함을 상징합니다. 석가모니가 화려한 色界를 버리고 속세를 떠났던 이유는 부족한 인간으로부터 완벽함을 찾고 싶었던 겁니다. 가장 가치 있는 것을 알고 싶었습니다. 바로 본성과 존재가치가 무엇인지를 찾았던 겁니다. 인간의 삶에서 마지막 단계를 酉金에 비유할 수 있습니다. 다른 표현으로는 죽음이지만 또 완벽함을 상징합니다. 이런 상황을 十神으로 正官이라 표현합니다만 자연의 본질과 거리가 먼 공직개념으로 인식합니다. 正官의 속성을 十干으로 표현하면 辛과 酉로 자연본연의 속성은 절대로 바뀌지 않습니다.

자연의 이치는 인간이 맘대로 바꿀 수 없습니다. 완벽한 열매로 완성되고 나무에서 분리되었기에 더 이상 교정, 수정할 수 없습니다. 열매로 낙하하는 순간의 가치는 완벽합니다. 100%의 가치로 완성되어서 더 이상의 물성변화는 불가능합니다. 하지만 水氣를 만나면 변화가 발생하는데 酉子 破라고 부릅니다. 또 丑土를 만나서 지장간에 있는 癸水에 의해 酉金 씨종자가 폭발하면서 부풀려지고 변질됩니다. 酉丑辰으로 조합하면 순간적으로 폭발하면서 큰 재산을 축적하지만 또 한순간 많은 재산을 내놓아야 합니다. 酉丑辰 물상에 대해서는 4장에서 이미 살폈습니다. 교통사고 등 다양한 물상으로 발현되니까 잘 관찰해보세요. 이처럼 酉金은 완벽하다는 개념입니다. 인간으로서 다다를 수 있는 가장 높은 경지까지 간 사람이 부처라는 뜻입니다. 酉金 씨종자는 輪廻宮(윤회궁)을 통해서 새로운 영혼을 배정 받는데 이 과정에서 酉金의 속성에 문제가 발생하면 정신병, 귀신, 빙의, 접신, 변태와 같은 황당한 현상들과 물상이 발현됩니다. 죽음에 이르러 전생의 업보와 새로운 영혼을 연결하는 과정에 오류가 발생하는 문제입니다. 酉金이 水氣에 풀어지는 과정에 정신이 이상해지는 겁니다. 예로 酉金은 많은데 癸水가 하나뿐이면 수많은 씨종자들이 앞 다퉈서 癸水를 향하는 과정에 문제가 생깁니다. 윤회가 필요한 씨종자는 많은데 선택할 수 있는 영혼은 하나밖에 없는 상황이기에 서로 다투는 문제가 발생합니다. "귀신이 보여요"라는 표현도 저런 사주구조 때문에 발생합니다. 이 문제도 나중에 사주팔자 宮位를 학습할 때 자세히 다룹니다.

酉金은 많은 설명을 할 수밖에 없는 이유는 속성이 매우 독특하기 때문입니다. 酉金을 불교, 부처님, 불상으로 봅니다만 인간이 활용하기에는 참 까다로운 글자에요. 스스로 완벽하기에 까다롭고 왕자, 공주병, 지적하기 등 이상한 속성들이 많습니다. 예로 月에 辛이 있다면 16세에서 23세 사이에 지적하는 것을 좋아합니다. 완벽함을 상징하기에 주위에서 맘에 들지 않은 사람이마 물건이 있다면 지적하고 고치려고 합니다. 그래서 사주팔자에 辛酉를 갖고 있으면 완벽함을 추구하기에 자신만의 잣대로 판단하면서 세상이 틀어졌다고 생각합니다. 주위사람들이 보기에 까다롭고 괴팍하고 모난 성격이라고 생각합니다. "너 잘났다"와 같은 느낌을 받기에 상대하기 싫어하고 사람들이 떠나버리기에 고독해지거나 스스로 사람들을 멀리합니다.

둘째, 酉金은 자신만의 공간을 확정합니다. 卯月과 酉月의 속성은 정반대로 卯月은 좌우로 펼치기에 안정적인 공간을 확정하지 못하지만 酉金은 낙하한 자리에 한번 정착하면 움직이지 않으려고 합니다. 함께 나무에 매달려 있을 때에는 단체, 조직의 특징이었다가 가을에 열매로 낙하하였기에 외톨이가 됩니다. 이런 상황을 사회활동에 비유하면, 辛酉 운을 만나면 함께 지내던 사람들이 떠나거나 스스로 떨어져 나가 고독하게 됩니다.

셋째, 酉金은 간섭합니다. 辛酉는 완벽함을 상징하기에 세상에 고칠 일이 많다고 생각하고 자신의 잣대로 간섭하거나 잔소리하려는 성향이며 지나치면 문제가 발생합니다. 인간은 누구라도 완벽할 수 없기에 흉보는 것은 좋은 행위가 아닙니다.

넷째, 골라내다. 틀어지고 잘못된 것을 빨리 골라내는 능력을 가졌습니다. 섬유업을 진행하는 과정에 검사원이 왔는데 그렇게 빠르고 정확하게 검사하는 것은 처음 보았습니다. 잘못된 옷을 기가 막히게 골라냅니다. 너무도 궁금해서 몇 月에 태어났느냐고 물었더니 酉月이더군요. 酉金은 그런 능력이 있습니다. 물건의 차이점을 빠르게 인식하고 골라냅니다. 주차장에서 차량을 골라내거나 제품을 검사하는 직업들은 酉金을 활용합니다. 酉酉酉 세 개가 있는 사주인데 병원 주차장에서 차들을 관리합니다. 차량을 골라내는 행위입니다. 검사행위는 다양합니다. 예로 범죄자를 골라내는 검찰 경찰이요 의사나 간호사는 아픈 곳을 골라냅니다.

다섯째, 유금은 절단, 혹은 단절을 암시합니다. 굉장히 날카롭게 정리합니다. 정확하게 잘라냅니다. 예로, 인간관계를 단칼에 잘라 냅니다. 辛酉에 영향을 받으면 특별한 이유도 없어 칼로 무 자르듯 인간관계를 정리합니다. 辛酉 月이나 日이거나 일간 주위에 辛酉가 있다면 그 특징이 더욱 뚜렷합니다. 닭처럼 찍어버립니다. 하지만 날카로운 辛酉도 水氣를 만나면 부드러워지는데 그 의미를 미화하여 古書에서는 도세주옥이라고 표현했습니다.

壬水를 보거나 癸水를 보면 날카로웠던 辛酉 殺氣가 부드러워 집니다. 살벌한 속성을 누그러뜨리는 작용을 壬癸가 하는 겁니다. 辛酉가 있는데 水氣가 없다면 종교, 명리, 철학 공부를 해야만 날카로움을 해소합니다. 우주어미 壬癸를 찾아가는 과정입니다. 辛酉의 변통은 다양한데 이 정도로 학습하고 넘어갑니다.

여섯째, 酉金은 부처님의 성정처럼 염세적입니다. 혼자 세상을 등졌고 나의 존재가치를 알고 싶습니다. 타인과 섞이는 것을 싫어합니다. 이런 특징을 가진 酉金이 사주팔자에 많으면 자기도 모르게 그런 행보를 보입니다. 군중 속에 있어도 항상 그 마음은 외톨입니다. 겉으로 드러난 것만 보면 보이지 않습니다. 글자 속성을 이해하면 상대방이 무슨 생각하는지 이해합니다.

일곱째, 酉金은 輪廻의 門으로 들어가는 공간입니다. 숫자로 표현하면 10입니다. 열십자, 십자가로 완벽함을 상징합니다. 인간이 갈 수 있는 마지막 단계는 9이기에 아홉수라고 부릅니다. 그렇다면 10은 무엇일까요? 사망을 상징하며 육체를 버려야 하기에 酉金은 인간이 갈 수 없는 시공간이라고 합니다. 예수는 십자가에 못 박혔다고 하며 불교의 상징도 십자가와 비슷해 보입니다. 神殺로 육해라고 부릅니다. 酉金을 육해라고 부르는 이론은 없지만 자연의 순환원리를 이해하고 깨달은 것입니다. 酉金을 六害로 인식하면 틀림없습니다. 육체의 生氣를 더 이상 유지할 수 없는 시공간, 육체를 버리고 정신을 추구할 수밖에 없기에 六害에서 열심히 공부하는 이유입니다. 酉金을 씨종자이자 조상신이라고 하는 이유는 내 전생의 업보를 암시하기 때문입니다. 酉金 씨종자가 잘못되면 이상한 현상들이 발생하는 이유입니다.

丑土가 왜 그렇게 무서울까요? 지장간에 辛 조상신이 있기 때문이며 癸水가 破시켜서 비틀어지고 상하는 과정에 땅을 뚫고 오르면 전생의 업보가 卯木으로 이어집니다. 丑土와 卯木이 조합하면 좋지 않은 이유로 사실 丑土의 문제라기보다는 丑의 지장간에 있는 辛 씨종자가 癸水에 破 당하는 과정에 변질되고 상한 다음에 卯木을 타고 올라오는 것이 문제입니다. 숨겨져 있던 전생의 업보가 드러납니다. 내 육체와 정신에 감추어졌던 조상의 업보들이 내 인생에 개입합니다. 전생업보가 드러나는 이유는 풀지 못한 업보를 풀어달라고 현재의 나에게 부탁하는 겁니다. 조상신을 六害라고 하는 이유로 살아가는 과정에 일이 꼬이거나 풀리지 않으면 조상신과 내가 소통하는 육해 방위에 술을 따라서 전생의 한을 돌봐야 합니다. 年支를 기준으로 六害 방위에 하수구가 있어야 하고 막히면 일이 풀리지 않는다고 합니다. 예로, 丑年에 태어나면 子水가 육해로 집의 북쪽방향에 하수구나 세탁기 혹은 주방 물구멍이 있어야 좋으며 그 곳이 바로 전생의 나 혹은 조상신과 교류하는 공간입니다. 운이 풀리지 않으면 전생의 나와 대화로 풀어야 합니다. 운이 막히지 않도록 도와달라고 부탁하면 답답하게 막힌 문제들이 풀어지는 경험을 많이 하였습니다.

여덟째, 酉金의 특징은 지배당하는 것을 굉장히 싫어합니다. 타인의 통제를 싫어하기에 결혼생활이 순탄하지 않을 수도 있음을 암시합니다. 특히 日支에 酉金이 있으면 일간이나 배우자가 통제를 받기 싫어합니다. 天干 辛도 마찬가지로 辛未 干支는 이혼하기 쉬운 이유입니다. 까다로운 속성으로 두 번 결혼하는 경우를 많이 봅니다. 乙酉, 辛未는 지배받지 않으려는, 통제받지 않겠다는 의지가 강합니다. 결혼생활이 힘들고 고독해질 수 있습니다. 酉金은 이런 문제를 고쳐야 하지만 타고날 때 받은 전생의 업보와 같아서 고치기 쉽지 않습니다.

아홉째, 辛酉는 계산이 철저합니다. 완벽함을 추구합니다. 물론 水氣에 풀어지면 날카로운 속성이 부드러워지면서 정확하게 계산하는 것을 싫어할 수도 있습니다. 만약 水氣가 없다면 딱 부러지는 辛酉의 성격 때문에 따지고 계산을 잘 합니다. 몇 원 단위까지 정확하게 계산하기에 회계, 세무와 인연이 많습니다. 꼭 회계라기보다는 계산을 깔끔하게 처리하는 것을 좋아합니다. 예로 100원이면 101원도 99원도 싫어합니다. 하지만 丑土나 辰土와 배합하면 辛酉가 너덜거리면서 부풀리는 성향으로 바뀌고 어떻게 하면 한탕으로 많은 돈을 벌까를 고민합니다.

戌月 - 辛丁戊

이제 戌月로 갑니다. 지장간에 辛丁戊 세 글자가 있습니다. 酉月의 지장간에 있던 辛이 餘氣(여기)로 이어지고 寅午戌 三合운동을 마친 丁火가 中氣에 있으며 戊土가 辛과 丁을 품습니다. 자연에서 戌月에 辛丁戊를 활용하여 무슨 행위를 하는지 살펴보겠습니다. 寅午戌 三合 화려한 色界의 세상을 마감하려는 겁니다. 물질과 육체를 없애고 블랙홀과 같은 어둠 속으로 돌아갈 것임을 암시입니다. 사실 그 시작은 申에서 출발해서 酉月에 얻은 씨종자를 戌土에 저장합니다. 생각해보세요. 戌土에 저장해서 무엇을 하려는 것일까요? 亥月로 넘어가 새로운 모습으로 바뀌어야 합니다. 슬픈 일입니다. 酉金은 인간이 갈 수 있는 마지막 단계로 열매가 땅에 떨어지면 生氣를 상실하는 공간입니다. 辰戌丑未 4개의 土들 중에서 戌土만 유일하게 생명이 없습니다.

굉장히 중요한 의미입니다. 戌土에 생명이 없는 辛酉를 저장했기 때문으로 亥水의 공간으로 이동하면 빛이 없는 블랙홀로 들어갑니다. 극도로 응축된 시공간입니다. 戌亥 天門이라고 부르며 인간이 갈 수 없습니다. 간지로 바꾸면 壬戌로 인간이 활용하기 어렵습니다. 운에서 壬戌을 만나면 生氣가 사라지기에 누군가 죽거나 활발하게 사회활동 하다가도 갑자기 해외유학, 해외이민 가서 조용히 살아갑니다. 사주원국 壬戌은 멀리 떠나는 개념이고 해외인연이 많습니다. 酉金이 戌土에 떨어지고 그 위에 낙엽이 쌓입니다. 가을에 말라버린 乙卯가 떨어져 辛을 덮습니다. 이 상태가 戌의 글자모양입니다. 卯戌 合이라고 부르며 卯의 좌우확산 움직임이 철저하게 사라지고 戌土에 들어갑니다. 合火라고 부르는 이유는 마른 卯木이 辛 씨종자를 덮어서 내부에 열기가 생겨나기 때문입니다.

늦가을 추위에 따뜻한 온기를 辛에게 전달하는 행위를 卯木이 하는 겁니다. 戌土를 난로라고 하는 이유로 꺼지거나 흔들리면 위험합니다. 沖이나 刑으로 난로에 있던 불통이 튀면 정신과 육체와 재물이 상할 수 있습니다. 戌月의 지장간 내부에서 어떤 일이 발생할까요? 丁火가 辛에게 열기를 공급하는 이유는 亥月에 辛이 적절하게 풀어지도록 하려는 겁니다. 辛이 甲으로 바뀌고 하강하는 움직임을 시작합니다. 만약 丁火가 辛에게 열을 자극하지 않으면 甲의 탄생과정이 순탄하지 않습니다. 예로, 辛亥 干支에 丁火가 없으면 기술자 정도입니다. 만약 丁辛壬 三字조합을 갖추면 매우 총명하고 재산을 축적하는 속도가 엄청나게 빠릅니다. 辛亥가 1억이라면 丁辛壬은 100억입니다. 丁火가 있느냐에 따라서 백억이 왔다 갔다 합니다. 丁辛壬 三字조합에 대해서 다시 학습할 예정이며 戌月의 특징을 좀 더 자세히 살펴봅시다.

첫째, 화로불과 같은 戌土가 흔들거리면 좋을 것이 없습니다. 戌土를 刑해야 혹은 沖해야 좋다고 하지만 흔들리면 불씨가 튀면서 문제만 생깁니다. 戌土를 화로불이라고 기억하면 이해가 쉽습니다. 戌의 지장간에 있는 丁火가 튀어나오는 運을 만나면 몸이 상하는 일이 발생할 수 있습니다. 불똥이 튀어나와서 그렇습니다. 戌未 刑, 丑戌 刑만 신경 쓸 것이 아니라 戌土의 근본 개념을 잡아야 합니다. 긴긴 겨울을 지나려면 戌土가 불안정하거나 꺼지지 않아야 합니다.

이런 상황을 開庫논리와 연결해보면 무조건 開庫해야 좋다는 주장은 적절하지 않습니다. 예로 丑戌 刑의 경우, 반드시 沖刑해야 좋다는 것은 丑土의 입장이지 戌土를 지칭하는 것이 아닙니다. 戌土가 丑土를 열어서 좋지만 丑土가 戌土를 刑하면 씨종자를 담은 창고가 털리고 화로에서 튀어나온 불똥으로 화재가 발생합니다. 이처럼 開庫도 두 글자의 상황이 다르기에 무조건 좋거나 나쁜 것이 아닙니다. 도둑과 같은 丑土의 속성을 沖刑으로 고쳐야 좋은 것으로 辰戌丑未를 학습할 때 자세히 설명하겠습니다. 戌土가 건들리면 좋을 것이 없으며 어느 쪽으로 건들리든 문제가 발생합니다. 丑土가 戌土를 刑하면 부도나고 도망 다니다가 수감될 수 있습니다. 戌未 刑으로 未土가 건들리면 남의 돈으로 사업하다가 부도내는 상황입니다. 戌土는 건들리면 좋을 것이 없다는 것을 반드시 기억할 필요가 있습니다.

乾命-1922년

時	日	月	年
丁	庚	庚	壬
丑	午	戌	戌

이 사주는 년에서 時干 丁火까지의 흐름이 좋다고 읽어야 합니다. 월지가 戌土이니 화로가 꺼지는 상황은 흉한데 사주원국에서 壬水와 丑土는 戌土를 위협합니다. 따라서 임수의 초년과 축토의 말년이 좋지 않을 것임을 암시합니다. 23세에 癸丑大運을 만나면 사주원국 時支 丑土가 丑戌 刑할 것임을 암시합니다. 그 과정에 夾字로 끼어있는 午火의 시공간이 비틀립니다. 부친은 만주 갑부였는데 癸丑 대운에 모든 재산을 잃었습니다. 그 후의 대운이 甲寅, 乙卯, 丙辰으로 가니까 庚戌, 庚午 그리고 午戌로 바른 지도자 火氣를 만난 庚戌은 교육, 공직, 검경에도 어울리기에 대학총장을 역임합니다. 하지만 54세 이후에는 사주원국 구조대로 丑戌 刑이 발생하면서 戌土가 불안정해지니까 운이 좋지 않아서 말년에 가난하게 살았습니다. 이처럼 사주원국에는 운명의 흐름이 결정되어 있습니다. 어느 흐름이 좋은지, 나쁜지를 몰라서 그렇지만 월지시공과 時空間이 반응하는 방식을 이해하면 쉬워집니다.

둘째, 戌土는 씨종자를 담은 창고지기로 반드시 지켜야 하므로 굉장히 보수적입니다. 개를 생각하면 이해가 쉽습니다. 개는 집을 지키기에 행위의 본질은 절대로 빼앗기면 안 되는 가치 높은 무언가를 보호하는 겁니다. 戌土는 입이 무거운 사람들이 많습니다. 씨종자의 비밀을 노출하면 위험합니다. 戌月에 태어난 사람들은 의외로 말을 잘 하지 않습니다. 답답할 정도로 하지 않는 사람도 있어요. 물론 전체구조에 따라서 말이 많은 사람도 있지만 기본적으로 말을 잘 하지 않는 것이 戌土입니다. 지키는 행위를 직업으로 활용하면, 아파트 경비, 경호원, 변방의 군인, 수도방위사령부, 국방부장관, 보디가드, 세콤, 국가공무원 등 반드시 지켜야할 것들을 방어하고 보호합니다.

셋째, 홀아비입니다. 戌土는 寅午戌 三合운동을 마감했기에 陽氣가 사라졌습니다. 운에서 戌土를 만나면 남자들은 육체적으로 무기력해지기도 하고 홀아비가 될 수도 있습니다. 이때 卯木과 卯戌 合하면 젊은 여인과 홀아비가 만나서 사랑에 빠진다고 표현합니다. 사회활동에 비유하면 사업하다가 부도가 날 수도 있습니다. 물론 사주구조에 따라서 달라지며 오히려 戌土를 어부지리로 활용하는 상황도 발생합니다. 그 이유는 戌土를 만난 丙火는 墓地에 들고 丁火는 庫地를 만나기 때문으로 丙火는 자신이 소유한 것들을 모두 丁火에게 넘겨줍니다. 따라서 丁火는 생각하지도 못한 丙火의 도움을 받아서 발전하는 상황입니다. 이처럼 동일한 공간에서도 丙丁의 입장은 상이합니다. 丙火는 戌土에서 부도나고, 홀아비 되고 육체적 물질적으로 소유했던 것을 빼앗기고 남자가 여성처럼 변하기에 좋은 공간은 아닙니다. 하지만 丙火를 이어받은 丁火는 윗사람이나 주위사람들의 도움을 받아서 갑자기 크게 발전하는 기회를 잡을 수도 있습니다. 이런 이치를 <u>시절을 만나다.</u> 라고 표현합니다.

乾命-1958년		
時	日	月	年
丁	甲	丁	戊
卯	午	巳	戌

年支에 戌土가 있기에 모든 화기들은 戌土를 향하여 갑니다. 또 卯木도 戌土로 갑니다. 자기가 소유한 모든 글자들이 일간에서 가장 멀리 떨어져 있는 年支 戌土를 향해 가버립니다. 水氣가 전혀 없고 일지 배우자 궁위에 있는 午火와 동일한 오행이 너무 많습니다. 이 남자는 평생 홀아비였다고 합니다.

乾命-1958년			
時	日	月	年
丙午	丁卯	戊午	戊戌

卯木과 丙午가 모두 戌土에 들어가 버리고 버립니다. 좌우확산 하려는 卯木의 움직임도 매우 답답하기에 평생 홀아비였습니다.

넷째, 戌土는 輪廻(윤회) 과정으로 들어가는 門입니다. 개가 귀신을 본다고 하는 이유를 아시나요? 酉에서 죽음에 이르고 戌土 墓地에 들어가면 윤회과정을 출발합니다. 亥水에 들어가 전생의 업보를 水氣에 풀어냅니다. 사망해야 들어가는 墓地와 같은 戌土에 개를 배속했습니다. 12地支를 창조한 사람은 정말 대단합니다. 명리 학습하는 과정에 만나보고 싶은 先人은 두 분으로 60甲子를 창조한 분과 지장간으로 시공간이 순환하는 이치를 설명한 분입니다. 어떻게 戌土를 개의 속성에 배속시켰는지 궁금하고 개가 귀신을 보는 것도 신기합니다. 귀신이 목숨 뺏으러 왔다가 개가 있으면 시끄러워서 돌아간다고 합니다. 가정에 연로하신 분이 계시면 개 키우는 것도 좋습니다. 저승사자가 오면 개가 짖어대기에 戌土가 귀신을 막아준다는 겁니다. 윤회의 출발점이 戌亥로 죽어서 새 영혼을 만나러 가는 첫 단계로 육체를 활용할 수 없고 오로지 정신, 영혼만 활용할 수 있기에 종교, 명리, 철학, 귀신, 무속, 스님, 교육과 인연이 깊습니다.

다섯째 戌土는 감투입니다. 위에서 庚戌을 설명하면서 나쁘게 활용하면 개 같은 성질이라고 표현했죠. 또 늦가을에 땅으로 떨어져야할 과일이 아직 나무에 매달려 있으니 적절하지 않은 시공간이기에 庚戌을 잘못 활용하면 적절하지 않은 옷을 입고 적절하지 않은 행위를 합니다. 庚戌년에 태어나면 조상대에 원래의 터전이 적절하지 않아서 그 곳을 떠나서 변방으로 이사 갔음을 암시합니다. 개가 주인으로부터 임명장을 받아서 집을 지키는 행위는 감투를 받은 것인데 종종 문제를 야기합니다. 개가 집을 지키려면 감투를 달라는 의미로 순종해야할 개가 어느 순간에 주인을 물어버릴 수도 있으니 무조건 좋은 권력이나 자리를 뜻하는 감투는 아닙니다.

乾命-1898년			
時	日	月	年
甲午	辛亥	壬戌	戊戌

중국 하 중기 사례집에 나오는 예문인데 역사의 질곡이 담겨 있습니다. 굉장히 멋진 남자인데 일제 강점기에 일본 앞잡이 노릇을 하면서 감투 달고 나쁜 짓 하다 결과적으로 잡혀서 사형 당했습니다. 戌年을 기준으로 壬亥는 저승사자와 같아서 동포의 목숨을 빼앗는 행위를 과감하게 저질렀고 결과적으로 사형이라는 벌을 받았던 것입니다.

여섯째, 戌土는 과단성을 가졌습니다. 남들이 못하는 행위를 거침없이 해냅니다. 개에 비유하면 아주 거칠고 사나운 성질입니다. 庚戌은 잘 봐야 합니다. 年과 月에 庚戌이 있다면 국가, 사회에서 활용하니까 행동의 가치가 높은데 日과 時에 있다면 잘 관찰해야 합니다. 매우 점잖은 사람과 매우 거친 사람이 있습니다. 판단기준은 丙火나 丁火가 있느냐에 달렸습니다. 四季圖에서 여름에는 丙火가 庚 열매를 익히기에 丙火 지도자가 반드시 필요합니다. 만약 丙火는 없고 壬水가 강하면 庚이 壬水에 풀어지면서 멋대로 하려는 태도를 보입니다. 참고로, 甲이나 乙은 세상에 존재하는 모든 생명체를 상징하는데 辰土에서 일차적으로 성장을 조절하고 未土에서 성장을 마치고 丁火에 의해서 열기를 내부에 계속 축적하니까 육체에 장애가 발생하고 戌土에 이르러 사망합니다. 인간이 노화하고 늙으면 무기력해지는 이유는 인체에 중력, 열기와 같은 丁火를 축적했기 때문입니다. 노화의 비밀이죠. 丑土는 엄마 배속에서 아이가 무럭무럭 자라는 상황입니다. 따라서 辰土, 未土, 丑土는 생기를 유지하고 있지만 戌土는 생기가 없는 공간이 분명합니다. 이 개념은 사주팔자를 분석하는 과정에 굉장히 중요한 관점을 제공하기에 반드시 기억해야 합니다.

여덟째, 戌土에서는 상이한 현상이 발생합니다. 한사람은 부도나고 한사람은 그 회사를 인수합니다. 특히 丙戌년의 경우 丙火는 부도나고 丁火는 그 회사를 인수해서 폭발적으로 발전합니다. 丙戌年, 혹은 丙戌日에 상담하면 이런 속성을 가졌습니다. 丙戌 日에 상담하러 오면 하던 일을 포기하고 떠나려고 합니다. 혹은 丙火 사장이 丁火 직원에게 사업체나 상점을 맡아서 해보라고 넘겨주는 어부지리 상황도 발생합니다. 여자가 丙戌일에 오면 丙火 陽氣가 무기력해졌기에 남편이 직업을 잃어서 문제를 해결하고자 현재의 공간에서 벗어나 타향이나 해외로 떠나야만 합니다. 이처럼 戌土에는 하던 일의 중단으로 두 사람의 상황이 전혀 다르게 전개 됩니다. 한사람은 망해서 넘겨주고 한사람은 이어 받아서 발전할 수 있습니다.

아홉째, 홀아비의 뜻은 남자로서의 기능을 못합니다. 사주원국이나 운에서 戌土를 만나면 남자의 기능이 떨어집니다. 따라서 집에서 감당하기 어려워지고 밖에서 외도하는데 이상한 점은 밖에 나가면 문제가 없습니다. 戌土는 陽氣가 사라진 공간이니까 여성의 사주팔자 일지에 戌土가 있다면 38세에서 45세 즈음에 남편의 기능에 문제가 생길 수 있습니다. 남편은 그 문제를 피하려고 밖으로 나가는 겁니다. 일지에서 陽氣가 무기력해지지만 밖에서는 문제가 없기에 밖에서 외도할 수 있습니다. 위에서 살펴본 것처럼 戌土가 년에 있다면 결혼도 못한 홀아비가 될 수도 있습니다. 두 사주는 여자에 대한 감정 자체가 없다고 합니다. 戌戌 丁巳, 甲午, 丁卯에서 일간 甲의 여인을 十神으로 살피면 年支 戌土로 戌土의 애정표현은 戌중 辛으로 드러냅니다. 일간 甲의 입장에서 戌土 여성이 원하는 애정표현은 午, 巳, 丁으로 여인의 印星이므로 과다한 인성 때문에 이 여인의 남자는 무기력해집니다. 설명이 너무 깊이 들어갔기에 이 정도로 하고 十神의 이치는 나중에 간략하게 다룰 예정입니다.

亥月 - 戊甲壬

亥月의 지장간에 戊甲壬이 있습니다. 酉金을 亥水에 넣어야만 합니다. 戌月에 丁火의 뜨거운 열기를 품은 辛酉가 亥水 엄마 양수에 들어가 甲으로 재탄생할 준비를 합니다. 새 생명체를 만들겠다는 강한 의지가 亥水에 있습니다. 戊甲壬이 있는 이유가 바로 그 때문입니다. 壬水 양수 속에서 생명체 甲을 키우겠다는 의지입니다. 甲은 갑자기 어디에서 온 것일까요? 바로 酉月에 수확한 辛 씨종자가 戌月에 丁火 열기를 품었기에 亥水에 풀어지면서 甲으로 물형을 바꾸겠다는 의지를 표현한 것입니다. 이런 흐름을 丁辛壬 三字조합이라고 부릅니다.

즉, 亥月에 壬水가 甲을 생산하려면 반드시 辛酉가 있어야만 합니다만 亥水에 甲이 생겼다는 뜻은 아닙니다. 亥卯未 三合운동의 출발점이기에 辛酉의 속성이 훨씬 강하며 甲은 보이지도 않습니다. 壬水는 六陰으로 성장의도가 전혀 없습니다. 丙火 빛이 사라진 블랙홀처럼 모든 것을 소멸시켜서 生氣를 만들어내는 癸水 발산움직임 자체가 없습니다. 그래도 亥水에서 극도로 응축하기에 子月에 癸水가 폭발할 수 있으며 성장의 움직임이 시작되는데 바로 甲子입니다. 亥水에는 陽氣가 전혀 없다고 인식해야 합니다. 인간이 절대로 갈 수 없는 공간이며 모든 것을 감추고 극도로 수축해서 답답한 상황입니다. 이처럼 壬水는 빅뱅 이전의 시공간과 다를 바 없습니다. 보현보살 털구멍 속에 삼라만상이 모두 들어 있다고 했습니다. 우주에 존재하는 모든 것이 壬水에 들어가 있었는데 빅뱅 이전의 상태입니다. 亥水의 강력한 특징은 블랙홀처럼 만물을 삼켜버리고 빛도 없으니 발전할 가능성이 전혀 없습니다. 壬水를 종교로 표현하면 본성이며 끊임없이 변하는 모습이 癸水죠. 壬水 내부에는 우주와 삼라만상이 담겨 있기에 사주팔자에 壬水 있다면 내부에 무엇을 감추었고 무엇이 밖으로 튀어나올지 모릅니다.

壬水는 辛酉 씨종자에 담겨진 전생의 정보를 풀어냅니다. 辛壬 두 글자는 극도로 응축되어 있다가 癸水의 빅뱅으로 밖으로 무언가를 계속 쏟아냅니다. 이런 움직임을 직업에 활용하면 사채놀이처럼 씨종자를 부풀리는 욕망으로 사주구조가 좋으면 재물이 폭발하고 공부로 활용하면 매우 총명합니다. 亥水의 지장간에는 甲과 戊土가 있기에 亥水의 물질이 子水의 물질보다 훨씬 좋습니다. 子水에는 壬水와 癸水뿐이기에 酉金 씨종자를 破시키는 글자들밖에 없습니다. 따라서 子水는 물질을 얻는 것이 아니라 오히려 씨종자를 내놔야 합니다. 이처럼 亥水와 子水는 동일

오행이지만 물질측면에서는 亥水가 훨씬 풍부하며 중년에 사업으로 전환할 가능성이 높지만 子水는 교육 업에 종사하는 것이 좋습니다. 만약 子水가 사업하면 중년에 사업하다 망하고 다시 시작해야만 하는 단점이 있습니다. 이런 문제 때문에 子水는 사업하지 않는 것이 좋지만 반드시 할 경우에는 두뇌를 활용하여 無에서 有를 창조하는 학원사업, 교육 업이 좋습니다. 지금까지 내용을 생각하면서 亥水를 세부적으로 살펴봅시다.

첫째, 人間이 살 수 없는 공간입니다. 오로지 영혼, 귀신들만 있다고 보면 됩니다. 하지만 사주팔자에서 좋은 역할을 할 때가 많습니다. 예로 亥水가 마른 未土의 땅을 적시거나 寅에게 생명수를 공급하면 子水의 작용보다 훨씬 뛰어납니다. 마른 未土의 땅에 子水로 충분한 생명수를 공급하지 못하면 결국에 子水가 상하는데 바로 子未조합입니다. 亥未는 생명수로 未土를 충분하게 적셔서 未중 乙이 살아나도록 돕습니다. 다른 각도에서, 子水가 寅을 生하는 것과 亥水가 寅을 生하는 것은 다릅니다. 亥의 지장간에 壬水가 있기에 생명수를 충분히 공급하지만 子의 지장간 癸水가 寅에게 공급하는 생명수는 충분하지 않습니다. 이것이 癸甲戊 三字조합입니다. 기억할 점은 亥水가 구조에 따라 좋은 역할도 하지만 본질적으로 블랙홀과 같아서 생명체들이 좋아하는 시공간은 아니라는 겁니다.

둘째, 만물을 내부에 집어넣고 수축해버립니다. 모든 것을 쓸어가 버리는 해일과 같습니다. 이런 특징을 주택구입에 비유하면, 亥年에 구입해서 巳年에 팔고 다시 亥年에 구입하는 흐름이 좋겠죠. 亥年에는 자금회전이 어려우니까 원래 가치보다 훨씬 싸게 나온 급매를 구입하면 좋죠. IMF나 금융위기는 모두 亥子丑년에 발생합니다. 97年 丁丑이고 2008年 戊子년으로 대부분 亥

子丑에서 IMF, 금융위기 등 실물경제에 문제가 발생합니다. 미국은 金의 속성인데 亥子丑에서 체성을 상실하면서 문제가 발생합니다. 최근 지나온 과정으로 살피면 癸巳年부터 미국은 서서히 경제가 상승합니다. 미국에 계시는 분이 寅卯辰年에 계속 상담하다가 癸巳年부터는 일도 잘 풀리고 운영하는 식당도 잘 됩니다. 경기흐름은 巳午未申酉에서 발전하다 亥子丑에서 힘들어지니까 집을 팔려는 사람들이 많아지고 가격이 낮아지기에 그때 구입하면 좋습니다. 경기도 巳亥의 순환과정이라고 볼 수 있습니다. 亥水에서 가치를 떨어뜨리고 巳火에서 올리기 시작합니다. 亥水에서 빅뱅 이전의 상태로 만들었다가 巳火에서 다시 확장하기 시작합니다. 우리는 生氣확장을 좋아합니다. 더 잘 살기 위해서 노력하지만 亥水는 최대로 줄이고 쉽게 만들어버립니다. 하지만 응축된 亥水를 활짝 펼치는 공간이 辰月입니다. 亥辰조합으로 원진이라고 부르지만 그렇게 단순하지 않습니다. 亥水에 담겨진 만물을 밖으로 꺼내는 것이 辰土입니다. 그래서 辰土가 亥水를 담으면 물질적으로 발전합니다. 감춰두었던 보물들을 밖으로 꺼내서 취하면 큰돈이 됩니다. 예로, 亥月에 辰日이라면 배우자 복이 많거나 38세에서 45세 사이에 큰돈을 만질 수 있습니다. 자신의 능력이 없어도 배우자 辰土가 亥水를 갈무리하여 재산을 불려줍니다. 辰日이라서 좋은 것이 아니라 亥水가 있어야 辰土의 가치가 높아지는 겁니다. 辰亥원진은 神煞에 대한 개념이지만 墓庫에 대한 부분으로 따로 학습합니다.

셋째, 亥子丑에서 재활용합니다. 윤회과정과 같아서 亥子丑月에 태어나면 보세, 구제처럼 사용했던 제품을 재활용합니다. 고물상 등 낡은 것을 수집하고 활용합니다. 씨종자를 활용해서 새로운 생명체 木으로 바꾸려는 金水木 재활용의 출발점입니다. 亥水만 있다면 내부에 정보를 축적합니다. 子水도 있다면 亥水에 저장된 정보를 활용합니다. 따라서 亥子가 모두 있다면 정보 분석을 잘하고 특히 辰土까지 있다면 정보통신과 인연이 많습니다. 대학 전공으로 수학, 통계학도 어울립니다. 하지만 亥水만 있다면 자료를 수집하는 행위에 멈추기에 회계에 적합합니다. 子水가 있어야 밖으로 꺼내고 분석합니다. 그래서 辰土가 있으면 통계, 수학, 분석에 어울립니다. 辰의 지장간에 癸水는 감추어진 것들을 밖으로 꺼내고 亥水를 乙로 바꾸어 놓습니다.

질문 : 丑土를 未土나 戌土로 沖刑하면 그 속성이 변하나요?
답변 : 丑土는 반드시 沖刑으로 때려야한다고 설명했었죠. 丑土의 도둑속성, 한탕속성으로 감방에 간다고 했습니다. 丑土를 沖刑으로 음흉하고 감추고 한탕하려는 탐욕, 사기 치려는 성정을 고쳐야만 합니다. 오해하지 말아야할 것은 戌土나 未土를 때리는 것이 아니라 丑土를 刑, 沖하는 겁니다. 丑戌未 三刑처럼 丑土를 刑, 沖할 때 세 글자 중 하나가 天殺에 해당하면 질병이나 물질적으로 상할 수 있습니다. 辰戌丑未 중에서 沖刑으로 그 성질을 고쳐야만 하는 것은 유일하게 丑土입니다. 沖刑하면 토들의 성질이 변형됩니다. 예로 丑未 沖이나 丑戌 刑이 있는 경우에는 원래의 속성이 달라집니다. 다만, 지금 학습하는 내용은 글자의 근본이치로 沖刑은 변형된 모습이기에 본질과 변화에 해당합니다.

넷째, 亥水는 물질 지향적입니다. 명예, 관직보다는 주로 물질을 추구합니다. 중년에 亥水를 활용해서 사업하려고 합니다. 亥水의 지장간에 甲이 있어서 새롭게 출발하는 과정에 물질을 추구하는 것이죠. 亥年에 거래하면 구입하는 사람에게는 좋지만 파는 사람은 적절한 가치를 받지 못합니다. 亥子丑에서 음식점을 하면 곰탕, 설렁탕, 국밥처럼 추운 겨울에 경기가 어려운 상황을 감안한 음식이 좋습니다. 癸丑일 癸丑시에 태어난 분이 식당을 오픈한다고 해서 설렁탕, 국밥 같은 대중음식점을 조언했더니 순두부 백반을 하시겠답니다.

乾命-1975년			
時	日	月	年
辛酉	戊辰	丁亥	乙卯

甲午年에 절에 들어갔습니다. 時에 있는 전생의 기운 辛酉를 亥水로 풀어내는 과정인데 乙卯, 丁亥로 시공간이 거꾸로 흐릅니다. 乙卯가 辛酉를 풀어내지 못하고 辛酉에 담긴 업보가 丁亥까지 오는 과정에 乙卯 生氣와 충돌하고 상합니다. 前生의 기운을 보려면 辛酉를 乙卯년 앞으로 돌리면 됩니다. 원래 사주는 乙卯 丁亥 戊辰 辛酉인데 辛酉 乙卯 丁酉 戊辰으로 시간이동을 하는 겁니다. 사주팔자는 고정된 것이 아닙니다. 辛酉에서 丁亥로 풀어지는 과정에 협자로 끼어있는 乙卯 물질을 접촉하고 가므로 물질을 탐한다는 의미도 있고 生氣가 상하는 문제를 해결하고자 스님이 되었다고 이해할 수도 있습니다.

다섯째, 亥水는 직업의 불안정입니다. 亥日에 상담하면 블랙홀로 빨려 들어가니까 직업, 금전 문제로 불안정합니다. 어두워서 길을 찾지 못하고 불안한 상태입니다. 亥子丑이 많으면 丙火 빛이 들어오지 못하니 자꾸 확인하는 과정에 의심이 많아집니다. 丑土가 사주팔자에 있으니까 지폐에 있는 얼굴을 동일한 방향으로 정리해서 어두운 곳에 감추어두기도 합니다. 문제는 중풍, 뇌졸중과 같은 질병이 발생할 수도 있습니다. 丑土는 차곡차곡

쌓기에 피가 돌지 않고 기가 통하지 않아서 발생하는 문제입니다. 丑土는 오래된 물건을 버릴수록 좋습니다.

여섯째, 亥水에서 남녀인연 복잡합니다. 亥水는 겉으로는 잘 보이지 않기에 몰래한 사랑처럼 드러나지 않은 애정문제가 많습니다. 빛이 없기에 우울증도 발생합니다. 물론 亥水는 처음으로 생명체를 잉태하는 막중한 책임을 지녔기에 丁辛壬 三字로 조합하면 까다롭게 고르며 함부로 행동하지 않습니다. 巳火, 亥水는 인간의 짝짓기 행위가 활발하게 이루어지는 공간인데 巳火는 꽃을 피워서 짝짓기하고, 亥水는 생명을 잉태하고자 짝짓기 합니다. 巳火에서 이혼하면 재혼하기 어렵고 亥水에서 애정행각이 많음에도 전혀 못하는 경우는 생명체를 잉태하는 과정에 신중해서 그렇습니다.

질문 : 時支 亥水는 어떤가요?
답변 : 亥水의 속성을 말년에 활용하거나 자식이 그런 속성을 가졌습니다. 또 말년의 상황이 어둡죠. 예로, 未月 壬子시의 경우 월지에서 화려한 공간을 지납니다. 하지만 壬子의 시기를 지날 때는 공부만 합니다. 또 癸卯일 癸亥시에 태어난 분도 46세 이후에 癸亥에서 참선하고 종교, 명리, 철학에 흥미를 느끼고 속세를 벗어나려고 합니다. 亥水가 그런 역할이면 종교, 명리, 철학으로 전환합니다. 또 亥水가 未月에 좋은 역할이거나 寅月, 辰月, 午月, 未月의 경우에는 水氣를 채워주니까 직업으로도 활용할 수 있습니다만 너무 강하면 부작용이 생깁니다.

乾命-1962년			
時	日	月	年
癸酉	甲申	丙午	壬寅

굉장히 약하게 보인다면 生剋으로 팔자를 분석한 겁니다. 일간을 배제한 상태에서 먼저 년과 월의 구조만을 살핍니다. 壬寅과 丙午로 午月에 필요한 壬水를 갖추었기에 조상대대로 부자 집이라고 했더니 실제로 큰 부자라고 합니다. 일간을 중심으로 살피면 壬水가 증발했다고 할 것입니다. 亥水가 더 있으면 좋을 듯해도 년의 壬水로 충분합니다. 亥水까지 있다면 午火 열매가 썩어버립니다. 巳午 月에는 水氣가 약하고 건조해야 열매가 열리고 부피가 확장됩니다. 인간의 잣대로 더우니까 물이 많아야 한다고 생각하지만 열매를 키우는 것이 우선입니다. 물이 많으면 해일처럼 열매를 쓸어가 좋을 것이 없습니다. 인간의 잣대로 자연을 이해하는 것은 옳지 않습니다.

제 9강

◆ 사주 읽기와 자연의 순환원리

　사주읽기와 판단하기
　大運의 이해
　자연의 순환원리

사주읽기와 판단하기

사주를 읽어주는 것과 사주를 판단하는 차이는 무엇일까요? 우리는 대부분 先學들이 제공한 학습방식을 모방하는 것으로 명리에 입문합니다. 시작의 대부분은 格局, 抑扶, 生剋, 十神, 조후에 대한 내용들로 무조건 외워야 한다는 압력에 시달립니다. 사실 사주를 읽는다, 혹은 판단한다는 표현은 차이가 없어 보이지만 전혀 다릅니다. 우리가 탄생하는 순간을 60甲子로 표현한 것이 사주팔자이기에 十干과 十二支를 활용해서 운명을 읽어보려는 겁니다. 時間을 문자화한 것이 甲乙丙丁이고 공간을 문자화한 것이 子丑寅卯입니다. 인간도 지구에 주어진 시간의 영향에서 벗어나지 못하기에 시공간이 반응하는 방식을 이해할 수만 있다면 우리의 운명을 좀 더 정확하게 읽어낼지 모릅니다. 시공간이 움직이고 변하는 방식과 이치를 <u>時空間 반응</u>이라고 부릅니다. 정리하면, 사주팔자는 태어난 순간의 시공간을 60甲子로 환산한 것으로 운명을 읽어내는 좌표입니다.

우리는 사주팔자를 분석하고자 十神을 위주로 판단하지만 시공간에 반응하면서 살아간다는 의미를 이해하면 十神으로 분석하는 것이 적절하지 않음을 알게 됩니다. 자연의 순환원리를 관찰하고 창조한 시공간부호 十干과 12支를 生剋과 十神으로 풀어보려고 노력합니다. 우리의 인생이 그렇게 간단할까요? 생하고 극하는 작용으로 결정되던가요? 오묘하고 복잡한 인생변화를 十神으로 이해하려는 시도는 인위적입니다. 자연이 순환하는 과정에 <u>十神은 없습니다.</u> 十干의 본질은 時間임에도 사주팔자를 풀어보려고 十神을 활용하지만 자연의 이치를 벗어났기에 적절하지 않습니다. 인간은 지구를 지배하며 살아간다고 생각하지만 우리는 한순간도 스스로 행할 수 있는 것이 없습니다. 예로 단

5분만 숨을 쉬지 않으면 사망합니다. 자연으로부터 단 5분도 벗어나지 못하는 겁니다. 이런 이유로 반드시 먼저 자연 순환원리를 이해해야 하며 시공간의 순환과정을 표현한 十干과 十二支를 학습해야 합니다. 十神은 생과 극을 따지지만 더 심각한 문제는 12支에 그대로 활용합니다. 예로, 戊日에 태어나면 辰土도 비견이요 戌土도 비견이며 己日에 태어나면 未土도 비견이요 丑土도 비견입니다. 글자가 다르고 月支의 계절특징도 상이함에도 十神 명칭은 동일합니다. 예로 丙일이 未月과 丑月을 만났을 때 格局, 十神으로 傷官이라 부르지만 시공간, 계절 특징으로는 정반대입니다. 未月은 덥고 丑月은 추우며 그 공간에서 할 일도 전혀 다릅니다.

未月에는 열매가 성장을 완성합니다. 丑月에는 씨종자를 활용해서 생명을 잉태해야 합니다. 12개월의 공간특징이 다른 이유는 지장간에 있는 시간특징이 다르기 때문입니다. 예로 丙일이 丑月에 태어나면 지장간 癸의 시간, 辛의 시간, 己의 시간과 조합하여 반응합니다. 이런 시간특징을 무시하고 十神의 명칭에 格字를 붙인 이론이 格局입니다. 사실 十干을 근거로 十神을 만들었기에 十干은 근본이요 十神은 변화에 불과하며 자연의 순환원리로 十神을 표현하는 것도 어렵지 않습니다. 예로 甲은 生氣로 성장하는 움직임을 比肩이라고 부릅니다. 어깨를 견주며 성장한다는 의미로 경쟁심리가 없습니다. 태어나서 부모의 도움으로 성장하는 과정입니다. 宮位로 표현하면 年干에 해당합니다. 甲의 宮位를 벗어나면 乙로 변하며 좌우로 확산하는 움직임이며 年支에 해당합니다. 친구들과 경쟁하면서 육체가 성장하는 과정으로 8세에서 15세까지입니다. 이처럼 자연의 이치로 十神의 원리를 살피면 매우 명확함에도 日干을 기준으로 사주를 분석하면서 천편일률적으로 나눈 十神만 남았습니다. 예로 乙이 壬水를 보면 正印이고 癸水를 보면 偏印이라 부르며 正印과 偏印에 일률적인 의미를 부여합니다. 正印은 어떻다, 偏印은 어떻다고 하면서 사주팔자에 적용하지만 자연에는 없는 논리이기에 활용하기에 제한적입니다.

지금부터 命統圖에서 보여주는 十神의 이치를 살펴보겠습니다. 십신은 比肩, 劫財, 食神, 傷官, 偏財, 正財, 偏官, 正官, 偏印, 正印 10개로 나눕니다만 사주팔자는 8개의 宮位뿐입니다. 물론 사라진 두 개는 輪廻宮으로 壬水, 癸水이며 흑색으로 영혼의 세계이기에 육체가 없습니다. 사주궁위는 년 월 일 시이며 甲에서 시작하여 乙丙丁戊己庚辛으로 흐르기에 甲은 탄생을 뜻하고 성장하며 十神으로는 비견이라 표현합니다. 따라서 十干과 十神에 괴리가 발생하는데 十神은 사주를 풀어보려는 인위적인 잣대지만 十干은 사주와 관계없는 시공간 순환과정을 표현하였습니다.

十神을 적절하게 활용하려면 자연이치에 입각해야 함에도 "어깨를 견주다"로 표현합니다. 甲은 태어나서 부모의 사랑으로 성장합니다. 시간이 흘러서 乙에 이르면 주위에 형제, 친구, 동료가 있음을 인지하고 함께 나누면서도 경쟁합니다. 한창 성장할 나이에 육체를 적극적으로 활용하는 상황을 十神으로 劫財라 부릅니다. 겁재에서 벗어나 더불어 살아가는 과정을 丙火 食神이라 부릅니다. 丙火를 지나면 나만의 독특한 인생을 준비하는 과정이 丁火로 傷官입니다. 습득한 기술과 노하우를 가지고 戊土 강호를 돌아다니며 진검승부를 벌이는 움직임을 偏財라 부릅니다. 따라서 편재 戊土가 사주팔자에 있다면 활동범위가 굉장히 넓습니다. 강호를 떠돌며 다양한 경험을 하는 과정에 나만의 진리를 터득하고 나만의 물질을 저장하는 과정이 己土요 正財이며 日支 궁위입니다. 戊土 편재에서 己土 정재에 이르는 과정인데 갈고 닦은 丁火의 칼을 강호에서 활용하고 내 솜씨가 어떻다는 것을 확인하였습니다. 또 내가 취할 수 있는 정신과 물질을 저장하는 과정이 己土이자 正財이기에 나만 취하는 겁니다. 예로 배우자 宮位는 正財이기에 타인이 넘볼 수 없습니다. 내가 직접 경험한 과정에 얻어낸 값진 결과물이기에 남에게 빼앗길 수는 없습니다. 하지만 일지에 偏財나 劫財가 있다면 상황이 묘해집니다.

정재처럼 나만 취할 수 있어야 하는데 偏財가 있으면 많은 사람들이 함께 교류하기에 혼자만의 것이 아닙니다. 나의 소중한 배우자를 劫財가 나누려고 달려드니 황당합니다. 내 안방에 도둑이 들어와 자기 것이라고 주장하면서 正財를 빼앗으려고 달려듭니다. 지금 설명하는 방식은 시간흐름과 宮位를 十神과 배합한 것이며 사주팔자를 설명하는 것이 아닙니다. 혹시 일지에 겁재가 있으면 무조건 흉하다고 걱정할까봐 언급하는 겁니다. 일지에 겁재가 있더라도 사주구조와 시공간 흐름을 살펴야 하며 겁재가 있다고 무조건 나쁜 것이 아닙니다.

乾命-1971년			
時	日	月	年
癸	壬	丁	辛
亥	子	酉	亥

일지에 겁재가 있습니다. 또 수많은 水氣(비견, 겁재)들이 월간에 있는 丁火 재성을 다투자고 달려듭니다. 소위 군겁쟁재 사주로 거지팔자가 분명합니다. 하지만 실제로는 100억 ~ 200억 재산가입니다. 왜 그럴까요? 十神에만 집중하면 사주구조를 무시

하기 때문입니다. 사주구조에 집중하면 에너지 파동을 느낄 수 있습니다. 월주에서 丁火가 酉金을 자극하면 뜨거워진 酉金은 일지 子水를 향하여 빠르게 풀어집니다. 이런 이유로 부자입니다. 十神으로 살필 때와 정반대 분석이지만 실상에 부합합니다.

이어서 살펴보면, 己土가 품은 正財의 개념은 명확합니다만 일간을 기준으로 十神을 일률적으로 나눠버리니까 <u>근본은 사라지고 변화만 강조합니다</u>. 十干과 十神으로 일간을 살피면 戊土에 해당하며 31세에서 37세 사이입니다. 육체와 정신의 균형이 가장 적절하고 왕성하게 활동하기에 시공간범위가 가장 넓습니다. 만약 戊土가 시간에 있거나 월간에 있다면 그 시기에 戊土의 속성을 활용합니다. 예로 丁丑일이 時에 戊土가 있다면 丑土에서 활동범위가 좁다가 46세 戊土에서 갑자기 활동반경이 확 넓어집니다. 예로 서울에서 살다가 갑자기 지방으로 이사 가는 경우입니다. 나만 소유하는 正財 己土를 지나면 時干에서 偏官을 만납니다. 편관은 원래의 모습을 바꾸라고 요구하기에 나를 피곤하게 합니다. 원래의 모습을 유지하지 못하니까 변하려고 힘이 듭니다. 당하는 사람 입장에서는 세상이 나를 차별한다고 느끼고 불만이 생기면서 잘못된 부분을 고쳐야 한다는 고집이나 편견이 생겨납니다. 偏官은 고칠게 많아서 깎고 다듬고 변화를 주는 과정에 고통이 따르기에 자신은 맞는데 타인들은 틀렸다고 고집을 부리고 지적하려는 성향이 강해집니다. 편관이 지나면 인간이 갈 수 있는 마지막 단계에 이르는데 바로 正官 辛金입니다. 이 시기에 이르면 나만의 완벽한 주관을 갖게 됩니다. 인생은 이런 것이라고 확신하기에 절대로 타협하지 않습니다. 지적하고 고치려드는 편관과는 다릅니다. 正官은 내 의견에 따르거나 말거나 둘 중 하나를 선택하라고 합니다. 그 이유는 자기의 판단이 무조건 맞는다고 믿기 때문입니다. 이 과정을 지나면 인간의 눈으로는 보이지 않는 壬癸 윤회궁을 만납니다. 十神으로는 偏印과 正印이라 부르며 그 시기를 지나면 甲으로 재탄생해서 새로운 인생을 시작합니다.

이것이 時間의 순환과정에 宮位와 十神을 모두 통합하여 관찰한 겁니다. 정리하면, 十神은 일간을 기준으로 양음으로 일률적으로 나눠버린 것이 문제입니다. 乙이 癸水와 조합하는 것이 훨씬 적절한 시공간임에도 偏印이라는 명칭으로 부르고 나쁘다고 인식합니다. 乙이 壬水를 보면 시공간이 적절하지 않음에도 正印이라 부르고 좋다고 생각합니다. 正印은 모친이요 偏印은 계모라고 표현하지만 乙癸의 시공간이 훨씬 적절합니다. 乙木이 느끼는 壬水는 계모와 같습니다. 壬水를 만난 乙은 엄마가 인생에서 가장 힘든 존재였다고 표현합니다.

乾命-1964년			
時	日	月	年
丙	乙	辛	甲
戌	亥	未	辰

未月에 태어나고 일지 亥水는 正印입니다. 따라서 굉장히 좋은 역할을 할 것 같지만 어린 나이에 모친이 사망했고 부인과의 사이도 순탄하지 않아서 싸움이 잦습니다. 十神으로 亥水에 있는 壬水가 正印이기에 좋은 작용으로 판단하지만 그렇지 않다는 겁니다. 四季圖의 이치대로 乙은 卯辰巳月 봄에 乙癸戊 三字로 좌우확산을 기뻐합니다. 偏印이라고 부르는 癸水에서 편안함을 느끼는 겁니다. 나를 속이지 않는 자연의 순환원리를 명리에 그대로 활용해야 하며 十神의 명칭에 속지 말아야 합니다.

이제 사주를 판단하는 것과 사주를 읽는 것의 차이를 살펴봅시다. 고대에서 현대에 이르기까지 사주팔자를 분석하고자 다양한 수단과 방법들을 연구해 왔습니다. 격국, 용신, 생극, 조후, 刑沖破害는 사주팔자를 분석하려고 만든 기준들입니다. 무슨 격이니까 어떤 相神(상신)으로 格을 유지할까를 고민합니다. 더우니까 추우니까 어떻게 해야 하는지 고민합니다. 일간이 강하니까 약하니까 어떻게 해야 좋겠구나. 이런 방식의 공통적인 문제는 사주를 판단하는 당사자의 주관이 강하게 개입됩니다. 사주를 읽는 행위는 그런 것이 아닙니다. 타인의 사주팔자를 마음대로 위와 같은 수단들을 활용해서 판단하는 것이 아니라 사주팔자의 독특한 구조를 관(觀)하는 겁니다. 표현은 쉬운데 어떻게 읽어야 하는지 의문이 생깁니다.

지금까지 설명한 내용들을 곰곰이 생각해 봅시다. 사주팔자는 태어난 순간의 시공간을 60甲子로 표현한 것입니다. 따라서 우리는 격국, 용신, 생극으로 사는 것이 아니라 시공간 변화에 적응하며 살아갑니다. 비록 태어난 순간에 받은 사주팔자는 멈춰 있지만 호흡을 시작하는 순간부터 현재까지 끊임없이 변하는 시공간에서 살아갑니다. 아이였는데 어느새 결혼해서 아이를 낳았습니다. 태어나서 현재까지 이어진 시공간에 반응한 것이 틀림없기에 사주를 읽으려면 시간과 공간이 반응하는 방식을 이해해야 합니다. 내 기준으로 사주당사자의 用神을 정하는 행위가 어떤 의미인지 생각해보세요. 시공간이 정지된 사주팔자를 기준으로 用神을 정하고 언제 오는지 살피는 것은 황당합니다. 그 이유는 用神을 찾아도 호흡하는 순간부터 계속 변하는 시공간 좌표에 따라 用神도 달라질 수밖에 없습니다. 어떻게 사주원국에서 한번 정하면 절대로 변할 수 없으며 운에서 오기만을 기다립니까? 인위적인 판단방식을 버리고 사주구조가 운에서 반응하는 방식을 읽고 발현하는 물형을 살펴야 합니다. 즉, <u>사주원국과 현재의 시공간 사이에 발생한 차이를 읽고 물상을 읽어내는 겁</u>니다. 당장은 어려울 수 있는데 또 근본을 깨우치면 매우 쉬워집니다. 사주를 판단하는 것과 읽는 것은 전혀 다른 차원입니다. 기억할 점은, 사주팔자가 동일해도 인생은 전혀 다릅니다. 조상, 부모, 활동공간이 다르기에 상이한 인생을 살아갈 수밖에 없는 것입니다. 동일한 사주팔자가 한집에 살아도 운이 나쁜 사람은 집이 무너져 죽고, 다른 사람은 멀쩡합니다.

命統圖에서 十干, 十神 그리고 宮位를 한꺼번에 설명한 이유는 十神으로만 판단하는 것은 제한적이기에 十干의 시간방향을 읽고 宮位의 변화를 통해서 물형이 어떤 방식으로 발현되는지 종합적으로 살펴야 하기 때문입니다. 사주분석 행위는 사주팔자가 가진 독특한 꼴이 시공간에 반응하는 방식을 읽어내는 것임을 인식해야 합니다. 酉丑辰, 卯丑조합은 사주팔자 일부분을 쪼개서 상응하는 의미와 물상을 살핀 것에 불과하며 그 퍼즐들이 다 모여야 사주전체 구조와 변화를 읽어냅니다.

大運의 이해

大運에 대해 간략하게 언급하면, 대운은 月을 기준으로 변하기에 육체, 물질, 공간, 환경, 심리변화를 상징합니다. 시공간이 함께 섞이고 기운과 물질이 만나는 月을 기준으로 남녀에 따라서 순행도, 역행도 하는 이유는 **내가 탄생할 수 있는 유일한 공간**이기 때문입니다. 엄마의 자궁과 같은 月支를 중요하게 생각할 수밖에 없습니다. 대운의 뚜렷한 특징은 극히 개인적이라는 겁니다. 사주 당사자의 육체, 물질, 공간, 환경, 심리변화에 대한 것일 뿐 공통적으로 주어진 변화가 아닙니다. <u>세운</u>에 대해서도 잠시 살펴보면, 매년 들어오는 시공간변화를 세운이라 부르며 60甲子 흐름대로 변하며 시간단위가 365일로 가장 깁니다. 우주의 기운이 지구에 영향력을 행사하는 것으로 지구에 존재하는 모든 생명체들에게 공평하게 영향을 미칩니다. 개인의 사주팔자를 벗어난 것으로 그 기운을 읽어서 지구, 국가, 사회 환경의 흐름을 읽어냅니다. 물론 매년 주어지는 干支를 사주팔자에 적용할 때는 상황이 달라집니다. 공통적으로 발현되는 기운이 아니라 개인의 사주구조대로만 반응합니다. 이것이 대운과 세운의 차이입니다.

정리하면, 대운은 사주팔자 月을 근거로 변하기에 개인의 물질, 공간, 환경, 육체, 심리변화를 다룹니다. 세운은 매년 지구에 존재하는 생명체들에게 공통적으로 주어지는 기운입니다만 개인의 사주팔자와도 반응합니다. 대운은 전체 환경을 살피고 세운은 발현되는 반응을 본다고 하지만 대운 두 글자, 세운 두 글자 모두 사주팔자와 반드시 반응합니다. 대운은 10년에 걸쳐서 세운은 1년에 걸쳐서 사주팔자와 반응하면서 육체, 물질, 공간, 환경, 심리에 변화를 줍니다.

乾命-1982년			
時	日	月	年
丁巳	癸亥	壬寅	壬戌

한의사가 치료하는 환자인데 어떻겠냐고 질문했습니다. 壬戌, 壬寅, 癸亥, 丁巳니까 水氣는 가득하고 월지가 寅 상관이니까 財星을 원하고 寅月에 조후로 丙火를 보충하고 또 水氣로 木을

키워야 되니까 丙火의 도움이 필요하다고 火氣를 용신으로 정합니다. 이 방식이 태어날 때 받았던 사주팔자에서 火氣로 용신을 정하는 행위입니다만 개인적인 판단기준입니다. 예로, 丙申年이 오면, 국가, 사회에 통용되는 기운과 개인에게 주어지는 기운은 상이합니다. 개인에게 주어지는 丙申은 사주 꼴대로 반응합니다. 이 사주구조에서 丙申과 어떻게 반응하는지를 살피려면 사주구조가 어떻게 짜여 있는지를 분석해야 합니다.

丙申年이 오면 사주원국에 정해진 구조대로 丙火가 움직일 수 있는 공간에서만 반응합니다. 아무런 의미 없이 丙火가 드러난 것이 아니며 공통적으로 반응하는 것도 아닙니다. 나중에 지장간을 학습하지만 戌土에는 戊土, 丁火, 辛이 있고, 寅에는 戊丙甲이 있고, 亥에는 戊甲壬이 있고, 巳에는 戊庚丙이 있습니다. 따라서 丙申년에 丙火가 반응하는 宮位는 寅木과 巳火 두 개의 공간입니다. 사주팔자에 따라서 하나도 없을 수도 혹은 4개 궁위가 모두 반응할 수도 있습니다. 사주원국에서 최대로 반응할 수 있는 宮位는 4개이며 전혀 없을 수도, 한 개, 두 개, 세 개, 네 개로 반응할 수도 있습니다. 이 구조는 寅과 巳의 지장간에 있는 丙火가 반응한 것이며 외부로부터 전혀 생소한 丙火가 온 것이 아닙니다. 외부에서 사주에 없는 기운이 왔다는 의미는 지구에 존재하는 모든 생명체들에게 공통적으로 주어지는 기운을 뜻하면 사주당사자에게만 주어지는 것이 아닙니다. 만약 모든 생명체들에게 주어지는 기운이 동일하다면 그래서 동일하게 반응한다면 사주팔자를 연구할 필요가 없습니다. 하지만 丙申년이 와도 70억 인구가 상이하게 반응하는 이유는 70억 인구의 시공간 좌표가 다르기 때문입니다. 이런 이유로 丙火로 用神을 정해도 丙火가 오면 무조건 좋다는 생각은 무의미합니다. 丙火가 用神이라는 개념은 운에서 丙火가 와서 사주팔자에 丙火라는 기운을 불어 넣는 것이라 생각하지만 운명은 用神을 정한 사람의 희망대로 반응하는 것이 아니라 사주팔자 꼴대로 반응합니다. 이 개념을 빨리 잡아야 합니다. 사실 어려운 개념이고 마지막 학습과정에서 다루기에 여기에서는 감을 잡는 정도로 넘어가야 합니다.

丙申年이 오면 정해진 구조대로 寅木과 巳火의 지장간에 있던 丙火라는 시간이 공간을 벗어나 천간으로 드러납니다. 갇혀있던 새가 새장 밖으로 날아오르기 시작합니다. 이때 반응하는 물상은 사주에 정해진 꼴대로만 하므로 좋을 수도, 나쁠 수도 있습니다. 이 사주에서 巳火가 동하면 정해진 꼴대로 巳亥 沖하고 寅巳 刑하며 정해진 시간방향대로 巳火는 戌土를 향하지만 夾字로 끼어있는 亥寅을 지나가면서 刑沖破害가 발생합니다. 寅은 寅亥 합하고 寅巳 刑하면 夾字로 끼어있는 亥水가 비틀립니다. 또 寅은 戌土를 뚫어버립니다. 다만 이런 조합들은 크게 심각하지는 않는데 하필 丙申으로 오면서 巳申 합하고 寅申 沖하고 寅巳申 三刑으로 반응하면서 육체, 정신, 물질에 반응합니다.

이처럼 사주팔자를 읽는 행위는 시간에 따라 공간물형이 어떻게 변하는지 읽어주는 겁니다. 만약 丙火를 用神으로 정했고 운에서 왔음에도 丙壬 沖해서 나쁘다고 주장한다면 用神을 정할 필요가 없고 用神 운에도 흉할 수 있다는 황당한 주장을 할 필요가 없습니다. 用神운이니까 무조건 좋아야하는 겁니다. 沖해서, 刑해서 나쁘다고 주장하려면 용신을 정하지 말아야 합니다. 이처럼 用神은 만병통치약이 아닙니다. 이 사주는 丙火 운이 좋아야 하는데 받아들이기 어려운 구조로 태어나 좋을 수가 없습니다. 여기에서 감을 잡아야 합니다. 사주팔자를 읽는다는 의미는 사주구조를 잘 읽어내는 겁니다. 사주구조를 분석하는 힘을 길러야 합니다. 사주 꼴을 읽는 방식을 이해해야 합니다. 이 구조는 丁癸 沖, 丁壬 合, 壬壬癸로 丁火를 合沖, 寅戌, 寅亥 合, 巳亥 沖, 寅巳 刑, 巳火가 戌土를 향하는 시간방향과 夾字로 끼어있는 亥水와 沖하고 寅木과 刑합니다.

생각해볼 문제는 지금 설명한 구조들이 동시다발적으로 발생하느냐? 절대 그렇지 않습니다. 우리에게 주어진 時間은 순차적으로 흐르면서 사건, 사고가 동시다발로 발생하지 않도록 해줄 뿐만 아니라 반드시 정해진 시간에 순차적으로 반응하고 물형에 변화가 발생합니다. 여기에서 물형이란 물질, 육체, 재물, 심리, 공간, 환경 모두를 포함합니다. 그래서 숙명이라고 부르는 겁니다. 정해진 숙명을 어떤 방식으로 살펴야 할까요? 바로 사주원국과 대운과 세운의 반응을 宮位와 시간방향으로 변화과정을 읽는 것입니다. 이때 주의할 점은 十神이 아니라 十干과 12지지로 읽어내야 합니다. 十干(자연)은 우리를 속이지 않습니다. 십신, 격국, 생극은 우리를 속여도 시공간 순환과정을 표현한 60갑자는 속이지 않습니다. 에너지 속성은 바뀌지 않으며 에너지가 발현하는 모습대로 살아갑니다. 물론 十神을 배우면 조미료처럼 조금 더 자세히 읽어냅니다만 그 이상도 이하도 아닙니다. 十神에 익숙해지면 훨씬 중요한 十干과 12支의 존재를 잊어버립니다. 물론 偏官의 뜻을 이해하면 통변할 때 활용이 가능합니다. 나의 존재를 부정하며 희생, 봉사하게 만듭니다. 현재의 내 모습을 거부하고 새 물형으로 변하라고 요구하기에 피곤합니다. 편관 운에서 발현되는 물상은 관재구설, 스트레스, 육체손상, 직업변동이지만 참조로 끝나야 합니다.

정리하면, 사주를 읽는다는 의미는 주어진 기운이 내 사주팔자에서 어떻게 반응하는지를 읽는 겁니다. 시공간이 만들어내는 물형변화를 읽는 것이죠. 우리는 시공간이 반응하는 방식을 이해하고 상응하는 물상을 읽는 방식을 학습해야 합니다. 이것을 시공간반응이라 부르며 응기라고도 표현합니다. 지금 당장은 시공간반응을 읽지 못하니까 먼저 천간과 지지 그리고 60甲子를 배워야 합니다. 하지만 마땅한 학습 방법이 없어요. 아무리 책을 뒤져도 甲은 동량목이요, 乙은 초목이요 丙火는 태양이라고 주장하면서도 天干은 氣라고 설명하는 이율배반적 표현을 합니다. 혹은 十神으로 偏財는 첩이요 정재는 부인이라는 정도에 머물고 있습니다. 正財는 일지 궁위로 38세에서 45세까지의 인생경험을 통하여 얻은 모든 것이며 공간특징은 범위가 좁다고 인식해야 합니다. 이런 식의 이해를 통하여 사주팔자를 폭넓게 살피는 안목을 길러야 합니다. 한마디로 요약하면, 시공간 변화를 읽는 것이며 그 방법은 사주팔자에 정해진 시공간좌표와 현재의 시공간좌표 사이의 차이를 읽는 겁니다.

질문 : 丙申年이 왔을 때 지지에서 동하면 좋지 않은 거네요?
답변 : 이 구조만 그런 겁니다. 만약 亥水가 없고 巳火가 옆에 있다면 巳火가 寅巳 刑으로 火氣를 증가시켜 줍니다. 하지만 이 사주는 寅巳 刑 사이에 亥水가 夾字로 끼어서 비틀리고 상합니다. 모든 사주구조가 다르기에 상이하게 반응하는 겁니다. 용신이니까 무조건 좋다고 할 수가 없어요. 그 사주팔자의 고유한 꼴이 어떻게 생겼나를 이해해야 합니다. 그것이 사주팔자를 읽는다는 개념이죠. 身强하니까 식상이 좋겠네, 寅月에 추우니까 丙火가 좋겠네, 傷官 格이니까 재성이 필요하다는 식으로 판단하지만 시공간반응 방식은 전혀 다릅니다. 사주팔자 꼴이 어떻게 생겼는지를 읽습니다. 丁癸 沖하네, 丁壬 合하네, 壬壬癸가 丁火 하나를 두들기네, 巳亥 沖하네, 寅亥 合하네, 寅이 戌土를 공격하네, 巳火는 戌土를 향하네, 巳火가 戌土로 들어가는 과정

에서 沖으로 상하네, 寅巳 刑으로 비틀리네, 巳戌로 들어가는 모양이네. 이렇게 복잡한 구조가 동시다발적으로 물형을 변화시키느냐? 아니에요. 대운과 세운에서 시간이 도래할 때만 반응하기에 그 현상을 읽어 주는 겁니다. 이것이 시공간반응이자 시공간 비틀림을 이해하는 겁니다.

질문 : 1년 중 언제 나타나느냐의 문제가 있잖아요?
답변 : 몇 월로 판단할 것이 아니라 운에서 오는 두 글자가 어느 궁위에서 동했는지 보아야 합니다. 두 글자가 동하는 宮位, 그 특징이 운의 핵심입니다. 예로 年이 동하면 근본 터전, 환경이 바뀌죠. 月이 동하면 사회, 직업, 부모, 형제관련 사건이 동하죠. 日은 배우자, 내가 소유한 물질의 변동이죠. 時는 사적으로 추구하는 방향입니다. 또 자식의 문제, 제 2의 직업, 혹은 개인적으로 추구하는 문제로 반응하는데 사주구조에 따라서 상이하게 작용합니다. 동일하게 年이 동한다고 해도 월주, 일주, 시주와 연결되어서 반응할 수도 있고 년만 반응할 수도 있습니다. 月이 동해서 년주, 일주, 시주와 반응할 수도 있고, 日이 동했지만 년월시가 연결되어 반응할 수도 있고, 時가 동했지만 나머지와 연결해서 반응할 수도 있죠. 만약 月이 동했지만 년일시와 관계없이 독단 적으로 반응할 수도 있죠. 예로 辰未寅子로 沖도, 刑도 없습니다. 만약 乙亥대운이 오면 乙이 천간으로 드러났으니까 년의 辰土와 월의 未土가 동했습니다. 乙亥대운 시작하자마자 직업을 버리고 근본터전을 버리고 중국으로 유학 갑니다. 이 방식이 사주팔자를 읽는 겁니다. 사주구주에 따라서 4개의 궁위가 모두 동해서 복잡할 수도 있지만 원국에 刑沖破害가 없으니 동해도 밋밋합니다. 특별한 사건, 사고가 발생하지 않습니다. 시간이 반응하는데 부서지고 깨지고 비틀리는 움직임이 없으니 무리가 없습니다. 반응하면 심하게 흔들리는 구조도 있

고 정반대의 경우도 있으며 궁위 하나만 단독으로 동하거나 4개의 궁위가 모두 동할 수도 있습니다. 우리는 반응하는 움직임을 읽는 겁니다. 丙火라고 用神을 정하고 운에서 오기만을 기다리는 행위는 비논리적이죠. 마치 내 사주팔자 이외의 기운이 오는 것으로 착각합니다. 국가운명을 읽으려면 매년 들어오는 2개의 干支를 읽습니다. 모든 생명체들에게 공통적으로 적용되는 에너지로 모든 개인에게 동일하게 반응하는 것이 아닙니다. 乙未年 두 글자의 기운은 정해져 있습니다. 乙木이 未土에 들어가서 성장을 멈추어야 합니다. 따라서 사람들의 움직임이 답답합니다. 기력도 없고 움직임도 제한적입니다.

甲午년 乙未년의 움직임이 그렇습니다. 甲午는 甲 生氣가 午火에 늘어졌습니다. 乙未年에는 甲午년의 움직임이 현실화 됩니다. 60甲子의 양과 음이 계속 교차합니다. 에너지 파동으로 甲午와 乙未는 좋은 것은 아니죠. 甲午가 年에 있다면 초년에 잘 살던 집이었는데 15세 이전에 갑자기 힘들어집니다. 그런 에너지가 乙未年에 현실화 되는 겁니다. 이것은 개인의 사주팔자에 적용되는 것이 아니고 지구에 방사되는 기운이 그렇다는 겁니다.

움직일 수 있는 시공간이 넓으면 국제적 인물이고 正財가 많으면 활동범위가 좁고, 戊戊戊戊가 많으면 활동 범위가 넓습니다. 十宮圖 2로 살피면 月支의 十神은 傷官인데 내 사주팔자 월지가 偏財라면 24-30세 사이에 자기만의 고유한 특징을 갖추는 과정에 편재의 속성 즉, 굉장히 넓은 시공간에서 기술을 습득하는 겁니다. 또 월지에 印星이 있다면 독특한 특징을 두뇌를 활용해서 배양해야 합니다. 원점으로 돌아가서, 자연을 이해하면 十神으로 판단하는 행위들이 무의미해집니다. 기본적인 특징들만 활용하면 됩니다.

자연의 순환원리

지금부터 자연의 순환원리를 살펴보겠습니다. 갑자기 재미없는 자연으로 돌아가니까 싫을 수도 있을 겁니다. 빨리 사주팔자를 분석하는 방법을 배우고 싶지만 반드시 기초를 이해해야만 가능합니다. 甲乙丙丁, 子丑寅卯의 근본개념과 명리용어들을 설명하는데 두 달 걸렸습니다. 지금부터는 자연이 순환하는 과정을 학습하겠습니다. 세상 돌아가는 이치는 참으로 쉽습니다. 아인슈타인이 세상을 한 단어로 표현해버린 것처럼 간단합니다. 四季圖를 설명하면 이상하게 생각할 겁니다. 감히 누가 자연의 순환원리를 설명하겠어요? 하지만 四季圖의 이치는 정확하다고 믿습니다. 자연의 순환원리를 이해하고 시공간이 반응하는 방식을 확장하면 근본 이치를 이해합니다. 지구 자연을 다스리는 자가 누구인지를 이해하면 본질을 뚫습니다. 우주는 빅뱅 이전, 이후로 나눠지는데 빅뱅 이전에 대해서는 누구도 몰라요. 과학자들이 그렇다고 하니까 믿는 겁니다. 빅뱅 이전과 이후와 동일합니다. 맞는 말이죠. 빅뱅 이전이 빅뱅 이후로 변했으니까요. 빅뱅 이후를 모두 합치면 빅뱅 이전인데 그 정체는 과연 무엇일까요? 그 특징을 十干으로 표현하면 壬水입니다. 우리가 살아가는 우주, 지구는 水氣로 만들어진 세상입니다. 무슨 이유로 빵! 터지고 시공간을 창조했기에 원래의 모양은 壬水가 분명합니다.

불교에서 보현보살 털구멍 속에 삼라만상이 다 있다는 설명입니다. 壬水는 얼마나 응축된 에너지에요? 사주에 壬水가 있고 응축에너지로만 쓴다면 결코 좋은 것이 아니죠. 壬水 속에는 무엇이 담겨있는지 아무로 모릅니다. 만물을 다 합쳐 놓은 것이 壬

水니까 깊고 넓으며 그 정체를 알 수 없습니다. 壬日로 태어나면 무슨 생각하는지 모릅니다. 별 생각이 없어도 壬水가 모든 것을 응축해버리는 속성이니까 무언가 있어 보입니다. 地支에서는 亥水를 돼지라고 부르는 이유는 가리지 않고 다 먹기 때문입니다. 하지만 인간에게는 사망을 상징합니다. 간지로는 壬戌로 밑으로 내리면 戌亥 天門이니까 저승세계입니다. 壬戌은 죽으러 가는 길이니까 물질, 육체가 멀쩡하지 않습니다. 壬戌대운을 만나면 인간이 활용하기에 불편하죠.

물론 壬水는 무한응축만을 상징하는 것이 아닙니다. 壬水가 표현하는 방식은 다양하며 그 의미를 많이 알수록 명리를 깊게 이해합니다. 壬水는 海外, 방탕, 도둑, 어둠이라는 특징이 있지만 본질적인 에너지 특징은 만물을 응축시키는 움직임입니다. 삼라만상의 모든 것을 극도로 축소시켜서 壬水에 집어넣는 겁니다. 글자의 모양을 보세요. 壬水는 土 위에 무언가가 덮여있습니다. 土는 물질인데 위를 다 가려서 보이지 않습니다. 마치 깊은 바다에 만물을 감춘 모양입니다. 그렇게 감추어졌던 만물이 빅뱅으로 온 우주에 펼쳐집니다. 그리고 壬水의 속성 정반대편까지 가면 丙火로 무한분산 움직임입니다. 이런 움직임의 속성은 강도의 차이는 있지만 흐름은 바뀌지 않습니다. 壬水와 丙火 두 에너지의 특징을 계절에 상상해보세요. 壬水는 겨울로 만물을 수축합니다. 丙火가 무한분산 한다는 뜻은 만물을 팽창시키는 것으로 그 대상은 水氣입니다. 달리 표현하면 壬水를 극도로 분산했더니 丙火의 움직임으로 바뀐 겁니다. 丙火를 정반대편으로 돌리면 무한응축 하는 壬水로 변합니다. 이처럼 우리는 水火의 순환으로 이루어지는 세상을 살아갑니다. 엄마의 양수도 壬水로 만약 없었다면 태어나지 못합니다. 壬水의 물상을 30~50개 정도는 이해해야 자연의 이치를 이해합니다. 자연의 근본이치를 살피다보면 어느 날 갑자기 확장됩니다. 壬水를 무한분산 시켰더니 丙火가 되고 겨울에서 여름으로 공간이 바뀌었습니다. 따라서 丙火는 壬水의 다른 모양에 불과합니다. 다시 겨울로 가면 丙火의 모양이 壬水로 바뀝니다. 여름과 겨울이 이런 식으로 계속 순환합니다. 壬水와 丙火는 자연을 순환시키는 본질입니다. 亥年에 집사고 巳年에 집 팔고 이런 이야기 했습니다. 壬水를 地支로 내리면 亥水요 丙火를 地支로 내리면 巳火입니다. 壬水는 만물을 극도로 응축시키니까 인간이 살기 불편하고 물질적으로도 좋지 않습니다. 하지만 亥子丑 년이 지나면 어느 새 여름이 옵니다. 壬에서 丙으로 丙에서 壬으로 왔다 갔다 반복하는 사이에 겨울과 여름으로 바뀝니다. 丙火로 가면 탱탱해졌다가 壬水로 가면 앞이 보이지 않는 시절을 지납니다. 壬水가 강해지면 우울해졌다가 丙火가 강해지면 기분이 좋아집니다. 인간은 두 에너지의 장난질에 꼭두각시처럼 반응합니다. 壬水는 만물을 품기에 壬水를 이해하면 나의 본성을 찾는 겁니다. 이것을 깨우치면 오늘은 성질내고, 내일은 웃는데 모두 壬水에서 변형된 모습임을 이해합니다. 불교의 근본개념이죠. 辛에서 壬水를 향해 가는 과정, 壬水의 속성을 이해하면 도 닦지 않아도 됩니다. 壬水 이해하려고 수많은 세월을 까먹을 필요가 없죠.

壬水와 丙火 중에서 누가 주도권을 잡느냐에 따라 완벽하게 달라 보입니다. 壬水는 물질을 극도로 축소하고 丙火는 물질을 극도로 팽창합니다. 丙火의 시간을 지날 때는 물질이 많다고 흡족해 합니다. 하지만 壬水의 깊은 세계는 보지 못하며 화려한 허상을 봅니다. 너무도 상이한 壬水와 丙火 사이에 癸水가 개입되면 둘 사이를 연결합니다. 壬水와 癸水는 지구를 다스리는 주재자와 같습니다. 壬水는 무한응축으로 스스로를 변화하지 못하기에 반드시 촉매제가 필요합니다. 원리는 간단합니다. 壬水 빅뱅

이전 상태가 어떻게 빅뱅으로 폭발했는지를 이해하는 것은 참으로 어려운 문제입니다. 빅뱅이전의 상태가 폭발하려면 도대체 얼마만큼의 에너지가 필요할까요? 이 문제를 풀어 보려고 인류 역사이래로 수많은 과학자들이 연구하고 있습니다. 우리는 지금 위대한 공부를 하는 겁니다. 그런 움직임을 표현하면 癸水로 폭발적인 에너지를 가졌습니다. 地支는 子月입니다. 따라서 사주팔자에 癸水, 子水가 있으면 폭발하는 성향이 강하겠죠. 子丑辰 조합은 빅뱅의 성향을 가졌기에 성정이 폭발적이고 욱합니다. 壬水에서 癸水로 폭발하고 결과적으로 壬水가 丙火와 조화를 이루도록 癸水가 촉매제 역할을 하는 겁니다. 이 癸水가 폭발하는 성장에너지로 봄을 관리합니다. 봄의 성장과정이 끝나면 癸水의 움직임이 무한분산 丙火로 바뀌며 우리는 여름이라고 부릅니다.

壬水 겨울, 癸水 봄 그리고 丙火 여름까지의 흐름입니다. 丙火의 분산작용이 극에 이르면 수렴을 시작하지만 丙火에서 바로 壬水로 갈 수 없기에 반드시 丁火 촉매제를 활용하며 그 움직임이 午月에 시작됩니다. 정리하면 壬水와 癸水가 갈라지는 子月과 丙火와 丁火가 갈라지는 午月이 지구의 축으로 기준점과 같습니다. 자연에서 가장 추운 공간이 子月이고, 가장 더운 곳이 午月인데 극에 이르면 반발합니다. 子月에서 폭발하기에 겨울에서 봄을 향하고, 午月에 수렴을 시작하기에 가을을 향합니다. 이런 움직임은 子月에 壬水가 癸水로, 午月에 丙火가 丁火로 전환하기 때문에 가능합니다. 이런 이치를 命理로만 따지니까 어렵지만 자연의 순환원리로 이해하면 매우 쉽고 당연한 것입니다. 子月에 壬癸가 전환하고, 午月에 丙丁이 전환하면서 자연스럽게 계절이 변하는 겁니다. 子月에 극도로 춥다가 봄을 향하고 午月에 극도로 덥다가 가을을 향하는 겁니다. 명칭을 외울

필요가 없고 순환하는 이치를 이해하면 됩니다. 壬이 癸로, 癸가 丙으로, 丙이 丁으로, 丁이 壬으로 계속 순환합니다. 지구가 돌아가니까 그렇습니다. 지구가 회전하지 않으면 이런 현상들은 발생하지 않습니다. 지구가 사각형으로, 수평으로 가면 윤회도 없습니다. 순환도 없고 변화도 없습니다. 하지만 지구가 팽이처럼 돌아가기에 회전과정에 四季가 생겨납니다. 가을 지나 겨울이 오고 다시 봄이 옵니다. 이런 변화를 관찰하면 결론적으로 十干과 12支가 남는데 四季의 순환과정을 표현한 것임을 깨닫습니다. 왜 봄, 여름, 가을, 겨울은 알면서도 그 순환원리를 문자로 표현한 것이 60甲子라는 것은 모를까요? 사주팔자는 60甲子를 활용하는 과정에 운명을 읽어보려는 시도였다는 것을 모르는 이유는 十神으로 사주를 분석하기 때문에 그 이치를 살피지 않아서 그렇습니다.

정리하면, 壬水는 겨울, 癸水는 봄, 丙火는 여름, 丁火는 가을이며 바람개비처럼 돌아갑니다. 가을에 丁火가 움직이고 겨울에 壬水가 움직이고 봄에는 癸水가 움직이는데 순환하는 방식은 天干 合을 활용합니다. 즉, 合이라 표현한 이유는 四季를 순환하는 자연의 방식을 상징합니다. 예로, 甲의 상승기운을 己土가 合해서 밑으로 내리고, 丙火의 분산기운을 辛이 잡아서 응축하게 만들고, 辛의 수축하는 기운을 丙火가 잡아서 팽창하게 만드는 방식으로 순환하는데 그 행위의 주체는 자연입니다. 자연에서 매년을 순환하는 과정을 인간은 十干 합이라고 표현합니다. 壬癸丙丁이 뱅글뱅글 돌아가는 세상입니다. 壬水를 지날 때는 추운 겨울처럼 세상을 등지고 살아갑니다. 丙火를 지난다고 좋아할 것도 없습니다. 어느 날 갑자기 어둠 속으로 추락할 수도 있습니다. 사주팔자를 읽는다는 것이 바로 시공간 변화를 읽는 것으로 변화의 기준은 子午이며 응축과 분산입니다. 水火도 陽

陰이 있는데 壬水가 陽이고 癸水가 陰이고 丙火가 陽이고 丁火가 陰이지만 에너지 파동, 움직임으로 살피면 다릅니다. 壬水가 陽임에도 무한응축하기에 陰입니다. 癸水는 극음이라고 표현하지만 결코 아닙니다. 十干 중에서 빅뱅처럼 폭발할 수 있는 에너지 특징은 陽氣가 분명합니다. 오행의 음양과 에너지 파동은 기준이 다릅니다. 정리하면, 오행의 음양으로 나누면 壬水가 陽이고 癸水가 陰이지만 에너지 파동으로 살피면 壬水가 陰이고 癸水가 陽입니다. 오해하지 말아야할 것은 이런 차이는 體用(체용)이나 옳고 그름의 문제가 아니라 단지 판단 기준의 차이에 불과합니다.

이제 壬水와 丙火가 地支에서 어떤 방식으로 물질을 창조하는지 살펴보겠습니다. 壬水는 申子辰 三合운동, 丙火는 寅午戌 三合운동으로 壬의 기운과 丙의 기운을 물질로 변화시킵니다. 기를 활용하여 물질로 변화시키는 움직임을 명리에서는 <u>三合운동</u>이라고 부릅니다. 壬水와 丙火의 에너지를 물질로 바꾸는 과정을 申子辰과 寅午戌 삼합운동으로 하는 겁니다. 자연에서도 명리이론에서도 三合운동의 작용은 참으로 중요합니다. 十干의 존재는 三合운동으로 드러나고 물질의 생장쇠멸 과정을 주도합니다. 요약하면, 지구에서 시공간이 순환하는 방식은 十干은 천간합으로 地支는 三合운동으로 합니다. 천간의 에너지, 時間을 지구 공간에서 물질로 바꾸는 과정은 오로지 三合운동으로만 설명할 수 있습니다.(기 출판한 60干支 上, 下는 干支의미를 三合운동으로 설명하였습니다.) 癸水와 丁火는 상이합니다. 壬水가 申子辰 三合운동 하기에 癸水는 이어서 亥卯未 삼합운동 합니다. 申子辰과 亥卯未는 水生木 과정으로 壬癸의 에너지를 地支에서 申子辰과 亥卯未로 연결하는 겁니다. 水가 木의 성장을 촉진하는 과정으로 水의 존재가 木을 통하여 드러납니다. 또, 丙火가

寅午戌 三合운동으로 분산하면 丁火는 巳酉丑 三合운동으로 열매를 완성합니다. 지구에서 물질을 완성하는 과정이 寅午戌과 巳酉丑 三合운동으로 이루어지며 火生金 과정입니다. 火生金이냐 火剋 金이냐를 따집니다만 火生 金이기에 열매를 완성합니다. 다만, 丙丁 火氣가 강렬하면 생명수 水氣를 증발시키기에 죽음을 재촉합니다. 따라서 火生 金도, 火剋 金도 맞는 표현입니다. 火生 金만 보는 사람은 火生 金만 보이고 火剋 金만 보는 사람은 火剋 金만 봅니다. 생과 극의 순환원리를 이해하면 生이 剋이요 剋이 生이라고 말합니다. 火剋 金이 있기에 과일의 표면을 열기로 태웁니다. 마치 우리가 성장 통을 겪는 것과 같습니다. 丙丁이 庚을 부풀리고 단단하게 만들기에 성장하고 뼈가 단단해졌습니다. 이처럼 十干은 자신만의 고유한 에너지 파동이 있습니다. 壬癸丙丁이 申子辰, 亥卯未, 寅午戌, 巳酉丑 그리고 다시 申子辰 삼합운동을 순환합니다. 오행으로는 申子辰 水局, 亥卯未 木局, 寅午戌 火局, 巳酉丑 金局이라고 부릅니다. 三合운동은 물질, 육체, 공간, 환경, 심리가 순환하는 원리를 설명합니다. 정리해보면, 壬丙은 왕과 같아서 신하들을 활용해서 국가를 경영합니다. 신하 癸水는 亥卯未 성장운동을 통해서 그리고 신하 丁火는 巳酉丑 결실운동을 통해서 壬水와 丙火가 원하는 것을 현실화 시킵니다. 그렇게 하는 이유는 생명체들이 생기를 유기하기 위해서입니다. 만약 三合운동이 없다면 지구에 생명체가 없습니다. 지구에서 시공간이 순환하지 못하면 혹성으로 변합니다. 지구속도가 조금만 변해도 심각한 문제가 발생할 수 있습니다. 화산폭발, 지진, 해일도 모두 회전과정에 문제가 발생하는 것으로 그 본질은 열(丁火)입니다. 선인들은 참으로 위대합니다. 시공간 순환원리를 60甲子로 표현했습니다. 더욱 위대한 것은 지장간으로 시공간 순환원리를 정확하게 표기했습니다. 지금까지 설명이 水火 에너지 세상입니다. 물질의 순환원리

를 표현하는 甲乙庚辛을 살펴보겠습니다.

甲乙丙丁戊己庚辛壬癸을 氣와 質로 나누면 간단명료해집니다. 壬癸丙丁은 氣이자 質을 만드는 원동력이며 質을 뜻하는 글자들은 甲乙庚辛입니다. 명리를 학습할 때 十干을 甲은 甲이요 乙은 乙이요 庚은 庚이요 辛은 辛이라고만 생각하지만 멈춰진 시공간은 존재하지 않습니다. 시간은 끊임없이 움직이고 변화합니다. 나의 정체도 1초마다 누구인지 모를 정도로 계속 바뀝니다. 기뻤다가 슬펐다가 울었다가 춤췄다가 내 모습의 실체를 정확하게 모릅니다. 불교는 참 나를 찾아가는 과정입니다만 이런 자연의 순환원리를 이해하면 근본을 찾을 수 있습니다. 물질의 본질은 甲이 乙로 변하고 乙이 庚으로 변하고 庚이 辛으로 변하고 辛이 甲으로 변합니다. 물형이 계속 바뀌지만 그 본질은 甲입니다. 甲을 근거로 乙로, 庚으로 辛으로 바뀌기를 반복합니다. 본질은 변함이 없는데 물형이 달라 보이는 이유는 시간과 공간이 달라졌기 때문입니다. 이것이 氣와 質의 변화입니다. 壬癸丙丁 氣가 甲乙庚辛 물질로 변하는 겁니다. 물론 氣도 순환하고 質도 바뀝니다. 氣는 壬癸丙丁으로 순환하고 質은 甲乙庚辛으로 순환하는데 壬癸丙丁은 스스로 자신의 체성을 변화시키지만 甲乙庚辛은 반드시 壬癸丙丁의 도움이 있어야 자신의 물형을 바꿀 수 있습니다. 그 것이 기와 질의 차이점입니다.

설명한 것처럼, 봄에 이르면 癸水의 도움으로 乙木이 좌우확산운동을 합니다. 분산하는 丙火와 수렴하는 丁火가 庚 열매를 부풀리고 단단하게 만들기를 반복하다가 가을에 열매가 딱딱하게 완성되어서 낙하하면 辛입니다. 우리는 그것을 만유인력이라고 부릅니다. 亥子丑월을 지나는 과정에 씨종자를 풀어내면 辛의 물형이 甲으로 변합니다. 사실은 金이 木이요, 木이 金인데 時

空間에 따라 물형만 다르게 보입니다. 이것이 사계에서 보여주는 순환과정입니다. 좀 더 자세하게 설명해 볼까요? 庚의 속성을 "딱딱하게 하다"라고 표현했습니다. 처음에는 딱딱하지 않았던 것이 점점 딱딱해집니다. 따라서 辛은 딱딱해지는 과정이 끝나서 완벽하게 딱딱합니다. 庚의 시간을 앞으로 돌리면 부들부들한 乙의 모습이 보입니다. 기억할 점은 庚은 부피를 작게만 만드는 것이 아닙니다. 처음에는 부피가 커지고 나중에서야 점점 작아지는 겁니다. 먼저 丙火에 의해서 부피를 확장하기 때문입니다. 먼저 부풀려지는 庚의 속성을 잊지 말아야 합니다. 庚이 巳午未 月을 지날 때 먼저 꽃처럼 만개하고 부피를 확장하는데 그 움직임을 인간의 행동방식에 그대로 활용합니다. 아직 여물지 않아서 실속은 없으면서 자신의 외형을 부풀려서 실체보다 과장합니다. 예로 양치기소년처럼 심한 뻥쟁이도 있고 적절하게 과장하는 경우도 있습니다만 丙火가 분산에너지를 방사하면 庚이 실현시킵니다. 물형의 부피를 확장하고 점점 딱딱하게 만드는 과정이 이어지다가 未월에 여름이 완성되는데 지구 축이 기울어서 申月까지 넘어간다고 합니다. 이런 이유로 申月에 엄청나게 바쁘다고 하는 겁니다. 사방팔방 돌아다니면서 열매를 관리해야 합니다.

申을 숙살지기로 보기 어려운 이유는 丙火가 申月까지 빛을 강력하게 분산하기에 申의 지장간에 壬水가 장생하고 申子辰 三合운동을 시작하지만 아직 壬水의 에너지특징이 전혀 없기에 酉月에 이르러서야 숙살의 기운이 생겨납니다. 庚申은 여름을 상징하는 시공간으로 丙丁의 기운이 강렬합니다. 巳酉丑 三合운동으로 열매를 완성하는데 출발점 巳火에 확장하고 부풀리기에 수렴이 가능합니다. 부드러웠기에 점점 딱딱해지는 겁니다. 또, 乙木의 좌우확산 운동도 극도로 응축한 辛金의 속성 때문에 가능해집니다. 辛의 딱딱하게 뭉치는 움직임이 있었기에 乙에서 펼치는 겁니다. 정반대편 움직임이 없다면 정반대 운동을 할 수 없는 겁니다. 일어나려면 반드시 누워야 합니다. 乙木의 좌우확산 운동도 辛金으로 뭉쳤기에 가능합니다만 辛에서 먼저 甲으로 물형을 바꾼 다음에서야 비로소 乙이 좌우확산을 시작합니다. 三合으로 표현하면 申子辰(辛金), 亥卯未(甲木), 寅午戌(乙木) 三合과정입니다. 이런 자연의 순환과정에서 사주팔자를 읽어낼 수 다양한 기교를 배웁니다.

辛이 甲으로 물형이 바뀌었기에 시간흐름으로 辛은 부모요 甲은 자식과 다를 바 없습니다. 사주 내에서 辛이 甲을 보면 자신이 낳은 아이라는 애착을 갖습니다. 辛의 물형이 甲으로 변했기 때문에 아이를 낳은 것처럼 사랑스럽습니다. 의미를 확장해봅시다. 辛日이 月에 甲을 만나는 것과 時에 甲을 만나는 것은 의미가 전혀 다릅니다. 자신이 완성해야할 甲을 月에서 만났으니 이미 부모와 사회에서 꿈을 이룬 것과 동일한 효과입니다. 時에 甲이 있다면 궁위의 연령을 감안하면 46세 이후에서야 비로소 꿈을 이룰 것임을 암시합니다. 자연의 순환과정이라고 표현하기에 사주팔자의 통변에 활용할 수 없다고 오해하지만 그렇지 않습니다. 자연의 지혜를 사주에 그대로 응용하면 이치가 명확하고 자연스럽습니다. 辛이 乙을 만나면 어떨까요? 辛과 乙은 가을과 봄으로 시공간이 정반대이며 움직임도 정반대니까 전혀 어울리지 않으며 辛이 乙木을 만나면 왜 그리 설치냐고 공격합니다. 이런 움직임을 乙辛 沖이라고 부르며 정반대편 기운을 방해하는 것입니다.

乾命-1980년			
時	日	月	年
庚	壬	己	庚
子	辰	卯	申

월지가 卯木입니다. 두 번째 대운 辛卯에서 辛이 卯木의 움직임을 沖으로 방해하기에 갑자기 움직임이 둔해지고 두뇌회전도 느려지고 학습능력도 떨어졌다고 느낍니다. 명리 이론으로 沖이라고 부르니까 현실과 상관이 없다고 생각할 수 있지만 당하는 사주당사자 입장에서는 고통스럽다고 느낍니다.

甲의 상승하는 움직임을 庚의 하강으로 바꾸는 것이 甲庚 沖입니다. 사실 沖의 의미는 간단합니다. 움직임이 정반대이기에 의견 충돌하듯 두 글자가 충돌하면서 변화를 일으킵니다. 辛은 똘똘 뭉치고 乙은 좌우확산 하며 甲은 오르고 庚은 내리기에 운동방향이 정반대입니다. 사과가 나무에 매달려 있으면 庚이요 떨어지면 辛이라고 표현합니다. 庚이 낙하하는 이유는 열매 내부에 丙丁 빛과 열을 축적하기에 결과적으로 辛으로 바뀐 겁니다. 또 辛이 水氣에 부드러워지면 물형이 甲으로 변하였다가 땅 위로 오르면 乙이라고 부릅니다. 이처럼 甲乙庚辛이 사계를 순환하는 겁니다. 이런 움직임의 정체는 도대체 무엇일까요? 근본은 변함이 없지만 시공간에 따라서 외형이 변하는 겁니다. 따라서 우리가 사주팔자를 읽는 행위는 시공간에 따라서 바뀌는 물형을 읽는 겁니다. 물질이 갈라지는 공간은 두 곳으로 卯木과 酉金입니다. 卯月에 甲이 乙로 바뀌고 酉月에 庚이 辛으로 바뀝니다. 卯와 酉는 물질에 해당하기에 수평이며 子午는 에너지로 수직으로 놓습니다. 십자가 모양으로 삼라만상 만물을 표현한 것이며 완벽함을 상징합니다. 인간이 갈 수 없는 시공간으로 숫자로는 10이고 十干으로 표현하면 블랙홀과 같은 壬입니다. 숫자 10은 인간이 사용하기 어렵습니다. 지금까지 내용을 氣와 質로 조합해보겠습니다. 壬甲이 겨울이고, 乙癸가 봄이고, 丙庚이 여름이고, 辛丁이 가을입니다. 이렇게 정해진 이치는 절대로 바뀌지 않습니다. 이처럼 명확한 자연의 이치와 달리 사주팔자를 읽어내기 어려운 이유는 예로, 봄에 활용해야할 乙癸가 가을로 가거나 겨울에 있어야할 甲壬이 여름으로 가는 경우에 원래의 시공간에서 벗어나기에 변화의 상을 읽어야 하므로 분석하는데 애를 먹습니다. 원래의 시공간이 바뀌는 것이 문제로 에너지 움직임에 변화가 발생합니다.

乾命-1980년			
時	日	月	年
庚	壬	己	庚
子	辰	卯	申

임일간이 卯月을 만났으니 적절한 시절이 아닙니다. 겨울에 甲木의 성장을 도와야 하는 壬水가 卯月 봄에 드러나 엉뚱하게도 乙을 키우겠다고 합니다. 이런 행위는 적절하지 않기에 심리와 행동 사이에서 갈등합니다. 스스로의 행동에 만족하지 못하거나 아웃사이더와 같은 느낌을 받는 것입니다. 월지 卯木을 기준으로 살피면 성장하는 卯木의 미래는 庚과 乙庚 합하여 열매를 맺는 것입니다. 또 사주원국에 庚申이 있으니 乙庚 合하려는 의지가 분명합니다. 하지만 壬水 입장에서는 庚이 불편합니다. 壬水는 겨울에 甲의 성장을 촉진하는데 여름의 열매와 같은 庚과 조화를 이루라고 합니다. 하지만 卯木 입장에서 庚이 오는 것을

기뻐하지만 辛은 불편해 합니다. 정리하면, 일간과 월지가 추구하는 방향이 상이할 경우 조합이 혼란스러워집니다. 또 에너지를 바로 활용하지 못하고 처리 해줘야만 적절하게 사용이 가능해집니다. 예로, 壬水는 庚을 직접 활용하기 힘들기에 丙丁이 庚申을 자극해야 열기를 품어서 辛酉로 바뀌고 자연스럽게 일간 壬水의 품에 안깁니다. 이런 상황을 바꿔서 표현하면 삶의 여정이 복잡하다는 겁니다. 壬水는 가을과 겨울에 辛壬으로 조합하면 불편하지 않고 바로 활용이 가능한데 卯月에 태어나 壬水의 시절과 월지 시공의 괴리 때문에 인생이 불편해지는 겁니다. 壬水에게는 辛이 좋은데 卯月에게는 辛이 나쁘니 일간의 시절과 월지 시공의 엇박자 사이에서 갈등하는 겁니다. 사주원국에 庚으로만 구성되어 있기에 사주당사자는 庚이 오면 좋고 辛이 오면 굉장히 나쁘다고 느낍니다. 자연의 근본원리는 명확한데 우리의 사주팔자에서는 시공간이 비틀리니까 읽기 어렵다고 느낍니다. 하지만 반드시 먼저 자연의 근본이치를 이해해야만 하는 이유는 흔들리지 않는 기준을 제공하기 때문입니다. 항상 불안정한 판단기준을 벗어날 유일한 방법은 자연의 순환원리를 이해하는 겁니다.

水火木金이 四季를 순환하는 모든 움직임은 지구터전 戊己 土에서 발현됩니다. 戊土와 己土의 속성도 상이한데 戊土는 氣요, 己土는 質입니다. 공간으로 살피면, 戊土는 표면이고 己土는 땅속입니다. 氣的으로 살피면 戊土는 陽氣를 모아주는 터전이며 기운을 확장합니다. 己土는 수렴하고 저장하기에 陰氣를 수렴하는 터전입니다. 戊土의 속성과 己土의 속성을 稼穡(가색)이라고 표현한 것처럼 심고 기르고 거두고 저장하는 움직임이 다릅니다. 에너지 움직임이 다르기에 水火木金과의 조합도 다를 수밖에 없는 겁니다. 팽창하는 乙癸丙庚은 戊土와 적절하게 조화를 이루는데 그 속성은 확산, 팽창, 성장, 번식, 확장으로 활동하기 편한 봄과 여름입니다. 품고 저장하는 己土와 辛丁壬甲이 만나서 적절하게 조화를 이룹니다. 축소, 하강, 숙살, 陰적이며 계절로는 가을과 겨울입니다.

자율권이 없는 지구에 태양, 달, 그리고 우리가 모르는 우주의 기운이 반응한 것을 관찰하고 연구하여 문자로 표현한 것이 十干입니다. 다만 고서는 음양을 묶어서 壬癸를 겨울처럼 묘사했습니다. 마찬가지로 甲乙, 丙丁, 戊己, 庚申의 움직임이 상이하다는 것을 구분하지 못했습니다. 그래서 명리공부가 어렵습니다. 用神은 火라고 표현하면서 丙丁이 동일한 가치라고 생각하지만 丙丁의 움직임은 정반대라고 할 정도로 다릅니다. 甲乙은 봄이라고 표현하지만 甲은 겨울이고 乙은 봄입니다. 丙火는 여름이고 丁火는 가을입니다. 서로 다른 계절에 상이한 에너지로 쓰입니다. 丙丁을 동일한 작용으로 생각하지 말아야 합니다. 庚은 여름에 辛은 가을에 활용함에도 우리는 庚을 숙살지기요 가을이라고 인식합니다. 庚은 未土에서 끝나야 하는데 申月까지 갔지만 여전히 여름을 지나는 중입니다. 壬水는 겨울이고 癸水는 봄에 활용하며 戊土는 봄과 여름 그리고 己土는 가을과 겨울에 활용하는 속성입니다.

나중에 학습할 내용이지만 여기에 地支를 배합하면, 봄은 寅卯辰이 아니고 卯辰巳 月이며 여름은 午未申, 가을은 酉戌亥, 겨울은 子丑寅 입니다. 12개의 달은 十干과 조합하여 다양한 파동을 펼치고 물형을 결정합니다. 이 모든 움직임은 순수한 우주의 기운이 아니며 우리는 알지 못합니다. 비록 天干은 氣라고 표현하기에 마치 순수한 어떤 것이 있다고 생각하지만 十干을 규정할 수 있었던 이유는 모두 지구에서 반응하는 움직임을 관찰할 수 있었기 때문입니다. 분명하게 인식할 필요가 있습니다. 지구에서 반응하는 우주기운이지 순수한 우주기운의 정체는 누구도 알 수 없습니다. 오로지 神만이 그 정체를 알 수 있을 겁니다. 人間의 눈으로는 물질만 봅니다. 기를 보려고 노력하지만 불가능합니다. 이어지는 책에서는 다음과 같은 내용을 학습합니다.

제 10강 辰戌丑未 干支와 墓庫의 이해
제 11강 天干과 地支, 三合, 方合, 12신살의 이해
제 12강 乙癸戊, 戊丙庚 등 삼자조합의 이해
제 13강 丙庚 조합과 傷官의 의미
제 14강 대운과 세운의 이해
제 15강 天干 合의 이해
제 16강 十神의 기본 의미와 甲己 合의 이해
제 17강 乙庚, 丙辛, 丁壬, 戊癸 合의 이해
제 18강 宮位와 天干 合 그리고 시절을 만나는 개념
제 19강 干支의 陰陽과 四柱구조와 시간방향의 이해

時空學 입문편

- 끝 -

命理 바르게 학습하기 - 時空學 입문편

저자 : 紫雲 김 광용
youtube : 시공명리학
http://cafe.daum.net/sajuforbetterlife
http://blog.naver.com/fluorsparr

Tel : 010 8234 7519

펴낸이 ▪ 時空명리학
펴낸곳 ▪ 時空명리학 출판사
표 지 ▪ 時空學

초판 발행 ▪ 2022. 03. 29.
2쇄 발행 ▪ 2025. 06. 09.
출판등록 제 406~2020~00006호

경기도 파주시 탄현로 144~63, 102호
Tel ▪ (010) 8234~7519
ISBN 979-11-978353-5-3(93180)

정 가 ▪ 27000원

잘못 만들어진 책은 구입하신 서점에서 교환해 드립니다.
저자의 동의하에 인지는 붙이지 않았습니다.

본서의 무단전제 또는 복제행위는 저작권법 제98조에 의거
민·형사상의 처벌을 받을 수 있습니다.